未来の〈サウンド〉が聞こえる

電子楽器に夢を託したパイオニアたち

マーク・ブレンド著
ヲノサトル訳

THE SOUND OF TOMORROW

How Electronic Music Was Smuggled into the Mainstream

ARTES

イントロダクション
Introduction

１９６６年のある日。ポール・マッカートニーは、南ロンドンはパトニーのデオダー・ロードにある一軒家のドアをノックしていた。この家の主、ピーター・ジノヴィエフに会いに来たのだ。ピーターの同僚、デリア・ダービーシャーとブライアン・ホジソンは、２人ともＢＢＣレディオフォニック・ワークショップのメンバーだった。この３人は短い期間、電子音楽を制作して広める「ユニット・デルタ・プラス」というグループを結成していた。既存の組織団体とバンドの中間に位置するようなユニットだった。

ジノヴィエフはマッカートニーを連れて家を通り抜け、テムズ川へと続く裏庭に出た。庭の左手、屋敷と川のほぼ中間に、地面に４フィート（約1.2メートル）ほど陥没した大きな小屋があった。２人は庭を横切り、階段を数歩降りて、秘密の未来王国のドアを開けた。そこは国内最高の電子音楽スタジオだった。室内はテープレコーダー、発振器《オシレーター》、ミキサー、当時のイギリスでは類のない録音設備やコンピューターで埋め尽くされていた。

だが、この会合は実を結ばなかった。後の噂によれば、この時のマッカートニーは〈イエスタデイ〉の新ヴァージョンのため、電子音による伴奏を考えていたようだが、ユニット・デルタ・プラスとのコラボレーションは成立しなかった。これは特に実りのない一瞬の出会いのようだが、音楽史においては象徴的な出来事だった。この件は、ロック・ミュージックに生じていた「何か」を示している。ビートルズはこの頃、商業的にも創造的にもピークを迎えていた。彼らはライヴ演奏や「リバプール・サウンド」に背を向け、もっと洗練されたロックをスタジオで作ろうとしていた。新しい方向性を探る必要があり、電子音楽やテープ音楽もその1つだった。マッカートニーのこの些細な行動は、ロックにおける小さくとも確固とした潮流に乗っていたのだ。もっとも当時、電子音楽とロックの融合に関心を持っていたのは、有名無名を問わずごく一部の音楽家だけだったが。

ユニット・デルタ・プラスは1年ほど活動し、多少の実績は残したが、ジノヴィエフ側とホジソンやダービーシャー側の不和で分裂した。ジノヴィエフは独立心旺盛な発明家で、作曲家で、ビジョンを持つ科学技術者だった。彼の関心は、前衛芸術としての電子音楽をコンピューターで推進することだった。だが、あとの2人はちがった。芸術音楽の最先端に関心や知識はあったが、BBCでは大衆向けの仕事をしていた。ほとんどの時間、テレビやラジオの娯楽番組のために音楽や音響を制作していた。ジノヴィエフとホジソンやダービーシャーの不和は、当時の電子音楽界にあった芸術音楽と大衆音楽の反目でもあった。マッカートニーはユニット・デルタ・プラスを通じ、電子音楽の進化系統樹の中でも交わることのないふたつの枝に、知らずして接近していたのだ。

バリー・マイルスによる伝記『ポール・マッカートニー――メニー・イヤーズ・フロム・ナウ』（1998）〔松村雄策監修、竹林正子訳、ロッキングオン、1998〕によれば、マッカートニーがこの件を思い出したのは3年後だ。彼の記憶によれば、電話帳で番号を探してダービーシャーに電話し、レディオフォニック・ワークショップにおこなったことになっている。この誤解は、単なる記憶ちがいとも言えない。なにしろ当時のレディオフォニックは、イギリス電子音楽界で周知の「顔」になっていたし、中でも有名なのがダービーシャーだった。このエピソードからはマッカートニーの電子音楽観が、レディオフォニック・ワークショップが番組用に制作したテーマ・ソングやジングル、効果音、伴奏音楽に大きな影響を受けていたことがわかる。とはいえ、マッカートニーは芸術音楽にも関心を持っていた。たとえば1996年2月には、イタリアの作曲家ルチアーノ・ベリオの電子音楽に関するレクチャーを聴講している。

電子音楽は、アカデミックな芸術音楽文化の堂々たる山肌からあふれ出し、ふもとの穏やかな丘であるポピュラー音楽に流れ落ちていく――という歴史観がある。ピエール・シェフェールとカールハインツ・シュトックハウゼン。パリ国営放送スタジオとケルン電子音楽スタジオ。「ミュージック・コンクレート」。ウラジミール・ウサチェフスキーやオットー・ルーニングやコロンビア－プリンストン電子音楽センターによる「エレクトロニッシュ・ムジーク」。ポップ・ミュージシャンのマッカートニーさえも、こういった電子音楽こそが正統派だと思っていた。しかし、それがすべてではない。本書で述べたいのは、芸術的な電子音楽に並走する「もうひとつの歴史」があったという事実だ。20世紀初頭にはじめて電子楽器が演奏されて以来ずっと、大衆向けの電子音楽を作ろうとした人々も存在してきた。マッカートニーがレディオフォニックの番号を探して電話帳を開いた時、彼はこの「もうひとつの歴史」に立ち会っていたのだ。

芸術的な電子音楽と大衆的な電子音楽の区別はあいまいだ。初期の電子音楽は、両者が混じり合ったエネルギーによって進歩してきた。もちろん、両者を隔てる境界線からそれぞれ逆方向に向かう旅のように、それぞれまったく違うのは明らかだが。たとえばピエール・シェフェールとジャン＝ジャック・ペリーは、時として似た手法を使っているが、作られたのは明らかにちがう種類の音楽だ。ここには2つの物語がある。1つめは芸術的な電子音楽だが、その重要人物については これまでも詳しく語られてきた。彼らに触れるのは、2つめの話と交差する時だけにしよう。2つめは大衆的な電子音楽。これこそが本書の主題だ。それは、たとえばサミュエル・ホフマンやエリック・サイデーの話だ。レディオフォニック・ワークショップやマンハッタン・リサーチ、テレビCMや映画音楽、オンディオリーヌやクラヴィオリンやノヴァコード、電子工作マニアや創造性あふれるアマチュアの話だ。

新しいサウンドに慣れるのは時間がかかる。たとえばラモーンズのように純度高く蒸留されたロックンロールは、1976年の時点でも大衆にとって過激すぎた。だが、もしジョニー・ラモーンがタイム・スリップして1956年まで戻り、モズライトのギターであの燃えるようなサウンドを披露していたら、刑務所に放り込まれて一生を終えたかもしれない。そんな保守的な時代から1976年まで、長い年月をかけてディストーション・エフェクターの音量は次第に大きくなり、あの派手なパワー・コードに到達したのだ。最初に電子音楽に飛びついた人々は、世間にあふれる感覚的で根拠のない「テクノロジー恐怖症」にさらされてきた。耳にしたことのない電子のサウンドは、人々の困惑や不安や恐怖を呼び起こす。ロバート・モーグも語っている。「**木管、金管、弦楽器以外の音は、何であれ〝容疑者〟にされてしまうだろう**［……］**電子楽器の音に対して世間の連中は、まったく疑り深いんだ**」[1]。

だが、時代は変わった。最近のポピュラー音楽の多くは電子音楽だし、部分的にせよ電子技術が使われている。もはやジャンルとしての「電子音楽」を語る意味はない。たいていの音楽は電子的に制作されているのだから。戦争は終わった。だが、たった1つの大きな戦闘に勝利したわけではない。たくさんの小ぜり合い、取っ組み合い、匍匐《ほふく》前進を経て、ようやく終わったのだ。そこには歴史の転換点もなければ、王者もいない。ワーテルローの戦いもウェリントン公爵も存在しない。革命もなければ、段階的な植民地化もなかった。もし革命があったとすれば、それは何年もかけてジリジリと進んでいくトロイの木馬のように、ゆっくり進行していっただけだ。

本書が論じるのは、無数のSF映画のサウンドトラック、食洗機のCM、幼児番組の主題歌、ラジオのジングルを通じて、電子音楽が少しずつ娯楽へと変わっていった歴史だ。中には、完全に電子音楽と呼べる作品もあれば、部分的に電子音を用いただけの音楽もある。だが、そんなちがいは重要ではない。大事なのは、今の我々が電子のサウンドを受け入れられるようになったのは、これらすべてのおかげだという点だ。

もう1つ重要なのは、電子音楽が他の音楽ジャンルよりもずっと「機材」に依存している点だ。もちろん芸術には何らかの道具が必要だし、芸術と道具には共生関係がある。音楽の発展は、新しいテクノロジーの出現や、新しい楽器や技法の発明と切り分けることができない。だがここには、ある種のまやかしが入りこむ危険もある。音楽業界には、最先端の電子機器さえ使えればクリエイティヴな音楽家になれる、という考えがはびこっている。機械に神秘的な力があるという考えは、確かに魅力的だ。とはいえ使う者がいなければ、そんなものは単なる電子部品であり、ただの電線や回路やスイッチにすぎない。たとえば本書の執筆中、ロンドンのサイエンス・ミュージアムにはダフネ・オラムの電子楽器「オラミクス」が、ガラスのケースに展示されていた。まるで聖骨箱を見ているようだった。それは夢の破片にすぎず、魂は入っていなかった。機械に意味を与え、乾ききった骨を蘇らせるには、それが奏でる音楽を聴き、写真を見て、オラム自身に関する情報も読まなければならなかった。

音楽家が心を開けば、テクノロジーの進歩は様々な可能性を示してくれる。だがその可能性を拡げられるのは、創造性について真剣に考える音楽家だけだ。どうすれば音楽家は、テクノロジーや開発者と影響を与え合うことができるのか。スイッチ1つですべてを実現した者などいない。

大事なのは、技術的なアイディアを積極的に出し合うこと。音楽的な実験を開拓し続けること。商業的な成功に10年以上かかっても気にしないこと。音楽家と作曲家が、発明家と投資家が、手を組んで闘い続けることだ。

20世紀最初の約60年間、電子音楽は夢を見続けてきた。未来の音楽、伝統を破る音楽、誰もがジェット・カーに乗るような「来たるべき時代」の伴奏音楽……といった夢を。だがそんな空想は、急速に時代遅れとなっていった。サディウス・ケーヒルのテルハーモニウムは、たった数年で鈍重な恐竜のように滅びてしまった。テルミンを使った1950年代の映画音楽は、1960年代には古臭いキッチュな記号になってしまった。テープ編集という革命的な技術も、シンセサイザーが出現すると、時間を浪費する面倒な作業として捨て去られた。だが何十年もたった今となっては、こうした様々な段階が、じつは互いに関連し合っていたことがわかっている。その時代だけの特異な出来事ではなかった。すべては未来に向かうための、重要なステップだったのだ。

マーク・ブレンド

イングランド、デヴォン
2012年3月

未来の〈サウンド〉が聞こえる｜目次

凡例

・アルバム名、番組名、映画作品名などは『 』
曲名は〈 〉で表記しました。

・原注は巻末に掲載し、訳注は［ ］で表記しました。

・巻末に索引、年表を設け、読者の便宜を図りました。

未来の〈サウンド〉が聞こえる　電子楽器に夢を託したパイオニアたち

01

聴いたこともない音楽

電子の夢 1900-1950

More music than they ever had before : Electric dreams 1900-50

テルハーモニウム｜Telharmonium

本書をもって以下を証する。私は［……］電気で音楽を配給するための新しく有益な技術と装置を発明した。

1897年4月、サディウス・ケーヒル（1867～1934）がアメリカ合衆国特許庁に提出した出願書は、こう書きはじめられている。アイオワ州生まれのケーヒルは1892年にコロンビア大学ロースクールを卒業し、1894年に法曹協会登録。だが本心はエレクトロニクスに夢中だった。1890年代は電気タイプライターなどを製作しつつ、電気で音楽を作ろうと夢みていた。先の出願書は、電子音楽に関する2件目だった。1件目の出願から2年が経過していた。後に実物が製造されて「テルハーモニウム」として知られるようになる、公開演奏された世界初の電子楽器だ。「**この装置は**」とケーヒルは説明する。「**完全な電気仕掛けだが、あえて従来の楽器にたとえるなら［……］ピアノやオルガンに類似している**」。確かにその通りだが、オルガンに似ているのは2段式の鍵盤だけだ。この

テルハーモニウム

発明は、かつて誰も聴いたことがない音を電子回路で作り、配信までおこなうという、完全に新しいコンセプトを実現するものだった。

ケーヒルが特許書類を出願した頃、アメリカの都市部では電気が生活の一部となっていた。1881年に初の電力網がニューヨーク市に敷設され、同年にはイギリス・サリー郡のゴダルマイニングでも、世界初の公共給電システムが街を照らしていた。翌年9月にはトーマス・エジソンのエジソン・エレクトリック・カンパニーがロウアー・マンハッタンのパール・ストリートに発電所を開設し、年内に500件以上の顧客を獲得。1883年5月に竣工したブルックリン橋は、ニューヨークにどっと現れた電力業者の1つ、ユナイテッド・ステーツ・イルミネーティング・カンパニーが製造した70個のアーク灯で照らされた。1900年までに30社以上が発電事業を手がけ、ニューヨーク市の5つの行政区とウェストチェスター郡の隅々に電力を供給した。

電気は照明だけでなく、輸送や設備や工業を支える

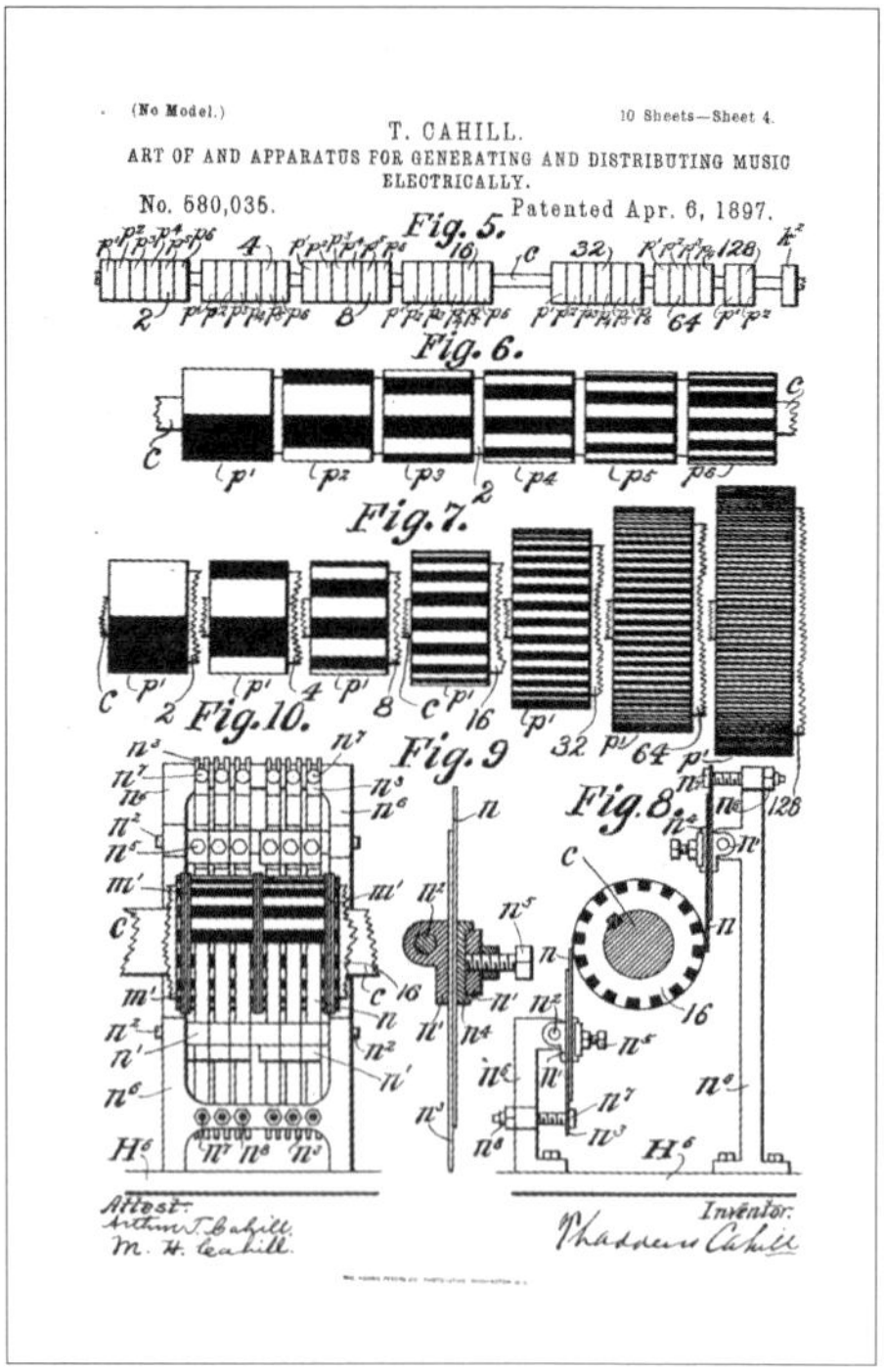

テルハーモニウム特許出願書類

動力として登場したが、同じ頃に出現したのが電話だ。最初の電話交換所は１８７７年、コネチカット州ハートフォードに開設された。アメリカ以外で初の交換所は１８７９年、ロンドンに作られた。電話の歴史は複雑で、自分の発明だと主張する者だけでもアントニオ・メウッチ、フィリップ・ライス、イライシャ・グレイ、アレクサンダー・グラハム・ベル……諸説が飛び交っている。よくあることだが、複数の人間が同時に似たようなことを思いついたわけだ（電子音楽の歴史にもよくある現象だ）。

テルハーモニウムのもう1つ重要な点は、創作のためにテクノロジーを使ったことだ。テルハーモニウムは電子音楽史上初の大事件であり、はじめて演奏された電子楽器であり、電力と電話音声の融合でもあった。

ダイナモ（発電機）の発する交流電気は、一定の音程を生み出す。この事実に気づき、ケーヒルは開発をはじめた。彼は、音程の異なるダイナモを並べてスイッチでオン／オフし、望み通りの音の配列——つまり「音楽」——を鳴らす様子を思い浮かべた。この予知夢には、もう1つのアイディアがあった。楽器の音を電話線で送ることだ。どこであれ電話線の向こうなら、受話器を通じて音を聴くことができる。電線は楽器ではないが、放送に利用できるではないか。商業的な可能性は明らかだ。誰でも、この新しくて不思議なサービスの顧客になれる。ケーヒルは電子音楽のライヴ演奏を、レストランや劇場や家庭にストリーミング放送しようと考えたのだ。

1898年の出願承認から3年を経て、試作機が完成した。後援者オスカー・T・クロスビーの援助を受け、さらなる資金獲得のためにデモ演奏がおこなわれた。最初はボルチモアで、受話器に接続された拡声器の前に実業家や著名人が集まり、はるか彼方のワシントンに設置されたテルハーモニウム試作機から電話線経由で送られてくる、ヘンデル〈ラルゴ〉のフルートや口笛に耳を傾けた。クロスビーは、ニューイングランド・エレクトリック・ミュージック・カンパニーを設立し、重量200トンの巨大で複雑なテルハーモニウム新型機のため、十分な資金を集めようとした。[2]

電気仕掛けのBGM

1906年、分解梱包されたテルハーモニウムがニューヨークに運ばれ、ブロードウェイ39番街の建物に設置された。制御用のコンソールは地上1階にあったが、巨大な本体は地階に隠された。市内に音声を配給する特別回線をニューヨーク・テレフォン・カンパニーが引き、建物にはスピーカーも設置された。最初のテルハーモニウム演奏会は、1906年9月26

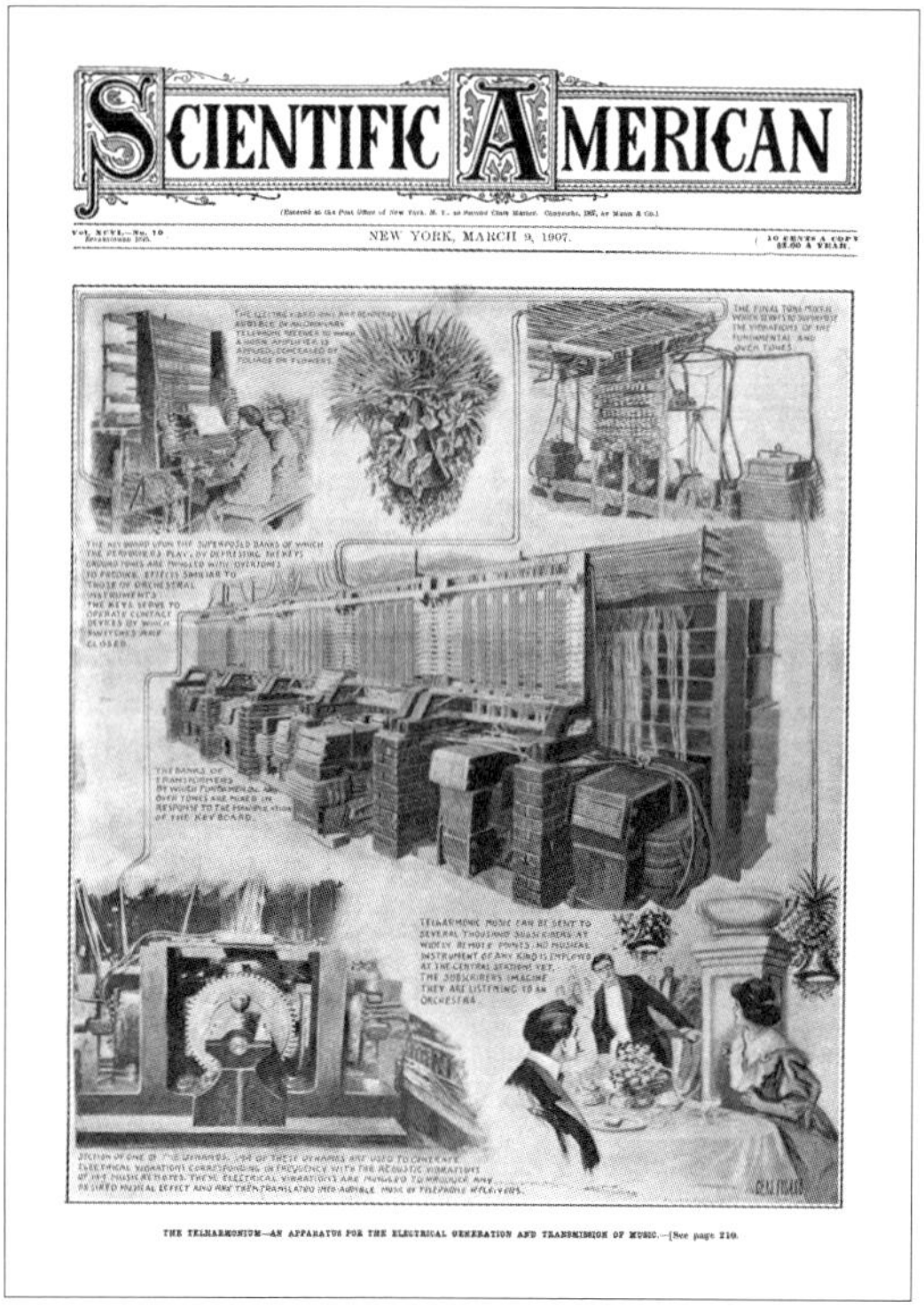

雑誌『Scientific American』（1907年3月9日）の表紙に掲載されたテルハーモニウムの図解

日に開催された。ケーヒルは明らかに大衆マーケットを狙っていた。演奏会の曲目は有名なクラシックやオペラやラグタイム。これは賭けだった。当時、多くの高級レストランやホテルはディナータイムにセレナーデを演奏する楽団を雇い、時には20人以上にもおよぶ演奏家たちに高給を払っていた。テルハーモニウムは、こうした状況を大きく変えるはずだった。

この魔法のような音楽は、すぐにニューヨーク中の話題になった。同年12月にはニューヨーク・タイムズ紙が、この発明の詳細な解説記事を挿絵つきで掲載した。この段階ではテルハーモニウムの音楽は、ニューヨーク市内のレストラン数軒という限られた契約者に、ランチタイム（12時半～14時）とディナータイム（18時～20時）のみ配信されていた。しかし同じ月のうちに個人客も、1時間20セントで電子音楽を聴けるこの特殊な電話回線を引きはじめた。電灯のように簡単な操作でスイッチをオン／オフして、音楽を流したり止めたりした。[3]

夕食の会話や、食器やグラスのぶつかる騒音の中でも十分に聴こえるように、公共の場にはコーン式のスピーカーが設置された。聴衆はまた、ブロードウェイの建物にあるテルハーモニウム音楽室に入ることもできた。そこにはホテルのラウンジのように椅子や観葉植物が飾られ、音楽を聴くことができた。大きなオルガンのような装置の前に演奏家が座り、鍵盤を押して小さなクリック音を立てたり青い火花を散らしたりするのを見ながら、いかにも芸術的なフラワー・ディスプレイに隠されたスピーカーの音を聴いた。建物の地下には、テルハーモニウムの心臓部である200トンの電線と発電機が埋められていた。システム上の問題は、巨大すぎることだけではなかった。工場の機械室のような騒音で音楽を妨害してしまうため、演奏がおこなわれる部屋から隔離される必要があったのだ。

晩年のマーク・トウェインも、この建物を訪れている。彼はこの楽器に魅了され、もっともっと新しいサウンドを聴くまでは死なないぞ、と豪語していた。トウェインは、ハートフォード在住の1877年には早くも電話を引いていたほどのテクノロジー崇拝者で、今で言う「アーリー・アダプター」だった「1877年は、アメリカの電話会社が一般向けの電話事業を開始した最初の年」。すぐに彼はテルハーモニウムの最初の国内契約者となった。1906年の暮れには自宅で、受話器に接続されたスピーカーの周囲に友人を集めて新年を祝っている。来客は、トウェインが「電気の音楽工場」と呼ぶテルハーモニウムに耳を傾け、〈蛍の光〉の演奏を聴いた。客の1人はこう報告している。

> **1907年になって最初に彼が祝ったのは、テルハーモニウムの音楽を自宅に流した最初の個人として死後も讃えられるだろう、ということだった。**[4]

このニュースは大西洋を渡り、一日遅れでイギリスのザ・ガーディアン紙が「その部屋はベルの音に震えた」と報じている。[5]

また1907年1月にはニューヨーク・タイムズ紙が印刷物としてはじめて、電子音楽への偏見に対抗する記事を掲載した。厳密な事実の報道とは言えなかったが。これは、ブロードウェイのテルハーモニウムの建物の近くに、ハーディ・ガーディを抱えたシシリア系の芸人2人組が屋台を構えた、という話だった。「**大きな教会オルガン**」のように鳴り響くこの楽器の音で、自分たちも注目を集めようとしたのだ。だが「**実際そこにいるというリアルさだけが売りの**」この芸人たちが、テルハーモニウムの音楽に勝てるはずはなかった。記事は述べている。この「**電気の音楽**」への聴衆たちの「**驚き**」は「**旋律そのもの**」による。この楽器はフルート、ピッコロ、バスーン、クラリネットやサクソフォンの音色を模倣でき、それらの音色が「**美しく旋律的なオルガンの効果**」に統合されている、と。[6] この記事に共鳴するように、息切れするほどの勢いで語るこんな記事も同じ年に書かれた。

テルハーモニーの新しい芸術は、文明に対する最新の電気の贈り物だ。安価で、どこでも聴くことができる。口琴からチェロまであらゆる楽器を無効にしてしまう、聴いたこともない音楽が万人に与えられた。[7]

電子音楽の歴史でたびたび見かけるこの手の主張は、テルハーモニウムの時代からはじまっていたのだ。電子技術が伝統楽器に取って代わるという常套句は、今日まで何度も繰り返されてきたし、本書にも何度となく出てくる。こうした言葉からわかるのは、電子音楽は真の音楽や音楽家とは無縁だと考える保守主義者と、古くさい正統派を打倒したがり、電子音楽に芸術の民主化の可能性を感じる熱狂的な過激派との分裂だ。「安価で、どこでも聴くことができる」「聴いたこともない音楽が万人に与えられた」とは、いかにも社会主義者が集会で叫びそうな言葉だ。

また、こうした初期の紹介記事には神秘主義的な表現も多い。テクノロジーの発展による音楽を来世や未知の音楽のように語るのは奇妙な話で、むしろ逆なのだが。驚嘆を表す言葉の数々、文明への贈り物とか希薄な大気から漂う響きといった表現には、スピリチュアリズムの匂いが漂うし、宗教的に聞こえる。初期の電子音楽をこのように形容したのは、批評家よりも、発明家や作曲家や演奏家たちだった。実際、発明家にせよ音楽家にせよ、初期の電子音楽に関わった人物はオカルトを学んでいることが多かった。

巨大な恐竜の絶滅

ケーヒルの特許申請に話を戻そう。ここには創造と技術の、あるいは芸術と機械の、共生関係がみられる。テルハーモニウムが実現するまで、電子音楽は夢や理論にすぎなかった。しかし作曲家や演奏家だけでなく発明家や技術者が貢献することで、あるいはテクノロジーと創造性が相互作用を起こすことで、電子音楽は発展をとげた。20世紀前半に関して言えば、これは確かな事実だ。初期の電子音楽に最も影響を与えたレフ・テルミンやモーリス・マルトノのような人物の多くが、なぜ音楽家でありながら発明家でもあったかも説明がつく。まず発明家が新しい楽器を作り、その可能性を作曲家や音楽家に示す。それから作曲家や音楽家が影響を与え、楽器は実用的で便利なものになっていく。

テルハーモニウムの記録を読むと、この楽器が消えさり取り返しがつかないことに、もどかしい痛みを感じざるをえない。もはや我々はその音楽を聴くことはできないし、驚きを共有することもできない。偉大なテルハーモニウムの実験は並外れて斬新だったが、困難に満ちていた。ブロードウェイの建物からの放送は1908年2月に終了したが、ケーヒルは事業を続けた。3台目のテルハーモニウムを建造し、1910年までの短期間、別の建物から演奏を続けた。だが、やがて事業は債務超過に陥った。夢のような計画は、実現可能な技術の何年も先を進みすぎていた。なにしろケーヒルの怪物は電力を消費しすぎた。演奏時には電力が不安定となり、電話回線が混信し、この野獣が発する甘くうっすらした雑音で一般通話は妨害された。会社は1914年末に倒産する。楽器は壊され、スクラップとして売られていった。今日、テルハーモニウムに関して残っているのは、粒子の荒い何枚かの写真と当時の記事だけだ。テルハー

サディウス・ケーヒル（1904）

モニウム失敗後のケーヒルについては、よくわかっていない。1934年、突然の心臓麻痺によって66歳で死去している。

もし彼の計画がもっと大衆的で商業的だったら、前衛的かつ知的な電子音楽にも最初から勢いがついていただろう。テルハーモニウムの放送開始から数年後の1907年、イタリアの作曲家で作家、教師、指揮者でもあったフェルッチョ・ブゾーニは『新音楽美学試論』（三見孝平 訳、共益商社、1929）を出版している。このなかで彼はテルハーモニウムに言及し、この電気の音素材を「未来の音楽」と呼んだ。また、テルハーモニウムが死の苦しみを味わっている頃、イタリア未来派の画家で作曲家、ルイジ・ルッソロは『雑音の芸術』（細川周平訳、『ユリイカ』12月号所収、青土社、1985）という宣言文を書いていた。彼はこう提唱する。工業的な都市環境は新しい音響の世界をもたらすのだから、音楽も呼応するべきだ。今までの音楽の作り方では、音色のパレットがあまりにも限られている。作曲家は音が持つ無限の可能性を駆使し、自らを解放しなければならない。科学技術の進歩に応じて音楽の世界でも、新しい騒音を発する機械を創造するべきだ。

この予言的な文章は、初期電子音楽を生み出した後世の作曲家や理論家たちに、大きな影響を与えた。その中にはエドガー・ヴァレーズ（1883〜1965）やピエール・シェフェール（1910〜95）もいる。しかし当時はまだ、テルハーモニウム以外に電子音楽を作る方法がなかった。しかも電子音楽のこの大きな恐竜は、まもなく絶滅しようとしていた。だが、芸術が機械を必要としていたこの頃、もう1つの発明によって、もっと広く入手しやすい機械の製造が可能になった。1906年、三極管の先駆となる真空管「オーディオン管」を、リー・ド・フォレストが発明したのだ。この管は、電気信号の生成や増幅をコンパクトに実現し、電子技術のみならず電子音楽の発展に革命を起こした。

たとえ電話の混線という問題が解決できたとしても、テルハーモニウムは失敗に終わっていただろう。最初の記事にも重量200トン費用20万ドルと記された通り、この機械はあまりにも巨大で高価すぎた。大量生産はおろか、複製のために貸し出すことすら不可能だった。しかし電子音楽の発展には、入手しやすく持ち運び可能で、簡単に再製造できる楽器が必要だ。

テルハーモニウムの絶滅から数年後、そんな楽器がはじめて出現する。

テルミン｜Theremin

1919年頃に発明された「テルミン」は、コンパクトかつシンプルな仕組みで、家庭用電源で作動する楽器だ。20世紀初頭に作られた電子楽器の中では唯一、現在も製作が続けられている。それどころか40年以上前から再評価ブームが高まり、いまだ衰える様子がない。とはいえ誕生当時は、これほど長く生き残るとは思われていなかった。このモノフォニック〔単音式。同時に複数の音は鳴らせない〕な音響発生装置には、見た目でわかるコントローラーも、他の楽器に似た特徴もない。鍵盤もペダルも、管も指板も、弦もリードも何もない。演奏は至難の業だ。音階のような幾何学的な構造に真っ向から逆らい、理解も識別も難しくて不安定な音を発する、とてつもなく奇妙な楽器だ。一般的な西洋音楽にとってこの楽器の存在は、普通の言葉に対する意味不明なうわごとのようなものだ。他の初期電子楽器と同じく、テルミンには神秘的な雰囲気があった。どこか外界からやってきたようなサウンド。後にSF映画で、空想世界の描写に使われるようになったのも不思議ではない。

電気技術者、チェリスト、天文学者でもあったレフ・セルゲーエヴィチ・テルミン（1896〜1993）は、サンクトペテルブルクに生まれた。ロシア革命から2度の世界大戦を経て、鉄のカーテンが降りるまで、彼は20世紀の激動

テルミンを演奏するレフ・テルミン（1927）

を生きぬいた。テルミン（最初はテルミンヴォックス、イーサーヴォックス、イーサーフォンなどと呼ばれた）という楽器の名称は、彼の西欧での通名レオン・テルミンに由来する。1919年、ロシア革命の混乱後、レフ・テルミンは他の多くのロシア人科学者らとともに、国営の研究所で働いていた。彼は人体の静電容量（小電荷を保存できる能力）や、それが近くの電気回路に及ぼす影響を研究していた。この観察をもとに、無線監視ができる盗難警報機を開発した。電子機器の周辺に人が近づくと作動する装置だ。この監視装置は後に、温度や圧力が変動する中で気体の変化を計測するプロジェクトにも応用された。やがて彼は、電子回路の近くで手を動かすと、オシレーターが発する音の高さも変わることに気づく。こうしてテルミンという楽器が発案された。

　この考えを発展させ、完成させるには数ヶ月かかった。楽器の音域を広げるのにはヘテロダイン効果［2種類の異なる周波数を入力すると、別の周波数が出力される現象］が用いられた。当初はフット・ペダルでボリュームやスイッチをコントロールしようと実験していたが、やがて今では有名な、あの2つのアンテナにたどりついた。この楽器は、アンテナ周辺で手を動かして電磁場を変化させ、オシレーターを制御して演奏できるようになった。右手は垂直に立つアンテナでピッチ（音程）を、左手は水平に伸びたループ状のアンテナでボリューム（音量）を、それぞれコントロールする。

　この仕組みによってテルミンの演奏は、眺める者を魅惑する永遠の力を手に入れた。ラジオのようなこの楽器を演奏するには、機械にまったく触れず、手話で話しかける時のように、機械の近くで手を動かさなければならない。

科学に詳しくなければ、不思議な奇跡のように思えるだろう。演奏家は、まるで薄い大気の中から音を作り出す魔術師、あるいは彼岸から幽霊の声を召喚する降霊術者のようだ。1927年にテルミン自身がロンドンでデモをおこなった映像が残っている。左手はボリューム用の金輪の上で、見えない弦を引っ張る人形つかいのように静止している。右手はビブラートをかけるために掲げられ、何かの力を止めようと苦闘するかのように震え続けている。

とはいえ、この興味深い奏法は、逆にテルミンの普及を妨げもした。そもそも、この楽器は単音しか出せないし、音域も最大で5オクターヴという制約がある。熟練すれば、優美な電子音をヴァイオリンのような弦楽器やソプラノの声色に近づけることもできるが、その熟練というのが実に難しい。未熟な演奏だと、壊れたラジオや、子どもが試験用オシレーターの周波数ダイヤルをいじっているような、落書きもどきの音にしかならない。もちろん他のどんな楽器であれ、手や唇や足の繊細な連係は必要だ。だがテルミン奏者の場合、もっと微妙な身体の動きで音が変わるにもかかわらず、他の楽器のような触覚や視覚の手がかりは一切ない。テルミン奏者たちが身体をやけに硬直させて楽器の前に立つのは、意図しない動きでもピッチやボリュームが変わってしまうからなのだ。

単純に音を鳴らすだけでも大いなる挑戦だ。手を空中で動かしてピッチを変えようとすると、連続的なポルタメント［ある音から別の音へ、連続して徐々にピッチを変えながら移る奏法］がかかってしまう。きちんと音を区切って明確な旋律を演奏するには、一音が終わるたびに左手で音を切るか音量を下げるかして、それから右手を次の音の位置に動かし、また音量を上げなければならない。これでもまだ操作の半分だ。正確な音程を保つには、鳴っている音程を耳で聴きながら、たとえば「C」の音を出すには空中の手をアンテナにどれぐらい近づけなくてはならないか、判断し続けなければならない。こうしたテクニックをマスターするには、絶対音感と高度に発達した繊細な運動能力が必要だ。

好評を博したテルミン

1922年、この発明を指導者レーニンの前でデモ演奏させるため、クレムリンはレフ・テルミンを呼び出した。レーニンは1920年に「共産主義とはソヴィエトの権力プラス全国土の電化である」と宣言している。彼はテルミンに感心し、ソヴィエト躍進のプロパガンダに使えると考えた。こうして1925年以降、テルミンはこの新しい驚異の楽器を、ソヴィエトの創造力の実例として国際的に宣伝することになった。ベルリン、パリ、ロンドンでの大々的な発表。彼の乗った定期船がニューヨークのエリス島に接岸する1927年12月には、空中から音を呼び出す人物に会いたいと記者たちも熱望するほどの名声を得ていた。当初予定された3ヶ月の滞在は、謎につつまれながら突然アメリカを去る1938年まで、11年間に延長された。

レフ・テルミンはこの発明を1925年に米国特許出願し、1928年に承認されている。特許書類の最初の段落からもわかるようにシンプルで安価な楽器だったため、テルミンは生き残ることができた。大量生産も可能で、RCAビクター社が1929年に商業生産のライセンスを獲得。RCAブランドで500台の製品が発売された（実際に製作したのはゼネラル・エレクトリック社やウェスティングハウス社だった）。脚のついた大きな褐色の木製キャビネットに、電子部品と真空管が収められたテルミンは、当時のラジオ受信機に似ていた。1929年には全米各地の大都市のデパートでデモ演奏がおこなわれ、人々の関心を集めた。しかし、時期が悪かった。技術的には単純な内部構造なのに、RCAテルミンは230ドルもする高価な贅沢品だった。そのうえ発売の時期は、大恐慌の引き金となったウォール街の株価大暴落に重なった。このため最初の500台以降、追加生産されることはなかった。とはいえRCAテルミンは、大衆に向けて売られた史上初の電子楽器として、歴史に名を残している。

クララ・ロックモア（左）とレフ・テルミン（右）（1929）

テルミン個人もテルミンという楽器も、名演奏家クララ・ロックモア（1911〜98）の精力的な布教活動のおかげで1930年代に喝采を浴び、支持された。彼女は、この楽器の商品開発にも演奏家の視点から助言している。10年間にわたって、クラシックのレパートリーを携え、たいていはポール・ロブソンと組んでコンサート・ツアーをおこなった。

ロックモアは現在のリトアニアで、本名・クララ・ライゼンバーグとして生まれた。彼女はヴァイオリンの神童だった。楽器の練習を続けるため1920年代にニューヨークへ移住したが、数年後、おそらくは幼少期の栄養失調による筋肉と関節の問題を抱え、早々にキャリアを閉じることとなった。だがその前に彼女は、1927年にニューヨークに着いたレフ・テルミンと出会っていた。その発明に魅了されてロックモアは弟子になり、友人になり、テルミンの人生前半の最重要人物になっていった。彼女は独自の運指システムに基づいて、この楽器の演奏テクニックを開発した。この運指によって彼女は、他の演奏家のような過剰なポルタメントをかけずに演奏することができた。

テルミンは、後に続く電子楽器の発明家たちと同じように、自分の楽器がクラシック音楽の主流に取り上げられることを望んだ。つかの間、それは実現しそうだった。テルミンを用いた最初の作曲作品は、アンドレイ・パシュチェンコの〈テルミンとオーケストラのための交響的神秘〉（1924）だ。パーシー・グレインジャーやボフスラフ・マルティヌーといった作曲家も、これに続いた。だが結局「革命」は起こらなかった。1930年代を通じて、テルミンは演芸場の目新しい演目に成り果てていった。たとえばイギリスでは、ジョセフ・ホワイトリー（1894〜1984）という演奏家が「ミュゼール」の芸名でヨーロッパ唯一のテルミン奏者を自称し、ツアーをおこなうようになっていた。

オンド・マルトノ｜Ondes Martenot

ニューヨークでテルミンが特許を取得した1928年、パリではモーリス・マルトノ（1898〜1980）というフランス人が、自作の電子楽器を発表していた。1898年に生まれたマルトノは、博識ではあったが発明家ではなかった。しかしチェリストで、教育理論家で、作家でもあった。第一次世界大戦中はフランス軍の通信兵で、電子機器が時によって様々なピッチの音を発する様子を観察していた。戦後は、この現象を音楽に応用する方法を探求し、その成果は、最初は「オンド・ミュジカール」（音楽の波）、後に「オンド・マルトノ」（マルトノの波）と呼ばれるようになった。マルトノはこの新しい発明品のため、ディミトリオス・レヴィディスに〈オンド・マルトノ独奏と管弦楽のための交響詩〉（1928）の作曲を委嘱している。この作品は、パリの演奏会でオンド・マルトノが披露される際の定番曲となった。

初期ヴァージョンも、1930年末から1931年初頭にかけてアメリカ・ツアーに使われた試作機も、後に作られる限定製品とは全然ちがった。とはいえ両方ともすでに、後の完成品と同じ大きな特徴があった。それはテルミンのようなポルタメントを、さらに演奏しやすくするための仕組みだった。1932年に製造がはじまった最初の製品は、2種類の方法でピッチが決められた。ポルタメントのためのリボン・コントローラーと、ピアノのような従

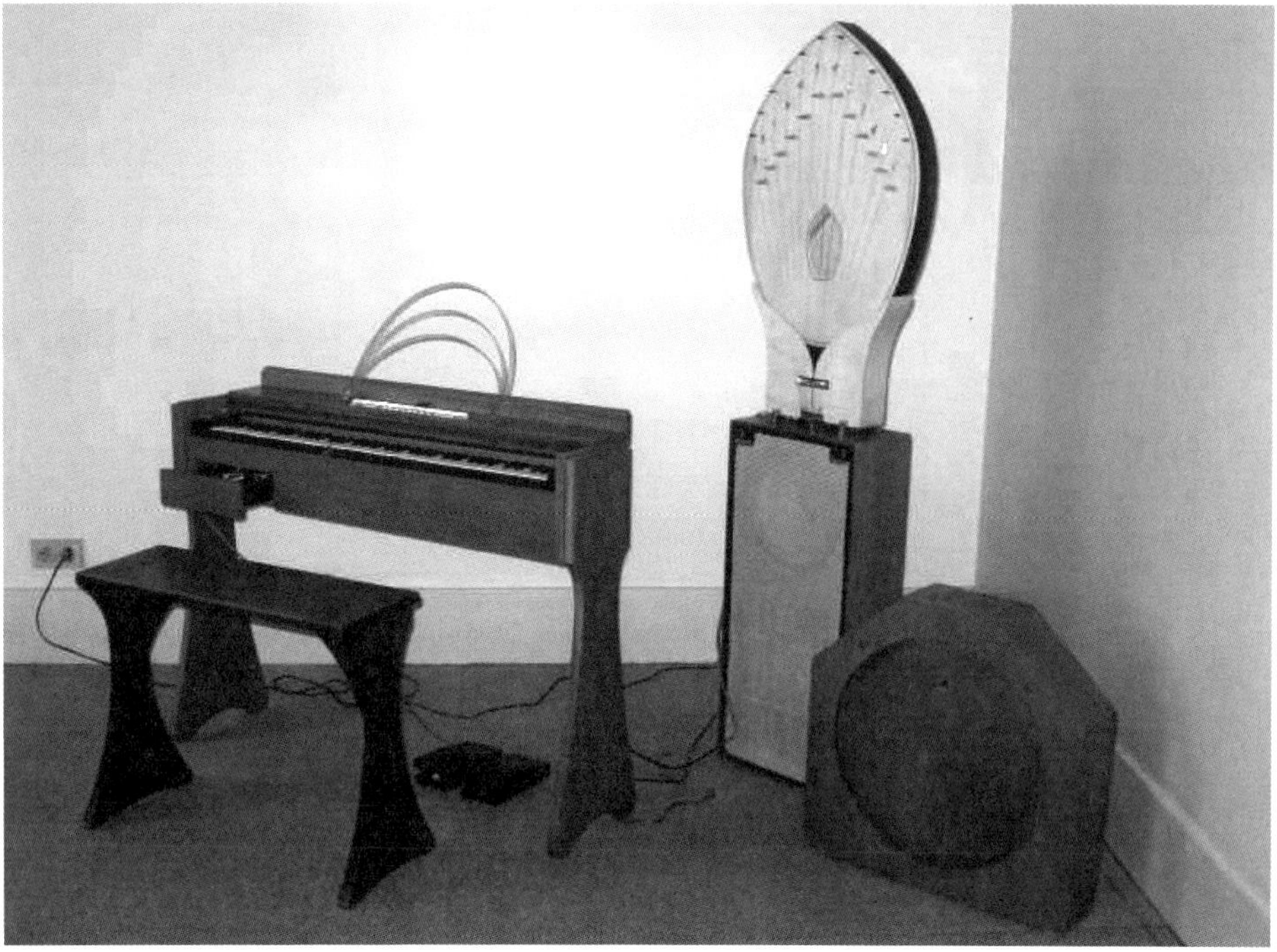

オンド・マルトノ　中央の四角い箱が通常のスピーカーで、その上が「パルム」、右にあるのが「メタリック」

来型の鍵盤だ。１９３４年のニュース映画では、マルトノ自身がこの楽器をデモ演奏している。「**これは弦も息も使わない真の楽器だ。**［……］**鍵盤には触れなくてもいいが**（と言ってリボンコントローラーを操作してみせる）**お望みなら鍵盤で弾くこともできる**（と言って鍵盤を弾いてみせる）」[8]。

１９３０年12月４日。大嵐の中、定期航路船「パリス」での旅を終えたマルトノはアメリカに到着した。殺到した新聞取材は、その後数年におよぶツアーの間じゅう続いた。このツアーの、ある週に注目してみよう。１９３１年１月６日、ニューヨークのＡＭラジオ局、ＷＡＢＣ放送はオンド・マルトノを取り上げたオーケストラ演奏会の、初のラジオ放送をおこなった。グリーグ〈ペール・ギュント〉第１組曲から〈アニトラの踊り〉の編曲版などが演奏された。ニューヨーク・タイムズ紙に掲載された予告記事は、25年前にテルハーモニウムを報じた時よりもずっと、この楽器を賞賛している。これこそは「オーケストラのほとんどすべての楽器を模倣する」可能性を持った「未来の楽器」である、と。[9] とはいえマルトノ自身は、同紙の他の記事でこう述べている。「[……]**根本的な意図は、他の楽器の音を模倣することではなく、作曲家が表現に使える新しい素材や、オーケストラの音色パレットを豊かにする斬新な色彩効果を提供することにある**」[10]。

マスコミはこの楽器を、テルミンと比較した。ザ・ガーディアン紙は1928年、マルトノの発明が「**昨年12月に紹介したテルミン教授の発明より明らかに進歩している**」[11]と評している。マルトノもテルミン同様、ヘテロダイン技術を音響生成に用いたし、どちらの楽器もポルタメント効果に優れていたが、それ以外の共通点はほとんどなかった。オンド・マルトノには強弱の表情をコントロールするホスト装置や、4つの異なったスピーカーがあり、これらの組み合わせによって幅広い音のパレットが提供され、演奏者と楽器の優れた相互作用が可能になっている。こうした特徴によって、オンド・マルトノは同時代の他の電子楽器から飛び抜けた存在となり、今なお作曲家や演奏家たちを魅了し続けている。

オンディスト（オンド・マルトノ奏者の通称）が音を出すには、2種類の方法がある。1つは昔ながらのピアノのような鍵盤だ。普通は7オクターヴあるが、この楽器はオーダーメイドの手作りなので、変更も可能である。鍵盤は調整可能なネジで固定されており、ネジをゆるめれば水平方向に動き、鍵盤を押しながら指を左右に揺すってビブラートをかけることもできる。音程を決めるもう1つの方法は、鍵盤の前にあるリボンを使うことだ。リボンに通した金属の輪を人差し指にはめ、左右に動かせば演奏ができる。リボンと鍵盤の間には半音階を演奏するための目印として、小さな窪み（白鍵用）と真鍮の突起（黒鍵用）が並ぶ。この仕組みによって音程の急激な上下や抑揚、ポルタメント、テルミンのような微分音といった様々な効果が、より精密にコントロールできる。

オンド・マルトノは単音楽器だ。演奏者は右手を、鍵盤やリボンで音程を選ぶためだけに用いる。左手は、鍵盤の左下から引き出される操作盤を使って、音量と音色を制御する。ここにはトゥッシュと呼ばれる独特のコントローラーがある。内部にはカーボン粉をつめた袋が入っていて、スポンジを押すような柔らかいタッチで音に強弱を加えることができる。音量は、膝で動かすレバーや、2つあるフット・ペダルでも操作できる。

鍵盤部分から発生する電子音は、4種類のスピーカー（『ディフューザー』と呼ばれる）につながっている。スピーカーは左の制御盤にあるボタンで切り替えられる。1つは普通のスピーカーだが、残る3つはオンド・マルトノならではのスピーカーで、電子音に特殊効果を加えた独自の音響を作り出す。「メタリック」は、普通のスピーカーにおけるコーン紙をシンバルのような金属板に置き換えたもので、銅鑼のような響きだ。視覚的に最も目立つのは「パルム」で、プサルテリウムやツィターのような外見をしている。ギターのような胴体に表裏12本ずつ、合計24の弦が張られた共鳴箱になっていて、電気信号が送られると共振を起こす。3つ目の「レゾナンス」は残響装置で、常に使われるとは限らない。

もしマルトノがこの楽器を、新しい音色としてオーケストラに加えたいと願っていたのなら、もっと小規模な装置にしておくべきだった。20世紀半ば、オペラやバレエなど様々な交響的作品がオンド・マルトノのために作曲された。最も有名なのはオリヴィエ・メシアンの〈トゥランガリラ交響曲〉（1948）だ。だがマルトノの野心が大きすぎたためか、この楽器の非凡さはアピールしきれなかった。開発は1980年代まで続けられ、1960年代にはソリッド・ステート［真空管の代わりに、トランジスタなどの半導体素子を用いた電子回路］技術を取り入れて改良されたが、受注生産で手作りされる「専門家のための楽器」であり続けた。今日でも変わらず、選ばれた音楽エリートのための楽器として作り続けられている。マルトノは、目新しさで宣伝することも厭わなかった。1947年にBBCでおこなったデモ演奏では楽曲の演奏に続けて、生まれたてのヒヨコやナイチンゲール、蚊、蠅、大風、爆弾やマシンガンの音真似まで披露している。[12]
最終的にオンド・マルトノは、野生では絶滅して動物園の人工的な環境だけで生きている希少種のように、ごく限られた数だけが生き残った。現在ではもっぱらオーケストラで、ごく限られたオンド・マルトノ用のレパートリーを演奏するのに使用されている。最新モデルを所有してレコーディングに使用している、レディオヘッドのギタリスト、ジョニー・グリーンウッドのような例外は別として。

トラウトニウム｜Trautonium

モーリス・マルトノがオンド・マルトノを公表した頃、ベルリン芸術アカデミーの放送研究所ではフリードリヒ・トラウトヴァイン（1888〜1956）が独自の楽器を開発していた。先行するテルミンやオンド・マルトノと同様、彼も自作とわかるように「トラウトニウム」という名前を発明品につけている。オンド・マルトノと同じく圧力に反応し、半音階を記した金属板に張られたワイヤーを押すことで演奏される。わずかな指の動きでビブラートをかけ、表情豊かに演奏することができるうえ、ワイヤーへの圧力によって音量が変わる。フット・ペダルで全体のボリュームをコントロールすることもできる。

テレフンケン社は1932年から1935年にかけて、100台のトラウトニウムを販売した。ドイツの作曲家パウル・ヒンデミットはこの楽器に魅了され、トラウトニウム三重奏のための小品を作曲している。オスカー・ザラ（1910〜2002）は1930年代前半からトラウトバインに協力し、2002年に死去するまでこの楽器の開発や演奏を続けた。ザラは、フィルターや低周波オシレーターや第2鍵盤を加えた「ミクスチュア・トラウトニウム」も開発している。また彼は、アルフレッド・ヒッチコック監督の映画『鳥』（1963）で、昔ながらの映画音楽の代わりに鳥の声に似せた効果音を提供し、この楽器を大衆文化の中に派手に登場させた。

ノヴァコード｜Novachord

ハモンド社が開発した電気オルガン［ハモンド・オルガンのこと。1930年代に発売されたトーン・ホイール式オルガン。特にポピュラー音楽では幅広く使われてきた］は、同社が電子楽器の進化に果たした貢献のごく一部にすぎない。この会社は1939年に「ノヴァコード」を発売。これは単なる電気オルガンとは異なり、大量の真空管によって純粋な電子音を鳴らす楽器だった。演奏は非常に難しく、オルガニストにもピアニストにも習得の難しいテクニックが必要とされた。この楽器は巨大で重く、500ポンド（約227キロ）もあった。木製のキャビネットは幅4フィート（1.2メートル）で、奥行と高さは3フィート（90センチメートル）以上ある。フルサイズのピアノ鍵盤と4つのフッ

ベルリン楽器博物館に展示されている1955年型トラウトニウム

トペダルを持ち、鍵盤上部にはベークライト製のコントローラーがずらりと埋め込まれた。見た目はグランドピアノとリードオルガンの中間のようだ。周波数を分ける真空管を大量に用い、12個のオシレーターで6オクターヴの音域を鳴らすポリフォニック方式。しいて言えば弦楽器やオルガンに近く、輪郭の不明瞭なフワフワした音色が特徴だ。

ノヴァコードは、ニューヨーク万国博覧会（１９３９年4月～10月と１９４０年5月～10月、「明日の世界の建設と平和」をテーマに開催された）で発表された。この博覧会はフラッシング・メドウズ・パークの１２１６エーカー（4.9平方キロメートル）に及ぶ敷地で開催され、来訪者が「明日の世界」を垣間見られるように設計された。ノヴァコードが奏でる夢のような電子音楽は、そのサウンドトラックとなった。短編映画『ニュー・ホライズン』（１９３９、日本未公開）でもノヴァコードの音楽が使われた。またフォード館の野外音楽堂では毎日、著名な作編曲家で指揮者のファーディ・グローフェが、いずれも白く塗装されたハモンド・オルガン1台とノヴァコード4台による「ザ・ニュー・ワールド・アンサンブル」を指揮した。

万博以外でもハモンド社は、ノヴァコードの販売促進に尽力した。大量の雑誌広告に加え、初号機をルーズベルト大統領の誕生日に贈って有名人の支持を得る大胆な手も使った。にもかかわらず、この楽器が商業的に大成功することはなかった。１９４２年、１０００台強を販売して製造は終了した。ほとんどはアメリカ国内で販売されたが、少なくとも1台は大西洋を越えてＢＢＣに渡った。また１９４０年以降、ヴェラ・リンが歌う〈また会いま

ノヴァコード

しょう〉（1939）のような戦意高揚ソングの多くを、アーサー・ヤングがノヴァコードで伴奏した。

製造が続けられなくなったのは、戦争で部品の入手が難しくなったためと言われるが、2000ドル近い高価格も大衆に敬遠された理由だっただろう。戦争さえ終われば製造再開できるといわれたが、そうはならなかったのだから。ノヴァコードに何が起きたか、定かではない。しばしば――ちょっとした正当化とともに――語られるのは、世界初のポリフォニック・シンセサイザーにしては開発時間が限られたため、失敗に終わったという話だ。ポピュラー音楽業界でも、何らかの制作中止の後は何十年もこういう話を聞くが、疑わしいものだ。ビーヴァー&クラウスのポール・ビーヴァー（1925〜75）は、1950年代にノヴァコードや他の電子楽器の一大コレクションを収集し、それを使って1950〜1960年代の映画にクレジットなしの音楽や効果音を提供している。しかしノヴァコード最大の遺産は、おそらくハモンド社のもう1つの製品に譲り渡した技術だ。この製品は、他のメーカーが大量生産する様々な小型電子楽器にも、大きな影響を与えることになった。

ソロヴォックス｜Solovox

ジョン・ハナート（1909〜62）は、ノヴァコードに関わった開発者の1人だ。彼はもう1つの先駆的なハモンド製品の責任者でもあった。これはノヴァコードから技術を受け継いだ小型でシンプルな楽器だが、ノヴァコードよりも寿命は長く、長続きす

ヴェラ・リン〈また会いましょう〉SP盤のレーベル。
アーサー・ヤングとノヴァコードがクレジットされている

る遺産となった。この楽器「ソロヴォックス」は、１９６０年代の軽音楽でよく使われた「ピアノの付属品」と呼ばれる楽器群の中では、最も初期の製品である。今日から振り返れば非常に重要な楽器だ。なにしろはじめて本当の意味で大量生産され、プロ・ミュージシャンだけでなく家庭や学校、レストラン、パブ、教会に電子音楽を届けた、初の電子楽器なのだから。最初のソロヴォックス「モデルＪ」は、ノヴァコード発表の翌１９４０年に発表された。製造自体は1年延期されたが、翌１９４１年から工業資源が戦争遂行に転用されるようになってしまった。戦後、ようやく改訂版の「モデルＫ」が１９４６年から１９４８年にかけて製造された。１９４８年から１９５０年には最終ヴァージョンの「モデルＬ」が作られた。[13]

ソロヴォックスにはノヴァコードと似た技術が用いられたが、ハナートは完全に新しいコンセプトで作ろうとしていた。ピアノ（時にはオルガン）に取り付けることができて、メロディが弾けるソロ楽器。このアイディアを実現するため、小型でモノフォニックの電子鍵盤と、そこから分離したアンプとスピーカーの「トーン・キャビネット」が開発された。ソロヴォックスの鍵盤部分には大きな揺り子と小さな鍵盤がついていて、アコーディオンに似ている。後続のピアノ付属型楽器にも、この形は残されていった。ソロヴォックス鍵盤は、ピアノ鍵盤の下に特殊な金属ブラケットで取り付けられるよう設計された。右手のソロヴォックスでメロディを弾き、左手はピアノやオルガンで自由にコード伴奏でき

ソロヴォックス

るというアイディアだ。アンプとスピーカーは、床置き型で前面が湾曲した、長方形のスリムな木製キャビネットに収納。このキャビネットは、小さな鎖とフックでピアノの横や下に取り付けることができる。

取扱説明書にはこう書かれている。「**美しくのびやかなソロヴォックスの音は、パーカッシヴなピアノとも驚くほど調和し、単純な音楽をきわめて豊かなものに変えます**」[14] ソロヴォックスの3オクターブ鍵盤には音響合成技術が詰め込まれていて、鍵盤の下には音色選択のスイッチが並んでいる。たとえばソロヴォックス・モデルLにはスイッチが12個あり、3つのグループに分けられている。1つ目はレジスター・コントロール（ベース、テナー、コントラアルト、ソプラノ）、2つ目はトーン・コントロール（ディープ・トーン、フル・トーン、ファースト・ヴォイス、セカンド・ヴォイス、ブリリアント）、3つ目には名前

演奏方法を示したソロヴォックスの広告

はない（ミュート、ファースト・アタック、ビブラート・オフ）。膝で操作するボリューム・レバーとピッチ・コントローラーも付属している。ソロヴォックスで音を出すには、レジスター・コントロールとトーン・コントロールのそれぞれにつき1つ以上ボタンを押さなければならない。ノヴァコードと同様、ソロヴォックスは既存の楽器音の真似だけでなく、独自のノイズも出せるよう設計されていた（取扱説明書では、このノイズは単に『面白い組み合わせ』と呼ばれている）。

ハモンド社のソロヴォックス、電気オルガン、それにノヴァコードといった楽器は、電子音楽の発展における重要な転機を表している。テルミン、マルトノ、トラウトヴァインらは、自分の楽器がクラシック音楽に革命を起こすと考えていた。しかしハモンド社は、最初からポピュラー音楽をターゲットにした。自社の楽器を家庭や学校、教会、ラジオや映画のために大量生産したいと望んだのだ。

オンディオリーヌ｜Ondioline

この頃、フランス人のジョルジュ・ジェニー（1900〜76）も同じ市場に狙いをつけていた。ジェニーは1938年頃から、オンド・マルトノの長所と短所を考え抜いたうえで、自作楽器「オンディオリーヌ」（オンディオラインとも）を構想していた。戦時中はサナトリウムで結核の療養をしながら開発を続け、1940年代後半には製造に着手した。1976年に死去するまでの30年間、ジェニーはこの楽器を改良し続けた。大量生産は認めず、かわりに限定生産品や制作キットを販売した。最初は自分でゼロから楽器を組み立てていたが、需要が増えたため、パリから100マイルほど離れた土地に小さな工場を建て、車椅子の従業員を20人ほど雇い入れた。幼い頃にポリオを患ったため、ジェニー自身も車椅子を使っていたのだ。医学生だったジャン＝ジャック・ペリー（1929〜2016）は退学してオンディオリーヌのセールスマンになり、推定700台ほど作られたこの楽器（現存するのは24台以下と思われる）の公式な「顔」として、主にフランスとアメリカで販売活動をおこなった。

　オリジナルのオンディオリーヌは真空管を使った単音の鍵盤楽器で、アール・デコ様式の木製キャビネットに収められている。この楽器もソロヴォックス同様、鍵盤ユニットとアンプ／スピーカー部分の2つに分かれる。アンプ／スピーカーのキャビネットは高さ約3フィート（約91センチメートル）で、9インチ（約23センチメートル）のスピーカーと小型アンプ、コントローラーが格納されている。このキャビネットの上、もしくは専用スタンドに、3オクターヴの小型鍵盤が乗せられる。鍵盤は板バネの上にマウントされ、鍵盤に乗せた指を左右に揺することでビブラートがかけられる。明らかにオンド・マルトノを模倣した仕組みだ。鍵盤の前には、真鍮板の上に平らな金属の帯が鍵盤の幅いっぱいに取り付けられている。これはオンド・マルトノのように音程を変えるリボン・コントローラーではなく、打楽器のようなノイズを鳴らすためのものだ。さらに、膝で操作して強弱をつけるボリューム・レバーも付属している。

　オンディオリーヌは、ソロヴォックスや同時期の他の初期電子キーボードに比べ、はるかに幅広い音色を鳴らすことができた。しかし問題は信頼性の低さだった。コストを下げるため、ジェニーは粗悪な部品を使いがちだった。そのため注意深くメンテナンスしない限り、数年もたつと故障してしまうのだった。この問題さえなかったら、もっと売れていただろう。なにしろオンディオリーヌの音色フィルター・コントローラーは、組み合わせが様々に変えられる。この楽器独自の豊かな音色だけでなく、既存の楽器に似た音まで作れるのだ。1948年のドイツのニュース映画に、ぶ厚い眼鏡をかけた

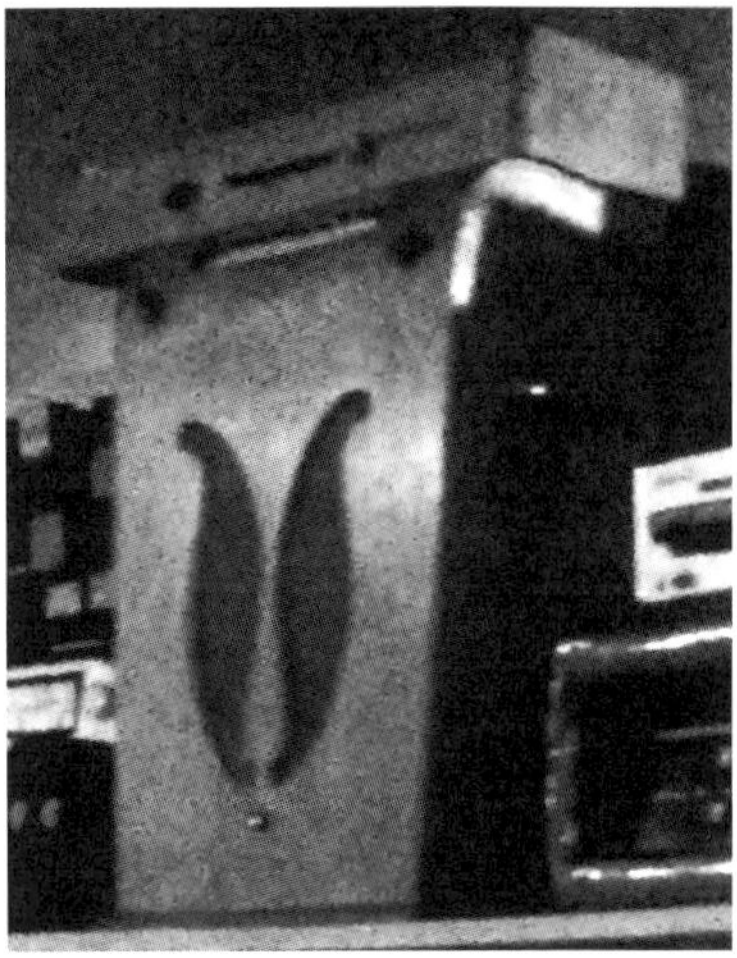

オンディオリーヌ

ジェニーが音真似のデモ演奏をする姿が残っている。彼はサキソフォン、ヴァイオリン、バンジョーの演奏者と並び、小さな鍵盤に向かって座っている。他の奏者が演奏するたびにジェニーはオンディオリーヌのフィルターを切り替え、それぞれの音色を模倣してみせる。こんな合奏は前代未聞、というか不可能だった。このアイディアは大いに好評を博した。後にジャン＝ジャック・ペリーも演じたこの種のデモによって、特にアメリカで、オンディオリーヌはメディアの注目を集めた。

ジョルジュ・ジェニー『オンディオリーヌ』表紙（1955）

クラヴィオリン｜Clavioline

1940年代から1950年代にかけて、アメリカ国内ではソロヴォックスが人気だった。広く海外に輸出されるほどではなかったが。しかしすぐにその座は、ピアノに取りつけられる別の楽器に奪われた。もっと持ち運びが簡単で多機能な、ヨーロッパの製品だ。大成功をおさめ、この種の楽器の中で最も人々に記憶されたのは、フランスのヴェルサイユでコンスタン・マルタン（1910〜95）が開発した「クラヴィオリン」だった。

電気と放送の技術を学んだマルタンは電気と放送の技術を学んだマルタンは、1930年代に電子音楽の実験をおこない、オンディオリーヌとほぼ同時期にクラヴィオリンを発売した。[15] クラヴィオリンは、ソロヴォックスとオンディオリーヌの両方に似ている。モノフォニック方式で音を生み出す鍵盤と、そこから分かれたアンプ／スピーカーの組み合わせ、そして膝で操作できるボリューム・コントローラー。しかしソロヴォックスにもオンディオリーヌにも優る最大の長所は、10インチ（約25センチメートル）あるスピーカー／アンプ部分の背面に鍵盤が収納され、単体ユニットとして持ち運びできる点だった。とりわけプロ・ミュージシャンにとって、これは実に魅力的な特徴だった。

クラヴィオリンの鍵盤部分はソロヴォックスとよく似ている。このアメリカの楽器を参考にしてマルタンは、3オクターヴで、モノフォニックで、音色選択スイッチのついた楽器を設計した。さらに彼は、全体の音程をオクターヴ上下に移調できるスライダー・スイッチも設けた。おかげで音域は、ソロヴォックス以上の5オクターヴに広がった。当時の広告には、この楽器が「**驚異的な忠実さで、30以上の違った楽器の音色**」を発すると記されている。音色にはオーケストラの弦楽器、管楽器、さらにミュージックソーやツィター、バンジョー、バグパイプ、アラビアン・フルートまで含まれていた。

マルタンはクラヴィオリンを製造するライセンスを、アメリカではギブソン社、イギリスではセルマー社に認可した。1950年代には他にも世界中の少規模な会社が、この大人気の電子楽器のライセンスを求めるようになる。1950年頃、最初にクラヴィオリンの製造を開始したのはセルマー社だ。ギブソンも1952年のNAMMショー［National Association of Music Merchants。現在も毎年開催されている世界最大級の楽器見本市］で自社モデルを発表している。両社とも、クラヴィオリンを家庭に向けて売り出した。そのため広告にもパンフレットにも、まるで掃除機や洗濯機のようなイメージが強調されている。ご婦人方が快適な客間にくつろぎ、今や「**指先でフル・オーケストラ**」が演奏できるのを愉しんでいる……というような。

けれども、持ち運び便利で安価なクラヴィオリンは、むしろプロ・ミュージシャンに大人気となった。特にイギリスでは、軽音楽オーケストラやダンス・バンドからパブで演奏するピアニストまで、こぞってこの楽器を取り入れた。有名どころではビル・マクガフィー、シリル・グランサム、ハロルド・スマート、サンディ・マクファーソンといった面々が、1950年代末にはこの楽器を使うようになっていた。彼らはスーツを着た上品なエンターテイナーだったが、同時に、偶然とは言え軽音楽や初期のBBCでのテレビ番組に電子音を持ち込んだ革命家でもあった。ロックンロール第一世代のビル・ヘイリー&ヒズ・コメッツも、1957年の初めてのイギリス・ツアーで、他の多くのミュージシャンに先駆けてクラヴィオリンを使用している。

初期の電子楽器たち

後世から振り返れば、初期の電子楽器たちはバラ色に輝いて見える。ノヴァコード、テルミン、クラヴィオリン、ソロヴォックス……これらの名前は一種の呪文だ。「失われた未来」というイメージへの、ノスタルジックな詩。いや、そんな感傷で、こうした楽器の歴史的な重要性が揺らぐものではない。1940年代末、これらの楽器は、電子音楽の発想がポピュラー音楽の語法に入りこんでいくための「手段」だったのだ。当時、ラジオ番組やハリウッド映画やテレビなどのニュー・メディアに触れる生活なら、これらの電子音を聴く機会があった。だが、そういったメディアを軽んじる「高尚な趣味」の人々は、オンド・マルトノやトラウトニウムにしか出会わなかっただろう。高価で稀少なこちらの電子楽器は、限られた作曲家の芸術音楽でしか使われていなかったからだ。もちろんノヴァコードやテルミンのような楽器も稀少ではあったが、それらは映画のサウンドトラックを通じて、何百万という聴衆の耳に届いていた。

ピアノの付属品と呼ばれたクラヴィオリンやソロヴォックス、また同じような1950年代の楽器、ジェニングスのユニヴォックス［トーマス・ウォルター・ジェニングス（1917〜78）のジェニングス・オルガン・カンパニーから発売された鍵盤楽器。同社はその後ジェニングス・ミュージカル・インストゥルメンツと名称変更し、「VOX」ブランドでアンプや電子オルガンなどのヒット商品を生み出していった］やマエストロヴォックス［ヴィクター・ハロルド・ワードの設計で1952年に発売された鍵盤楽器ブランド］などは、やがて安価になり、大量に供給され、ポピュラー音楽のミュージシャンにも手が届くようになった。熱心なアマチュア・ミュージシャンや教会のオルガニスト、ダンス・バンドのセミプロなら、1台ぐらいは所有しているものだった。これらの機材は大量生産され、楽器屋に行けばギター並みの価格で入手できた。[16] もちろん、こうした楽器さえ使えば素晴らしい音楽が作れるとは限らない。だが当時の多くの音楽家は、正弦波や矩形波や鋸歯状波［いずれも電子音楽に使用される基本的な波形］の音楽的な可能性を、これらの楽器によってはじめて経験したのだ。

電子楽器の第一世代は確かに魅力的だったが、限界も弱点もあった。オンド・マルトノやノヴァコードのように洗練された楽器ですら、仕組みの複雑さや脆弱さ、高価格、特殊な演奏テクニックの習得など、様々な難点があった。一方、ピアノに取り付ける方式の電子楽器は演奏も簡単、安価で技術的にも単純だが、単音しか出せず音色の幅が限られている。オンディオリーヌは両者の中間だが、品質に失望せざるをえない。電子音楽は進化の旅の「高原状態《プラトー》」に突き当たった。まるで初期の飛行機のようだ。潜在的な可能性は明らかなのに、この飛行機は短距離しか飛べない。芸術を生み出すのに十分な装置は、まだ存在していなかった。

録音というテクノロジー

1948年、初期の電子楽器クラヴィオリンが商業的に大成功した翌年、3つの事件がすべてを変えた。それらは同時に、しかし無関係に起きた。2つは技術的な進歩で、もう1つは創作行為だった。

「マグネトフォン」は世界初の磁気テープレコーダーの型名だ。ドイツの電機メーカーAEG社と化学企業IGファルベン社によって開発され、1935年にベルリンのラジオ放送で公開された。AEGは1938年にアメリカのゼネラル・エレクトリック社にサンプルを送っている。当時は音質が劣悪だったため国際的に注目を集めることもなかったが、ドイツは戦時中、これを使い続けた。ドイツ軍が統制したラジオ局は、テープに録音された音楽を放送していた。

アメリカの軍人で電子技術者のジャック・マリン（1913～99）はイングランドに配属されており、夜中に電波を受信していて、この音楽を耳にした。そして、78回転レコードにつきもののパチパチしたノイズが聞こえないことに気づいた。ドイツのオーケストラは生演奏を放送しているのか？ だがマリンは納得しなかった。終戦間際のドイツ軍があわてて退却する際、ドイツに着任した彼は真相を知ることになる。バート・ナウハイムにあるフランクフル

マグネトフォン

マグネトフォンを実演するジャック・マリン（中央後ろ）（1945）

ト放送のサテライト・スタジオで、マリンはテープレコーダーを見つけた。この機械には、本来の技術的限界を破って広い周波数の音を低歪率で録音できる「交流バイアス」の技術が使われていた。

　マリンは、このレコーダー2台をアメリカに送る許可を得た。新技術の可能性に気づいたのだ。終戦後、彼は音楽業界や放送業界にレコーダーを売り込む。これに感銘を受けた1人がビング・クロスビーだった。1947年、マリンはドイツから持ち帰ったレコーダーの1つにクロスビーのラジオ番組を録音し、放送した。これがアメリカのラジオで初のテープ録音番組となった〔この放送は『フィルコ・ラジオ・タイム』第2シーズン第1回（ABCネットワーク、1947年10月1日）。前シーズンではアルミニウム・ディスクが録音に使われていたが、音質の評判は良くなかった〕。翌年にはテープ録音の商業利用が可能になった。ミニテープ・コーポレーション（後のスタンシル・ホフマン社）は、1947年にバッテリー駆動のレコーダーを発表。翌1948年にはアンペックス社が、オープンリール式の「モデル200」を発表した。どちらもドイツのマグネトフォン技術をもとにした、レコーディングの新世代を先導するマシンだった。

　同じ1948年の6月21日、コロンビア・レコードは直径12インチのＬＰ（Long Play）レコードを発表する。１分間33＋⅓回転で、細かい溝を持つ塩化ビニール製のディスクだ。開発は10年以上前から進められており、この新しいフォーマットには再生時間の延長と、78回転シェラック盤［いわゆるＳＰ盤］よりも優れた音質が求められていた。ＬＰレコードは軽くて持ち運びに便利なうえ、きわめて丈夫だった。

ミュージック・コンクレート（具体音楽）｜Musique Concrète

１９４８年に起きた３つ目の出来事は新しい技術ではなく、技術が音楽にどう使われるべきかという新しい発想、新しい音楽だった。10月５日、ピエール・シェフェールは自作〈騒音の音楽会〉（１９４８）をパリで放送初演する［後に〈５つの騒音のエチュード〉（Cinq études de bruits）と改題された］。この作品は、従来の楽器や声に加え、列車や鍋蓋の音まで使って作られていた。シェフェールはこれをミュージック・コンクレート（具体音楽）と名づけた。「具体音」とは、いわゆる楽音ではなく、生活の中で聞こえる音のことだ。同時に起きたこれら３つの進化――テープレコーダー、ビニール・レコード、編集された現実音の使用――によって、電子音楽は新たな段階を迎えた。

１９５０年には大規模な商業スタジオもテープレコーダーを装備し、レコーディングの音質を高めていた。この新技術は、音楽家のスタジオ作業に直接の影響を与えた。テープ以前の蠟で作られたワックス盤を使った録音とちがい、テープレコーダーは素早く簡単に停めたり再生したりできる。もはや音楽は、丸ごと録音しなくても良くなった。誰かが演奏をミスしたらレコーダーを止め、その箇所だけ録り直すこともできる。テープの編集が当たり前になった。録音や再生の速度は非常に速く、ふつうは１秒あたり15インチ（約38センチメートル）だ。エンジニアは粘着テープで磁気テープを貼り合わせ、別々の音をつなぎ合わせるが、この作業は「スプライシング」と呼ばれる。テープが再生

ピエール・シェフェール（1948）

ヘッドを通過するのは一瞬なので、上手にスプライシングすれば、つなぎ目は耳に聴こえない。完璧な作品を作るため、別々の演奏や曲の各部分をつなぎ合わせ、実在しなかった演奏を生み出すことも当然になっていった。サウンドを「録音」するために設計されたテープレコーダーという機械は、すぐにサウンドを「創作」する道具と考えられるようになっていった。スプライシングだけでなく、さらに別の編集テクニックがその方法を示した。昔ながらの音楽を新しい方法で録音するのではなく、今まで聴いたことのないタイプの音楽、すなわち「テープ音楽」を作るために、レコーダーを利用するのだ。もっとも、テープ音楽はあまりにも奇妙なので、音楽と認めない者も多かった。実際は、テープレコーダーを楽器と考えれば、操作方法をマスターするのは演奏に熟練することと同じなのだが。

ポピュラー音楽業界は、芸術音楽の世界に比べて躊躇なく電子音楽を受け入れた。が、テープレコーダーの音楽的な可能性に最初に飛びついたのは、芸術音楽の方だった。「テープ音楽」の誕生に最も影響を与えた人物は、前述のシェフェールだ。1948年の〈騒音の音楽会〉はレコード盤に録音されたが、すぐに彼もテープ技術を使いはじめた。放送技師で講師、理論家、番組制作者、本まで書いたシェフェールだが、ふつうの意味では音楽家でも作曲家でもなかった。とはいえ、あらかじめ録音した音の断片を寄せ集めてコラージュ音楽を作る彼の実験は、サンプリングを用いるすべての音楽に今なお絶大な影響を与えている。

フランス生まれのシェフェールはエンジニアリングを学び、ストラスブールの電信会社で働いた後、パリのフランス国営放送（RTF）に就職。ここで録音や放送の機材、そして78回転レコードに収録された大量の効果音ライブラリを手にした。まもなく彼は、それらの再生速度を変えたり逆回転の実験をおこなうようになる。〈騒音の音楽会〉の後、1949年にシェフェールはピエール・アンリと「ミュージック・コンクレート研究グループ（GRMC）」を結成し、1951年にRTFの承認を得る。GRMCはテープレコーダーつきの新設スタジオを与えられた。以後10年間にわたり、シェフェールは、楽器としてのテープレコーダーの利用方法を研究していった。

テープ音楽の基本はスプライシングだ。まず学ばなくてはならない初歩的な技術は、定規の使い方。音の断片を単に接着するだけでなく、一片のテープをもう一片につなぐ時の、切り口の角度でサウンドは変わる。斜めに切れば、音の立ち上がり《アタック》や音量の減衰《ディケイ》は録音された原音よりもソフトになる。ちがった角度で切ればサウンドは変わり、音楽的な表現も生み出せる。初期のテープ作曲家は、この方法でアタックをまろやかにしたピアノの音を、しばしば用いた。またテープを垂直に切れば、音が突然はじまったり消えたりする効果も生み出せる。テープ作曲家たちは、何百もの短いテープ片を貼り合わせ、作品を制作した。

テクニックは他にもたくさんある。テープ速度を変えれば音程だけでなく音色も変わるので、たとえば速度を上げたピアノの低音は、単なる高音とはちがった音色になる。聴いたこともない奇妙な音色になるのだ。また、テープを逆回転すれば音も逆回しとなるので、長いディケイは不気味に音量が上がってくる感じに変わる。短いテープ片をループ状にして、再生ヘッドをくりかえし通過するように巻けば、1つのパターンが反復され、基本となるリズムを作り出せる。録音ヘッドに収録された音が、直後に隣のヘッドから再生されるよう機械を調整すれば、テープ・エコーが生み出せる。

シェフェールの発想は、無限に広がる新しい音響の世界を示した。その記録手段となったのはテープレコーダーだったが、電子音楽の誕生に重要な役割を果たしたのは、じつはレコードの方だった。1948年からの20年間、ほとんどの電子音楽はテープに録音されていた。多大な労力や何段階もの作業が常に必要で、制作に手間がかかるため、観客の前でリアルタイムに演奏するのは不可能だった。そのため初期の電子音楽イベントはたいていレクチャーやデモンストレーションとして開催され、関係者による技術解説があってからテープで再生された。生演奏が不可能なのは仕方ないが、録音したテープ音楽を人に聴かせるには、何らかの媒体が必要だ。まずは映画、ラジオ、テレビがその手段となった。そして、レコード——すぐに最大の商業的な音楽記録フォーマットになった——もその1つだ。レコードの重要性は、当初なかなか気づかれなかった。だがライヴ演奏が不可能で、映画用でもテレビ用でもラジオ用でもない音楽が聴き手を獲得できたのは、長時間で高音質という長所を持つレコードというメディアのおかげだった。

エレクトロニッシュ・ムジーク（電子音楽）— Elektronische Musik

カールハインツ・シュトックハウゼン（1928〜2007）は1952年の短い期間、シェフェールのスタジオに在籍していた。彼は1950年からマイヤー・エプラー［ベルギー出身の物理学者。ボン大学音声通信研究所に在籍中の1949年に著書『電子音響合成』を出版、1951年の電子音楽スタジオ創設に参加］、ロベルト・バイヤー［1946年からサウンド・エンジニアとしてNWDRに所属し、1951年のスタジオ創設に参加〕、ヘルベルト・アイメルト〔ドイツの作曲家、音楽学者。批評家や編集者として活動後、1945年からNWDRに勤務し、1951年に電子音楽スタジオを創設〕らと実験や構想を続けていた。彼らは1951年、ケルンの西ドイツ放送局（NWDR）に電子音楽スタジオを開設する〔シュトックハウゼンはフランスから帰国後の1953年、スタジオに参加〕。フランスのシェフェールたちとは対照的に、純粋な電子音を「エレクトロニッシュ・ムジーク（電子音楽）」の素材に用いた。以来、芸術的な電子音楽は「エレクトロニッシュ・ムジーク」と「ミュージック・コンクレート」という2つの教義に引き裂かれることとなる。両者の対立は、女性聖職者に関する英国国教会の苦悶にも似て、好奇心を刺激される事件ではある〔英国国教会（聖公会）では、女性司祭や女性主教の認可を巡って激しい対立や分裂が起きた経緯がある〕。とはいえ部外者としては困惑させられるだけだし、今日さほど重要な話でもない。いや、当時ですらポピュラー音楽系の電子音楽家たちは、こんな話題を気にとめてもいなかった。

電子音楽史のこの時期、少数の知的エリートの革新的なアイディアが周囲に波及していった経緯は、今となっては不明な部分も多い。ただ、エリートたちの情報は文化の主流へと急激に伝わっていった。時にはポピュラー音楽の作曲家も、芸術音楽の作曲家と似たことをしていた。後になってポピュラー音楽を作りはじめた芸術音楽家の中にも「エレクトロニッシュ・ムジーク」や「ミュージック・コンクレート」と同じ頃、いやもっと以前から似たようなことを考えていた人物は存在する。たとえばイギリスで映画やテレビを手がけた作曲家のトリストラム・ケアリー

カールハインツ・シュトックハウゼン（1948）

（1925〜2008）は、1946年から電子音楽の実験をしていた。ルイス・バロンとベベ・バロンの夫妻は世界ではじめて電子音だけの映画音楽を作ったが、1948年にはすでにテープ編集をおこなっていた。

革新者が創造して次の誰かが引き継ぎ、歴史の鍵となるような出来事は、単純で直線的な連続ドラマでは語れない。というよりも、人はしばしば同時多発的に物事を思いついてきた。テープ音楽も1950年代半ばには一般に広がっていく。だがここではひとまず、テープ音楽誕生の数年前から再評価されはじめた楽器、テルミンに戻ってみよう。

02

宇宙に爆発する音楽

ドクター・ホフマンはハリウッドを目指す

I like music that explodes into space : Dr. Hoffman goes to Hollywood

1930年代のテルミン

1930年代、テルミンはそれなりに普及していた。RCA製の500台が市場に出て、幅広い層の音楽家が利用できるようになったのも一因だった。仕組みの単純さもエレクトロニクス愛好家の興味を惹いた。当時の雑誌にはテルミンの自作方法を解説する記事が掲載された。少なくともアメリカ国内では、うねうねしたテルミンの音色を耳にする機会もそれなりに増えていた。話題になる程度には珍しいが、もはや驚かれるほどではなかった。

人気ラジオ番組『グリーン・ホーネット』(1936~52)ではリムスキー・コルサコフの〈熊蜂の飛行〉がテーマ・ソングに使われ、蜂の羽音のようなテルミンの音がミックスされた。レフ・テルミンは、真面目で表現力豊かな楽器を作ったつもりだったので、このような使われ方は不本意だった。しかし電子音ならではのポルタメントやビブラートや不気味なドローンは、異常で奇妙で不安を誘うキャラクターに、あるいは逆にユーモアに、もはや結びつけられてしまっていた。

電子楽器の芸人たち

イギリスのテルミン奏者ミュゼール（本名ジョセフ・ホワイトリー）は長年、ユーモアを強調するテルミン芸を演じていた。ホワイトリーは1930年、ロンドンはオックスフォード・ストリートのセルフリッジ百貨店で、RCAテルミンを5ポンドで購入した。これを改造して音域を広げ、楽器のキャビネットを本体とアンプ／スピーカーの2つに切り分けて、車輪のついた金属製の台車に乗せた。箱を淡い黄色に塗り、音符や稲妻の模様を散らして飾り立てた。禿げあがって年齢より老けて見えるホワイトリーは、夜会服をひけらかし、上着のボタン穴にカーネーションを挿して片眼鏡をかけ、「ミュゼール」を演じた。他の珍妙な楽器あれこれと一緒に、テルミンで流行歌や霧笛、カモメ、自動車の加速音などの音真似を演じた。観客をステージに上げ、派手な身振りでキャビネットの蓋を開けて、内側に飾り立てたドリンクの棚を見せもした。

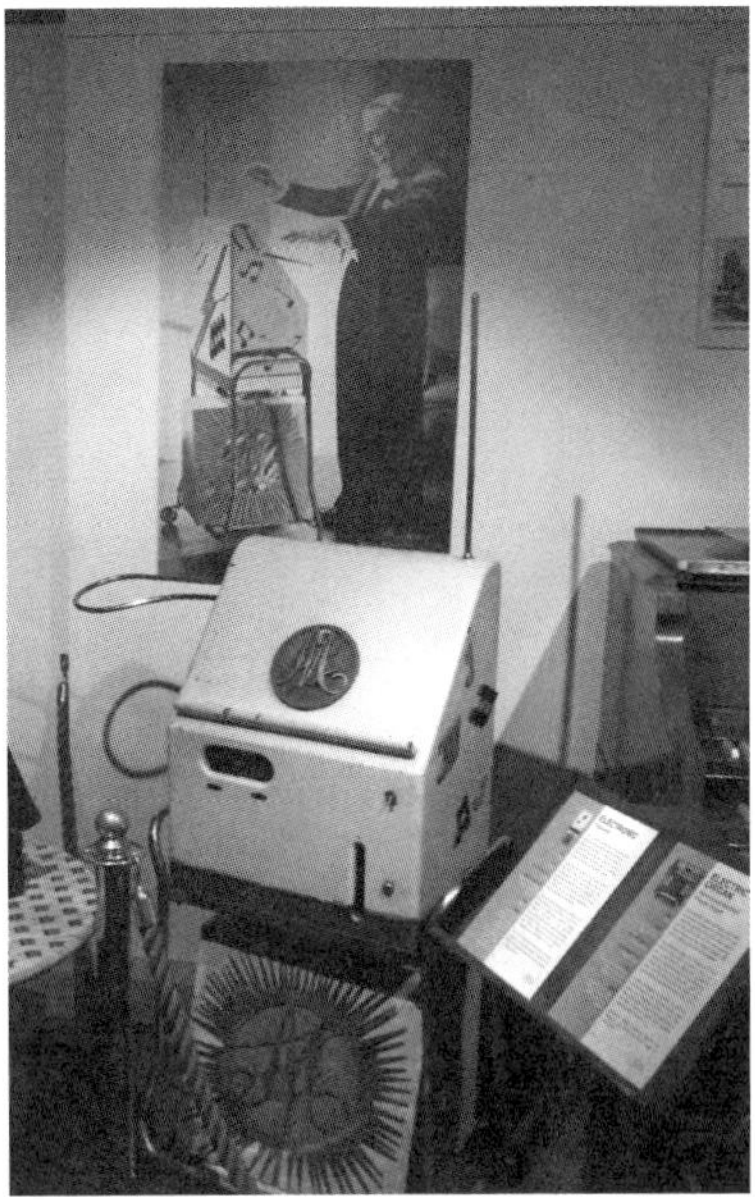

ミュゼールの使用した改造テルミン。後ろには演奏するミュゼールの写真も展示されている

最初は目新しさだけだったが、次第にホワイトリーの演奏力は上達し、音程もうまく保てるようになった。マンチェスターにあるデパートのレストランで開かれていた演奏会の常連は、1934年にこう語っている。ミュゼールは専属オーケストラのフロントに立ち、「**非の打ちどころのない**」音を鳴らしてみせた。だが、よく見ないと何をやっているかわからないので、困惑する聴衆もいた、と。[17]その出演は、ホテルや学校、私的行事の子供ショー、バラエティショーと多岐にわたった。ロイヤル・アルバート・

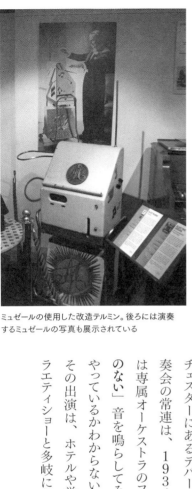

ホールでも30回以上の公演をおこない、戦後のテレビ世代にも支持されるほど人気を誇った。

1930年代のイージーリスニング音楽業界には、電子音の演奏家がもう1人いる。ドイツ生まれのマルティン・タウブマンだ。彼は、自作楽器エレクトロンデで**「空中から取り出してきたような音楽」**を演奏した。テルミンの初期のデモを見た彼は、1929年頃この楽器を製作した。記録映像によればテルミンによく似ているが、音をカットする手持ち式のスイッチや、音量をコントロールするフット・ペダルがついているのがわかる。この仕組みのおかげで、音にアタックをつけたり、ハワイアンのスティール・ギターのようなサウンドを作ることもできた。

ドクター・ホフマン｜Dr.Samuel J. Hoffman

1930年代のニューヨークでは、ハル・ホープと自称する若いテルミン奏者が、クラブやレストランで電子楽器を演奏していた。「ホープ」とはサミュエル・ホフマン（1903～67）の芸名だ。彼は足病医かつパートタイムのヴァイオリニストで、貸した金の抵当としてRCAテルミンを譲り受けていた。1930年代の前半、目新しい素材としてテルミンをポピュラー音楽に持ち込んだジョリー・コバーンというミュージシャンがいた。このコバーンのダンス・バンドで、ホフマンは演奏していた。彼はテルミン本人に会ったこともあるようだ。ニューヨークにも住んでいた彼は、後にこう述べている。**「ずいぶん前、発明家で科学者のロシア人から、テルミンについて教わったことがある」**[18]。

ホフマンは、この楽器を真剣に学んだ。1936年、ハル・ホープと名乗るようになった彼は9人編成のスウィング・オーケストラを編成し、ヴァイオリンとテルミンを弾き分けた。さらに、ニューヨークの流行りの屋上レストラン「カジノ・イン・ジ・エア」でもテルミンをレギュラー演奏するようになる。これが大きな転機となった。彼は「ハル・

ホープ電子三重奏団」を組んで稼いだ。このバンドでは1人がハモンド・オルガン、もう1人がテルミン式の指板つき電子チェロを弾き、ホフマンのテルミンと合奏した。間違いなく史上初の、電子ポップ・バンドだった。幅広くポピュラー音楽を演奏するホフマンのおかげで、ニューヨークの住人やラジオ局は、一種の面白い効果音としてテルミンを受け入れるようになっていった。

1941年、ホフマンはロサンゼルスに転居して足病医を開業する。第二次大戦に入るとテルミンのブームは下火になったが、これはレフ・テルミンのせいではない。彼も1930年代には名声を博したが、その後は同じ製品を宣伝し続けるだけだった。そして1938年に突然、ソヴィエトに帰国。西側では何十年もの間、政治的な粛清で死んだと思われていた。

ホフマンは医療に専従するようになり、音楽は引退したつもりだった。プロの活動を続けるつもりはなかったし、テルミンをどうこうするつもりもなかった。とはいえ臨時の仕事を受ける気はあったので、地元の音楽家ユニオンに登録していた。そして自分が演奏できる楽器のリストにテルミンも付け加えておいた。これは単なる思いつきだったが、おかげで彼には予期せぬ第二のキャリアが訪れる。ハリウッドに集う数百人のキーボーディストの1人として、ホフマンは映画『白い恐怖』（1945）ではじめて大衆にテルミンを紹介することになったのだ。

以前からハリウッドでは、不安な心理状態や心霊現象、異世界を描写する伴奏音楽として、ノヴァコードが活用されていた。たとえば、ダフニ・デュ・モーリエによる1938年の小説が原作のアルフレッド・ヒッチコック監督『レベッカ』（1940）は、ノヴァコードを用いたフランツ・ワックスマンの音楽がアカデミー賞にノミネートされた。ここでのノヴァコードは、タイトルにもなった亡妻レベッカの思い出を象徴している。残された夫や他の登場人物がレベッカについて語る時、必ずこの音色が流れてくるのだ。翌年にはダシール・ハメット原作の『マルタの鷹』をジョン・

ヒューストンが映画化した。この作品ではハンフリー・ボガートが気絶から目覚める場面に、ノヴァコードの音楽が流れる。映画音楽に使う側は意識していたわけではなかったかもしれないが、おかげで1950年代以降、電子音という新しい存在が大衆の耳に少しずつ伝わっていった。ちなみに作曲家のジェリー・ゴールドスミスは、1960年代にもノヴァコードを用い続けた。[19]

ミクロス・ローザ｜Miklós Rózsa

ホフマンが西海岸に移住した頃、作曲家ミクロス・ローザ（ロージャ・ミクローシュとも。1907〜95）もハリウッドのスタジオで働きはじめていた。彼は1907年、ブダペストの裕福な家庭に生まれる。母はフランツ・リストに師事したクラシックのピアニストで、ローザに音楽を教えた。父はトルストイ主義の理想主義者で、実業家、地主でもあった。ローザはハンガリー民謡への愛を吹きこまれ、これが彼の作曲に大きな影響を与える。作曲家を志してライプツィヒに学んだ後、1932年にパリへ転居。そこでスイス生まれの作曲家アルテュール・オネゲルと出会う。オネゲルは芸術音楽の作曲家としての収入を、映画音楽の稼ぎで補っていた。彼に刺激されたローザは1937年、同郷ハンガリー出身のアレクサンダー・コルダが製作した映画『鎧なき騎士』（1937）で、クラシックと映画音楽の作曲家という、本人が言うところの「二重生活」（自伝のタイトルにもなっている）をはじめた。ロンドンの映画界で短期間働いた後、1940年にはハリウッドに拠点を映して映画音楽作曲家となり、アカデミー賞を3度受賞した『白い恐怖』（1945）、『二重生活』（1947）、『ベン・ハー』（1959）。

イギリスの映画監督アルフレッド・ヒッチコックは、ローザが移住する直前の1939年にイギリスからアメリカに移住。そして1945年、ヒッチコックとプロデューサーのデヴィッド・O・セルズニックは、新作『白い恐怖』の音楽をローザに依頼する。この2人は、ビリー・ワイルダー監督『深夜の告白』（1944）の、ローザによる音楽が気に入っていた。実体験から精神分析にのめりこんでいたセルズニックは、精神分析を反映した映画を作るようヒッチコックに求めた。そうして作られたのが『白い恐怖』だ。映画の終わり方には、セルズニックの熱意が反映されている。この作品は、精神病院の分析医コンスタンス・ピーターソン博士（イングリッド・バーグマン）と、新院長のアンソニー・エドワーズ博士（グレゴリー・ペック）を巡る物語だ。ピーターソン博士は、エドワーズ博士（後に記憶喪失だとわかる）が白地に縞の模様に対する恐怖症だと気づく。この恐怖症を表すテーマ曲を通じて、テルミンの音色は一般大衆に広く知られるようになった。

『白い恐怖』の製作中、ローザはヒッチコックとセルズニックに2度会っている。最初の会合でヒッチコックはこう要求した。主役の2人、バーグマンとペックの場面には、壮大な愛のテーマを。劇中でペックが感じ続ける恐怖は「新しい色彩感」で表現してほしい、と。電子楽器に関心を持っていたローザはテルミンの使用を提案した。2人ともテルミンを聴いたことはなかったが、やらせてみることにした。

ローザは数年後、『白い恐怖』以前の2作品では電子音をどう扱ったか語っている。[20] 最初が『バグダッドの盗賊』（1940）で、パリで知ったオンド・マルトノを使った。約1年後の『砂丘の敵』（1941）では、死を予感させる「不気味で奇怪な」サウンドを、監督のヘンリー・ハサウェイが要求してきた。ローザはテルミンを使おうとした。しかし関係者の誰もが嫌がったので、仕方なくミュージック・ソーを使った。だが3度目は譲歩しなかった。ヒッチコックとセルズニックが、メインテーマと「偏執狂のテーマ」の下書きを没にしたので、ローザはどちらもいったん普通に作曲し直した。だが彼らとの2回目にして最後の会合では、テルミンのために作ったテーマをピアノ伴奏で歌ってみせた。監督もプロデューサーもこの曲には満足し、実際に使われる楽器の音色で聴きたいと言い出した。

白い恐怖 ― Spellbound

ローザは「大気の中からメロディを取り出せる男」に連絡をとった。ドクター・サミュエル・ホフマンだ。ローザが最初に選んだのはテルミンの名手クララ・ロックモアだったが、彼女は最愛の楽器が不気味なノイズとして安易に使われることに難色を示し、辞退した。そこでローザはハリウッドの音楽家ユニオンに相談し、楽譜が読めるもう1人のテルミン奏者を見つけたのだ。ホフマンは半ば引退したつもりだったが、テルミンの埃を払い、ローザを自宅に迎えた。作曲家は『白い恐怖』のテルミンのパート譜を持ち、オーディションをしにやって来た。ホフマンの初見演奏は完璧だった。ローザは感動し、彼の起用を即決した。ヒッチコックたちとの次の会合では、ホフマンがこの楽器を実演してみせることになっていた。しかし彼らはテルミンが劇中でどう響くのか知りたがり、試しにオーケストラとの共演でテーマ曲を録音するように言ってきた。そして正式にレコーディングがおこなわれ、録音がヒッチコックとセルズニックに送られた。

間もなくローザは、セルズニックの秘書からメモを受け取った。監督もプロデューサーもテルミンには賛成で、精神障害にまつわる全シーンにこの音色を使いたいし、タイトルバックにも使いたいと言ってきた。数週間、セルズニックからメモが突風のように届き続け、音楽についての助言や指示や、それぞれのシーンでテルミンがどう使われるべきか伝えてきたが、ローザはこれを無視した。最終的な録音では（傲慢なプロデューサーが大人数を要求したので）ヴァイオリンの人数で論争にもなったが、なんとか合意に至った。

『白い恐怖』は、この年のアカデミー音楽賞を獲得した。理由は簡単だ。この映画の「愛のテーマ」が、いかにもハリウッドのロマンス映画が求めそうな、壮大で聴き手の心をつかむ音楽だったからだ。対照的にテルミンの音楽は、テーブルクロスにフォークが刻んだ溝や、ガウンのピンストライプ模様や、ベッドカバーの刺繍を見るたびに発症するエドワーズ博士の「白地の上の縞模様」恐怖症を象徴していた。テルミンの音は、サルヴァドール・ダリが美術を担当したシュールレアリスティックな夢の場面にも使われた。この場面はオリジナル版では20分も続くはずだったが、完成版では精神分析的な解釈が散りばめられた短い夢の寄せ集めとなり、たった数分の1シーンになった。

失われた週末 ｜ The Lost Weekend

ローザは『白い恐怖』の後、『失われた週末』（1945）でビリー・ワイルダー監督と仕事をすることになった。チャールズ・R・ジャクソンによる1944年の同名小説が原作だ。レイ・ミランド演じるドン・バーナムは週末ごとに自暴自棄な飲酒を続け、ついには手も震えだし、錯乱に陥って悪夢のような幻覚を見るようになる。バーナムが酒に溺れたきっかけは小説では同性愛だったが、映画では作家としての不成功に変更された。

ローザが作曲に着手したのは試写の後だった。試写の時点では間に合わせの音楽がつけられており、アルコール中毒についての純然たる心理劇を目指したワイルダー監督の意に反して、観客はゲラゲラ笑っていた。試写が惨憺たるありさまだったので、企画は中断しそうになった。そこでローザはプロデューサーのチャールズ・ブラケットに掛け合い、問題は音楽にあると説得した。彼はテルミンを用いたテーマ曲を書き、ドクター・ホフマンを呼んで「アルコールの誘惑の声」を演奏させた。音楽監督は保守的だったので、この音楽が「**攻撃的すぎるし**、**不協和すぎる**

し［……］**普通の背景音楽に比べて目立ちすぎる**」と感じた。[21] しかしブラケットはテルミンを気に入り、それどころかもっと激しい音楽を求めたほどだった。

映画は、優美で楽天的なヴァイオリンの調べに乗って、ニューヨークの摩天楼をパンニングするショットからはじまる。キャメラはアパートの開いた窓から室内に入っていく。ヴァイオリンと、かすかなテルミンの誘惑的な音が、これからはじまるサスペンスをほのめかす。観客はこの短いオープニングで、何も語られないうちから物語が暗い方向に進むことを感じとる。『白い恐怖』では、不安な精神状態の象徴としてテルミンが使われた。『失われた週末』も同じだ。ヴァイオリンと奏でられるテルミンの6音のテーマが流れ出すと、主人公バーナムは酒が欲しくてたまらなくなる。

特に印象的なのは、髪を振り乱したバーナムが空き瓶2本を振って、ウィスキーの滴《しずく》をグラスに垂らそうとする場面だ。その間、つんざくような金管楽器に合わせてテルミンは持続音を奏でる。これは主人公の抑えきれない衝動を象徴する音なのだ。この新しい音楽で、再び試写がおこなわれた。今度は喝采で受け入れられ、笑いも起きなかった。『失われた週末』はアカデミー作品賞、監督賞、主演男優賞、脚本賞の4部門でオスカーを獲得。最優秀音楽賞は『白い恐怖』に与えられたが、ローザ自身は『失われた週末』の方が映画的にも音楽的にも上だと感じていた。

『白い恐怖』も『失われた週末』も、テルミンがはじめて大衆文化の中に登場した作品というわけではない。しかしこの2作品によって、かつてないほど幅広い観客層がテルミンを知った。なにしろどちらもこの年トップクラスの大作映画で、世界中で数百万人が観たのだ。おかげで新たにテルミンへの関心もわき起こり、ホフマンは「**この楽器を演奏できるハリウッド唯一の男**」[22] とまで呼ばれる人気テルミニストになった。以後の20年間、彼は20本以上の映画音楽を演奏する。その多くは『吸血原子蜘蛛』（1958）や『ビリー・ザ・キッド対ドラキュラ』（1966）といった平凡なB級映画だったが、ボブ・ホープとビング・クロスビー主演の『南米珍道中』（1947）や『十戒』（1956）、『地球の静止する日』（1951）といった大作映画でも、ホフマンの音を聴くことができる。

赤い家｜The Red House

ローザはもう1作、エドワード・G・ロビンソン主演の『赤い家』（1947）の音楽にもホフマンのテルミン演奏を使った。この映画には無名時代のジュリー・ロンドンも出演している。ジョージ・アグニュー・チャンバーレインの小説が原作だ。このモノクロ映画のストーリーに新味はないが、複雑な心理描写やロビンソンの名演が作品の質を高めている。

義足のピーター・モーガン（ロビンソン）と妹のエレン、養女のメグは人里離れた農場に暮らしている。ピーターの農場仕事には手伝いが必要だとメグが言い出し、彼女の級友ネイトが雇われる。ある嵐の晩、ネイトは近道するため境界を越えて森に入ろうとするが、ピーターはひどく興奮して、夜中の叫び声と赤い廃屋について警告する。ネイトはピーターを無視し、渦巻くようなローザの音楽に伴奏されながら、森に入っていく。吹き付ける風や反響する叫び声、そして当然のごとく聴こえてくるテルミンの音に逆らいながら。他の場面でもテルミンの役割は変わらない。恐怖や危険、先の見えない不吉な予感の場面になると、テルミンの音が流れてくるのだ。前2作の音楽と対照的に『赤い家』でのテルミンは、旋律というよりも音素材そのもので、ほとんど効果音のように響く。主役のメロディ楽器ではなく1音か2音、震えるような音だけだ。そしてこの『赤い家』以降、ローザは映画音楽にテルミンを使うのをやめてしまった（オンド・マルトノは、後に管弦楽曲で使用している）。『白い恐怖』と『失われた週末』のせいで大衆は、電子音――とりわけテルミンの音――を聴くと精神障害を連想するようになってしまった。レフ・テルミンの意図に反し、くねくね曲がって小刻みに震えるテルミンの音は、停泊地から流れ出た船のように浮わついた心理状態を表すことになってしまった。そしてさらに次の映画でのホフマンの演奏は、テルミンを永遠に強く結びつけてしまった――「宇宙」へと。

SF映画と電子音

銀色で円盤型をした未確認物体についての記録は、歴史上いたるところに残されている。しかし全米と他国の一部に空飛ぶ円盤への熱狂が巻き起こったのは、ケネス・アーノルド飛行士による1947年6月24日の報告がきっかけだった。彼はレーニア山の近くを飛行中、九つの飛行物体を見たと語っている。「**半分に切ったパイ皿**」のような形とか、もっとシンプルに「円盤型」などと説明した。それ以来メディアは「**空飛ぶ円盤**」という言葉を使うようになり、しばらく前から使われていた「UFO」とほぼ同義語になっていった。

アーノルドの報告後まもなくアメリカおよび世界中で、目撃や接近の例が多発した。最も有名なのは、ニューメキシコ州ロズウェルの陸軍飛行場で7月8日に起きた事件だ［俗に言う「ロズウェル事件」。詳細や真偽はいまだ混迷をきわめているが、UFO関連では世界で最も有名な事件といわれる］。陸軍が「空飛ぶ円盤」を近所の牧場で回収したと発表したのだ。後になって、この物体は単なる気象観測用気球だったと訂正されたが、大衆の熱狂的な関心をそぐことはできなかった。人々は、すぐにも地球外からの侵略がはじまるのではないかと憶測を巡らした。あるいはソヴィエトの秘密兵器かもしれないと。その後の数年間「空飛ぶ円盤」の目撃談は多発した。写真も多かったが、詳しく調べてみると、ほとんどは明らかな偽造品だった。いまだに簡単には説明がつかない、数件の例を除いては。

こうした「空飛ぶ円盤」熱と同じ頃、人々はロケット技術にも夢中だった。アメリカ、ロシア、イギリスの科学者たちは、第二次世界大戦中にドイツが作ったロケットを進化させようと競い合っていた。1940年代末には、人類の宇宙飛行も可能と考えられるようになっていた。そんなムードの中、1950年代にはSF映画が量産された。ほとんどがアメリカ製だった。

この映画ジャンルは、電子音楽が大衆文化に浸透する重要な場になっていった。SF映画は目新しいものではなく、これまでもジュール・ヴェルヌやH・G・ウェルズの小説が映画化されていた。これが1950年代になると、人類と地球外生命体の遭遇や、惑星間旅行といったテーマがくりかえされるようになっていく。低予算映画では、地球外生命体による地球侵略の話が多かった。火星の風景のように高価なセットを組む必要がないからだ。とはいえ、宇宙旅行がテーマの映画もなくはなかった。

1950年代のSFといえばB級映画と思われがちだが、中には予算をつぎこんだ看板映画もある。初期の作品では、たとえば『月世界征服』（1950）だ。この映画はテクニカラー［1920〜50年代に普及した、カラー映画のフォーマット］で撮影され、テクニカル・アドバイザー／スクリプト・ドクター［シナリオをチェックし、改善のために助言をする職種］にSF作家のロバート・A・ハインラインが迎えられた。音楽は昔ながらのオーケストラだが、クレジットには記されていないものの、宇宙船が月に着陸する場面で電子音のループを耳にすることができる。

同年代のアメリカで作られた2つ目のSF映画『火星探検』（1950）は、よりいっそう類型的だ。ほぼモノクロで、上映時間は1時間17分と短い。ほとんどの場面は、閉所恐怖症になりそうな宇宙船内のキャビンに限定されている。

監督はカート・ニューマン、主演はロイド・ブリッジズ。初の有人宇宙飛行と月着陸計画の話だが、最後はもちろんタイトル通り火星にたどり着く。火星の場面は赤のモノクロームで表現され、核による終末後の世界を思わせる。作曲担当は、1939年のニューヨーク万博でノヴァコードを演奏した、あのファーディ・グローフェだ。彼はこの映画で再び、輪郭のぼけたヴィブラフォンのような鍵盤楽器の音色を響かせている。もっとも、今回はサミュエル・ホフマンの演奏するテルミンの音だったが。

テルミンは、映画のいたるところで鳴り響く。ロケット発射の場面では上昇するような音、ロケットや火星人の登場場面では様々なロング・トーンが使われている（ラヴ・シーンにだけは使われなかったが）。グローフェはミクロス・ローザと違い、テルミンを主旋律には用いなかった。むしろ弦や金管の楽器群にとけこませ、ぼんやりと不明瞭な空気感を作った。ずいぶん限られた用法ではあったが、これは後に続く大量のSF映画におけるテルミンや電子楽器アレンジの、1つの模範となった。ホフマンが演奏を担当したSF映画は、他にも『姿なき訪問者』（1953）、『それは外宇宙からやって来た』（1953）、『月基地計画』（1953）などがある。

もう1本、『遊星よりの物体X』（1951）も挙げておこう。孤立した北極基地で軍人や科学者が、損壊したUFOから発見された植物組成のエイリアンと戦う物語だ。監督はクリスチャン・ナイビイとクレジットされているが、実際の演出と脚本はハワード・ホークスといわれている。音楽はアカデミー賞の常連作曲家、ディミトリ・ティオムキン[23]（1895〜1979）。またしてもホフマンの演奏するテルミンがオーケストラとともに使われ、野蛮な吠え声や、冷えきった北極の風の残響として、映画全体を満たしている。まず最初、テルミンはUFOの伴奏音として登場する。その後、氷の下に得体の知れない何か、奇妙で恐ろしい何かが潜んでいることを、この電子音が暗示する（今日ではありふれた手法だ）。映画が進むにつれ、テルミンはその「何か」の出現を伝える合図となる。我々観客は、エイリアンが現れる前にまずこの音を聴くのだ。

バーナード・ハーマン｜Bernard Herrmann

バーナード・ハーマン

『物体X』公開から4ヶ月後の1951年9月、電子音を実験するグローフェやティオムキンやローザのような作曲家の一群に加わったのが、バーナード・ハーマン（1911〜75）だ。彼はロシア出身ユダヤ系移民の一家に生まれた。生まれも育ちもニューヨークで、幼時から音楽的才能を示し、ニューヨーク大学とジュリアード音楽院で音楽を学ぶ。心に何かわだかまりがあったようで、癇癪《かんしゃく》持ちだったという。ハーマンがはじめて音楽を担当したハリウッド大作は、20世紀フォックスの『地球の静止する日』だ。この作品でハーマンは、テルミンを演奏するホフマンや、バス・テルミンを演奏するヴァイオリニストのポール・シュアーを投入し、フォックス社の専属オーケストラを再編成した。[24] 弦楽器セクションは電気的に増幅され、たくさんの打楽器や鍵盤打楽器が置かれた。その中に2台のハモンド・オルガン、オシレーター、4台のピアノ、4台のハープ、30本の金管楽器が鎮座した。[25] ハーマンは自作に満足し、「保守的ではあるが、適度に独創的でもある」ゆえに歳月を越えて残ると信じた。[26]

このモノクロSF映画を監督したのはロバート・ワイズだ。脚本はエドマンド・H・ノースで、原作はハリー・ベイツの短編小説『主人への告別』。イギリスの俳優マイケル・レニーが、地球外からやってきた宇宙人クラトゥを演じた。クラトゥは空飛ぶ円盤でワシントンにやって来て「戦争への道を終わらせない限り、人類の共倒れは避けられない」と世界中の人々に警告する。身長10フィート（約3メートル）で銀色の強力なロボット「ゴート」を連れたクラトゥ。遠征の目的は平和のためだったが、魅惑と恐怖という両極端の反応を人々に引き起こしてしまう。彼はワシントンの街を狩り立てられ、ついには殺されてしまうが、ゴートに救われて蘇生する。宇宙船の前にすっくと立ち、電子音のノイズに伴奏されながら故郷へ飛び立つ直前、集まった各国の首脳に最後の警告を託すのだった……。

『地球の静止する日』は、東西冷戦についての寓話と捉えることもできるし、キリスト教のメタファーで読み解くこともできる。たとえばクラトゥは地球にいる間「カーペンター（大工）」という偽名を使う。ちょうどかつて、ある「大工」が平和的なメッセージゆえに中傷され殺されたが、その後で死から蘇り、昇天していったように［ここでの「大工」とはイエス・キリストのこと］。

『地球の静止する日』におけるハーマンの電子音は、オーケストラの中でテルミンを使ったグローフェやティオムキンやローザの手法に比べ、大きく進化している。電子音の素材はさらに多彩になり、テルミンも従来の楽器と対等に扱われている。テルミン二重奏、発振音、逆回転音、電気処理された弦楽器。作曲家は映画の仮編集を観てから熟考し、5週間で音楽を仕上げた。宇宙人や異世界を表現するために、電子音を組み合わせた独自のアンサンブルを編成し、大胆に空から舞い降りてくるような発振音を提案した。

映画では宇宙人の出てくる場面で、部分的に電子音が使われている。テルミンの滑らかな音色は、登場する宇宙船の滑らかな曲線にぴったりだ。音階をまたいでグライド［ポルタメントとほぼ同じ意味の音楽用語。ある音高から別の音高まで、音が途切れず連続的に上下すること］する旋律は「音楽」と呼べる限界ぎりぎりだが、推進力もないのにありえない速度と挙動で空中を移動し、手で触れなくとも身振りだけで操縦できる銀色の円盤を連想させる。ゴートはテルミンの二重奏に合わせてゆっくりと無慈悲に歩き、まるで未来に現れたフランケンシュタインの怪物のようだ。対照的に、クラトゥがアーリントン墓地やリンカーン記念堂を訪れたり、人類と親密な関係を結ぶ場面では、柔和で愛国的な長調のラッパという劇中で最も保守的な音楽が流れる。両者のコントラストは明確だ。こうした場面以外ではハープやピアノの高速アルペジオ、猛《たけ》り狂う金管楽器、もやもやした弦楽器、これらすべてに拮抗するテルミンの演奏が映画音楽を支配している。

こうした楽器の斬新なミックスで、一言でカテゴライズしようのないサウンドが生まれた。たとえばクラトゥが自分の力を示すために世界中を停電させようとする場面では、非常に難解な音の組み合わせが使われている。またハーマンは、効果音にも貢献した。劇中の効果音と音楽は同じ手法で作られ、ちがいはほとんどない。たとえばゴートの殺人光線は、テルミンと発振音の逆再生、時に渦巻く不協和音、再生音と逆再生音のモンタージュによるサウンドだ。

映画におけるテルミンの用法は当初、単純な方程式にもとづいていた。『白い恐怖』のテルミンは恐怖や苦悩を表現したし、『物体X』では破壊に精を出すエイリアンを表現した。しかし『地球の静止する日』の物語は緊張をはらみ、音楽にも複雑な象徴性が要求された。人類を破滅させる力を持つクラトゥは、平和を望んでいるのに人類から恐れられる。彼の本質は親切心なのに、テルミンや電子音の伴奏音楽はむしろ異質さを強調する。電子の音が、平和的な地球外生命体と、対する人類の恐怖と誤解に満ちた反応の、双方を浮かび上がらせたのだ。これが功を奏して『地球の静止する日』は古典となったが、ハーマンの映画音楽の力はいささか過小評価されている。彼の大胆な提案は、単なる模倣ではなく1つの定石、SF映画ではお決まりの表現になっていった。20世紀フォックス映画は本作のメインテーマを、後のテレビ・シリーズ『宇宙家族ロビンソン』（1965）パイロット版にも再利用している。ちなみに『地球の静止する日』の予告篇には、宇宙人の侵略が世界中を「呪文で縛りつける（spellbound）」という字幕が出てくる。テルミンの古典とも言えるあの映画『白い恐怖（spellbound）』への、無意識の賛同を表明するかのように。

レス・バクスター｜Les Baxter

SF映画を手がける以前、『白い恐怖』や『失われた週末』が評判となっていた頃、ホフマンは作曲家でバンド・リーダーのレス・バクスター（1922～96）とも出会っている。今日、大まかに定義すれば「エキゾチカ」というジャンルで記憶されている音楽家だ。この出会いで、テルミンを演奏するドクターはさらなる名声を得た。作曲家ハリー・レヴェルやビリー・メイの助力を得て、ホフマンとバクスターは3枚のヒット・アルバムを制作する。ロックンロール以前の癒し系オーケストラ軽音楽に、歌詞のない甘ったるいヴォーカルやテルミンをブレンドした作品だ。

第1作『ミュージック・アウト・オブ・ザ・ムーン』（1947）は、キャピトル・レコードから最初は78回転盤として発売され、後に33回転ビニール盤で再発売された。作曲をイギリス生まれのレヴェル、編曲と指揮をバクスターが担当。ライナーノートには「時には恐怖を与え、感じやすい心に悪影響を与えかねない音楽」と記されている。確かに1947年当時ならそうだったかもしれないが（いや、多分ちがうだろう）いま聴くと典型的な、お気楽イージーリスニング音楽だ。主旋律とテルミンはシームレスにつながり、時に陽気なスウィングのリズムで盛り上がる。ハル・ホープお得意のリズムだ。テルミンのサウンドは斬新だったが、威圧的なところの皆無な商業音楽だった。このアルバムは『地球の静止する日』より5年も前に、テルミンを宇宙のイメージに結びつけていた。ちなみに22年後、本作は文字通りの「月面の音楽」(music out of the moon)となる。アポロ11号の月面着陸に、ニール・アームストロング船長がカセットテープで持参したのだ。

『ミュージック・アウト・オブ・ザ・ムーン』の成功後、バクスターとホフマンは再び組んで、別のテーマでアルバムを制作した。RCAビクター(ホフマンが使ったテルミンの製造元でもある)から発売された『パフューム・セット・トゥ・ミュージック』(1948)だ。パルファン・コルデー社がスポンサーとなり、発売中の香水それぞれに合わせた印象派ふうの描写音楽6曲をレヴェルが作曲した。コルデー社が大々的に宣伝したおかげで、同年12月半ばの『バラエティ』誌ヒットチャートで首位を獲得。このセカンド・アルバムにはノヴァコードも使われ、この時代に最も有名な電子楽器2種類を組み合わせた録音となった。ホフマンのテルミン3部作は、再びキャピトル・レコードに戻って完結する。『ミュージック・フォー・ピース・オブ・マインド』(1950)のスリーヴには「灯りを消し、安楽椅子でリラックスして

『ミュージック・アウト・オブ・ザ・ムーン』(1947)

『パフューム・セット・トゥ・ミュージック』(1948)

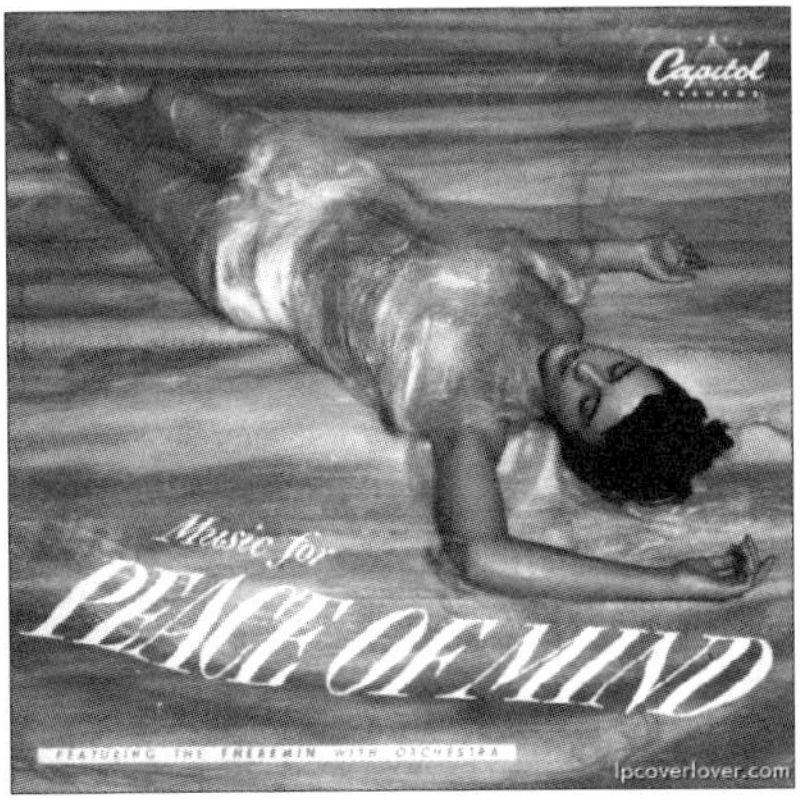

『ミュージック・フォー・ピース・オブ・マインド』(1950)

聴きましょう」とリスナーへの指示が書かれている。ホフマンのテルミンは再び豪華なストリングスに乗って、物憂げに奏でられる。このアルバムも大いに売れた。

これらの作品の意義は、商業的なインパクトだけではなかった。以前のホフマンの映画音楽や、他のポピュラー音楽における典型的な電子楽器の用途とは異なり、この3部作ではテルミンが平和や幸福や安楽を表現した。洗練されたディナー・パーティにぴったりのゆるやかなBGMで、気に障るところのまったくない無害でゆったりした曲調だ。テルミンは尖った角も鋭いエッジもないサウンドで快適にグライドし、こうしたコンセプトを強調したり補ったりしている。

ホフマンはその頃すでに落ち着いた中年男性だったが、パートタイムのスターになってしまった。髪の薄い丸顔の男が、アンテナの突き出た木箱に恍惚として集中し、はにかんだ笑顔をカメラに向けて演奏を終えるところが、テレビに映し出される。『ジョニー・カーソン・ショー』だ［アメリカで1955〜56年に放映された番組。ホフマンは1956年に出演している］。番組ではドクター・ホフマンとホストのカーソンが「ハル・ホープ」時代のナイトクラブ芸を再現した。ホフマンがカーソンに奏法を教えるが、カーソンはノイズしか出せずじまい……といった流れの、わざとらしい小芝居だ。あるいはハリウッドボウル・オーケストラとの共演も企画された。ホフマンは結局、1929年から心臓発作で死去する1968年までテルミンを演奏し続けたことになる。とはいえ1950年代の終わりには、名声も衰えていったのだが。

テルミン奏者としてのホフマンの人気は、1945年から1950年代初頭がピークだった。その演奏は、テルミンへの新たな興味を世間に巻き起こした。当時この楽器は市場に存在せず、入手したければ電子マニア向けの雑誌で、自作方法の記事を見つけるしかなかった。ニューヨーク出身の学生ロバート・モーグ（1934〜2005、ボブ・モーグとも）も、そんな記事に興味を持った1人だった。

モーグは独立心と自信にあふれたマニアックな少年で、自分の知力を証明しようとしていた。母親は息子をピアニストにしたいと考え、演奏家になれるよう毎日何時間も練習させた。おかげで演奏は熟達したが、彼の興味は父親の趣味である電子工作の方に向いていた。1949年、モーグは父の助けを借りて自分のテルミンを製作し、全校集会で実演してみせた。テルミンのシンプルさと表現力に心を動かされた彼は、これ以来電子楽器に人生を捧げるようになる。彼は19歳で会社を設立し、テルミンの組み立てキットや加工済み製品の大量生産をはじめた。1954年1月には『ラジオ&テレビジョン・ニュース』誌にテルミンについての記事を執筆。これは、厚さ1/4インチ（約6.3ミリ）の合板ケースにスピーカーとアンプを収めたテルミンの構造を、簡単に解説する内容だった。テルミンについては1949年にも執筆していたが、1954年の記事はさらに人々の要望に応えるものだった。

一般にテルミンは、目新しいだけの音楽玩具と思われている。真に熟達した演奏家は非常に少ない。筆者はその理由が、奏法を学ぶ難しさよりも楽器不足のせいだと考えている。[27]

ロバート・モーグ

モーグは、この楽器不足という問題に取り組んだ。彼に感謝しよう。15年も前のRCAモデル以来はじめて、テルミンが市販されるようになったのだから。事業はささやかな成功を収め、満足したモーグは大学で学ぶことにした。電子音楽の未来にとってさらに重要だったのは、彼が電子楽器販売で資金を得たことだ。起業家気質が、電子工学の知見や音楽的な感受性と結びついたおかげで、その後10年以上かけて電子音楽が大衆化していく間に、モーグは最も影響力を持つ人物の1人になっていった。

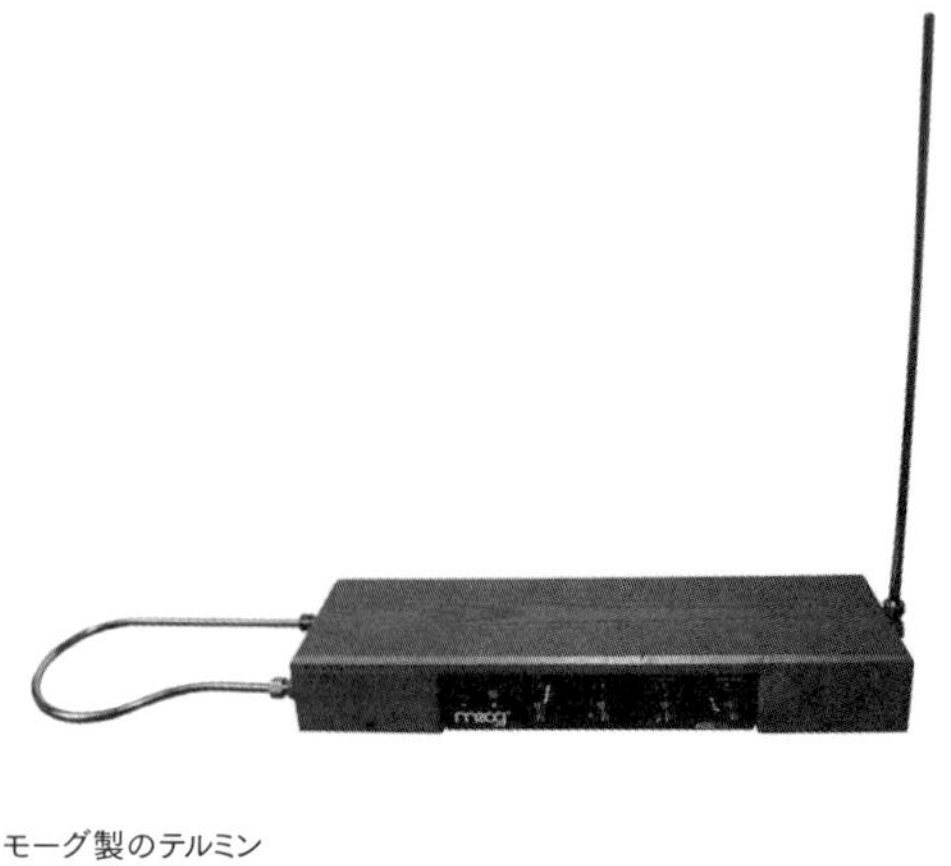

モーグ製のテルミン

ジャン＝ジャック・ペリー ― Jean-Jacques Perrey

大衆的なイージーリスニング音楽に電子音が浸透していったのは、アメリカだけではなかった。1940年代が1950年代に変わる頃、パリではジャン＝ジャック・ペリーという名の医学生が、あるラジオ放送に感銘を受けていた。この放送ではジョルジュ・ジェニーが、1949年に発表したオンディオリーヌを実演していた。ペリーは戦後から少しずつ音楽を学んでおり、音楽への野心を捨てられずにいた。彼は若さゆえの大胆さでラジオ局に電話をかけ、ジェニーの電話番号を入手する。それからジェニーに電話して、オンディオリーヌがとても気に入ったのだが購入するお金がないんです、と告げた。だけど、どうでしょう。もしそれを1台いただけたら、僕は名演奏家になってみせます。広報と考えれば、あなたにもメリットのある話では？　ペリーは若者の割におじさんっぽい温厚な風

ジャン＝ジャック・ペリーとオンディオリーヌ

貌をしていたし、快活で性格も良かったので、ジェニーに気に入られたようだ。この発明家はペリーをスタジオに招き、オンディオリーヌを1台貸してくれた。

ペリーはそれを自宅に持ち帰り、左手でピアノ伴奏しながら右手でオンディオリーヌを弾く練習を半年以上続けた。十分に熟練したところで再びジェニーに電話し、デモを見てほしいと頼んだ。演奏の表現力、そしてピアノとオンディオリーヌを同時に弾く技術にジェニーは驚き、医学校を終えたらセールスマン兼デモンストレーターの仕事をしないかと提案した。興奮したペリーは、医学の道を捨ててすぐに仕事をはじめようとしたが、この時期はちょうど医師資格を取得する直前だった。迷ったあげく、勉強とジェニーの仕事をかけ持ちすることにした。そのため、ジェニーからスウェーデンへのセールス旅行をもちかけられた時、ペリーにはちょっとした口実が必要になった。胆嚢《たんのう》の病気で入院しなければならないと嘘をついて学校を休み、ストックホルムに行ってスウェーデンのテレビに出演した。滞在は2ヶ月におよび、ホテル暮らしをしながら演奏して順調に注文を取り付け、同じく順調に手数料も得た。オンディオリーヌの行商で生計が立てられると確信したペリーはパリに戻り、音楽のために医学校を退学した。

それから10年間、ペリーはヨーロッパ中を旅してオンディオリーヌを売りまくった。おかげで、当初はすべて1人で手作りするつもりだったジェニーも、小さな工場を建てることになった。彼はペリーに、オンディオリーヌの幅広い音色を披露する7分間のデモ・レコードを録音するよう命じ、ヨーロッパ大陸をまたにかけた宣伝ツアーへと送り出した。ペリーがハンブルグにいると、ジェニーの妻から電話があった。シャルル・トレネ（1913〜2001）がオンディオリーヌに興味を持っている、と。

シャルル・トレネ｜Charles Trenet

フランスのトレネは当時、すでに大スターだった。歌手で作曲家、作詞家、作家、詩人。キャリアは最終的には60年以上に及び、作品も多数ある。音楽のスタイルや年代で言えば、二枚目俳優モーリス・シュヴァリエと、次世代のシンガーソングライターであるジョルジュ・ブラッサンスの、中間に位置する存在だった。戦時中のトレネは占領軍のために演奏していたため、戦後のフランスでは評判を落とし、しばらくは友人チャールズ・チャップリンのいるアメリカに逃げていた。1951年、パリに戻ったトレネは、新曲〈詩人の魂〉（1951）のためにユニークなサウンドを探していて、オンディオリーヌのことを聞きつけた。ペリーは彼に会ってデモを聞かせた。納得したトレネは、ペリーをレコーディングに招いた。22歳のペリーは、トレネやジャンゴ・ラインハルトのいる録音スタジオに入った。はるかに年上で熟練した有名ミュージシャンとの仕事に、緊張しきっていた。しかしラインハルトは、自分もペリーと同じように楽譜が読めないと告白し、感じたまま自由に演奏していいと言ってくれたので、気が楽になった。[28] 4曲が録音され（ラインハルトが共演したのは1曲だけだった）、演奏と歌はオーバーダブなしにライヴ録音された。〈詩人の魂〉は、フランスではコロンビアから78回転レコードで発売され、大ヒットとなった。トレネは映画『喜びのブーケ』（1952）でもこの歌を歌ったが、その時の伴奏は小オーケストラだった。しかしシングル盤ではトレネの歌とピアノ伴奏に、オンディオリーヌもソロ楽器として加わった。高音域のソロはヴァイオリンに似て表現力豊かだし、低音域のカウンター・メロディはオーボエによく似た響きだ。ラインハルトをフィーチャーした〈マ・メゾン〉でのオンディオリーヌは控え目ではあったが、表現力も、この楽器が生演奏に向いていることも、ペリーがその名演奏家だということも歴然とわかる出来ばえだ。

トレネはオンディオリーヌに夢中になり、自分のバンドを「ヴィグルー・オンディオリーヌ」と改名した。彼はペリーをコンサート・ツアーに呼び、2人でラジオ番組も録音した。とはいえトレネのように巧成り名遂げたポピュラー歌手にとって、電子楽器をソロに使うのは過激な冒険だった。そのため、この楽器に惚れこんだとはいえ、トレネのオンディオリーヌの使い方は保守的だった。たいていの曲でペリーは、オンディオリーヌ独自のサウンドではなく、他の楽器を模倣した。そもそもジェニーと製作したデモ・レコードも、オンディオリーヌ独自の可能性よりも物真似の能力を披露するものだった。

『詩人の魂』（1951）

ここにはテルハーモニウム時代から続く電子楽器特有の葛藤があり、それはモーグの時代まで続くことになる。当時の電子楽器はしばしば、本来なら演奏不可能な楽器の音が模倣できる、というふれこみで売られた。オンディオリーヌの宣伝文にも「**指先のフル・オーケストラ**」と書かれたように。だが、話はそれほど単純ではない。確かに初期の電子楽器は物真似を得意としたが、生楽器を完全に再現することはできなかった。1つの理由は、音がスピーカーから発せられることだ。どんなにヴァイオリンやクラリネットやバンジョーに似せても、完全に同じ音にはならない。とはいえ模倣が不完全だからこそ、素朴で奇妙な面白さを持った独自のサウンドとして、ゆくゆくは評価されることになるのだが。

ミスター・オンディオリーヌ｜MR. Ondioline

トレネとの仕事で、ペリーの新しいキャリアがはじまった。今や、ただのデモンストレーターやセールスマンではなく「演奏家」になったのだ。彼はヨーロッパ中をまわって独演会を開き、スコットランドならバグパイプ、ハンガリーならツィターといった世界中の音を、オンディオリーヌでデモしてみせた。演奏家としてのペリーは1960年代に「ヴァンガード」レーベルから、アルバムを何枚か出すことになる。だが、それはまだ先だ。まずはフランスのレーベル「パシフィック・レコーズ」から発売されたオンディオリーヌ・ポップスのEP盤2枚のために、1959〜60年頃ペリーが扮した「ミスター・オンディオリーヌ」というキャラクターの話をしよう。このレコードはヒットせず、音楽的にも大したことはなかったが、10年後には当たり前になる録音方法で歴史に名を残した。単音の電子楽器で音の厚みを出すためにマルチ・トラック録音をおこなった、最初のレコードなのだ。

ペリーは小編成バンドを伴奏に、オンディオリーヌをマルチ・トラック録音した。マルチ・トラック用の機材がなかったので、モノラルのテープにバウンス録音［複数のトラックに録った音をミキシングして再録音し、1本のトラックにまとめること］していった。その結果、大衆向けの軽音楽でありながら音質は風変わりな作品が完成した。最初のシングル盤『ミスター・オンディオリーヌ』（1960）のジャケットでは、その奇抜さが誇張されている。2台のオンディオリーヌが上下に積み重ねられ、上の楽器のトップパネルは開いて迷路のような電子回路をさらけ出している。まるで血管や腱や内蔵を見せる解剖断面図のようだ。音楽を作り出すテクノロジーを強調したこの種のビジュアルは、1960年代後半から1970年代前半にかけて、様々な電子音楽レコードに波及していった。楽器の前にはミスター・オンディオリーヌ（ペリー自身）が座っている。目だけ開けたフードとケープで頭と肩を覆い、スーツを着た肥満体の男。ミスター・オンディオリーヌというキャラクターを「この奇妙な楽器の男は何者?」とミステリアスに演出するアイディアだった。結果的には、滑稽と不吉の中間というか、悪役レスラーとカルト教祖の中間というか、いささか残念な見た目になってしまったが。

『ミスター・オンディオリーヌ』（1960）

ブリュッセル万国博覧会──Expo 1958

短い『ミスター・オンディオリーヌ』活動の直前、1958年4月から9月にかけて、ペリーはブリュッセル万国博覧会にオンディオリーヌを出展した。これは、本来はポピュラー音楽のミュージシャンであるペリーが、電子音楽の芸術的な面へと自分を磨き上げる1つの機会となった。

博覧会には4200万人以上が集まった。会場の中央には、鉄の結晶構造の基本単位を模型にした高さ102メートルの「アトミウム」が建てられ、人々を驚嘆させた。ジェニーはこの万博のため、数人の作曲家にオンディオリーヌの音楽を委嘱した。またラジオ放送用に、デモのLPレコードも録音した。レコードでは語り手がフランス語からの翻訳を、アメリカ訛りの英語

アトミウムの外観

で紹介している。いわく、オンディオリーヌは「**国際的に知られた**」オンド・マルトノの原理を単純化し、アマチュアでも演奏できるようにした楽器で、「**頑丈にできており、子供でも気兼ねなく演奏できる**」と。[29] 手軽さが強調されたわりに、委嘱作の多くはメロドラマ風やサスペンス風のクラシカルな小品だった。

この博覧会は今日では、芸術的な電子音楽がはじまった重要な契機と見なされている。電子音楽界の重要人物が多数訪れ、イギリスの作曲家トリストラム・ケアリーやダフネ・オラム（１９２５〜２００３）も観覧に来ていた。ル・コルビジェが設計したフィリップス社のパヴィリオンでは、来館者は５００組に分けられ、スピーカー４００個を使ったエドガー・ヴァレーズのサウンド・インスタレーション〈ポエム・エレクトロニーク〉（１９５８）を鑑賞した。この作品は1年後ニューヨークでも演奏され、「**ＳＦ映画のサウンドトラックのようだ**」と評されている。[30] フランス生まれのヴァレーズは長期間アメリカに住み、「電子音楽の父」とも呼ばれる存在だ。また、この傑作に並ぶのが、ジェニーが委嘱した別の音楽家ダライアス・チッタノーヴァ（生没年不詳）による、もう少し控えめな電子音楽だ。彼はアトミウムの頂上で、オンディオリーヌによる自作〈異なる永遠のための歌〉を演奏した。４００のスピーカーから流れるヴァレーズの〈ポエム・エレクトロニーク〉が未来を空想させる一方、チッタノーヴァはアトミウムの頂上からブリュッセル中にオンディオリーヌの音を流していた。

1年後、ペリーはピエール・シェフェール門下の学生として、電子の「前衛」の中心へと赴く。シェフェールの指導を受け、彼は6週間にわたってスプライシングなどのテープ編集技術を学んだ。とはいえ、この師匠と弟子に音楽的な共通点は少なく、関係は長続きしなかった。それでもペリーは、ここで学んだことを数年後、ポピュラー音楽の制作に生かしていくことになる。

トム・ディッセフェルト＆キッド・バルタン｜Tom Dissevelt & Kid Baltan

テープ編集をレパートリーに加える1960年代よりも前から、ペリーは電子ポップスのパイオニアだった。だがミスター・オンディオリーヌがケープとフードを着る3年前、すでにある2人のオランダ人が電子ポップスのアルバムを作っていた。ディック・ラエイメーカーズ（1930〜2013）はキッド・バルタンという芸名で、シンセサイザーを使わない電子ポップ・デュオ「エレクトロソニックス」をトム・ディッセフェルト（1921〜89）と組んでいた。彼らはシンセサイザーのかわりに、オランダ・アイントホーフェンにあるフィリップス・エレクトロニクス研究所のスタジオから、大量のトーン・ジェネレーターやテープレコーダーといった廃棄品を得ていた。

こうして最初の純粋な電子ポップス『ソング・オブ・ザ・セカンド・ムーン』（1957）を録音し、1957年に発表する。翌年、ペリー

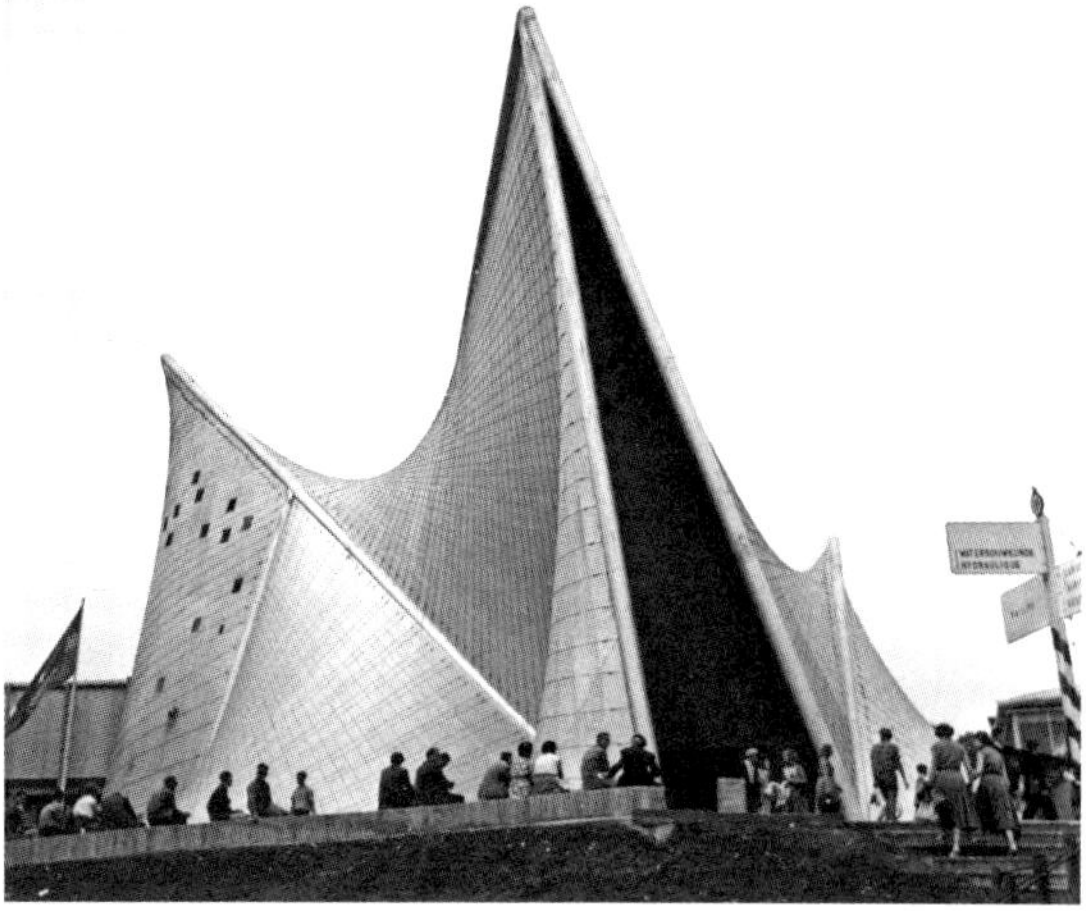

フィリップス社パヴィリオンの外観

とジェニーはフィリップス社を訪れ、オンディオリーヌの製造を依頼している。商談は成立しなかったが、この時ペリーはラエイメーカーズとディッセフェルトのスタジオで2人に会い、彼らの音楽に驚嘆し、自分の電子ポップスにインスピレーションを与えられたと後に語っている。

2人の制作風景を捉えた1959年のオランダのテレビ番組では、くつろいだ様子で黙想し、熟考しながら音符を書き、迷宮のようなテープ・ループを回す様子が撮影されている。スタジオにはそれぞれ違った音程のオシレーターが12個あり、和音を作れるようになっている。モノラルのテープレコーダーも複数あり、もとのドイツ語名で「マグネトフォン」と呼ばれている［この番組はVARA局で1959年1月17日に放映された］。

『ソング・オブ・ザ・セカンド・ムーン』というアルバム・タイトルこそ、宇宙への妄想という電子音楽の新展開を表していたものの、内容に音楽的な新しさはなかった。完全に電子音楽の手法で作られてはいたが、感覚的には既成のポップスそのままだ。アルバムのどの曲も従来通り楽器を重ねただけで、用いているのもポピュラー音楽の技法だ。変拍子、楽器の抜き差し、メロディの反復、わかりやすいコード進行。ウォーキング・ベースによるリズムセクション（ディッセフェルトはもともとベーシストだった）、パーカッシヴなループ、メロディを下支えする信号音。対旋律、ポルタメント［ある音から別の音になめらかに移動する効果］。泡が破裂するような音や、様々な音楽上の句読点。タイトル曲だけは、当時としてはかなり複雑な電子音楽だ。ベースとスネア・ドラムがエコーで増殖し、そこに電子のリズムが荒々しく合わさる。メロディはうつろい、音響空間はうなりとざわめきで満たされる。様々なパートが厳密に組み立てられ、鍵盤による制御ではなくテープの切り貼りや発振音のループ、時々打ち鳴らされるピアノの響きだけで作られた、非凡な音楽だ。

しかし音素材はどうであれ、メロディやリズムや構造から判断する限り、当時のロックンロールに影響された音楽と言わざるをえない。またそれ以上に、ジャズに影響を受けた「エキゾチカ」音楽との共通点も多い。それでも重要なのは、彼らが断固として電子音楽をポピュラー音楽の主流に取り入れたことだ。バロン夫妻のようにアンビエントな音風景でもなく、ハーマンやローザのように電子の要素を取り入れた古典的オーケストレーションでもなく。この作品は純粋かつ複雑な電子ポップスだったが、1957年当時、世界はまだそれを聴く準備ができていなかった。このアルバムは何度か再発売されたが、その後は埋もれたままになっている。

03

慣習無視の特権

禁断の惑星を探検する

The privilege of ignoring conventions : Exploring the Forbidden Planet

ルイス＆ベベ・バロン夫妻｜Louis & Bebe Barron

ルイス＆ベベ・バロン夫妻は、１９４７年12月7日に結婚した。この時に贈られた風変わりな結婚祝いのエピソードには、いくつかのヴァージョンがある。中でも信憑《しんぴょう》性が高いのは、[31] ３Ｍ社で働く従兄弟からテープレコーダーを贈られて、２人がこの新製品＝磁気テープを使いはじめたという話だ。[32] 別のヴァージョンでは友人がテープレコーダー、従兄弟がテープをくれたことになっている（夫妻の経歴には他にもヴァージョンちがいのエピソードがいくつも存在し、彼らの発言にはあまり一貫性がない）。とはいえ2人が１９４７年に、１台のテープレコーダーを入手したのは確かだ。当時、商業的なテープ録音ははじまったばかりだった。先駆けになったのはアンペックス社の「モデル２００」だが、開発にビング・クロスビーが出資したこの装置の発表は１９４８年だ。とすると結婚祝いは、ドイツ製の「マグネトフォン」だった可能性もある。これはジャック・マリンが戦後ドイツから持ち帰ったもので、アンペックスも自社製品開発の参考にしていた。ベベが後に「**たぶんヒトラーがスピーチの録音に使ったのと同じ機種だった**[33]」と語っているのも、これを裏付けている。友人（従兄弟）がドイツ人だったという説もある。バロン夫妻はその後、さらに多くのテープレコーダーを入手。その中には「スタンシル・ホフマン」もあった。これは2人のため特別に製作、あるいは少なくとも改造されたといわれるテープレコーダーだ。

最初の録音機が何であれ、おかげで彼らは当時の「特権階級」に入ることができた。2人が制作をはじめた頃、テープレコーダーは限られた専門家向けの高価な機材で、ラジオ局やプロの録音スタジオにしかなかった。しかし夫妻は当時としては珍しく、自宅にテープレコーダーを所有していた。2人は自分たちの本性は「前衛的なボヘミアン」だと語っているが、この新しい機材の商業的な可能性はしっかり理解していた。

ベベ・バロン（1925〜2008）の本名はシャーロット・ウィンド、ミネソタ州ミネアポリスの生まれだ（後年しばしば1927年生まれと称している）。幼少期はノース・ダコタで過ごしたが、音楽やピアノや作曲をミネアポリス大学で学ぶため、故郷に戻った。修士号は政治学で取得している。ある時期から「ベベ」と名乗りはじめ、デート相手から兄弟のルイス・バロン（1920〜89）を紹介された。ルイスは電子工作マニアで、シカゴで音楽を学んでいたが、生まれ故郷のミネアポリスに帰郷していた。とはいえ、まっすぐ戻ったわけではなく、途中メキシコで演劇の脚本を書いたりもしていた。

アナイス・ニン｜Anaïs Nin

2人は結婚後モントレー、そしてサンフランシスコへと移り住んだ。このころ彼らは、フランス系キューバ人の日記作家にして性愛小説家、アナイス・ニン（1903〜77）に出会っている。彼女は、第二次世界大戦直前の1939

年にフランスからアメリカに移住した。今日では数々の著作や、ヘンリー・ミラーの愛人としても知られるニンだが、ほとんどの作品が出版されたのは死後のことで、バロン夫妻と会った頃は無名だった。ニンの最初の夫ヒュー・パーカー・ギラー（1898～1985）は銀行家だったが、アーティストでもあった。彼は1940年代末から「イアン・ヒューゴ」名義で実験映画を制作しはじめ、ニンとともにバロン夫妻の初期の創作活動に関わった。ニンとベベは特別に深い友情で結ばれた。年上のニンは、若きベベにとってメンターのような存在となり、バロン夫妻の息子アダムの名付け親にもなった。

夫婦2組の最初の共同作業は、ニンによる自作の朗読をそのまま録音することだった。バロン夫妻はこれを2連作のオーディオ・ブックとし、1枚目を自身のレーベル「コンテンポラリー・クラシックス」から1949年に発表した〔『ガラスの鐘の下で』『近親相姦の家』の2作〕。この連作は、オルダス・ハクスリーやヘンリー・ミラーのアルバムも含む「サウンド・ポートレート」シリーズの一部となった。シリーズにはテネシー・ウィリアムズを収録する可能性もあったようで、夫妻は後に、ウィリアムズの朗読も録音したと述べている。また、夫妻は少なくとも1枚、ヴードゥー教の歌を背景に自作を読み上げるニンの78回転レコードも作っている。このレーベルのアルバム6作品は興味深い珍品で、いずれもピンク色のビニール盤にプレスされた。近所の書店やレコード店が棚に置いてはくれたが、売れ行きは悪かった。事業は失敗し、「コンテンポラリー・クラシックス」はあっさり消えて、知られざる存在となった。[34]

ニューヨークのスタジオ

1950年、バロン夫妻はニューヨークに転居する。グリニッチ・ヴィレッジ西8丁目のアパートに居を構え、居間をスタジオにした。エレクトラやノンサッチ・レコードの創設者ジャック・ホルツマン（1931〜）は1950年代初頭にここを訪れ、この「**オシレーターやテープレコーダーや旧式のミキシング装置で埋め尽くされた部屋**」[35]で2人と午後を過ごしたと回想している。その後10年間以上、ここが彼らの基地となった。何枚か残されたスタジオでの写真（小柄でショートヘアのベベ、その横に口ひげのルイス）からは、2人の決意の固さが伝わってくる。夫妻は電子機器の山に埋もれ、部屋から押し出されそうだ。このスタジオで何ヶ月もぶっ続けでテープを切り刻み、過負荷で回路を破壊しながら、激しい創作生活を過ごしたのだ。写真からは他のこともわかる。たとえばスタジオのレイアウトは、ふつうの音楽制作システムとちがってコントロール・ルームと演奏スペースが分離されていない。ヴォーカル録音用のブースもない。当時のたいていの電子音楽家と同じように、バロン夫妻は作曲家でエンジニア、ある意味では演奏家でもプロデューサーでもあった。作業のすべてが、この部屋でおこなわれた。

夫妻は2つの段階を経て「作家」と自負するようになっていった。1つ目は同世代の多くの電子音楽家と同じで、テープレコーダーを単なる録音の道具ではなく、積極的に操作して新しい音を作る手段と考えたことだ。レコーダーはクリエイティヴな楽器であり、単なる実用品ではない。ベベは後に、最初のテープレコーダーを所有してすぐそれに気づき、逆回転やテープ速度変化などの実験をはじめた、と語っている。[36]正確な日付は不明だが、テープ操作による実験の草分けと言えるだろう。

サイバネティクス｜Cybernetics

次に変化が訪れたのは、ルイスがノーバート・ウィーナーの『サイバネティクス――動物と機械における制御と通信』（１９４８）〔池原止戈夫ほか訳、岩波書店、１９６２／２０１１〕を読んでからだ。とりわけ夫妻の心に響いたのは、副題にある通り「動物（生物的システム）」も「機械（非・生物的システム）」も、サイバネティクスの原理によって操作できるという考えだ。ウィーナーは14歳で数学の学位を取得した神童で、システムが環境を変化させる時（その「システム」は動物でも機械でもいい）システムもまた環境に適応していくと説いた。夫妻はこの考えを、サウンド制作の電子回路に当てはめた。ルイスは、内部機構を調整すればそれに応じて音が変化する独自の回路を作った。わざと回路に過負荷をかける（環境を変える）と、回路はそれに適応する（変わった音が出てくる）。これこそ詩的なプロセスだ。夫妻は電子回路を生き物のように考えた。「**彼らはキャーと叫んだり、クークー鳴いたりする**」とベベは語る。「**生まれ落ち、やがて頂点に達し、それから死ぬ。そうなったら2度と生き返らせることはできない**[37]」ルイスはこう述べている。「**回路を拷問にかけるのに罪の意識はない。ふつうの音楽で同じことをするなら、ミュージシャンを拷問にかけなければならないけどね。**〔……〕**回路も辛いだろうけど、同情は感じないよ**[38]」。

これらの発言には、単に気のきいた言い回し以上の意味がある。初期のテープ音楽作曲家はたいてい几帳面で、よくコントロールされた計画的な方法をとった。しかし夫妻の音楽はダイレクトで、音のインパクトを重視し、ランダムな要素を作曲に取り入れた。彼らは晩年、自分たちの行為はある種の「即興演奏」だったと語っている。回路を世界に放り出してその生命を録音し、素材の塊を加工編集して目的のサウンドを作り上げたのだと。即興演奏を何テイクも録音してから編集で最終マスターを制作する、ジャズのようなアプローチだ。2人は予測不能なことに興奮した。そこに生まれたのは、初期の電子音楽には珍しい自由な感覚だった。ただし単純な現実問題として、同じサウンドは2度と作れなかったが。

この手法で制作した最初の作品は、アメリカで最初の電子音テープ音楽とされる〈天空の動物園〉（１９５０〜

52）だ。資料によれば1950年から1952年の間に制作されたようだが、1960年代にまとめられた夫妻の作品リストには入っていない。この後、「音楽と音響の関係を研究するための財団が支援するプロジェクト」[39]として、ジョン・ケージとの共同作業がはじまった。

ウィリアムズ・ミックス｜Williams Mix

グリニッチ・ヴィレッジに住みついて以来、ルイスとベベはアーティストのクラブに通うようになっていた。これは金曜の夜の内輪な会合で、実験的な芸術家や思想家が集《つど》っていた。夫妻はここで作曲家や音楽学者、哲学者、詩人、アーティスト、そして前衛芸術の道標ともいうべきジョン・ケージと知り合う。出会ってすぐにケージは、テープ音楽を一緒に作ろうと持ちかけてきた。このプロジェクトにはアール・ブラウン、モートン・フェルドマン、デヴィッド・チューダー、クリスチャン・ウォルフらも関わっていた。ケージは、遺産を受け継いだばかりの知人ポール・ウィリアムズから資金を得ており、家賃を払えるほどの報酬をバロン夫妻に渡した。そこで2人はこの仕事に取りかかった。スポンサーのケージは、後にこの作品を〈ウィリアムズ・ミックス〉（1952〜53）と名づけた。本作には6種類のサウンドが含まれている。街の音、野外の音、電子音、人の手で作られた音、風が作った音、その他の細々とした音。最後のカテゴリーは、聴きとりやすいように増幅された音だ。すべては8トラックの磁気テープに収録された。音高、音色、リズム、スプライシングの方法など、細かい指示が192ページに及ぶスコアに記されている。作品の構造は、ケージの〈易の音楽〉（1951）でも用いられた「偶然性」の方法論に従った。

〈ウィリアムズ・ミックス〉の制作は1952年から1953年にかけて9ヶ月におよび、1953年3月にイリノイ大学現代芸術祭で初演された。この真摯な仕事は4分15秒のサウンド・コラージュ作品となり、60年を経た今なお「人は何を音楽と考えるか」の境界線を示している。この芸術祭で夫妻は、他にもテープ作品を何曲か上演している。夫妻単独の作品〈電子神経系のための第1番〉（1953）も初演された。〈ウィリアムズ・ミックス〉は、テープ音楽の技術を限界まで推進した。他の作品では電子音を素材とするバロン夫妻が、具体音を用いて制作したことも、自分たちのスタジオをこの時だけは他人に使わせたのも、特別なことだった。これはまったく例外的な、しかしきわめて重要な経験となった。ルイスは後に、ケージとの共同制作は創作の可能性を広げてくれた、と語っている。**「伝統にも音楽理論にも縛られる必要はないと気づかされた。私たち夫婦は探究をはじめた。私も独自の電子回路を開発しはじめた」**[40]。

アトランティスの鐘｜Bells of Atlantis

ケージに関わったことで、夫妻は一時的にせよ音楽の「過激派」に加わることになった。他の仕事も過激な方向へと向かった。〈ウィリアムズ・ミックス〉の制作中に再びアナイス・ニンや、イアン・ヒューゴ名義で活動するニンの夫と共同作業をおこなっている。その成果は短編映画『アトランティスの鐘』（1952、日本未公開）となった。ここでは、ニンが自著『近親相姦の家』（1947）の一部を朗読する声に、変幻自在な映像が重ね合わされている。ニンは「出演／朗読」とクレジットされているが、実際はヒューゴが抽象的に加工した彼女の姿がわずかに登場するだけだった。

約9分間続く映画の間ずっと、バロン夫妻の音楽が満ちたり引いたりし続ける。まるで、この後も長く続く彼らの道のりを暗示するかのように。作品は、究極の限界についての洞察を示している。あらゆる構造やリズムは、テープ・ループによって作られた。冒頭からしばらくは3和音がループし続ける。音響構造の最上部には様々なテクスチャーと、メロディ（と言えないまでも音の高低変化）が積み重ねられた。全体の空気感は深いテープ・エコーによって、音の高低はテープ速度の変化によって表現されている。テープ編集による音作りが〈ウィリアムズ・ミックス〉ほど洗練されていないので、『アトランティスの鐘』はケージとの共同作業より前に作られた可能性もある（制作の日付は不明）。そうした技術的な限界にもかかわらず、音楽は映像や言葉にぴったり寄り添い、規則性と不規則性の絶妙なバランスは、テーマを巡るジャズ・ミュージシャンの即興のように響いている。

夫妻とケージの付き合いは1年ほど続いた。後にベベはこの時期のことを、来客が交代で食事を作るパーティの連続のような、楽しくクリエイティヴな日々だったと回想している。夫妻のスタジオは、志を同じくする作曲家たちにとって巡礼の地となった。ヴァレーズ、シュトックハウゼン、ピエール・ブレーズも訪れたし、金銭的な援助も得られた。

だが長続きはしなかった。2人は1953年のある時期からケージと疎遠になり、芸術的にも経済的にも自立を迫られた。もちろん芸術上の自由は歓迎すべきものだったが、実験的な芸術家にありがちなことに、金銭が問題となった。数年間はウォルター・ルイソンの映画『ミラマジック』（1954、日本未公開）のような、小規模な委嘱や共同制作が続いた。ヒューゴの別の映画『ジャズ・オブ・ライツ』（1954、日本未公開）は、アナイス・ニンと盲目の音楽家ムーンドッグが、タイムズ・スクエアの光による印象派的な背景のもと、ニューヨークをさまよい歩く内容だ。いずれも興味深い作品で、バロン夫妻にぴったりのプロジェクトだった。だが、こうした実験芸術で家賃は払えなかった。

禁断の惑星｜Forbidden Planet

１９５４年、当時のアメリカＳＦ映画界には「宇宙探検」というジャンルが確立され、主題曲にも効果音にも電子音が使われるようになっていた。ほとんどは低予算で素早く作られるＢ級映画だったが、すべてがそうとも限らなかった。まず『月世界征服』（１９５０）という大作が作られた。やがて１９５４年には、大手のＭＧＭも『禁断の惑星』（１９５６）でこのジャンルに参入した。この映画の製作はつつましく開始されたが、計画が進むにつれ予算は膨れ上がっていった。製作期間も大幅に超過し、１９５６年４月にようやく公開された。監督は名犬ラッシーの映画を撮ったフレッド・Ｍ・ウィルコックス。アーヴィング・ブロックとアレン・アドラーの原作に基づいて、シリル・ヒュームが脚本を書いた。ヒュームもウィルコックスも、ハリウッド映画界の大ベテランだ。出演はレスリー・ニールセン、ウォルター・ピジョン、アン・フランシスほか。後にコメディ俳優として有名になるニールセンは、まだ映画に出はじめたばかりで、これが2本目の出演作だった。ニールセンより少し若いフランシスは、１９４０年代末まで数作品に出演していた。ピジョンはサイレント時代から叩き上げの二枚目俳優だ。そして彼ら3人のスターに並ぶ忘れがたいキャラクターが、ロボットのロビー。ロビーはハリウッドが作り上げた、当時としては最高の人工生命体で、明確な個性と役割を持つ存在だった。

映画の舞台は、23世紀のアルテア第4惑星。植民地を作るため20年前に地球から送られ、そのまま消息を断った遠征隊を捜索しに、宇宙船がやって来る。星には、遠征隊ただ1人の生き残りエドワード・モービアス博士（ピジョン）が、妻を亡くし、ここで生まれた娘のアルティラ（フランシス）と2人で暮らしていた。モービアスは、自分たちだけがこの星に残された人類で、仲間はすべて死んでしまった、と謎めいたことを言う。2人はロビーに守衛や雑役を任せ、快適で平和な生活を楽しんでいた。実は、この惑星には人類よりも高度に進化した種族「クレール人」がいたのだが、自己管理型の機械を残して滅亡してしまったのだ。ユートピアのように無垢なまま隔離された父娘の暮らしに、やがて目に見えない怪物の脅威が迫ってくる。そしてアルティラは、宇宙飛行士ジョン・アダムス（ニールセン）に恋心を抱くようになる……。

『禁断の惑星』は、しばしばシェークスピアの戯曲『テンペスト』と比較されるが、似ているのは表層だけだ。たしかに『テンペスト』にも漂着した父娘（プロスペローとミランダ）は登場する。だがプロスペローは、文明社会に戻るために事件を起こす。『禁断の惑星』でモービアスは、逆の行動をとる。

偶然の連続が、バロン夫妻をハリウッドのオフィスに招き寄せた。『禁断の惑星』の音楽が委嘱された経緯は、それ自体がファンタジックなハリウッド映画のような話だ。すでに述べたとおり、実験的な短編映画に音楽を提供したところで、注目は得られてもお金にはならなかった。商業的な成功を目ざしていたルイスは、もっとメジャーな映画制作に参加したかったので、たまたまＭＧＭの社長ドア・スカリーがニューヨークを訪れると聞いて、面会をたくらんだ。スカリーの妻が美術展を開催していると知ったバロン夫妻は、招待されてもいないオープニング・パーティに押しかけ、大胆にもスカリー社長に自己紹介した。後年、スカリーは「熱心な目をした情熱的な」若いカップルが、まるで「くしゃくしゃのベッド」みたいな身なりで近づいてきた、と回想している。[41]

ロボットのロビー

とはいえ、電子音楽に関する2人の説明はスカリーの興味を惹いた。ハリウッドに来ることがあったら自分を訪ねるよう、スカリーは夫妻に声をかけた。2週間後、何の疑いもなくバロン夫妻はそれを実行した。1955年のある日のことだ。このハリウッドの大物は、貧乏で地味だが今回は身なりを整えてきた型破りな2人に、オフィスまで来るように言った。スカリーは、夫妻がこれまで関わった映画には何の興味もなかったが、音楽は別だった。エグゼクティヴ・チェアに腰掛け、目を閉じて、夫妻の持ち込んだテープに耳を傾けた。スカリーによれば、この最初の会合で2人の音楽が『禁断の惑星』にぴったりだと思い、すぐに制作を開始したという。彼はバロン夫妻の参加を、この映画のプロデューサーであるニコラス・ネイファックと、MGMの音楽監督で4回オスカーを受賞しているジョニー・グリーンに伝えた。彼らもこのプランには興奮した。こうしてバロン夫妻は、足音やドアなどの簡単な効果音と台詞だけが入った荒編集の試写に招かれた。

ハリウッドとの契約

交渉がはじまり、顧問弁護士による契約書が作成された。バロン夫妻は『禁断の惑星』の電子音楽を1955年10月までに準備するよう委嘱された。報酬は変動的なもので、起こり得る事態に応じて支払い率も変わる契約だった。彼らの音楽がまったく使われなかった場合は何パーセント、わずか3秒でも使用された場合は何パーセント……といった具合に。いささか不利な契約ではあったが、夫妻にとっては貴重な儲け話だった。信頼すべき記録によるとこの映画音楽を完成させれば、2万5千ドルが手に入るはずだった。[42] アメリカの家庭の平均的な年収が4400ドルだった時代に。[43]

遠回りの日々がはじまった。契約が変動制になったのは、これほどの大プロジェクトに無名の音楽家を雇うリスクを避けるため、ＭＧＭの上層部が考えた案だろう。べべはのちに語っている。会社は方針を決めかねて、選択肢を４つ考えていた。バロン夫妻が制作する電子音楽。ごく普通のオーケストラ音楽。作曲家ハリー・パーチの制作する音楽。さらに、これらを混ぜ合わせたもの。[44] パーチの音楽に関しては何の記録も残っていないが、混ぜ合わせに関しては、１９５６年にＭＧＭが発売した『デヴィッド・ローズ・アンド・ヒズ・オーケストラ』というシングル盤から、およその推測はつく。デヴィッド・ローズ（１９１０～９０）はイギリス生まれの作曲家でバンド・リーダーだ。一時はジュディ・ガーランドと結婚しており、悪名高い〈悲しきストリッパー〉（１９６２）の作曲者として知られる。ローズ版『禁断の惑星』のレコードは、７インチ45回転盤と10インチ78回転盤の２種類が発売された。スリーヴには「ＭＧＭのシネマスコープ映画『禁じられた惑星』にインスパイアされた」と記されている。

これは公式レコードで、映画を宣伝して注目を集めるための商品だった。ただし内容は、様々なサウンドをごちゃ混ぜにした、なんとも奇妙な代物だ。オーケストラによるテーマ曲は、バロン夫妻そっくりの電子的な効果音やループで仰々しく飾り付けられている。２つの要素を１つに統合したと言うよりは、あらかじめ録音したオーケストラのテーマ曲に、電子音響を即席で重ね合わせたような印象だ。もしもＭＧＭにバロン夫妻への配慮があれば、こんなものは不要だったし、前例も踏襲しなかっただろう。会社は、独自の技術で斬新な音を作る新米作曲家に賭けていいのか半信半疑のまま、ニューヨークのスタジオでの制作を許可したのだった。

１９５５年のクリスマス直前、ハリウッドから仮編集のフィルムが送られてきた。べべとルイスは３ヶ月間グリニッチ・ヴィレッジに引きこもって作曲や録音を続け、自分たちのサウンドを映像に貼り付けていった。完成したものは試写にかけられた。音楽は未完成だったし、再生テープは人力でフィルムに同期されたが、観客の反応は良かった。

おかげで最終的にはMGMも、バロン夫妻の音楽を全篇に用いることにした。ただ、その前にちょっとした騒動があった。MGMの顧問弁護士ルディ・モンテが、面倒なことになるかもしれないと進言したのだ。この映画音楽が、従来の意味での「演奏家」をまったく使わないのが問題だと。「**もし我々がこれを電子音楽**〔electronic music〕**と呼んでしまったら、音楽家ユニオンに訴えられるかもしれない**」とモンテは語った。[45] 厄介な係争を避けるため、会社は戦略的に動いた。バロン夫妻のサウンドを「音楽」ではなく「**電子音響**〔electronic tonalities〕」と呼ぶことにしたのだ。この策略が功を奏し、組合から不満は出なかった。こうして1956年4月『禁断の惑星』は全米で公開された。『禁断の惑星』の映画音楽は革命的で、まったく前例のないものだった。全篇に電子音楽を用いたはじめての長編映画として、ハリウッド映画史に今も燦然と輝いている。もっとも、この当時すでに人々にとって「電子音」と「宇宙」のイメージは、強く結びついていた。ある映画評はこう述べている。

本作のサウンドトラックは、月並みな音楽ではなく斬新な音響で満たされている。げっぷ、鼓動、鼻をすする音、ひそひそした鳴き声、ヒューヒュー飛ぶ音、ブンブンいう鼻歌、キーキー鳴る鋭い音。電子的ないし宇宙的な音の世界に慣れるにつれて、我々の耳にも聞き分けられるようになってきた、多彩な音だ。[46]

バロン夫妻と音楽制作

『地球の静止する日』を経て、SF映画には電子音が期待されていた。そして外宇宙を舞台に、ロボットやロケットや恐ろしい異星人が出てくる『禁断の惑星』は、まさにSF映画の王道をいくものだった。本作のサウンドトラックは、短期間に起きた音楽の進化の1つの終着点だろう。SF映画の電子音は6年の間に、4つの段階を経て変化してきた。第1段階は『月世界征服』のように静かで、クレジットもされないループ音。第2段階は『遊星よりの物体X』や『火星探検』のような、オーケストラにテルミンを加えた楽器編成。第3段階となる『地球の静止する日』では、電子処理された弦楽器やオルガンによる特殊なオーケストラが、テルミンの奏でる主旋律を伴奏した。オシレーターやテルミンで電子的に合成された効果音も使われた。とはいえ、これでもまだ過渡的な作品だった。人々は、器楽と電子音の混ざり合ったこれらの音楽を通過し、第4段階でようやく完全に電子音だけの『禁断の惑星』が聴けるようになったのだ。

バロン夫妻が『禁断の惑星』で用いた手法は、いつもの創作活動と変わらなかった。音楽家として訓練を受けた2人ではあるが、それぞれ別の役目を果たしていた。ルイスが技術面を検討して音響発生回路を設計し、回路から出てくる音は2人で収録した。回路に関する夫妻の発言からは、彼らが音を擬人化し、機械も動物と同じような生命と考えていたことがわかる。死、絶頂、故障、弛緩と緊張といった言葉が多く使われる。2人は回路に、生き物と同じ特徴を見出していた。電子音楽の多くの先駆者のように神秘主義に向かいこそしなかったが、根本的な発想は似ている。彼らのサウンドは新しすぎて、議論できるような専門用語もなかった。夫妻にとっての回路は、予測できない生命体のようなものだった。ルイスが後に語るには、そこが当時の他の電子音楽と2人の音楽のちがいだったという。彼に言わせれば、他の電子音楽に採用されたのは「**非常に正確だが、限界のある**」機材だった。「**だが人間に限界はない。芸術にも**[47]」。

作った音はまずテープに録り、そのすべてをベベが聴いて取捨選択する。『禁断の惑星』では、各場面の性格に合うように音が選ばれた。作業をはじめるとルイスもベベも、最適のサウンドが仕上がるまでとことん音響処理を続けた。この処理には、たとえば早回しや遅回し、逆回転、テープ・エコー、フィードバック、ループ再生など、様々なテープ技術が使われた。こうして仕上がった多彩なサウンドは、映画の完成まで編集し続けられ、複数のレコーダー間でコピーし続けられるのだった。こうしたプロセスは、彼ら自身にも予測できない「発見」を生み出すためだった。おかげでバロン夫妻のサウンドには、自由に流れる液体のような性格が宿っていた。まるで2人がバンドのリーダーで、回路は彼らに従って即興演奏するミュージシャンのようだった。あるいはベベが言うように、回路は俳優で、夫妻は演出家だった。こうした即興演奏が何をもたらすか、何が起こるか、観察しながら待つことこそが、エキサイティングだった。

ルイスは、映画公開の30年後にこう語っている。「**私たちは、今までの慣習を無視する特権を自らに与えたんだ**[48]」。確かに『禁断の惑星』の音楽は過激な技術革新だったが、アナーキーではなかった。実際はきちんと慣習に従っていた。1950年以前のSF映画でも、電子音は宇宙人の生命や宇宙旅行や遠い星のイメージを喚起するのに使われていた。厳守すべき規則ではなかったが、それがお約束のパターンだった。映画にバロン夫妻の音楽を合わせる際、スカリーもそのことは意識せざるをえなかった。『禁断の惑星』のほとんどの場面はアルテア第4惑星で、宇宙船内のドラマはわずかだった。おかげでバロン夫妻は観客の期待を裏切ることなく、自らの興味も満たす電子音のテクニックを存分に使うことができた。

ライトモチーフ ― Leitmotiv

この作品には、SFに限らず映画音楽全般に多用される技法が使われた。様々な登場人物や、反復する筋立てを表現する「ライトモチーフ」だ［リヒャルト・ワーグナーが提唱した作曲技法。繰り返し登場し、特定の人物や状況などを暗示するフレーズのこと］。ベベは後にこう語っている。「**私たちは登場人物のリストを作り、監督が俳優を演出するようにアプローチした。それぞれの人物に合う回路を作ろうとした**[49]」。過去にテルミンなどの電子音を用いた映画音楽作曲家たちは、電子音はサスペンスや恐怖、苦悩、異世界への執着、あるいは逆にコミカルな表現にこそ適切だと考えてきた。概して電子音楽では、恋愛感情を表現するボキャブラリーなど研究されていなかった。これはバロン夫妻にとっても同じだ。電子音楽の方法論や技術で表現できることが限られたため、苦肉の索でライトモチーフが使われたとも言える。

ロボットのロビーは、全篇を通じて息抜き役を引き受けるコミカルなキャラクターだ。中でも、宇宙船の料理長のために60ガロン（約227リットル）のバーボンを作るエピソードが滑稽だ。ロビーが登場する場面の効果音には軽妙なエコーがつけられていることが多く、料理長がウィスキーを見つける場面にはフラフラと酔っぱらったような音楽が流れる。

同様の描写効果は、目に見えない怪物にも用いられた。怪物が最初に夜の宇宙船に侵入してくる場面では、ふわふわしたアメーバのような音が、残忍で恐ろしくてずっしりと重い生物をイメージさせる。この怪物が再び宇宙船に襲来する時は、砂を踏む足跡や目に見えない重さできしむ階段に、こうした音がぴったり同期する。3度目の攻撃では物理的な形跡が現れる前に、今度は十分に「音楽」的なテーマが鳴り響き、差し迫る恐怖を警告する。電力フィールドによって怪物の姿が可視化されるクライマックス・シーンでは、バロン夫妻とっておきの電子回路が、激しく苦悶して荒れ狂うハウリング音を鳴り響かせる。最後に、この怪物がモービアス自身の原始的な野生の本性＝「イド」だと判明する時、バロン夫妻の作った苦悩する電子の叫びが、個人と非個人の、あるいは人間と怪物の、ギャップを埋める架け橋となる。

音素材は一般的ではないにせよ、ライトモチーフ自体はすでに確立された映画音楽の技法であった。ただしロマンティックな場面では、あまり上手くいっているとは言えない。たとえば宇宙船の乗務員とアルティラの甘い恋がはじまる場面には、静かだが何だか落ち着きのない電子音が流れる。この場面に必要な、優しく純情で穏やかなムードには似つかわしくない音だ。またアルティラとアダムス機長のファースト・キスを伴奏するのは、天使の合唱でも表現しているのか、夢の中の濁流のような音響だ。こちらもロマンスを盛り上げる音楽としては、いささか風変わりだ。

電子のサウンドトラック

このような限界はあったものの、この作品は映画音楽の未来を切り拓くものとなった。まず最初の数秒で、サウンドに注意が惹きつけられる。オープニング・タイトルの字幕に重なって電子音が力強く急降下し、続いてナレーションが状況を語る。以前の映画なら、大げさなオーケストラのテーマ曲から穏やかなテルミンの背景音へと落ち着いていきそうな場面だ。だが本作では、白熱して変化する化学反応のように電子音が鳴り響いたままだ。そこから90分以上続く映画の半分以上、昔ながらの効果音と音楽の境界を曖昧にするようなサウンドが流れる。時には普通の「効果音」も用いられるが、ほとんどはバロン夫妻が未来的な技術で作ったサウンドだ。アルテア第4惑星に宇宙船が着陸する場面では、機械が停止すると多重録音された音のほうも停止して（試写では、この場面で自然に観客の拍手が湧いた）流れていた音が宇宙船をイメージさせる単なる「音楽」ではなく、劇中で実際に鳴っている宇宙船の騒音であったことがわかる。また映画の後半では、地下のクレール人の機械が切削作業の騒音を鳴らすが、これも電子的に合成された音だ。この映画では効果音代わりの電子音響が、キャラクターの登場を示したり特定の雰囲気を高めたりする従来の「音楽」の役目も果たしている。つまり効果音も音楽も含めて、耳に入るすべての音は電子音という1種類の音源から作られた、1種類のサウンドだけなのだ。

１９５６年当時、ＳＦ映画の観客はもはや電子音に慣れていた。いや、むしろ電子音が流れるのを期待していた。当時すでに観客は、2種類のサウンドを経験していた。従来のオーケストラ編曲に溶け込んだ電子楽器の音と、電子的に作られた効果音そのものだ。『地球の静止する日』も電子音の使用においては最先端だったが、テルミンは従来の楽器の中に包括され、電子合成された効果音は「音楽」ではなく「音響」として明確に区別されていた。しかし『禁断の惑星』では音響と音楽に区別がなく、サウンドの印象もまったく聴いたことのないものだった。メロディやハーモニーやリズムもあるにはあったが、その効果は印象派的、あるいは抽象的だった。曖昧な音色が、宇宙空間を漂うかのように浮遊していた。音という音は、残響の回廊に消えていった。コントラストのきいた様々な響きがマルチ・トラック・テープに収録され、複雑な抽象作品となっていた。

当時の状況を考えれば、こうしたサウンドを映画会社が「電子音響」と名付けたのは結局、正解だったかもしれない。１９５６年の映画館に座った観客に「これって音楽ですか?」と訊ねたなら、誰もが「ノー」と答えたはずだ。では誰が「イエス」と答えるのかを知りたければ、映画の中でクレール人の遺した音楽をモービウスが再生する場面が参考になるだろう。絶滅したクレール人たちは、想像以上の知性を有する23世紀の人類よりもさらに進化を遂げていた。そんな彼らの音楽が何に似ていたかと言えば、バロン夫妻が作る様々なサウンド、中でも短い音の断片だ。

ハリウッドからの追放

完成した『禁断の惑星』は、鳴り物入りの宣伝で公開された。ポスターには「現世のはるか彼方を描く」とか「いまだかつてない映像」などと誇示されたが、商業的にはそれほどヒットしなかった。『ヴァラエティ』誌は、この映画の年間売り上げを62位と評している。他社の大予算ＳＦ映画に比べても、満足できるインパクトはなかった。さらに１９５０年代後半には、ＳＦというジャンル自体が「Ｂ級」扱いされるようになっていった。とはいえ、この作品は先にあげた『地球の静止する日』同様、時とともに名声を獲得していくような映画だった。１９５０年代ＳＦの典型とみなされたが、大会社の大予算映画でありながらシェイクスピアや宇宙船やフロイトに言及している点は、他の作品と一線を画した。映画音楽が電子音だけなのも大きなちがいだった。公開直後のバロン夫妻は洋々たる前途を思い描いたが、彼らが最終的にたどる道はまったくちがっていた。

当初、ルイスとベベはこの映画で成功したように見えた。夫妻は多くの報酬を受け取った。2人が音楽の権利を持つことも許され、数年にわたってその権利を行使した。音楽も大きな注目の的となった。だが公開から1年の間に、事態は悪化した。『禁断の惑星』は１９５７年のアカデミー賞で、わずか1部門にしかノミネートされなかったのだ。それは「特殊効果賞」で、１９３９年から１９６２年にかけては視覚効果と音響効果の両方に与えられる賞だった。ノミネートの対象はあくまでもＭＧＭの音響部門で、バロン夫妻ではなかった。2人は怒った。『ヴァラエティ』誌は次のように報じた。**「ルイス＆ベベ・バロンは、映画芸術科学アカデミーとＭＧＭ上層部の両者に、強い不満を表明している」**[50]。夫妻は法的措置をとり、映画が受賞したら2人の功績と認めるよう要求した。だが結局、受賞はできず、ダメージだけが残った。彼らの要求は単なるエゴと受けとめられた。バロン夫妻は意図的に賞から外されたのかもしれないが、2人の強烈な反応はそれだけでなく、映画会社やハリウッドのシステムに対する不満の表れだった。動機はともあれ、この訴訟は失敗に終わって取り下げられた。2人が映画で得た報酬のほとんどは、訴訟費用に消えてしまった。

この訴訟で、夫妻のキャリアはまったく悲惨なことになってしまった。仕事を探そうにも、新参者や他所者同然に見なされた。彼らはトラブルメーカーで、ハリウッド村からは疑わしい連中だと思われてしまったのだ。夫妻は後のインタビューで、ブラックリストに入れられた苦渋を語っている。このことは、彼らが2度と商業映画に雇われなかったことからも明白だ。もっとも、この事件は多くの競合するビジネス上の圧力の結果で、必ずしも個人的な事件ではなかったのかもしれない。電子音楽の歴史では、彼らの音楽は1つのマイルストーンと見なされた。だが映画産業の側からすれば「未来」を感じなかったし、よくできた普通の映画に合わせるにしては普通じゃない音楽だった。

公開当初は論評の対象にもなったが、批評家のほとんどは夫妻のサウンドを無視し、ぞんざいに扱った。たとえば『ガーディアン』誌の評者は、2人の貢献をまったく認めず、視覚効果の印象のみを記している。[51]『ニューヨーク・タイムズ』紙も、ごく簡単に「**ゴクゴク、ブクブクと星の間で鳴る音**〔……〕**が映画音楽の代わりを務めている**」と評するだけだった。[52] それよりも注目を集めたのはロビーだ。彼は人気者となり、TV『宇宙家族ロビンソン』にもゲスト出演するほどだった。一方でバロン夫妻はハリウッドから追い払われ、不遇をかこつことになった。夫妻が西部に転居した1962年頃には、もはや『禁断の惑星』で得たチャンスも消え失せていた。その後も作品は作り続けたが、大した業績は残っていない。履歴によれば小規模なアート・プロジェクトや商業音楽の制作、大学の講義を少々こなしていった。[53]

その後のバロン夫妻

『禁断の惑星』の後、夫妻が制作に着手した商業音楽は、ゴア・ヴィダルの『ヴィジット・トゥ・ア・スモール・プラネット』（1955、日本未公開）への12分間のサウンドだった。1955年に脚本が書かれたテレビ番組で、冷戦の恐怖を皮肉ったパロディ作品だった。ヴィダルは後にこれを戯曲化し、1960年にジェリー・ルイス主演の映画『底抜け宇宙旅行』として書き直しもした。バロン夫妻は舞台版のサウンドを担当したが、これが大当たりとなり、1957年2月から1958年1月にかけてニューヨークのブース・シアターで388回上演され、トニー賞に3度ノミネートされた。プログラムには「**ルイス＆べべ・バロンによるエモーショナルで警鐘を鳴らすような電子音響**」と記されている。

演出家で主役のシリル・リチャードは1961年、ミュージカル・コメディのために再び電子音の制作を夫妻に依頼した。この『世界一幸せな娘』（1961）はオペレッタのように軽妙な作品だったが、夫妻の貢献はわずかだった。この頃、2人は「前衛的な」原点に立ち返り、シャーリー・クラーク監督による7分間の実験映画『ブリッジズ・ゴーラウンド』（日本未公開）にも参加している。この作品は、1958年のブリュッセル万博で公開された［クレジットには「音楽：テオ・マセロ」とあるだけで、夫妻の名前はないが、実際はほぼ全編に2人の電子音が使用されている］。夫妻は他にもウエスタン・エレクトリック社の企業映画『クオーツの成長』（1962）や、フォード・フェアレーンのCMなど、短い商業音楽をいくつか制作している。

「ロサンゼルス公認魔女」を自称したルイス・ヒューブナー（1930～2014）は、バロン夫妻のちょっと変わった依頼人の1人だ。ヒューブナーはアルバム『セダクション・スルー・ウィッチクラフト（魔女の誘惑）』（1969）で、バロ

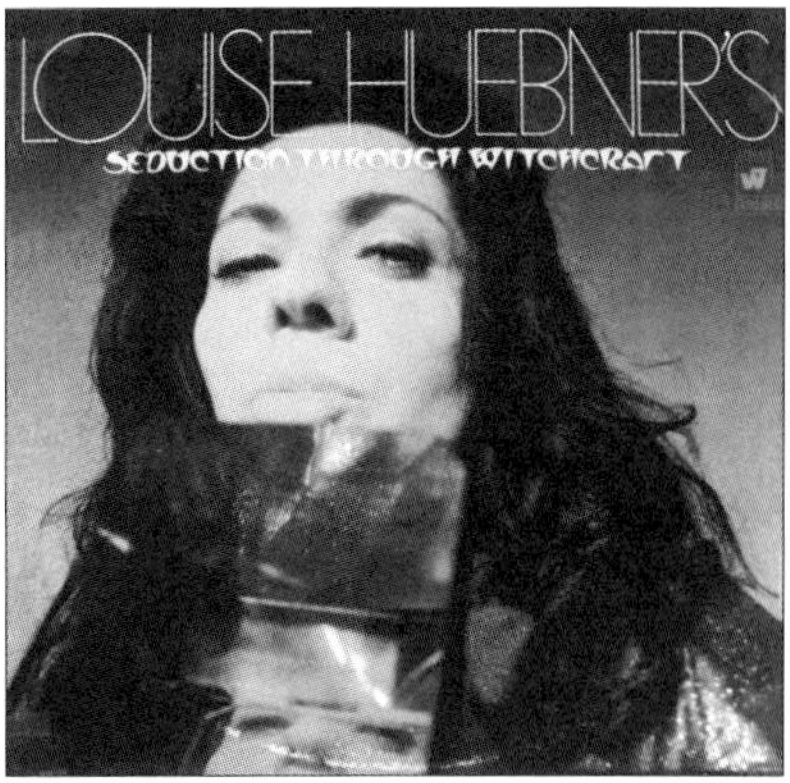

『セダクション・スルー・ウィッチクラフト』（1969）

ン夫妻にオカルト的な雰囲気を要求した。そして信じがたいことに、このアルバムはメジャー・レーベルのワーナーから発売された。

同様に興味深いのは、ハンフリー・ボガートの妻を演じたこともあるチェコの女優、フローレンス・マーリーとの仕事だ。落ち目だったマルリーが１９６６年に出演したＳＦ仕立てのＢ級ホラー映画『鮮血の女王』（１９６６）は、ベイジル・ラスボーン最後の作品の１つでもある。マーリーはこの映画のために、フランク・ザッパ（１９４０〜９３）の助けを借りて〈スペース・ボーイ〉（１９７３）という曲を作曲、録音した。彼女の声のいかめしい抑揚は、どことなくニコを思わせる。劇中でこの曲は使われなかったが、曲中で聴こえる急降下する泡のような電子音が、いかにもバロン夫妻らしい（別人が担当したという説もある）。７年後、マルリーは再起を図って同名の短編映画を作り、裸のように見えるボディ・ストッキングで登場。この作品には間違いなく「バロン夫妻による電子音響」とクレジットされた。この映画『スペース・ボーイ』は、今もＳＦ大会で大ウケするキッチュ映画の定番になっているが、１９７３年のカンヌ映画祭では最優秀短編映画にノミネートされ、これが権威ある映画の世界にバロン夫妻が近づいた最後の機会となった。

このように様々な仕事を引き受けていたのは、２人が苦境に陥っていた証拠だ。彼らは『禁断の惑星』から数年間、仕事なら何でも探し回っていた。メジャーな映画からは見放されていたので、自分たちにとって最も居心地の良い実験芸術の世界に戻り、あとは時々、金を稼ぐための仕事を受けていた。とはいえ夫妻が音楽を手がけた映画や演劇、バレエ、広告のすべては、似通ったサウンドだった。制作の背景から切り離せば『クオーツの成長』も『禁断の惑星』も『魔女の誘惑』も『アトランティスの鐘』も、区別するのは難しい。1950年代初期には革命的で、抽象的な創作物にぴったりだった彼らの手法にも、限界があった。そうしてやがてその可能性は、使い果たされてしまった。

バロン夫妻の苦難

さらに夫妻が直面した困難は、1960年代になると多くの競争相手が現れ、伝統的な音楽構造を維持しながら、雰囲気は夫妻によく似た電子音楽を作りはじめたことだ。1950年代初期は、バロン夫妻が事実上アメリカ唯一のインディペンデントな電子音楽家だった。ケージやヴァレーズ、後にはMGMスタジオの注意を惹きつけた理由の1つは、まだ誰もやっていないことをやってのけたからだ。しかし、ほどなく他の作曲家たちが現れて、少なくとも外見的にはバロン夫妻とよく似た音楽を作るようになった。ロサンゼルスのポール・ビーヴァーは電子楽器を収集し、それらの機材込みで映画会社に雇われた。ニューヨークのレイモンド・スコット（1908〜94）やエリック・サイデー（1905〜76）は個人で高価な電子音楽スタジオを作り、テレビCM市場に食い込んだ。3人とも、宇宙的で不気味で未来的な響きの、バロン夫妻に似た音楽を作っていた。とはいえスコットやサイデーは、メロディやリズムが明確な従来の音楽構造を維持していた。なにしろ電子音楽はまだ疑いの目で見られていたし、大衆にとっては不安の対象だったからだ。

保守的なディレクターやプログラマー、コミッショナーたちがバロン夫妻の音楽を採用するには、2つの障壁があった。1つは電子音楽というコンセプトそのもの。もう1つは、リズムやメロディやハーモニーなどの伝統的な音楽構造からかけ離れていることだった。他の作曲家なら、問題は1つ目のハードルだけなのに。またテクノロジーの無慈悲な進化も、バロン夫妻に災いした。残念ながら10年の間に、2人は最先端のアーリー・アダプターから、独善的な理想主義者へと成り下がってしまったのだ。1951年には先進的だった技術も機材も、10年間で時代遅れになってしまった。だがバロン夫妻は変わろうとしなかった。いや、変わることができなかった。

1962年、2人はニューヨークのスタジオを撤収してロサンゼルスに転居し、ガレージに仕事場を設けて再出発を図った。だがルイスが死去した1989年の時点でも、まだ最初の頃と同じ機材を使い続けていた。一方スコットとサイデーは、バロン夫妻が西部に移住する前年には、電子楽器の設備を整えたスタジオを構え、あらゆる種類の音響機材や、夫妻よりも高性能なテープレコーダーを用意していた。彼らの仕事は夫妻よりもずっと早く、高音質で、作る音もバラエティに富んでいた。1965年にはサイデーはモーグ・シンセサイザーを使っていたし、ビーヴァーも1967年初頭には使いはじめていた。同じ頃ルイス・バロンは、いまだに真空管を使ったサイバネティック回路を組み立てていた。

さらにバロン夫妻は「宇宙系の作曲家」というレッテルとも闘っていた。1957年の『底抜け宇宙旅行』では、『禁断の惑星』のセルフ・パロディも試みている。MGMは、ジュール・ヴェルヌの小説を映画化した『月世界旅行』(1958)に、夫妻の音楽の流用を許諾した。このため、夫妻とMGMの関係は疎遠になってしまった。1956年には唯一無二だった彼らのサウンドは、数年後には、よくある宇宙の背景音楽になっていた。

夫妻の息子アダム・バロンによれば、2人は1962年から1969年にかけて、キャリアの行き詰まりに失望しつつ親からの援助で生活していたという。[54] 薄光が差すこともあったが、すぐにまた希望は打ち砕かれた。ハーブ・アルパートが訪ねてきたこともあった。大物政治家で芸術の後援者であるバート・リットンが支援を申し出たこともあった。1960年代の2人は不安定で、バラバラな方向に振り回されていた。彼らの作品は芸術と科学、学究主義と教訓主義、前衛性と商業性、音楽と音響の間で葛藤していた。実験的な芸術音楽を作りたいという真の欲求と、現実に収入を得る必要性の間で、引き裂かれる運命にあった。べべは1986年に「**自分たちはいつも、ケージやウサチェフスキーたちと同じグループに属すると思っていた**[55]」と述べている。さらに後年には「**メインストリームに興味を持ったことなど1度もない**」とさえ宣言している。[56]

この言葉に従えば、バロン夫妻を人々の記憶に残した『禁断の惑星』は、彼らのキャリアにおいて最大の例外だったと言える。ブロードウェイ演劇やフォードのCMといった仕事も、やはり例外だった。とはいえ芸術的なプロジェクトも、実はごくわずかしか手がけていない。夫妻は「逆転した俗物性」の犠牲者でもあった。1度は商業的に成功したため、芸術的な実験音楽のシーンからは軽んじられた。ケージやウサチェフスキーの世界に落ち着くこともできなかった。ニューヨークで開催された、1950年代後半から1960年代初頭にかけてのエリオット・カーターやミルトン・バビットといった作曲家にまつわるイベントを、ラモン・センデールが回想している。「**ルイスは自分の小さな回路やネットワーク装置を披露した。彼は私の感想を偏狭なものと受け止めた**［……］**ニューヨークの作曲家から見ると、彼の手法は低俗なものだった**[57]」。アカデミックな世界では、夫妻は1980年代まで完全に無視されていた。評価された時にはすでに遅すぎた。その評価も、音楽家ではなく映画研究者から注目されたのだった。

ともあれ1962年のロサンゼルス転居以来、2人の人生は新しい方向に向かいはじめた。彼らは政治的にはきわめてリベラルで、1960年代の平和自由党や、ベトナム戦争に反対するデモにも参加した。ルイスはヒッピー・ムーヴメントに関わり、40代の終わり頃には、集会やコミューンに集まる若いヒッピーたちから慕われる「おじさん」的な存在になっていった。後にべべは、激しすぎる共同作業のストレスが原因で2人の結婚生活が破綻したと語っている。夫妻は１９６９年に別居、翌年に離婚。その後、それぞれ再婚している。

04

普通じゃない
イギリスにおける電子ポピュラー音楽の誕生
Out of the Ordinary : The birth of popular British electronic music

戦後のイギリス

1946年、スコットランドのタイポグラフィ・デザイナー、ルアリー・マクリーン（ペンギン出版社「パフィン・ブックス」シリーズのトレードマークをデザインした）は、電子機器類や廃棄されたハルモニウムに囲まれたイギリス海軍レーダー操作員の絵を描いた。この海軍人の名はトリストラム・ケアリー。1943年に入学し、1947年の除隊後に復学することになるオックスフォード大学で、ケアリーは短い休暇を過ごしていた。電子音楽の制作用に集めたこれら多種多様な電子機材を、彼は「ザ・マシーン」と呼んだ。1948年にロンドンへと転居する時も「ザ・マシーン」は一緒に運ばれた。電線だらけで自己再生するこの忠実なペットは、その後も彼と行動をともにした。[58] 同じ頃、BBC放送局の選曲家ダフネ・オラムは、ロンドンを本拠地にしていた。彼女が作曲した30分ほどの作品〈静止点〉（1948～49）は、まだ録音も上演もされていなかったが、従来のオーケストラ書法に、あらかじめ録音された楽器音や、当時の放送機材によるライヴ・エレクトロニクス処理を組み合わせていた。この曲が、イギリス電子音楽の秘かな始まりとなった。

当時のイギリスは戦後の窮乏状態にあり、配給制度も1954年まで続いていた。とはいえ新しい時代は始まりつつあり、いたるところに変化の兆しが見られた。フェスティヴァル・オブ・ブリテン［1951年にロンドンで開催され、科学技術や産業デザインの成果を示した博覧会］では、焼け出されたロンドン市民に斬新な現代建築が紹介され、テクノロジーの進歩する新しい時代が宣言された。その象徴は、テムズ川南岸サウスバンク地区に天を突くように建てられた、ロケットのようなタワー「スカイロン」であり、1952年に運用が開始された世界初のジェット旅客機「デ・ハビランドDH・106コメット」であり、普及しはじめていたテレビジョンであった。BBCは1932年に最初のテレビ放送をおこなっており、終戦後の1946年に放送を再開。1953年にはエリザベス2世の戴冠式が生中継され、これがイギリスにおけるテレビ時代の幕開けとなった。およそ2000万人もの群衆が、9インチ画面に点滅するモノクロ映像で、若き女王の戴冠を見守った。1955年9月22日にはITV［Independent Television イギリス最大最古の民間放送ネットワーク］が放送を開始。イギリス初のテレビCMを放映した。

初期のテレビ局は即興だらけだった。すべてが新しいことばかりで、番組は生放送だった。頼れる慣例もほとんどなく、とにかくやってみて成功を祈るしかなかった。上手くいくこともあれば、上手くいかないことも多かった。電子音楽も似たような段階にあり、この2つの新興メディアは結びついていった。女王が戴冠する頃には手頃なテープレコーダーが発売されていたし、戦争に使われた軍事電子機器も大量に放出されていた。これらの品物が、新進電子音楽作家の機材となった。冒険が可能になるとケアリーやオラム、フレッド・ジャド、デズモンド・レスリー、バリー・グレイといった人々が電子音楽の実験をはじめた。そして数年の間にテレビは、イギリスの大衆に電子音楽を届ける媒体となっていった。

当時のイギリスは変化を続け、束縛だらけの現状から明るい未来へと向かっていた。古いものを修理して使う必要と、ありえないほどの過激さが共存していた。ケアリーやオラムは、そんな変化を体現していた。当時はまったく注目されていなかったが、彼らが次々におこなった予言的な仕事からレディオフォニック・ワークショップやEMSシンセサイザーが生まれた。彼らこそイギリス独自の電子音楽シーンの元祖だ。シェフェールやシュトックハウゼンが、パリやケルンの電子音楽スタジオで追求した難解な芸術音楽の美学を、子供向け番組のテーマ曲やCM音楽、ラジオのジングルへと密輸してくれたのだ。

トリストラム・ケアリーとダフネ・オラム｜Tristram Cary and Daphne Oram

オラムもケアリーも1925年に生まれた。オラムはウィルトシャー州デヴィズ、ケアリーはオックスフォードの出身。2人ともパブリック・スクール出身で、早くから音楽の才能を示した。バーケンヘッド生まれの同僚デズモンド・ブリスコーとともに、彼らはイギリス電子音楽界の設計図を描いていた。

ケアリーの育ちは、いかにも芸術の先駆者にふさわしい。アイルランド系の現代作家ジョイス・ケアリーの息子として、自由奔放で芸術的な環境に育った。母は熱心なアマチュアのチェリストで、ケアリー自身もピアノやオーボエ、ホルンの腕を磨いた。ずばぬけて頭が良く、1938年のウェストミンスター・スクールへの入試では、年間8名しか選ばれない奨学金資格を獲得している。ケアリー家の資金は乏しかったが、学費は節約できた（あるいはまったく払わずに済んだ）。彼は学園生活に没頭し、水泳や体操競技も優秀だった。ボーイスカウト活動にいそしみ、学校新聞「エリザベーサン」の編集に携わった。[59] 1942年12月にウェストミンスター校を卒業し、古典を研究すべくオックスフォード大クライストチャーチ・カレッジに進学した。

一方オラムは、ごく一般的な家庭の出身だった。成功したビジネスマンの娘で、学校の記録によれば「平凡だが努力家」だったという。ガール・ガイド［1910年にイギリスで創始された教育組織。ボーイ・スカウトの少女版］や監督生を務め、1941年には英国王立音楽検定でピアノの5級を取得。15歳にしては上手だったが、天才演奏家というほどではなかった。1942年に3つの「優」と4つの「良」で単位を取得。「良」のうち1科目は音楽だった。[60] 1943年7月まで在学の後、独立精神を発揮してBBCに飛び込む。女性としては異例だったが、下級スタジオ・エンジニア／選曲家となった。翌年、彼女は2冊の本を読む。クルト・ロンドンの『映画音楽の美学と科学』（1936）［津川主一訳、楽苑社、1944］と、レオポルド・ストコフスキーの『我らの音楽』（1943、未邦訳）だ。これらの書物を通じて、彼女は電子音の可能性に惹きつけられた。また、社員研修中に講師がオシロスコープ画面で音の波形を見せてくれたことも、彼女の関心を1つの明確な方向に向かわせた。オラムは思った。逆はできないだろうか？　波形を描き、それを音として鳴らすことはできないだろうか？　以来、彼女はこの疑問に取り組み続けた。

その頃、ケアリーの勉学は戦争で中断されていた。オックスフォードには2期在籍しただけで、イギリス海軍に召集された。1943年から1946年にかけてレーダー操作員として従軍し、後半は軽空母艦トライアンフに乗務した。他の人々と同様、ケアリーは軍隊ならではの様々な経験を積んだ。海軍のレーダー訓練では電子技術の基礎を学んだが、これが後に役立つことになる。従軍の3年間でケアリーは作曲家となる意志を固め、電子音楽に興味を持ちはじめた。1946年末に海軍を去るとオックスフォードに戻り、政治、経済、哲学を1年間学ぶ。1948年からはロンドンのトリニティ・カレッジで1年間、音楽を学んだ。この頃すでに彼の「ザ・マシーン」には、除隊手当で買ったレコードのカッティング・マシンや、軍放出品の電子機器が仲間入りしていた。これらを並べたウィンポル・ストリートのアパートは、おそらくイギリス国内では初のホーム・スタジオだった。ケアリーは自作の実験だけでなく、他の音楽家の演奏も録音した。たとえば昔からの級友で、有名な2人組コメディアン「フランダース＆スワン」のドナルド・スワンだ。ケアリーとオラムは同じ時期に電子音楽の啓示を受けていたが、まだそのことを互いに知らなかった。2人の歩んできた道が出会うのは、さらに数年後のことだ。

ラジオ放送と電子音

終戦直後、純粋な電子音楽はほとんど存在しておらず、従来の楽器と電子音の共演もまだ初期の段階だった。だが1948年に磁気テープレコーダーの商業利用がはじまって、状況は変わった。最初は巨大で高価だったが、1950年代前半には小型で安価な製品も出て、テクノロジーは身近になっていった。録音だけでなく、操作して新しい音も作れるレコーダーの能力はすぐに知られるようになり、世界中に創作活動の波を起こしていった。イギリスではケアリー、オラム、デズモンド・ブリスコーらがこの波に乗った。もちろんケアリーなどは、テープレコーダー以前から電子音に関心は持っていたが。

ミュージック・コンクレートやエレクトロニッシュ・ムジークのニュースが、パリやケルンからロンドンに伝わると、オラムは失望せざるをえなかった。パリでもケルンでも電子音楽スタジオはラジオ局内に設置され、局から資金提供を受けていた。一方でオラムやケアリーは、完全に独立した個人の意志で活動していた。支援も施設もなかった。2人とも、ぎりぎりの予算しか持たない技術者にすぎなかった。オラムは独自のテープレコーダーを作ろうとして失敗していた。ケアリーは放出品の山から独自の機材を組み立て、安く上げようとしていた。オラムはオリジナルな電子音楽作品への投資を上司にかけあったが、無駄だった。BBCは1953年まで、電子音楽の可能性を開拓しようとしなかった。

とはいえ1950年代初頭、大衆の想像力は「宇宙」という未知の世界に、魔法をかけられたかのように惹きつけられていた。当時のアメリカSF映画に多用されたテルミンと同じように、電子音は未来的でテクノロジー的でちょっと怖いサウンドトラックのためのものだと信じられていた。

『宇宙への旅』（1953）はBBCラジオのSF番組だ。脚本はチャールズ・チルトン。1953年の秋、ライト・プログラム［1945年開局のラジオ・チャンネル。主として軽い娯楽番組や音楽番組を放送し、1967年の改編で「BBCラジオ2」に引き継がれた］で放送された。すでにラジオは、家庭の娯楽の王座をテレビに明け渡そうとしていた。物語の舞台は、放送の時点では遠い未来だった1965年。ジェット・モーガン船長と乗組員が、ロケットで月に（シリーズ後半では火星に）向かう話だ。この勇敢な冒険者たちを伴奏する電子音として、ヴァン・フィリップスの作曲した背景音楽にはクラヴィオリンが使われた。もっと激しい電子音としては、彼方から襲来するかのようなエコーたっぷりの発振音が、オーケストラの奏でるメインテーマに重ねられた。番組の冒頭では毎回この音楽が、恐ろしい未知の星に飛んでいく宇宙船をくっきりと描き出し、そこに「**BBCがお届けします。ジェット・モーガン船長の『宇宙への旅』**」というナレーションが流れた。

電子の音を全英100万人の聴取者に届けたのは、SFファンタジーにおける空想の未来だった。一方、BBC初の完全な電子音楽を届けたのは、さらに現実的で格段に恐ろしい科学技術の進展だった。ラジオドラマ『日本の漁師』（1955）は、1954年に太平洋で水爆実験に被曝した漁船［第五福竜丸のこと。1954年3月にビキニ環礁で放射性降下物にさらされた日本の漁船］に関する作品で、1955年に放送された。このドラマのためにケアリーは「ザ・

マシーン」を用い、鐘を打つような打撃音や、不吉な持続音を制作した。聴いてすぐそれとわかるテープ速度の変化によって、電子の漂流物が砕け散り、音響の波に打ち上げられる。メロディやリズムはほとんど無く、質感そのものが主役になるような音楽だった。

デズモンド・ブリスコー — Desmond Briscoe

この頃にはデズモンド・ブリスコー（1925〜2006）も、電子音に関心を持ちはじめていた。イングランド近衛歩兵連隊と英陸軍教育部隊に従軍した短期間を除き、大戦中から戦後にかけてブリスコーはBBCの専門職についていた。最初はエンジニア兼作曲家として電子音楽制作に関わったが、やがて経営や管理職として貢献するようになっていく。彼には、迷宮のようなBBCの意思決定プロセスを操る手腕があったし、クリエイターをサポートするのにも慣れていた。ブリスコーのテクノロジーへの関心は、電話技師の父から受け継いだものだった。ミュージシャンでもあり、10代の頃からドラムを叩いたりバンドを作ったりしていた。除隊後はBBCでラジオ・ドラマの制作に携わり、ここでディラン・トマスやルイ・マクニースにも出会った。彼の仕事は、生演奏中に楽器の音量を調整したり、ドラマ制作のために78回転レコードから効果音を抜き出す作業だった。オラムやケアリーと同じように欧州大陸の初期電子音楽を知ったブリスコーは、そこにラジオドラマへと応用できる可能性を見出した。ブリスコーとオラムはBBC内の賛同者を率い、レディオフォニック・ワークショップ（後述）が正式に設立されるまでの数年間、様々な作品のために電子音響を制作した。

中でも重要な作品は、サミュエル・ベケットの一幕劇『すべて倒れんとする者』（1956）だ。ドナルド・マクウィニーがプロデュースを手がけ、1957年1月にサード・プログラム〔1946年開局のラジオ・チャンネル。主としてクラシックなどの芸術・知的番組を放送。1967年の改編で「BBCラジオ3」に引き継がれた〕で放送された。マクウィニーは、この戯曲には従来の音楽や効果音よりも複雑な音が必要と考え、ブリスコーに音響を任せた。年配のアイルランド女性マディ・ルーニー（声の出演：ビリー・ホワイトロー）が仕事帰りの夫を迎えに駅へ行き、そこから帰るという、表面上は平凡な旅の様子を描いた作品だ。ただ、その間の出来事を示す音――階段、車のエンジン、列車等々――には操作が加えられており、聴き手が体験するのは言葉や足音の単純な生録音ではなく、現実領域から抽出された印象派のようなサウンドだった。

続いて同年、ジャイルズ・クーパー脚本のシュールなコメディ『不愉快な牡蠣』（1957）が制作された。これもプロデューサーはマクウィニーで、音響はブリスコーだった。先駆的な音響の実験ではあったが、前作のシリアスな芸術性に対し、ユーモラスな表現への方向転換でもあった。そのため、誕生しつつあったレディオフォニック・ワークショップの中にも葛藤が生じていた。真剣な作品と使い捨ての消耗品、芸術と娯楽、知的価値と大衆への迎合の間の葛藤だ。

当時の電子音楽は、一方の端が「電子操作による効果音」で、反対側の端が「電子音で表現された伝統的な音楽」であるような、ある種の連続体だった。当初、ブリスコーが放送を通じて追求したのは、前者だった。一方、オラムがはじめて録音した作品はもっと伝統的な音楽だった。1957年、ブリスコーの制作とほぼ同時期、オラムもBBCから委嘱を受けた。フランスの劇作家ジャン・ジロドゥが1929年に書いた戯曲『アンフィトリオン38』（1929）のテレビ版に使われる電子音楽と効果音だった。彼女は、夜になって閉まったBBCの各スタジオから原始的な機材――オシレーター、テープレコーダー、フィルターなど――を集め、ブロードキャスティング・ハウス〔B

BCの司令塔として1932年に建てられた、局の象徴とも言われる建物」6階の空き部屋に運び上げた。そして何週間にもわたり、ここで深夜から朝4時まで制作を続けた。翌年3月の放送は、イギリスのテレビに流れた最初の電子音楽となった。番組そのものは現存しないが、残された録音テープからは、オラムが電子機器を使いつつも、従来の音楽にきわめて近いサウンドを作っていたことがわかる。優しく揺れるループに乗って流れる柔らかい口笛のようなメロディは、ブリスコーが電子操作で作ったサウンド・エフェクトとは、かけ離れたものだった。

レディオフォニック・ワークショップ｜BBC Radiophonic Workshop

こうした作品制作の成功に加え、少人数だが確固たる職員グループの粘り強いロビー活動を受けて、ついにBBCは新部門「レディオフォニック・ワークショップ」の実験活動を正式に認めた。会社側としては、いささか癪にさわる活動家たちからのプレッシャーに負け、渋々ながら方針を変えたようでもあった。レディオフォニック最古参メンバーとなったディック・ミルズ（1936〜）は後年、会社は言葉には出さないものの明らかに「**連中には一部屋を与えて、そこに機材も詰め込み、まとめて後で厄介払いすればいいだろう**」という態度だったと語る。[61]

BBCは1958年のエイプリル・フールに、ウエスト・ロンドンのメイダ・ヴェール街にあるルーム13に「レディオフォニック・ワークショップ」を開設した。ただし、記者発表は5月まではおこなわれなかった。最初の数週間は、混沌とした機材の山の整理に費やされた。これらは他の部署から持ち出されたもので、テープレコーダーやターンテーブル、オシレーターなど、電子音楽家に必要なあらゆる機材があった。ただし、ほとんどは中古品で、時代遅れだったり故障していたりした。ミキシング・コンソールに至ってはオーク材のケースに入った戦前の遺物で、かつてアルバート・ホールにあった代物だ。電子機器類は、カササギが巣に集めるガラクタのように増えていった。自作の1弦「エレキ・ギター」（木の棒に取り付けられた2つの爪の間に弦を1本張ってピックアップをつけたもの）、鍵盤ハーモニカ、オートハープ、ミジュウズ（アラビアの笛）、その他にもオモチャの楽器など。

オラムは部屋のドアに、フランシス・ベーコンのユートピア小説『ニュー・アトランティス』（1624）からの引用文を、ピンで留めた。

我々はまた「音響室《サウンド・ハウス》」と称する部屋を有し、あらゆる音を実際に発生させ、実験している。我々には和音も微分音もある。音を震わせたり揺るがせることもできる。奇妙で人工的なエコーもある。筒や管を用い、奇妙な経路を経て遠くに音声を運ぶ手段もある。

文章が奇妙に予言的であるし、体制の中央にいながらも思想的には冒険家だったベーコン——哲学者、政治家、科学者、法律家、作家、薔薇十字団に傾倒したクリスチャンでもあった——の精神が、このチームにぴったりだと考えたのだろう。

レディオフォニック・ワークショップが使用していた機材（ロンドン・サイエンス・ミュージアム蔵）

5月の記者会見はちょっとした話題となり、音楽や放送や技術系の報道陣に加え『タイムズ』『テレグラフ』『ロイター』の記者まで取材に集まった。「レディオフォニック」という言葉は、イベント用プレス・リリースに書かれた次の内容を表現するために考え出された。「**斬新なサウンド――風や開くドアのような具体的な音ではなく、感情や感覚や雰囲気を暗示する音。それらは機械を用いて最小限の音から作られ、紙の摩擦音から電子発振音まで、様々に変化させられるだろう**」。BBCのこの声明によってレディオフォニックは、従来の音響効果からも音楽からも遠く離れた成果を目指すことになった。音響と音楽の中間的なサウンドに、レディオフォニックは新たな次元を加えた。創設メンバーの1人であるオラムは、スタジオ・マネージャーに任命された。同じく任命を受けたブリスコーが同僚となった。レディオフォニックの歴史を振り返る時、クラシックを学んだ音楽家としてオラムの技量や経験が強調されることもあるが、電子音に関心を持ったスタッフの多くは演劇や放送畑から集まったため、その中で彼女が最も「音楽的」だったにすぎないようだ。確かに学校でのオラムの成績は悪くなかったが、実際の音楽能力は、それほど非凡なものではなかった。

レディオフォニックは、短期間のうちに独特な性格を帯びるようになった。堅苦しい電子音楽の芸術性が、中流層向けの大衆的なスタイルで表現され、両者の境界はどんどん薄れていった。その結果、真剣な前衛音楽とレディオフォニック作品のちがいは、曲の長さや意図、使われる文脈ぐらいになった。作品の一部を抜粋して聴いたなら、レディオフォニック作品のほとんどは調性的にも、リズム的にも、旋律的にも、質感的にも、シュトックハウゼンやアンリやシェフェールらの芸術音楽とほぼ同じように聴こえた。その印象は、今日でも変わらない。たとえばブラインド・テストで、1950年代後半の音楽からジーン・ヴィンセント、マイルス・ディヴィス、ベンジャミン・ブリテンを選んで30秒間ずつ聴かせたら、疑う余地なく誰でも一瞬で、それぞれ全然ちがう音楽だと答えるだろう。だが当時のイギリスの大衆向け電子音楽と、芸術的な電子音楽を比較した場合、同じように簡単には答えられないはずだ。両者が似たようなサウンドになった1つの理由は、どちらも「機材の制約」という究極の限界があったからだ。この世代の電子音楽家たちは、鋲釘を打った半長靴とツイードの衣服でエベレストをめざした1920年代の登山家のようなもので、ごく乏しい装備で闘っていた。ともあれ、ポピュラー音楽の作曲家も芸術音楽を作りはしたが、ほとんど収入にならなかった。だから代わりに、同じだけの熱意をテレビやラジオのテーマ音楽、ジングル、背景音などに注ぎ込んでいったのだ。

オラムの独立

こうした葛藤は、とりわけオラムにとって痛切なものとなっていった。1959年、創造の自由を求めた彼女は、年金を払い戻してBBCを去った。引っ越し先はケント州フェアシートのタワー・フォリー〔ランドマークや見晴台として建てられた、非居住用の建築物〕で、ここはじめて居住用に改装された乾燥施設の1つでもある。オラムは、窯塔の地下にある八角形の部屋にプライベート・スタジオを設け、フリーランスの作曲家、発明家、プロデューサー、講師、作家として活動した。

一方、ブリスコーはBBCに残り、1983年に退職するまでレディオフォニックの管理職を続けた。管理職としての彼は作曲にあまり携わらず、最も精力的に働いた1960年代から1970年代も、部局の管理や指導に注力していた。とはいえ、そんな彼も電子音楽は制作している。1958年後半から1959年前半にかけてBBCで放映された『火星人地球大襲撃』（1958～59）という番組で、これはナイジェル・ネールが脚本を書いた

１９５０年代の人気シリーズ第３作にあたる。

この「クォーターマス教授」シリーズは、子供から大人まで何百万人もが観るような、まさに大衆向けの娯楽作品だった。この第３シリーズの頃には人気が確立していたが、ブリスコーはさらに高度な仕事で番組に貢献しようとした。ネールはサウンドデザインについて「オカルト的なノイズを伴う電子振動」「単調に続く鼓動、鐘の中に、深い振動の中に」といったメモを、同じように曖昧な他のメモとともに残している。[62] ブリスコーはアシスタントのディック・ミルズと一緒に、フィードバックやエコーのきいたドラムや未接続のアンプの音を録音して、不吉な響きや、爆発音や、不安定な発信音を作り出していった。完成したサウンドはレコード盤にカッティングされ、様々なエピソードに合わせてスタジオで流され、生放送された。また、このシリーズには通常の伴奏音楽も使用された。「トレヴァー・ダンカン作曲」とクレジットされたが、これはレナード・トレブリコの筆名だ。ブリスコーが制作した電子音の悪魔的な断片は、緊張感あふれるトレブリコのオーケストラ編曲が盛り上げるサスペンスと相まって、いま聴いても強烈な効果をあげている。

その後のケアリーとオラム

その頃ケアリーも、作曲家の道を着実に歩んでいた。第一子出産を前にした１９５２年、ケアリー夫妻はアールズ・コートのメゾネットに転居する。そこには、増え続ける機材にも十分なスペースがあった。ケーブルを通す穴が開けられた古いダイニング・テーブルの上に、機材が備えつけられた。ケアリーはこの年、はじめてのテープレコーダーを入手した。後年メロトロン［１９６３年発売の電気楽器。内臓の磁気テープに録音された音を、鍵盤で弾いて再生する仕組み」を開発する、バーミンガムのブラッドマティック社の製品だった。1955年は彼にとって重要な年となった。ケアリーはBBCラジオの『日本の漁師』で初の電子音楽を委嘱され、またイーリング・コメディ［ロンドン西部イーリングにある「イーリング・スタジオ」で1950年代に撮影された一群のコメディ映画］『マダムと泥棒』（1955）の「非‐電子的な」音楽で、映画界にも参入した。以来、彼は通常の作曲と電子音楽の両方をこなすようになり、演奏会や映画、テレビ、ラジオの音楽で、しばしば両者の融合をはかった。ケアリーはレディオフォニックに就職こそしなかったが、この頃すでにオラムとも、ここで働く多くの人々とも知り合っていた。1958年10月、オラムとケアリーは「国際実験音楽デー」に出席するためブリュッセル万博を訪れている。この万博は、電子音楽の誕生における重要な節目だった。ヨーロッパ前衛音楽の精粋が披露され、エドガー・ヴァレーズの〈ポエム・エレクトロニーク〉の初演や、オンディオリーヌのような電子楽器のデモ演奏もおこなわれた。

この旅にオラムの想像力が刺激されたのは疑いない。彼女は、当時制作を許されていた劇伴音楽よりも広大な領域を開拓したいという衝動にかられ、翌年1月にレディオフォニックもBBCも辞職してしまったのだ。[63]

オラムは創作の自由を宣言したが、ある意味、これは1つの束縛を別の束縛と交換したにすぎなかった。彼女は定収入のないまま、多岐にわたる委嘱仕事を自分のスタジオで請け負った。いくつかの仕事——バレエの作曲やインスタレーション作品——はオラムの美学に合致したが、テレビCMや産業映画の仕事には不満だった。が、見方を変えれば、作品の多くは最終的に大衆の耳に届いていた。それらを通じて、あるいはしばしばおこなっていたレクチャーやデモを通じて、彼女はイギリス全土に電子音楽を普及し続けていた。しかしこれらすべて——広告、作曲、インスタレーション、レクチャー——は、オラムの真の情熱にとって副次的なものにすぎなかった。1944年にオシロスコープで波形を見て以来、彼女は作曲家が「**視覚情報をサウンドに変換**」できるような電子機器を夢みてきたのだった。そしてこの夢の追求が、次第に彼女の音楽生活を覆い尽くしていった。

ケアリーの方は1960年代を通じてずっと多忙だったが、創造の自由を熱望しつつ、生計を立てる仕事に自由を制限されるという、フリーランスならではのジレンマと戦ってもいた。映画音楽では、ハマー・フィルムがリメイクした『火星人地球大襲撃』（1967）を担当。ここでもオーケストラと電子音の両方を用いた。また、ダーレク［BBCの人気SFドラマ「ドクター・フー」シリーズに登場する、悪役のミュータント宇宙種族］がイギリスのテレビに初登場したのは1963年12月だが、そこに電子音の伴奏をつけたのはケアリーの功績だ。つまり、彼こそは1960年代のイギリス電子音楽界を牽引する存在だったのだ。王立音楽院の電子音楽スタジオ創設に尽力し、ピーター・ジノヴィエフ（1933〜）やデヴィッド・コッカレル（1942〜）らとEMS（エレクトロニック・ミュージック・スタジオ）も設立している。

レディオフォニックと電子音楽

ケアリーが創造性をノマド的に各所で発揮し、オラムが難解な音楽を追求している間に、レディオフォニックの電子音楽は文化のメインストリームに入り込んでいった。初期のイギリス電子音楽を語る時、レディオフォニックは大きな存在だ。大きすぎて、イギリス電子音楽の同義語と思われるかもしれない。もちろん事実ではないが、当たらずとも遠からずだろう。設立当初はあらゆる種類の敵意にさらされたが、結局イギリス電子音楽を代表する顔、周知のアイデンティティとなって、重要な作品を大量に送り出したのだから。

電子音楽に関する当時の議論の核心に迫ろう。電子音楽は本当に「音楽」と呼べるのか？　それともパターン化された雑音や音響にすぎないのか？　最初の記者発表で配られたBBC公式情報では文章の後半に、短く控え目な文章が記されていた。「**レディオフォニック効果《エフェクト》という言葉の意味は、フランス人が〝具体音楽〟と呼ぶものに近い。これは明らかに、音楽とは別のものだ**」[64]。しかし、後にレディオフォニックで最も有名なメンバーとなったデリア・ダービーシャー（１９３７〜２００１）は、オラムと同じような観点を表明している。「**これは音楽です。抽象的な電子音響を組織化したものです**」[65]。

今では、電子音楽が真の「音楽」かといった議論など不要だ。レディオフォニック設立から何十年もたち、「音楽」の構成要素とされる範囲は、はるかに広がった。レディオフォニックの作品をあらためて聴くと、中には効果音だけで作られた作品もある（たとえば『ザ・グーン・ショー』〔ＢＢＣラジオで１９５１〜６０年に放送されていたコメディ番組〕で放送された『ブラッドノック少佐の胃袋』）。逆に、標準的なメロディやハーモニーやリズムのある保守的な音楽も、設立当初から制作されてきた。型破りな音楽を作るために、現実の音響も素材として使われた。生楽器の音にこだわらないばかりか、録音のプロセスも革命的だった。当時のレコーディング・スタジオは、封建的な組織のシステムで動いていた。プロデューサー、エンジニア、テープ・オペレーター、音楽監督、作曲家、ミュージシャンといった職制は厳密に区別され、それぞれ自分の立場をわきまえていた。だが電子音楽では、このような役割分担が曖昧になった。たいていの電子音楽家は作曲家、演奏家、エンジニア、プロデューサーを１人で兼任した。

レディオフォニックは当初から、ベケットのような芸術作品と「グーン・ショー」のような娯楽作品の、両方のサウンドを制作していた。その後も、地方局のジングルや子供番組のテーマ曲が、シェークスピア作品や真摯なドキュメンタリー、詩人たちの実験作と混在した。高尚な芸術性と単純な娯楽への要求の間で、バランスをとらざるをえなかった。これはＢＢＣ全体に共通する解決不能な問題であり、この部門だけの話ではなかった。レディオフォニックは、革新的な自由の精神を磁石のように吸い寄せた巨大メディア企業の、一サービス部門にすぎなかった。それでもレディオフォニックの歴史では、どこか楽園から降って湧いたような、この先進的な創作の溶鉱炉に飛びこみたいと願う、メンバーの熱意だけは常に一貫していた。最初に決められた労働慣行も魅力的だった。スタッフは望むなら昼夜を問わずいつでも、ガジェットや魅力的なデバイスだらけの閉じた世界に引きこもって作業することが許された。与えられたのは、ゆるやかな指示だけだった。

ただし見かけは楽園でも、創作の独立性という点では、商業的な命令に従う場合も多かった。地方の新設ラジオ局や大衆テレビ番組のテーマ曲など、ごく平凡な音楽制作が急に発注されることもあった。無理な締切に疲れ果て、官僚主義に幻滅し、やがて多くは去っていった。レディオフォニックで最もクリエイティヴなメンバー――ダフネ・オラム、ジョン・ベイカー、デリア・ダービーシャーら――も同じ理由で退職していった。とはいえ、この時代に育まれたイギリス電子音楽の独特な雰囲気に、彼らが大きく貢献したのは確かだ。

ドクター・フー | Dr. Who

レディオフォニックで最も有名な作品は、『ドクター・フー』（1963〜）のテーマ曲だろう。このシリーズで、レディオフォニックだけでなくケアリーやデズモンド・レスリーやエリック・サイデーのような外部の作曲家たちが、電子音楽を制作する機会を得た。『ドクター・フー』は土曜日の夕方の短い子供向けSF番組で、午後のスポーツ番組と夜の娯楽番組の間に放送された。主人公の、名ばかりの博士（ドクター）は宇宙の一匹狼で、ターディス［シリーズに出てくる乗り物。一種のタイムマシン］に乗ってどこまでも自由に、時空を超えて飛んで行く。だが、これが21世紀まで続く名物番組になるとは、誰も思っていなかった。放送開始の当初は、消費されてすぐに終わる娯楽番組だろうと軽んじられていた。レディオフォニックのスタッフも、相反する気持ちでこの作品を受けとめていた。良い機会を得たという認識と、自分たちの他の作風とは全然ちがうという不満だ。ターディスの耳障りな離陸音や、ダーレクの声を制作したブライアン・ホジソン（1938〜）は、この仕事が部署内でも「**腫れ物扱い**」だったと語っている。[66]

『ドクター・フー』テーマ曲の制作は、芸術上のイノベーションと、少人数での制作という現実問題のあいだの、不安定な綱渡りだった。1963年7月、この秋からはじまる新番組にテーマ曲が必要とされていた。プロデューサーのヴェリティ・ランバートは、フランスの「前衛」作曲家、ジャック・ラスリーとベルナール・バシェへの委嘱を考えていた。2人は金属とガラスによる特製の「音響彫刻」を楽器にして音楽を作っていたが、すぐにこの委嘱は現実的ではないとして断念された。

ランバートは、レディオフォニックがこの急務に対応できないかブリスコーに打診した。その結果、新番組のテーマはデリア・ダービーシャーが制作することになった。作曲はロン・グレイナー。すでにテーマ作曲の経験もある人気作曲家だ。ダービーシャーの助手はディック・ミルズで、ブライアン・ホジソンが音響効果を担当した。このチームは、列車のドキュメンタリー番組『蒸気の巨人』（1963）の制作をちょうど終えたところだった。3人はグレイナーが作曲したテーマをもとに、テープ・ループを使った列車のようなポリリズムと、生演奏をミックスしたヴァージョンを制作した。電子的な要素がグレイナーの音楽と完全に統合され、ドラムマシンのようなリズムの一部となってテープに録音された、非凡な作品だ。グレイナーの作曲した〈ドクター・フーのテーマ〉は、楽譜1枚に手書きされた、ごく簡単なものだった。低音部と単旋律、あとは雰囲気を伝える「風の泡」「雲」といった指示が少々書かれているだけだった。[67] このささやかな草稿に基づいてダービーシャーとミルズは、イギリスの電子音楽では1960年代を通じて最も広く聴かれることになる楽曲のオリジナル版を、1963年8月の2週間で完成させた。

この2人の関係からは、電子音楽界もレディオフォニックも当時、まだ従来のスタジオ的な上下関係から脱していなかったことが察せられる。ミルズは技術的なアシスタントで、スタジオ・マネージャーはダービーシャー。創作のために頭を使うのはマネージャーの仕事で、それを実現するために録音テープを並べたり、回路にプラグを挿したり、テープを切るカミソリの刃や、テープをスプライスするグリース・ペンシルを用意するのが、アシスタントの役割だった。

デリア・ダービーシャー｜Delia Derbyshire

ダービーシャーは1937年にコヴェントリーで生まれ、第二次世界大戦で爆撃が激しくなっても、この街にとどまっていた。鳴り響く警報や爆発を成長期に体験したため、自分の内部に何かが形成されたと晩年の彼女は考えていた。「**大空襲に遭いました。最近になって思うのです。私が抽象的な音響を愛するようになったのは、あの空襲警報に由来するのだと。**［……］**あれは、電子音楽だったのです**」[68]。労働者階級出身（父親は板金工）の才能あふれる子供として、ダービーシャーはコヴェントリーのバーズ・ヒル中等学校に通った。それから数学と音楽を学ぶためケンブリッジのガートン・カレッジに進学し、1956年から1959年まで在籍。ケンブリッジの成績は特別に優秀でもなく、ごく普通に学位を取得している。おそらく教科外の活動に気をとられていたのだろう。記録によれば、精力的に音楽や戯曲を作り、ピアノやヴァイオリンや打楽器を演奏し、歌も歌っていたという[69]。

音楽のセンスと、音にまつわる数学の理解力という組み合わせ。1960年からBBCのスタジオ・マネージャーを務めた後、1962年に配属されたレディオフォニックでは、これが大いに役立った。ダービーシャーは作曲に理論的な手法を用い、実に博識だった。ホジソンは回想している。フレッド・ジャド（後述）が書いた電子音楽に関する最初の本をパラパラめくった彼女は、回路図に鉛筆で走り書きしたり、こんなのは駄目ねと否定したりしていたと[70]。

〈ドクター・フーのテーマ〉オリジナル版は、視聴者世代の記憶に強く刷り込まれた。曲はレディオフォニックの風変わりな音素材コレクションや、テープ機材を用いて制作された。高く低くスウィープする音はテスト・オシレーターで作られた。シューッという音はホワイトノイズ。ビーンとはじくようなベース・ラインは1弦ギター。作曲したゲイナーは、はじめて試聴した際「**これって僕が書いた曲？**」と尋ねたという。ダービーシャーは後にこう語る。「**ゲイナーは生バンドを使うつもりでしたが、私が電子音で作ったものを聴いて、考えを変えました。彼は印税も私と分け合おうとしましたが、ＢＢＣが許可しませんでした。私はスタジオ・マネージャーの給料で満足していましたし**［……］**『ラジオ・タイムズ』**［番組情報誌。当時の版元はＢＢＣ出版だった］**も無料で読めましたしね**」[71]。

大衆がはじめて〈ドクター・フーのテーマ〉を聴いたのは、１９６３年11月21日午後5時15分。第1話が放送された時だった。もしダービーシャーがこの週の『ラジオ・タイムズ』を読んでいたら、番組は「時空をまたにかけた冒険」で、テーマの作曲者は「ロン・ゲイナーとＢＢＣレディオフォニック・ワークショップ」と記されているのを目にしただろう。テーマ曲のこのヴァージョンは、そのままシングル盤で発売された。ヒットチャートにこそ入らなかったが、この曲は『ドクター・フー』シリーズとともに世界中に拡散された。番組は、自己増殖する宇宙人のように成長していった。主役はウィリアム・ハートネルが演じ、最初は老人の姿だったが、後には若い俳優が演じるようになっていった。映像はモノクロからカラーになり、ぐらぐら揺れる大道具もしっかりしたものへと変わっていった。音楽もたびたび改訂され、楽器パートが増えたりミキシングが変わったりはしたが、１９６３年に作られたこのテーマだけは常に変わらなかった。マルチ・トラック録音とシンセサイザーの時代からシンセ・ポップの時代になっても生き残っていたが、最終的には1980年にシンセサイザー版として編曲し直された。

番組がこれほど広く視聴され、長く続いたことで、この曲は1960年代から1970年代にかけて最もよく聴かれる電子音楽の1つとなった。今でも、パッと聴けば誰もがわかる存在だ。もしも実験的な電子音楽を大衆に聴かせたら、耳をふさいで逃げ出すかもしれない。しかし同じように実験的な手法で作られた『ドクター・フー』の音楽や音をテレビの前で座って聴くのは、十分に楽しめるのだ。このことは、電子的なポップスも従来のポップスと同じで、優れたメロディやリズムやユニークな音素材さえ組み合わせれば、印象的で感動的で刺激的な音楽が作れると証明している。

『ドクター・フー』のテーマは1960年代イギリスのテレビで最も有名な電子音楽となった。とはいえ、テレビ界で最初の電子音楽というわけではない。レディオフォニックには他にも『火星人地球大襲撃』など何年もの成果があるし、より完全な電子音楽はITVの方が先だった。『スペース・パトロール／宇宙機動隊』（1963〜）の第1話は1963年4月に放送されたが、これは『ドクター・フー』の7ヶ月前である。このSF人形劇は、ロバータ・リー（1926〜2014）が製作と脚本を担当した。設定は西暦2100年。ラリー・ダート船長率いるガラスフィア347号乗組員の物語だ。リーは以前からジェリー・アンダーソン（1929〜2012）と仕事をしていた。パペットを使う手法はいささか時代遅れだったが、『スペース・パトロール』は人気を博し、イギリスだけでなくアメリカ（『プラネット・パトロール』と改題された）やカナダ、オーストラリアでも放映された。

フレッド・ジャッド｜Fred Judd

テープ・ループや電子音を重ね合わせた『スペース・パトロール』には「エレクトロニクス」担当としてフレッド・ジャド（1914〜92）の名がクレジットされている。子供向けのテレビ・シリーズとしては、かなり抽象的で難解なサウンドトラックだ。

当時のイギリス電子音楽界で、作曲家が1人きりで制作するのはよくあることだったが、それにしてもジャドは孤独だった。イギリスで電子音楽を作っていたのは、時にそれぞれのメンバーも重なり合うような、ごく少数のグループだった。しかしジャドは、どのグループにも属していなかった。芸術音楽の権威とも、レディオフォニックとも、音楽ビジネスとも無縁だった。重要人物とも少しは関係していたが（ダフネ・オラムとは知り合いだったし、ホジソンはジャドのレディオフォニック訪問をおぼえていた）独学の作家、編集者、作曲家、発明家だった。北東ロンドンはウッドフォードの質素なテラスで孤独に活動を続ける、電子音楽の伝道師だった。ジャドにとって自然な環境は、アマチュアのテープ録音クラブ、電子ホビー雑誌、ホーム・ムービー愛好家などの「失われた世界」だった。雑誌を編集し、記事を書き、地方に出かけては教会やテクニカル・カレッジで電子音楽のデモをおこなった。その布教活動の影響は計り知れないが、作曲家や音楽家として発表したものはごくわずかだ。

ジャドは1914年に生まれ、同世代の多くの人々と同様、ラジオやエレクトロニクスに夢中になった。戦争中、沿岸警備隊に従軍してレーダー装置と出会い、情熱を注ぐ先が見つかった。彼は音楽家でもあり、独学だが優秀なギタリストでキーボーディストだった。また常に、さまざまな装置を製作していた。1950年代のある頃から、興味は電子音楽に向かいはじめ、国内初の電子音楽スタジオを自宅に作ることになる。この分野について彼が書いた最初の著作『電子音楽とミュージック・コンクレート』（未邦訳）は、1961年に出版された。電子音楽の実験をはじめようとする者へのハウツー的なガイドブックとしては、最古の一冊だ。この本も、後の『音楽における電子技術』（1972）も、ネヴィル・スピアマン・アームストロング社から発売された。この会社は、サブカルチャーへの指向性が強い個人出版社だ。このことは、イギリスの電子音楽につきまとうエキゾチックで神秘的な香りを、強調しているかのようでもある。空飛ぶ円盤やオカルトからレスリングまで、センセーショナルな書籍が並ぶラインナップに、平易な文章で情報を提供するジャドの本はどうもしっくりこない。しかしこれは、電子音楽界でのジャドの経歴のメタファーかもしれない。手に葉巻を持ち、胸ポケットにペンを差した、工具店の副店長か市民大学の講師のように見える、独学の中年男。彼は、変人やボヘミアン的な知識人が支配する電子音楽というジャンルに、大衆の興味を向けようとしていた。ホーム・スタジオの写真を見ると、コーヒーテーブルや花瓶、ランプ、レースのカーテンがある平凡な家の中に、テープレコーダーやオシレーターが置かれている。ジャドの電子音楽は、アマチュア愛好家やＤＩＹ趣味人のような一般市民による、一般市民のための音楽だった。その作品は技術的に優秀で、深い想像力や作曲技法に溢れていた。

ジャドの作品は大きく2つのカテゴリーに分けられる。『スペース・パトロール』のような、はっきりしない不気味な雰囲気の音楽。そして前述のキッド・バルタン&トム・ディスベルトの初期作品にも似た、より構造的でリズミカルなエレクトロ・ポップ。ジャドはリズムにテープ・ループを使って、普通のポップスのようなものを電子的に作り、そこに和音を乗せたりメロディを重ねるのが得意だった。本質的にはテープ音楽の作曲家だったが、電子キーボードやエレキ・ギターも用いた。機材の中にユニヴォックスが並んだ写真も残っている。彼はまた、独自のシンセサイザーも製作していた。現存しないため、作動するのかもどんな音が出るのかも不明だが。ジャドはこの楽器を1963年には完成していたようだ。

『スペース・パトロール』は、評価や観客の獲得という点でジャドのキャリアにおける大事件だった。これ以外の曲は、ほとんどが7インチのシングル盤レコードとして1960年代初頭から作られ、ジャドの編集する『アマチュア・テープ・レコーディング』誌を通じて通信販売されていた。それらは映画作家やアマチュア録音愛好家に、効果音やテーマ音楽を提供するものだった。これらの音源は、後にタイトルを変えて「スタジオG」〔音楽ライブラリのレーベル。http://studiog.co.uk〕のサウンド・ライブラリ『エレクトロニック・エイジ』(1970)に収録された。

バリー・グレイ｜Barry Gray

『スペース・パトロール』の放映は、民間放送のITVだった。この局は1955年に設立されると、BBCには不可能な電子音の表現の機会を提供していた。CMだ。CMはきわめて時間の短いフォーマットであり、記憶に残る特徴的なサウンドが求められる。そのことに、いち早く気づいたのがバリー・グレイ（1908〜84）だった。彼は作曲から編曲、演奏、プロデュースまであらゆる作業に長《た》け、名声も経験もあるプロフェッショナルだった。1908年、北イングランドのランカシャー州ブラックバーンでジョン・リヴジー・エックルスの名で生まれ（1950年代に改名）、イギリス電子音楽界で最高齢の先駆者となった。同世代作家の多くはテープ録音の技法を好んだが、グレイは初期電子楽器をふんだんに用いたところが、彼らとは異なった。

グレイはこざっぱりした身なりをしていた。短髪で眼鏡をかけ、おじさんのような雰囲気で、アラン・ベネット

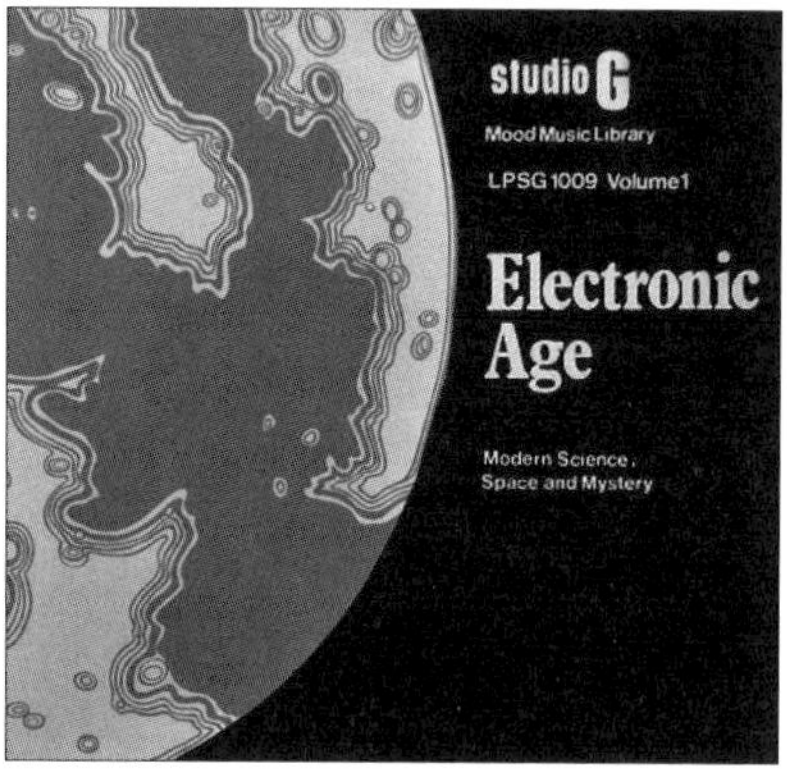

『エレクトロニック・エイジ』(1970)

にやや似た北部訛りの優しい声をしていた。興味は幅広く、少年のような熱中ぶりで、演奏家からも人気だった。ファンにも寛大で、手紙を書いてくれた熱烈な子供には自作曲のテープを自ら作って送る習慣があった。ロックンロールが最初に流行した時、グレイはすでに50歳近かった。後に数曲はロックのスタイルを試しもしたが、彼の音楽的ルーツはそれと別のあまりにも深い場所にあった。彼はバッハやモーツァルト、そしてとりわけベートーヴェンのようなクラシック音楽に精通しており、オーケストラの作曲もできた。しかしグレイは、クラシックの音楽家でも作曲家でもなかった。ロック以前のポピュラー音楽や娯楽音楽の世界に育まれた、多面的な技師だったのだ。フリーで活動し、1950年代は出版社や映画会社やBBCのための作曲（有名なテリー・トーマスのラジオ番組『テリーと街へ』（1948〜49）など）で忙しく、アーサー・キットやホーギー・カーマイケルやヴェラ・リンといった様々なアーティストの編曲や伴奏でも活躍していた。イギリスで民間放送がはじまると、すぐにテレビCMの音楽も作曲・録音するようになっていった。

グレイは、かなり早い段階から電子音楽に関心があったようだ。晩年のインタビューでは、活動初期から電子音楽には興味を持っていたと述べ、1929年の実験的な電気ピアノ「ネオ・ベヒシュタイン」［ドイツのピアノ製造会社ベヒシュタインがジーメンス社などと共同開発した鍵盤楽器。発売は1931年］やテルミンについても語っている。[72] グレイ自身は『火星探検』のような1950年代サイファイ映画に流れるテルミンの音に注目していたし、早くからテープ録音も用いていた。とはいえ、従来のようなオーケストラの作曲を好む保守的な音楽性と、限られた場面にしか合わないと考えられていた電子音楽の間で、葛藤を感じてもいた。1950年、グレイは自宅にスタジオを設けた。1950年代には電子楽器やテープレコーダーに熱中し、素晴らしく奇妙な音楽を作り出していった。商業的に成功した音楽家として収入も多かったので、新しい電子音楽を追求する商業スタジオのどこよりも設備の整ったホーム・スタジオを構築することができた。1958年には、国内初の1台となるアンペックス社の4トラック・テープレコーダーを設置した。こうしたグレイの行動は、20世紀半ばに電子音を用いはじめ、すぐに成功を収めたレイモンド・スコットやエリック・サイデーらにも通じるものがあった。

グレイのスタジオは、北ロンドンのドリス・ヒルにある自宅階下の2部屋に作られた。当時の他の電子音楽スタジオに比べると従来のレコーディング・スタジオに近い設計で、コントロール・ルームとライヴ・スタジオは分離され、その間に窓があった。ドラムやギターなどの楽器は、ここで録音されることが多かった。テレビ用の音楽のほとんどはこのスタジオから生まれたが、スタジオが狭かったので、大編成の時は別のプロ向け録音スタジオに移動した。

ネオ・ベヒシュタイン

グレイはテープ編集の名人で、最初にテレビ用の電子音楽を作りはじめた時も、この手法を使った。自分らしい音源として、ピアノやエレクトリック・スチール・ギターを用いることも多かった。他の作曲家とちがって電子楽器も好きだったので、スタジオは次第に電子楽器で埋め尽くされていった。クラヴィオリンにはじまり、ハモンド・オルガン、スイープ・オシレーター、それに特注のリング・モジュレーターなどがあった。後には、さらに変わった音源として、ミラー社のスピネッタやオンド・マルトノも加わった。ポピュラー音楽の中でオンド・マルトノを繊細かつ複雑に扱うグレイは、イギリスでも独特の存在だった。この楽器は「**実質的には**

テルミンの仲間だが、**音程がコントロールしやすい**」し、また「**信じがたいほど不気味な電子的効果**」を作るのに役立つと考えた。[73] グレイがこの楽器を購入したのは1959年のことだ。発明者マルトノをパリに訪ね、1ヶ月かけて使い方とメンテナンス方法を習い、その後もマルトノとは交流を続けた。

スピネッタ｜Spinetta

スピネッタは、ノリッチのミラー・オルガン・カンパニーが製造した珍品だ。ミラー社は教会用の電子オルガンが専門だったが、子会社のミュージカル・リサーチ社は、もっと実験的な電子楽器の使い方に関心があった。この2社は、クラヴィオリンの発明者コンスタン・マルタンが設計した電子回路の使用に関し、イギリス国内の権利を所有していた。ミュージカル・リサーチ社は、BBCのためにマルチカラー・トーン・オルガンも製作している。この巨大な白い象のような楽器は、レディオフォニック内に何年も放置され、たまにしか使われなかった。スピネッタの方はもっと幅広くCMの制作などにも使われた。しばらくの間、ミラー社はこの楽器をハロッズ百貨店でも販売していた。

スピネッタは真空管式の2段鍵盤楽器で、角張ったピアノのような形をしている。電源、アンプ、スピーカーは1つのキャビネットに収められている。このキャビネットは鍵盤部分の下部にはめこむことも、そこから外して立てておくことも可能だ。メイン部分はフルサイズの88音ポリフォニック鍵盤で、トーン・コントロール、アタック、ディケイなど、様々なコントローラーがついている。安定したオルガンのような音を出すこともできるし、電気ピアノのように減衰する音を作ることもできる。メイン鍵盤の上部には第2鍵盤、そしてソロ鍵盤がある。これはアコーディオンのような3オクターヴのモノフォニック鍵盤で、クラヴィリオンから受け継がれたものだ。そのサウンドは、大きなロータリー・ダイヤルで変化させることができる。

現存するスピネッタのデモ演奏は、１９５０年代から１９６０年代にかけてＢＢＣラジオのレギュラーを務めたウィリアム・デイヴィスの録音だ。ここでは実に幅広いサウンドを聴くことができるが、この楽器は成功しなかった。かつてのハモンド社のノヴァコード同様、この楽器は高価で重く、大きく、複雑すぎた。この楽器が目指したものは、技術の限界を超えていたのだ。１９６０年代初頭のほんの数年間、ごく限られた台数が生産されるにとどまった。その１台はレディオフォニックに納品され、愛されなかった姉であるマルチカラー・トーン・オルガンの隣に鎮座した。この楽器が後世まで残るとは、誰も思わなかった。[74]

フーバーの洗濯機、タイドの粉石鹸、アスプロの頭痛薬といった一連の商品のＣＭ音楽に、グレイはオンド・マルトノやスピネッタを多用した。電子キーボードにテープ音楽をミックスし、電子音響からおどけたバンド・アレンジまで行き来するこれらの断片的なサウンドは、当時のイギリスでテレビ用に作られた電子音楽の中でも、独特の個性を放っている。グレイには、コメディやアニメ向けの音楽も簡単に作れたし、もっと微妙な空気を作る手腕もあった。たとえば１９６０年頃、フーバー全自動洗濯機の記録映像につけたサウンドトラックには、ＳＦ的な音響が漂っている部分もある。ただし彼の電子音への関心が、何か破壊的な前衛主義を示しているわけではない点は、認識しておかなければならない。電子音の実験についてグレイが記したわずかな感想からは、アンビバレントな心情が伝わってくる。自分の仕事に魅了されつつも、こんなものは真の音楽ではないと軽蔑もしていたのだ。晩年の彼は、その業績とは矛盾する保守的な見解を表明している。

私は、神秘的とか天体的とか宇宙的な効果とか言われる、電子音楽ならではのメロディというものが、とりたて

て好きなわけではないんだ。［……］概して、私の電子音楽のほとんどは、音楽と言うよりも電子効果音と呼ぶべきものだった。[75]

グレイは、自作における電子的な要素を言い表す「ミュージフェックス（musifex＝音効）」という言葉を作った。この言葉は、残された楽譜やメモの中にしばしば書き留められている。

ジェリー・アンダーソン｜Gerry Anderson

１９５６年、イギリスのポピュラー音楽は、ロックンロールとスキッフル［20世紀初頭のアメリカで流行したバンド音楽のジャンル。１９５０年代のイギリスでリバイバル、大流行した］の影響力にひっくり返されていた。どちらのジャンルもグレイにちょっとした影響を与えたが、同時に、この年は彼にとって極めて重要な年ともなった。『サンダーバード』（１９６４〜６６）や『キャプテン・スカーレット』（１９６７）や『ジョー90』（１９６８）などの「スーパーマリオネーション」と言われる子供向け人形劇シリーズの作者、ジェリー・アンダーソンと出会ったからだ。以来、グレイはアンダーソンの音楽を手がけることになった。彼のＣＭ音楽も広く聞かれてはいたが、最も有名な作品は、この共同作業から生まれることになる。

ロバータ・リーは、様々な筆名で１００冊以上の著書を書いた多作で精力的な作家で、グレイとアンダーソンを引き合わせた。彼女は後に『スペース・パトロール』を制作した人物でもある。リーは、ヴェラ・リンのための共作でグレイと知り合っていた。リンはリーの歌を数曲レコーディングしていたが、グレイはその編曲をしたのだ。リーは、子供向けテレビ番組『トゥイズルの冒険』（１９５７）の企画をアンダーソンに提案した際、グレイを音楽監督に望み、アンダーソンはリーとグレイを採用した。グレイは作編曲したデモを、リーのもうひとりの友人レスリー・クレアとともにテープレコーダーで録音した。完璧にアレンジされた曲にクレアの歌声が乗ったこのデモを、アンダーソンは気に入った。ギターにはバート・ウィードンを迎えて録音がおこなわれた。放送がはじまり、このテーマ曲は２枚のシングル盤として１９５８年にＨＭＶから発売された。

同じ年にグレイは、アンダーソンやリーとの共同作業で『電気じかけのトーチー』（１９５８）の音楽も提供している「放映自体は１９６０～６１年」。この時のリーは、自分の考えたメロディをグレイに聞かせようと、自ら歌ってテープレコーダーに録音した。グレイは後からそれをクラヴィオリンで置き換えた。翌年、グレイはパリに行ってオンド・マルトノを購入し、未来的なジェリー・アンダーソンの次作『スーパーカー』（１９６０）に用いた。これ以来オンド・マルトノは、グレイのサウンドの特色となった。作曲家として、しばしばこの楽器を用い、時に自ら演奏もしたが、フランスのオンド演奏家シルヴェット・アラールを起用することもあった。続いてグレイは『宇宙船ＸＬ－５』（１９６２）を手がける。彼は、このようなＳＦは電子音楽に最適の設定だと考えた。「**電子音楽こそは、実験室や宇宙、神秘的で奇妙な状況や、星々の話を描くのにうってつけだ**[76]」。グレイは１９６０年代を通じ、この信念をゆっくりと実践に移していった。

デズモンド・レスリー ― Desmond Leslie

当時のイギリス電子音楽シーンで、末端に位置しつつも魅力的なキャラクターだったのが、デズモンド・レスリー（１９２１～２００１）だ。準男爵サー・シェーン・レスリーの末っ子、またサー・ウィンストン・チャーチルの従兄弟としてモナハン州に生まれ、教育を受けたイングランドで成人後も過ごした。レスリーの人生には、貴族らしい活力がほとばしっていた。その生き方を可能にしたのは、好奇心あふれる知性と、地主という階級や個人的収入に根ざす自信だ。

大戦中のレスリーは、戦闘機乗りだった。1953年にはジョージ・アダムスキー［彼は1950年代に宇宙人との遭遇体験を主張。撮影したという飛行物体は「アダムスキー型円盤」と呼ばれるが、真偽は不明］と共著で、世界初のUFO本『空飛ぶ円盤実見記』（1953）を出版している。多才な彼は、映画『地球の静止する日』に影響を受けた『金星からの訪問者』（1954）の脚本も書いた。

テレビの生放送で批評家のバーナード・レヴィンを殴り、名を（あるいは悪名を）上げたこともある。彼の最初の妻、女優で歌手のアグネス・バーネル（本名アグネス・ベルナウアー）が侮辱されたと思い、復讐したのだ。事件は1963年、視聴者1000万人の風刺番組『ザット・ワズ・ザ・ウィーク・ザット・ワズ』（1962〜63）で起こった。レヴィンが紹介されるとすぐにレスリーが画面に入ってきて、まじめくさった顔をした小柄なレヴィンに、立ち上がるよう礼儀正しく告げた。「貴様、バーネルの出演した舞台を酷評したな」とレヴィンに言った。それから右フックを2発たたきこみ、レヴィンを倒した。この事件は、テレビの生放送にタイム・ディレイ［生放送中の放送事故に備え、実際よりもわずかに遅く映像や音声を送出する仕組み］の導入をうながす際、引き合いに出されるエピソードでもある。

1950年代半ば頃、レスリーは自身のスタジオを設立して「サウンド・ピクチャー」と称するものを作りはじめた。何千もの録音素材で描き出す、抽象的なミュージック・コンクレート作品だ。レスリーのグラン・ギニョール［血なまぐさい見世物の残酷劇。転じて、広くホラーや残虐趣味も指す］趣味は、『宇宙空間の音楽』（1956）、『悪魔王の死』（1960）、『紀元前5000年の生贄』（発表年不明）といったタイトルにも表れている。これらのエキゾチックな主題と「前衛的な」技法を結びつければ、素晴らしいものができる。彼はそう宣言し、ハロッズ百貨店で録音した子供のハミングに、1951年型モーリス・オックスフォードのクラクションを組み合わせた作品を作ったりした。日常の中から即興で取り出された未来的な違和感は、1950年代イギリスの電子音楽シーンに1つの小宇宙を形成していった。当初はプライベート盤として友人に配る予定だったが、1960年代初頭からサウンド・ライブラリ・レコードとして販売した。これらの音は『ドクター・フー』にも使用され、2話連続のエピソード『破壊の縁』（1964）の第2話『災厄の瀬戸際』など、初期の『ドクター・フー』ではレスリーのサウンドをところどころで耳にすることができる。[77]

レスリーの逸話は面白すぎるので、彼の音楽に意義や価値があるとすれば、その人生が魅力的だからではないかと言いたくなる。不気味なパワーの感じられる作品もあるが、レスリーの音楽は難解すぎる。ループし続けるブリープ音、サイレンのような音、不明瞭な雑音の重ね合わせ、階段に投げ落とされたピアノのような激しい破壊音。これらを混ぜ合わせた、旋律もないサウンド・コラージュ。この手の音楽に慣れきった聴き手でもないかぎり、レスリーの著書について述べたアーサー・C・クラークの、こんな言葉に共感せざるを得ないだろう。「**無意味の寄せ集めにすぎない**」。

ジョー・ミーク｜Joe Meek

イギリス電子音楽の先駆者たちは、最終的にはテレビやラジオ

これらの盤を収録したリマスターCD
『Music of the Future』（2013）

や映画のための商業音楽を作るようになっていった。それは自ら望んだことだったり（バリー・グレイ、フレッド・ジャド）、生計のためだったり（トリストラム・ケアリー、ダフネ・オラム）したが、ロックンロールやヒット・シングルやティーン向け曲のようなポピュラー音楽には、誰も関わらなかった。こちらの分野を引き受けたのは、歌も歌わず演奏もしない音痴のソングライター／プロデューサー、ジョー・ミーク（1929～67）だけだった。

ロックンロールの世界、あるいは反逆者気取りの出世主義者だらけの世界で、ミークは真のアウトサイダーだった。とはいえ彼もまた、イギリスでは1950年代後半～1960年代前半に電子音楽という物語をたどった1人だ。本章で取り上げた他の人物と同様、真空管やハンダや磁気テープで「夢の国」を築き上げた彼の姿は、あまりにも孤独に見える。ただ、その「夢」にバディ・ホリーやエレキ・ギターやシングル・ヒット曲も含まれていた点が、他の電子音楽家とちがっていた。ミークは、イギリスで最初に電子音楽をポップなシングル曲へと導入した野心家だった。当初、両者を結びつけるのは簡単ではなかったが、ミークはあきらめなかった。ビートルズの未来のメンバーたちが、まだスキッフルを演奏していた頃のことだ。

ジョー・ミークは1929年にイングランド西部の農耕地帯、グロスターシャー州ニューエントに生まれた。労働者階級出身の無学な少年だった。読み書きが苦手で歌は下手、楽譜も読めず、楽器も演奏できなかった。母親は娘がほしかったため、学校に入るまで彼に女装をさせていたという。ミークは繊細で不安定な性格だった。兄弟や同級生が、釣りや狩りやリンゴ泥棒に興じる間、ミークは庭の納屋に引きこもっていた。両親はそこを彼だけに使わせてくれた。ミークは電子工作や録音技術のとりことなり、この隠れ家で古いラジオや蓄音機を分解しては満足していた。14歳で退学し、ラジオ店の勤務やイギリス空軍の兵役を経て、ミークはロンドンにたどり着く。やがて彼はイギリスでも有数の独立系レコーディング・スタジオ、IBC［International Broadcasting Company Recording Studios。

1960～70年代のロンドンに存在した録音スタジオ。多くの有名ロック・アーティストが利用したことで知られる」でエンジニアとして働くようになった。ここで彼は、ロニー・ドネガンの〈カンバーランド・ギャップ〉（1957）やフランキー・ヴォーガンの〈グリーン・ドア〉（1957）といったヒット曲を録音する。

要領が悪くて不器用だが野心的であったミークは、レコーディング・スタジオの古い階級制に失望していた。エンジニア、プロデューサー、ソングライター、マネージャーの仕事が兼任されることは皆無に等しかったが、ミークはそのすべてをこなしたかった。3年間IBCに勤めた後、インディペンデントなジャズ系プロデューサーのデニス・プレストンとともに「ランズドーン・スタジオ」を設立。デニスはIBCから多くの顧客をこちらのスタジオに引き抜いてきた。彼ら同僚との関係もしばらくは上手くいっていたが、やがてミークは、周囲のくだらない連中が自分を妨害していると思いこみ、苛立ちはじめた。

ジョー・ミーク（1960年代）

1959年末、ミークはランズドーンを去った。そして西ロンドンのホランドパークに最初のホーム・スタジオを開設し、磁気テープの音楽的な可能性を探求しはじめる。テープ編集、極端なコンプレッション、大きな洞窟のようなリヴァーブ。こうしたテクニックは以前のスタジオ仕事でも実験済みだったが、自宅の初歩的な録音機材を使うことで、さらに彼方へ向かう自由が得られた。30歳をすぎても少年のように情熱的なミークが、何ものにも縛られない発想でプロジェクトを計画するのに、さほど時間はかからなかった。

アイ・ヒア・ア・ニュー・ワールド｜I Hear a New World

ミークの情熱は音楽やエレクトロニクスだけでなく、宇宙へと向かった。はじまったばかりの米ソ宇宙開発競争に夢中で、地球外生命体を信じ、アポロ号以前の銀色をした宇宙船や、緑色の小さな宇宙人といったイメージで頭の中はいっぱいだった。ここから『アイ・ヒア・ア・ニュー・ワールド』（１９６０）の構想が生まれた。１９５９年後半の約６週間を費やし、ほぼ全曲がホーム・スタジオで作られた。だが、この作品がミークの生前に発売されることはなかった。シングルつきの試聴限定盤を１９６０年2月に配布し、フルアルバムを3月に発売する予定だった。シングルとアルバムを出すため、ミークは自主レーベル「トライアンフ」を新しく立ち上げた。けれども流通の事情から、発売されずに終わった。イギリスの再発専門レーベルＲＰＭが１９９１年に完全盤を発売するまで、海賊版しか残っていなかった。『アイ・ヒア・ア・ニュー・ワールド』はミークの経歴の中でも特殊な存在だ。ミステリアスな錬金術を音楽として完成するための、実験室のような作品だ。

作ったのは確かにミークだが、自分は不得意なので他人に演奏を任せようとするクリエイターにありがちなことに、ミーク自身の下手な歌を翻訳してくれる共犯者が必要だった。あまり愉快ではないこの役割を引き受けたのは、ロッド・フリーマンだ。アルバムには演奏家として、ロッドと彼のバンド「ブルー・メン」――スキッフルを身につけた7人組のロックンロール・バンド――がクレジットされている。作品全体に何か宇宙を想像させるような効果音がちりばめられているが、これは自宅キッチンのシンクで水をぴちゃぴちゃ打って録音された。このアルバムは、完全とは言えないまでもポップスを指向したレコードに、電子音楽のテクニックが使われた、最初の作品だった。音響効果以外は、通常の楽器（エレキ・ベース、エレキ・ギター、ドラム）に加え、ラップ・スティール・ギター、クラヴィオリン、ハンマーに鋲をはさんだプリペアド・ピアノが使われた。すべての音は、ミークが入念に調整した自作リヴァーブやエコーやコンプレッサー類を通過し、当時所有していたセミプロ向けのテープレコーダーに録音された。

アルバムに収録されているのは、想像上の宇宙人3種――グロボット、ドリブコット、サルー――についての12曲だ。作品は眠たげなノイズからはじまる。宇宙人の話し声は、陳腐なノベルティものによくある、ピッチを高く上げた声で表現されている。ありがたいことに、いくつかあるインストゥルメンタル曲には、この声は入っていない。たとえばその1つ〈グラブ・ウォーターフォール〉では、ピアノの低音による上昇音形が重苦しく扱われ、緊張感を高めて効果的だ。泡のはじける水音にも似たノイズを背景に、このピアノは反復される。もとの素材が何であれ、聴こえるのは通常の音楽ではなくミュージック・コンクレートそのものだ。規則的なパターンから、テープ・ループが使われているのがわかる。クライマックスを迎える銅鑼のような打撃音も、周期的に繰り返されている。ポピュラー音楽の音痴なプロデューサーが１９５９年にホーム・スタジオで作ったにしては、驚嘆すべき作品だ。シングル盤のスリーブには、ミーク自らの拙い言葉で〈グラブ・ウォーターフォール〉では、自分のめざす効果を実現したくて苦労したと記されている。曲を聴きながら次のような文章を読むと、ミークが想像した月の風景と完成した音楽の印象は、かなり近いことがわかるだろう。

『アイ・ヒアー・ア・ニュー・ワールド』（1960）

テルスター | Telstar

水が沸き起こって、高原の上で大きな球になっていく。その球が最大になると激しく破裂し、下の地面に降りそそぐ。そして月面の割れ目に流れこむ。この一連のサイクルが、何度も何度も繰り返される。

未来についての空想ほど、すぐに時代遅れとなるものはない。『アイ・ヒア・ア・ニュー・ワールド』を聴いた誰もが、こんなものは数年で古くさくなると思っただろう。しかし今となってはこの作品は、ミークの想像からもかけ離れた、惑星からの呼び声のようなものとなった。「幻の名作」として支持されるタイプの作品ではない。音素材は貧相で、演奏も気まぐれだ。正式に発売されたとしても、まず売れなかっただろう。だがこれは、テープ音楽の手法でポップスのレコードを作ろうとした、予言的で深みのある失敗作だ。一見すると単なる「事故」のようだが、当時の芸術音楽の展開を鏡に映したような作品だ。無知な大衆に向けて、こっそりと前衛音楽の技法を流用してみせた作品だ。

ミークは真夜中のホーム・スタジオで、たった1人で作業するのを好んだ。何をどう作っているか競争相手に知られるのを、偏執狂的に恐れていたからだ。そのため、音作りの秘密は墓場まで持って行かれてしまった。だが制作に携わった人々の語る逸話に十分な証拠が残っている。また残された録音を聴けば、現代音楽の作家たちとまったく同じ手法を用いていたことも明らかだ。ミークはサウンドの発明に興味があった。集められた音素材は、もともと持っていた意味から引き離された。単純な生音を集めて切り刻み、再び組み合わせ、引き延ばし、縮め、短くして吐き出し、認識不能な形式にまとめあげたのだ。

ジョー・ミークにとって2番目のホーム・スタジオは、北ロンドンのハロウェイ・ロードにある皮革店の上階に間借りした一室だった。ここでの仕事によって彼は大成功をおさめることとなる。ここでミークは、様々なアーティストのために大量の曲を作曲・録音し、マスターを制作して、ＲＧＭプロダクション（彼の本名Robert George Meekから名付けられた）の作品としてメジャー・レーベルに売り歩いたのだ。このやり方でミークは数多くのヒット曲や、さらに多くの失敗作をプロデュースしたが、その中ではトルネイドースの『テルスター』（１９６２）が最大のヒットとなった。

宇宙旅行や電子技術へのミークの空想は消えていなかった。１９６２年7月10日、ＮＡＳＡがケープ・カナベラルから小さなテルスター衛星の1号機を発射した時、ミークは興奮しきっていた。ほぼ球形で、直径３４・５インチ（約87センチ）。ソーラー・パネルで覆われ、未来的にキラキラ輝くこのボールは、2時間37分で地球を周回する軌道に乗った。１９５７年のスプートニク1号以来いくつも発射されてきた人工衛星の1つではあったが、テルスター１号には特別な計画があった。7月23日、大西洋を越えて生放送される初のテレビ放送を中継する役目だ。ミークは幽霊のようにぼやけた中継映像のとりことなり、頭の中に音楽が流れ出した。

『テルスター』（1962）

次に何が起きたかについては、筋の通った話が記録されている。ミークは、独特のめんどうな作曲をはじめた。先に作っておいた伴奏に乗せて、鼻歌のようにあいまいなメロディを口ずさむのだ。この耳ざわりなうめき声という暗号を、同僚のデイヴ・アダムスが時間をかけて試行錯誤しながら解読していった。こうした苦行を経て、新曲が生まれた。数日後、録音のために「トルネイドース」が呼ばれた。彼らはミークが抱えているバンドの1つだった。インスト系ロック・バンドで、ビリー・フューリー（1940〜1983）［イギリスのロック歌手。デビュー当初はプレスリーにも似た容姿や歌で人気を博した。］のバックも務めていた。録音がおこなわれていた時フューリーは、グレート・ヤーマス［イギリス東部の都市］のサマー・フェスティヴァルに出演していた。出番のない日曜日に、バンドは120マイルほど運転して車でロンドンに戻り、ミークの厳しい指導のもとで録音をはじめた。この日と月曜午前の数時間で、『テルスター』の伴奏トラックとシングル盤のB面が録音された。そしてヤーマスに引き返さなければならない月曜のランチタイムまでに、主旋律の録音も終えなければならなかった。

この作品にはミークの共同作業者の1人、ジェフ・ゴダード（1937〜2000）［イギリスのミュージシャン、作曲家。1960年代半ばにはミークと不仲になった］も参加した。彼は、晩年のバディ・ホリーとも共有したスピリチュアリズムや、信仰への関心を、ミークと分かちあっていた。ミークの思い浮かべたメロディを読み解くのはアダムスの仕事だったが、コントロール・ルームからのミークの指示に従ってクラヴィオリンやピアノのパートを演奏し、震えるような感覚、無垢なまでの楽観性を曲に加えたのはゴダードだった。

こうしてイギリスでは前代未聞の、最も過激なロックンロールのレコードが完成した。シングルはシュワシュワと泡だつトリッキーな電子音ではじまり、終わっていく。純粋な意味では、この曲は電子音楽ではない。鼻にかかった音色のギターや弾むようなドラムは、当時の流行にすぎない。しかしクラヴィオリンと、テープ録音された様々な質感のミキシングが素晴らしく、この曲は新しい電子世界に向かうポピュラー音楽の、最初の大爆発となった。宇宙開発競争時代の初期の特徴とも言える、テクノロジーの進歩への信仰が、3分ほどの音楽の中に詰め込まれていた。イギリスではデッカ・レコード、アメリカではロンドン・レコードから発売された『テルスター』は1962年最大のヒットとなった。イギリスのロックンロールでは初の、英米両国でヒットチャートのトップをおさめた作品だ。

05 マンハッタンの研究者
レイモンド・スコットとエリック・サイデー
Manhattan Researchers : Raymond Scott and Eric Siday

レイモンド・スコット｜Raymond Scott

グリニッチ・ヴィレッジにあるバロン夫妻のスタジオでは、月日がたつにつれて中古や手製の機材がリビングに積み上げられていった。1950年代、電子音楽のホーム・スタジオにはよくあることだった。同じ頃、そう遠くはないニューヨーク州ロング・アイランド島マナセットでも、似たような電子音楽の施設が作られていた。クローム・メッキがキラキラ輝く、スペース・エイジの夢工場。白い壁に点滅する無数の電球が、32部屋あるマンションの8部屋を占領していた。持ち主は黒髪で横広な顔の「レイモンド・スコット」と自称する男。当時のホーム・スタジオとしては別格の規模だった。

レイモンド・スコットことハリー・ワルノは1908年、ニューヨーク市ブルックリンで、ユダヤ系ロシア移民の両親から生まれた。音楽はワルノ家の伝統だった。兄のマークは指揮者でヴァイオリニスト、CBSラジオの音楽監督でもあった。この兄は、8歳年下のハリーが自分の後に続くよう応援してくれていた。だが、心臓病もまたワルノ家

レイモンド・スコット

の伝統だった。兄のマークも父のジョセフも若くして死去してしまったのだ。ハリーはピアノや音楽理論や作曲をジュリアード音楽院で学び、1931年の卒業後はCBSラジオの専属バンドに就職した。やがて、兄の七光りと非難されないよう「レイモンド・スコット」と名乗るようになった。

レイモンド・スコット名義の音楽活動には2つの時期がある。彼は成功したピアニストで作曲家、バンドリーダーだった。同時に、電子音楽の先駆者でもあった。両者の重なる部分もなくはなかったが、音楽性はまったく異なる。

1930年代から1940年代にかけては、作曲家やバンドリーダーとして精力的に活動したが、こうした仕事は1950年代後半になると減っていった。たとえば1936年結成の「レイモンド・スコット・クインテット（5重奏団）」（実際は6人編成だったが）は、何度もメンバーを変えつつ、多作なスコットの書いた曲でヒットを連発していた。

スコットの曲は、カール・スターリングによって「バッグス・バニー」［ワーナー・ブラザーズ製作のアニメ・シリーズ『ルーニー・テューンズ』に登場する有名キャラクター］などのアニメ用にも編曲された。他にはスピーディで緊張感あふれる『パワーハウス』（1937）も、アニメ映画を通じて大衆の記憶に刻み込まれた。こうした事情のせいでスコットは、時にアニメ作曲家と勘違いされることもあった。また、彼はシャイな男だった。バンドの名義上フロントマンで、リーダー役を引き受けてはいたが、パフォーマーの資質はなかった。映画やテレビに出演する時も彼自身は後方にいて、カメラがバンドメンバーの方に近づくよう仕向けていた。

スコットはこの時期、自分の曲をわかりやすく「ジャズ」と呼んでいたが、これは便宜置籍船〔便宜上、所有者の国籍と異なる国に籍を置く船〕のようなものだった。恥知らずな大衆向けポピュラー音楽のようでありながら、テンポは突如として変わるし、大胆なハーモニーでいっぱいの、じつに珍妙な作品だった。またスコットの方法論は、構成に縛られず即興や自由を生かすようなジャズの特質とは、かなりちがっていた。彼は厳しい現場監督で、いくつものバンドを軍隊のような精密さで鍛え上げた。クインテットでも他のアンサンブルでも、演奏家に自己表現の余地を残さず、むしろメンバーは厳格に訓練し、音もビートもすべて統制した。

当時の音楽家にしては珍しく、スコットは電子的な音響技術に多大な関心を寄せていた。テープレコーダーの発表以前から、自前のディスク・カッティング録音装置を所有しており、バンドのリハーサルを録音しては演奏を細かく分析した。テープ録音にも、すぐ飛びついた。音楽上の実験から電話の会話まで、あらゆるものを録音して数十年分のテープやレコードを残した。レコーディング・スタジオの仕事をはじめるとすぐに、ガラス窓をはさんで演奏者がいるべきではない側――つまりコントロール・ルーム――に座って、スピーカーから流れる音をチェックするようになった。やがて彼は、全ミュージシャンの演奏を調合する役目として、コントロール・ルームでスピーカーの音を聴くだけになっていった。

スコットは秘密にしていたが、電子音楽を作りはじめたのは1940年代後半だと判明している。1960年代以降の彼は、この道楽で消耗していくことになる。長く続くこの第2期を支えたのは、キャリアの第1期に稼いだ資金だった。スコットは電子技術を正式に学んではいなかったが、何でも直感的に理解できる独学者だった。広い意味では、ビジネスマンというよりも趣味の人だったが、発想力は抜群で、クラヴィヴォックス、エレクトロニウム、マルチ・トラック・テープレコーダー、電子式呼び鈴、リズムマシン、シーケンサー〔音列（シーケンス）をプログラミングすることで、電子楽器に自動演奏をさせるコントローラー」などの特許を取得している。どれも商品として発売可能だったが、ほとんどはスコットの頭の中や、宮殿のようなスタジオから外に出ることはなかった。カタログやデモ・レコードや価格表まで用意してキャンペーンを繰り返し、大々的に宣伝しようとしていたにもかかわらず、実際には大半が商品化できなかった。その理由は、キャリア第2期の中でも謎のままだ。

マンハッタン・リサーチ｜Manhattan Research

スコットは1946年にはじめての電子製品企業「マンハッタン・リサーチ」を設立し、電子音楽機器の特許を取りはじめた。この仕事についてはあまり語っていないため、どんなペースで進行したのか不明だが、会社を設立してすぐに多大な時間と資金とエネルギーを注ぎ込んだようだ。9年後の1955年、スコットがモーグ社製テルミン回路の使用許諾を求めたので、ロバート・モーグとその父は広いスタジオを訪問した。この時点でスコットは、長さ30フィート（約9メートル）にわたる電子機材の壁を構築していた。後にモーグは、これだけの機材を積み上げるには相当の年月がかかっただろうと推測している。[78] モーグとスコットの親交はその後、とぎれながらも15年におよんだ。スコットは時々モーグに機材や回路の製作を依頼したが、目的までは教えてくれなかった。

ジャン＝ジャック・ペリーも、1960年にニューヨークに着いてすぐ、スコットのスタジオを訪れている。ペリーはオンディオリーヌをデモしてみせ、スコットは大いに感動してこの楽器を注文した。外型を改造したオンディオリーヌは彼の機材に仲間入りし、オンド・マルトノや他の発明品の横に並べられた。[79] スコットは磁気テープも扱ったが、録音装置としてテープレコーダーを使うだけだった。当時の多くの電子音楽家たちとは、そこがちがった。スコットはまず作曲してから、大量の楽器やトーン・ジェネレーターで実際のサウンドを仕上げたのだ。

残されたスタジオの写真からは、ほとんど工場のような操業規模だったことがわかる。スコットの『ジングル・ワークショップ』（1957または58）の宣伝用LPのジャケットには、高さ10フィート（約3メートル）はある電子機器の壁に組み込まれたテープレコーダーを愛おしげに撫でるスコットと、手前のディレクター・チェアにくつろぐ2人目の妻ドロシー・コリンズを眺めることができる。当時の電子技術雑誌は、回路製作用のマシンルームが整備され、予備部品まで潤沢なこの部屋には、ざっと見積もって10万ドルから20万ドルの価値がある、と舌なめずりする勢いで報じた。

ペリーもモーグも幸運だった。スコット専用の、この素晴らしい王国の内部を見た者は、ほとんどいなかったのだから。とはいえ1960年から数年もたつと、ここで生まれた音を聴きたがる者も増えてきた。テレビは今でも家庭の娯楽メディアの中心だが、当時のアメリカでは、その所有率が全世帯の9割に達したころだった。スコットは折にふれ、テレビCM用のジングル音楽を作っていた。1960年、ヴィックス咳止めドロップと錠剤の広告キャンペーン用に「ひときわ新しいサウンド」を作ってほしい、という依頼があった。[80]スコットにとって、ひときわ新しいサウンドを作る方法はただ1つ。自前の電子機器を用いることだった。彼は1962年のレクチャーで、そのように説明している。だがこれは、何年も前から長期にわたって進めてきた作業を、単純に言い表しただけだ。没後に発表されたコンピレーション・アルバムには、1950年代以降の様々な仕事が収録されている。その中には、完全な「電子音楽」とは言えないにせよ、かなり「電子音楽寄り」な作品もある。[81]そこまでの道のりは長かったが、結局は同じ1つの終着点にたどり着いた。スコットは1960年代の数年間にスプライトやネスカフェ、ボルチモアのガス会社や電力会社などのテレビCMを制作したが、いずれも「電子音楽」だった。

スコットとCM音楽

これらのCMには、映画やテレビの音楽を作っていた当時の作曲家たちの、電子音楽の使い方が反映されている。その方法は2種類に大別できる。1つ目は、ユーモラスな素材として用いることだ。典型的なのがヴィックス社のジングル。コリンズの歌う陽気な曲を小粋な打楽器が伴奏する、ごくありふれたノヴェルティ・ソングだ。商業的でキャッチー、ナンセンスぎりぎりの表現で、完璧にこの時代らしいCM音楽となっている。コリンズの歌声と咳以外は、完全に電子音と打楽器だけで作られた。

スプライトのCMソング〈はずむメロンボール〉（1963）も似たような曲だ。男女の歌声を、リズミカルな電子音のアルペジオが伴奏する。効果音や、泡音やノイズのような電子音が、合いの手を入れる。スコットは、大衆には電子音楽が「**核戦争**」や、せいぜい「**宇宙の音楽**」にしか聞こえないと思っていた。けれども同時に「**電子音楽は軽妙に用いることができる**」だけではないし、自分は「**電子音楽の軽々しい扱いを打破した**」と考えていた。[82] 彼になら作り出せたのだ。「宇宙の音楽」あるいは少なくとも「未来の音楽」が。

また一方で、自社製品の先端技術を強調したい企業も、スコットに音楽を委嘱した。技術系企業ベンディックス社の『明日の人々』（1963）という作品では、硬く締まった声のナレーションが宇宙旅行や海底リゾートを語り、抽象的な電子音響がそれを伴奏する。家庭用洗剤ヴィムの1960年のCMも似たようなものだ。「**これより白くなる洗剤なんて見たこともない**」という主婦の声に続いて、実験室と「**科学的に評価された**」洗剤について、男性の大きな声が聞こえてくる。我が家も、家事の負担が減る家電であふれたテクノロジー天国になれば、生活はもっともっと便利になる……そう思わせるこうした手法は、当時の大衆向けCMの定番だった。そして、明らかに機械が演奏しており、メロディの断片がシンプルに反復されるだけのスコットの音楽は、その理想的なサウンドトラックだった。

スコットの作品は、音質に特徴がある。往年の電子音楽の多くはテープ録音の複製を重ねたもので、音源は原始的だし、音のキメは粗かった。輪郭もぼやけ、テープのヒス・ノイズにかき消されていた。電子音楽はそういうジャンルだと思われていた。だがスコットは、カスタム・メイドのモジュールやマルチ・トラック・テープレコーダーや最先端の電子楽器で埋め尽くされた、キラキラ輝く「壁」を所有していた。数十年におよぶレコーディングや生放送の出演経験もあったし、バランスよく録音する方法もすでに学んでいた。彼の録音はじつに美しく、芸術寄りの電子音楽にはなかった音の深みや、明瞭な響きを持っている。

こうしたスコットの特徴、そしてＣＭソングの作曲に見せた技量は、イギリスの作曲家バリー・グレイにも似ている。グレイもまったく同じ頃、テレビＣＭのために電子音楽を作っていた。グレイもテープの多重録音をおこなってはいたが、それよりも電子楽器を使用するのを好んだ。２人はお互いを知らなかったが、じつは同様の音楽領域を開拓していたのだ。両者とも、ホーム・スタジオでマルチ・トラック録音をおこない、エレクトロニクスにとりつかれ、商業音楽を何十年も作り続けていた。

エリック・サイデー ― Eric Siday

スコットと似た経歴で、やはり広告のために電子音楽を作っていた身近な音楽家がもう１人いる。１９０５年に西ロンドンのイーリングで生まれた、エリック・サイデーだ。父親のジョージは会計士。弟のレイモンド・Ｅ・サイデーは高名な数学者となった。サイデーは音楽の神童で、14歳だった1919年に王立音楽院に入学。専門はヴァイオリンで、ピアノも修めた。1923年には、ヴァイオリンの演奏で認証（技能の最高位）を得ている。[83] 在学中からサイレント映画の伴奏ピアニストとして働き、1920年代以降はダンス・バンドの録音にも参加。ホット・ジャズのスタイルを磨き、それをBBCラジオで生かしていった。

1939年、サイデーはニューヨークに転居する。ヴァイオリニスト兼アレンジャーとして「フレッド・ワーリング・アンド・ヒズ・ペンシルヴァニアンズ」と契約。ビクターからソロ名義のレコードも出したが、レイモンド・スコットほどのスターや有名人にはなれなかった。とはいえ当時の大物たちからは、ベテラン伴奏者、アレンジャーとして一目おかれていた。ヴァイオリンの腕前は洗練されており、重音や、それどころか4弦すべてを同時に鳴らす奏法で、猛烈な早弾きをみせた。ある批評家に言わせれば、彼は「**光り輝くヴァイオリン弾き**」だった。[84] 商業的な仕事とは別に、長めの作品もいくつか作曲している。

サイデーはまた、古巣ロンドンのBBCで活躍していたオースティン〝ジンジャー〟クルーム・ジョンソンともチームを組んで仕事もしていた。ジョンソンとサイデーは1939年、共同でペプシ・コーラのためのCMソング〈ペプシコーラ・ヒッツ・ザ・スポット〉（1939）を作って成功を収め、他にも多くの楽曲制作を手がけた。2人は当初、ふつうの楽器や声を用いていて、ジョンソンとの制作を続けながら、サイデーは後に自称するところの「**ミニチュア芸術**[85]」を磨き上げていった。後に電子音楽に転向した時、この技術が役に立つことになる。

1950年代になるとサイデーは電子音楽に関心を持ちはじめ、ジョンソンとの共同作業にも電子的な要素を取りいれていく。2人は1957年、シンシナティのラジオ局WCKYのためのジングル曲やステーション・ロゴ音楽を制作。ここでは20人編成のオーケストラ、9人の合唱、最新の電子効果音が使われた。[86] ジョンソンは1964年に死去したが、その数年前からサイデーは1人で、純粋に電子音のみで構成されたジングルを作りはじめ、1960年代半ばには、これが大成功を収めた。『タイム』誌はサイデーを、世界で最も高給かつ最も広く聴かれる作曲家の1人と称賛している。

サイデーは、自分が作るジングルを「アイデンティトーン（identitone）」と呼んだ。商品や企業に紐付けられた、短くておぼえやすいサウンド・ロゴのことだ。『タイム』誌は、アメリカ人の約8割が少なくとも毎日1回はサイデーのアイデンティトーンを聴いていると断言した。[87] この説が立証可能かどうかはともかく、相当数の人々がサイデーの音楽を聴いていたのは疑いようがない。たとえ作者が誰かは知らなかったとしても。テレビCM用のアイデンティトーンは大量に作られた。サイデーの音楽は1960年代を通じて毎日、大衆に向けて放送された。放送は1976年に彼が死去した後も続いた。

サイデーは音楽誌や放送業界誌で触れられることはあっても、あまりよく知られていない人物だった。大衆からは、ホット・ジャズのヴァイオリンを演奏していた頃のイメージで捉えられていたが、気にしなかった。当時の写真には、灰色の髪で腹の出た中年男が、ホーム・スタジオでくつろいでいる様子が写っている。彼はここでほとんどの時間を過ごした。頑丈なテープレコーダーが置かれ、2台のスピーカーがこちらを見おろす目のように壁に取り付けられている。スコットのスタジオに比べれば窮屈で、いささか無秩序な部屋だ。書類やテープの箱やリールが、所狭しと積み上げられている。

この電子音楽家の、作家の書斎のようなスタジオは、妻のエディスと暮らす10部屋あるアパートの2部屋を占めていた。建物は、ニューヨークでも有名なアプソープ・アパート［マンハッタンのアッパー・ウエストサイドにある、ランドマーク的な建築の1つ。『コットン・クラブ』『ユー・ガット・メール』など様々な映画のロケ地としても有名］である。ここには『キャッチ＝22』

の著者、ジョセフ・ヘラーも住んでいた。1970年頃、博士課程で電子楽器の歴史について調査していたトム・レア（トーマス・L・レア）がここを訪れている。レアは、サイデーが魅力的で、愉快で、礼儀正しい人物だったと回想している。スタジオのテープレコーダーやミキサーの脇には、モーグ・シンセサイザーやオンド・マルトノが置かれていたが、スコットのスタジオに比べればささやかな量の機材だった。[88] モーグ・シンセサイザーは、1965年に入手して以来サイデーのサウンドの中心となっていた。ちなみにその前は、テープ編集や電子発振器やオンド・マルトノが主力だった。

サイデーとCM音楽

電子音楽家になる以前のサイデーは、スコットと同じ商業音楽の制作を数多くこなしてきた。その経験からキャッチーな曲も書けたし、同時に、反発や偏見を打破する新しい試みに取り組むこともできた。これが成功の大きな要因となった。当時のマスメディアから流れてくる電子音楽は、ほとんどが雰囲気を演出するもの、あるいは何かを伴奏する空気のようなものとして作られていた。一方、サイデーの音楽は明確に記憶されることを目指し、仕上がりもそうなっていた。たとえば、マックスウェルハウス・コーヒーのテーマとして作曲した〈湧き上がるコーヒー・ポット〉（1964）〈歌うコーヒー・ポット（Singing Coffee Pot）〉としても知られる）は、雑誌でとりあげられる時も「**かの有名なマックスウェルハウス・コーヒーのCM**」と書けば、それ以上の紹介が必要ないほど、1960年代を通じて人気を博していた。[89]

こうした経歴もふまえ、サイデーには自分自身の売り込み方がわかっていた。彼は、CMには電子音楽が最適だ、と力説し続けた。いくらでもユニークなサウンドが供給できるし、スタジオで通常の生バンドを録るよりも低予算で制作できると。そしてデモ録音やライブラリ・アルバム［放送や制作に利用するための効果音や音楽を収録した音源集］などのサンプルをばらまいた。サイデーはハツラツとしたメロディを売りにしていたが、〈葛藤 第2番〉（1960）のように陰鬱なムードをかもし出すこともできた。ここでは打楽器のようなテープ・ループに、ゼーゼーうめくオンド・マルトノのメロディやポルタメントがミックスされている。[90]

サイデーの音楽のうち、こうした雰囲気のものはライブラリ・アルバムに収められることが多かった。そのおかげで、彼の作品は再びイギリスに帰国することになる。前述したようにサイデーがロンドンを出て四半世紀後、昔の雇い主であるBBCが『ドクター・フー』に彼のサウンドを多用するようになったのだ。サイデーの音が最初に使われたのは2話連続のエピソード「破壊の縁」で、この作品にはデズモンド・レスリーの音も使われ、その後、通常の仕事として短い音楽の依頼も来るようになった。それらが何に使われたかは、〈スポーツ・デスク〉〈フットボールの結果〉〈ニュース・ルーム〉といった曲名から一目瞭然だろう。

マックスウェルハウスのCMは1959年にはじめて放送され、それから6年間も続き、その後の10年間も時々放映された。この曲は、サイデーの作品としては長めで、たいてい1分以上はオンエアされたが、たった1つのフレーズの繰り返しにすぎなかった。その親しみやすい構成は、3部分から成り立っている。まず、ポコポコと泡のはじけるようなサウンドではじまり、沸騰するコーヒーの映像にシンクロする。次によく似た、しかしもっと低音のパートがこれに加わる。さらにベース音も入ってくる。3つの音はどれも打楽器的だが、メロディを構成するには十分な、明確に異なった音だ。

とはいえ実際の音源には、わからない点もある。フレーズが正確に反復されているので、調律した生の打楽器にテープ・ループを重ねているようにも、ベースは普通のベース・ギターのようにも聴こえる。しかしある文献では、このCMの音源はモーグのシーケンサー1台だけだとされている。だとすれば、CMがオンエアされていた長い年月のどこかの時点で、モーグがまだなかった頃の雰囲気を残しながらも、機材としてはモーグを用いた再録音がおこなわれた可能性がある。

さらに有名なサイデーの仕事は、8秒間に7つの音が流れて「わかりますね。ウェスティングハウスです（You can be sure it's Westinghouse.）」と宣伝する、ウェスティングハウス・エレクトリック・カンパニーのテーマだろう。

また、1965年から10年間にわたって制作されたスクリーン・ジェムズ社［コロンビア傘下の映画制作会社。1950〜70年代、本書に掲げられているような多数のシットコム・ドラマを制作、配信した］のTV用アイデンティトーンも、サイデーのもう1つの成功作だ。『かわいい魔女ジニー』（1965〜70）、『ザ・モンキーズ』（1966〜68）、『パートリッジ・ファミリー』（1970〜74）、『奥様は魔女』（1964〜72）といった多くの人気シリーズには、オンド・マルトノ演奏による約5秒間のアイデンティトーンが残っている。このサウンド・ロゴ（『S from Hell』と呼ばれることもある）は、マックスウェルハウスのCMと同じように一人歩きしていった。これはサイデーにとって、究極の成果だった。数秒間の音楽が、ある特定のブランドや製品と永遠に結びつくのみならず、数えきれないほど大勢の記憶の中に永住することになったのだから。

ニューヨークを拠点としてCMのために電子音楽を売るスコットとサイデーは、お互い友好的に見えたが、ある意味ではライバルだった。サイデーはスコットのことを「**天才的**」だと思っていた。[91] 2人には共通点が多かった。年齢も近く、どちらもアカデミックな教育を受けた音楽家で、1930年代から1950年代のCM音楽で活躍、成功していた。両者とも電子技術の音楽的可能性に夢中で、効果的な機材の扱い方を学んでいた。しかし独創的な技術のひらめきがあったのは、スコットの方だった。サイデーにとっての電子技術は手段にすぎなかったが、スコットにとっての機材は、目的を達成する手段であると同時に、それ自体が目的でもあった。電子機材を作るプロセスが好きで、だからこそスタジオにはサイデー以上に機材が溢れかえっていた。

サイデーにも少なくとも1度は、自分より優るスコットの機材を使う機会があった。1965年6月と7月の日付で2人がやりとりした書簡によれば、サイデーはスコットのスタジオを予約し、短いセッションを3回おこなっている。1時間あたりの使用料は昼間40ドル、夜間50ドルだった。スコットは、サイデーに「**価格表のようなものを決めようと思うんだ**」と言った。そして、この秘密の王国をクライアントに開放しようと考えたことを伝え、意見を訊ねた。[92]

クラヴィヴォックス｜clavivox

テレビCMはスコットの電子音楽のキャリアで最も目立つ部分だが、彼は本心から重要とは思っていなかった。たしかにスコットよりもサイデーの方が成功していたが、それはサイデーが作曲やマーケティングに集中したからだ。対照的にスコットは、いつも発明のことばかり考えていた。1950年代から1960年代にかけて、彼は自分の中から湧き出てくる奔流のような電子機器の発明に、エネルギーも資金も注ぎこんでいた。発明のほとんどは、リレー・スイッチやトランジスタの世界に迷い込んでしまった男の、奇妙な思いつきだった。自然音や宇宙の音のようなBGMを自動的に生成する機器を集めた「ファシネーション」シリーズ。電子仕掛けの自転車ベル。選んだ製品ごとに曲を演奏する自動販売機。音楽的な可能性と電子的な可能性を融合しようとして、スコットの想像力はとめどなく広がった。それを証明するいくつかは、製品となった。

スコットの電子楽器のうち、最もわかりやすいのが「クラヴィヴォックス」だ。1956年に取得した特許出願書類によれば、すでにあるオンド・マルトノとも、後にポール・タナーが手作りしたエレクトロ・テルミンともちがう方法で、ポルタメントを制御しようとしていた。コントロール部分は3オクターヴの鍵盤。この楽器の最大の特徴は、あるピッチから鍵盤上の別のピッチへ、高かろうと低かろうと途切れることなく**「スムーズかつ正確に」**スライドできる点だ。また電気機械式のビブラートも、クラヴィヴォックスの特徴だ。スコットはこれについて、手弾き演奏の長所と電子技術の正確さを混ぜ合わせたのだと述べている。

ほかにもさまざまなコントローラーによって、幅広い音色が作られる。[93] この楽器が要求する奏法は、明らかにスコットの親しんでいたオンド・マルトノそっくりだ。右手で鍵盤を弾き、左手は音色や音量のコントローラーを操作して、単音を鳴らすことができる。写真によれば、クラヴィヴォックスには少なくとも2種類のヴァージョンがある。1つ目は黒っぽい筐体だ。2つ目は宣伝チラシに載っているが、軽そうな木製ケースに入っていて、コントローラーは左側に集められている。こぎれいでスタイリッシュな外観からは、オンディオリーヌによく似た役割の、愛らしい楽器といった印象を受ける。トム・レアはこの楽器をナッシュヴィルに運び、当地のスタジオに売り込もうとしたが、まったく売れなかった。そして、賢明にもこの機械は常にメンテナンスし続けなければならない、ということにも気づいた。

スコットの発明のうち、最も予見的な機器で、その後の彼のキャリアに大きな影響を及ぼしたのは、シーケンサーだった。スコットは1959年に発売されたワーリッツァーのドラム・マシン「サイドマン」に触発され、自分名義の最初のシーケンサーを1960年に作り出す。サイドマンの広告には「きわめて正確な、新しいリズム楽器」

ワーリッツァー社のリズムマシン「サイドマン」の内部

と書かれていた。[94] これは世界で最初に大量生産されたドラム・マシンだ。サイドマンより前に、テープに録音された音源を鳴らす「チェンバレン」というマシンも発表されていた。チェンバレンの仕組みは機械的だったが、サイドマンは電子合成音を使った。電子モーターがホイールを回すと、ホイールのリム（外縁）が接点の列に触れる。触れた列のそれぞれがトリガーとなり、別々のドラム音を鳴らす。接点はホイールいっぱいに配置されており、接触した点の位置にしたがって様々なリズムが生まれる。この仕組みを知ったスコットは、それならリズムパターンだけでなく、音符のシーケンスも作り出せるのではないかと考えた。やがて彼なりのシーケンサーが、壮大な仕組みへと発展した。「エレクトロニウム」だ。

赤ちゃんのための電子音楽

スコットは秘密主義者だったため、彼にまつわる正確な日付を確かめるのは難しいことが多い。ただ、今日でいうシーケンサーと考えられる単純な楽器については、資料が残っている。アルバム3部作『スージング・サウンズ・フォー・ベイビー』（1964）だ。タイトルが示す通り、ここには赤ちゃんをあやし、なだめ、寝かしつけるための音楽が収録されている。初版は1964年にエピック・レコードから発売された。アルバムは、ゲゼル・インスティテュ

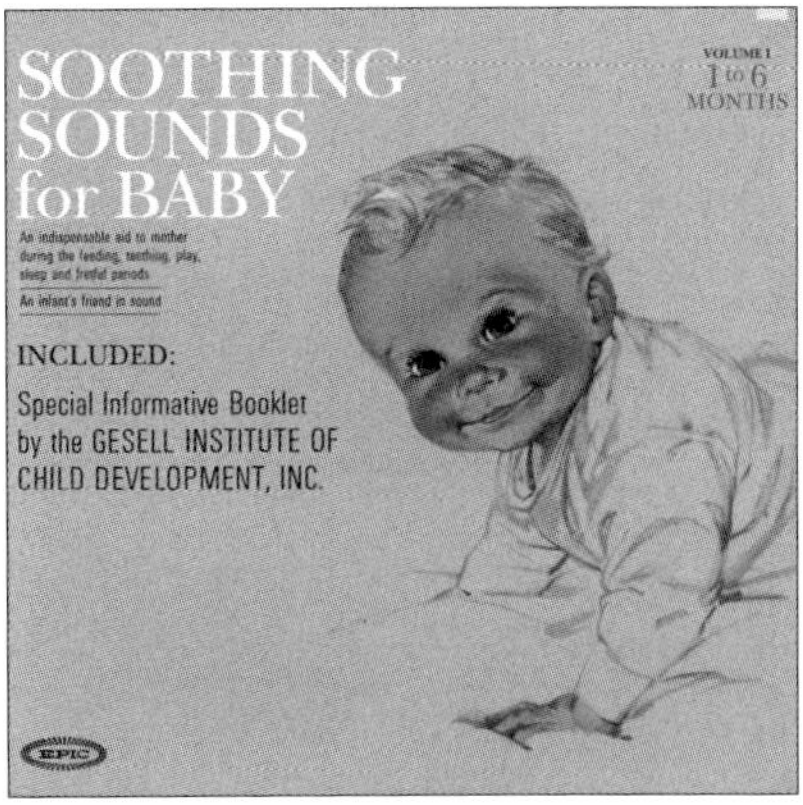

『スージング・サウンズ・フォー・ベイビー』第１集

ート［アメリカのコネチカット州にあるNPO。児童発達の研究機関］とのコラボレーションだった。挿入されたブックレットには、この研究所の提供による情報が掲載された。３枚のアルバムは別々の月齢に向けて作られ、「1〜6ヶ月」「6〜12ヶ月」「12〜18ヶ月」に分けられている。年齢に応じて音楽はだんだん複雑になるが、どの曲もリズムやメロディのパターンが反復され、そこに鍵盤楽器の主旋律が重なる。極度に単純化されたメロディは霧のような残響に沈みこみ、夢のように眠気を誘う効果を上げている。音源はすべて電子音だ。

　音楽の土台となる反復パターンは、曲によっては10分を超える。当時の電子音楽家はテープ・ループでこうしたパターンを作ったが、テープの長さのわずかな差でタイミングが合わなかったり、リズムが微妙にズレることも多かった。ことに複数のテープ・ループが同期再生される時などは。しかし『スージング・サウンズ・フォー・ベイビー』では、複数の反復パターンが演奏されながら、どこにも不規則さがない。それどころかタイミングは、人間の演奏では不可能なほど揺るぎなく、正確きわまりない。たとえば第2巻収録の〈ハッピー・ホイッスラー〉では、まったく変化しない電子打楽器のパターンが、同じように作られたベース・ラインと、11分間にわたって完璧に同期している。ここまで正確なパターンは生演奏では無理だ。テープ・ループの印象も全然ない。これらの音は、後に「シーケンサー」と呼ばれるマシンで作られたのではないか。機械が音を鳴らしていたのだ。そう考えれば、確かにこれらの曲のとりすました雰囲気は、１９７０年代以降のシーケンサーを使ったポップ・ミュージックの執拗に反復する感覚と、同質のものだ。

　アルバムは１９６３年、あるいはもっと前に作られた。シーケンサーを用い

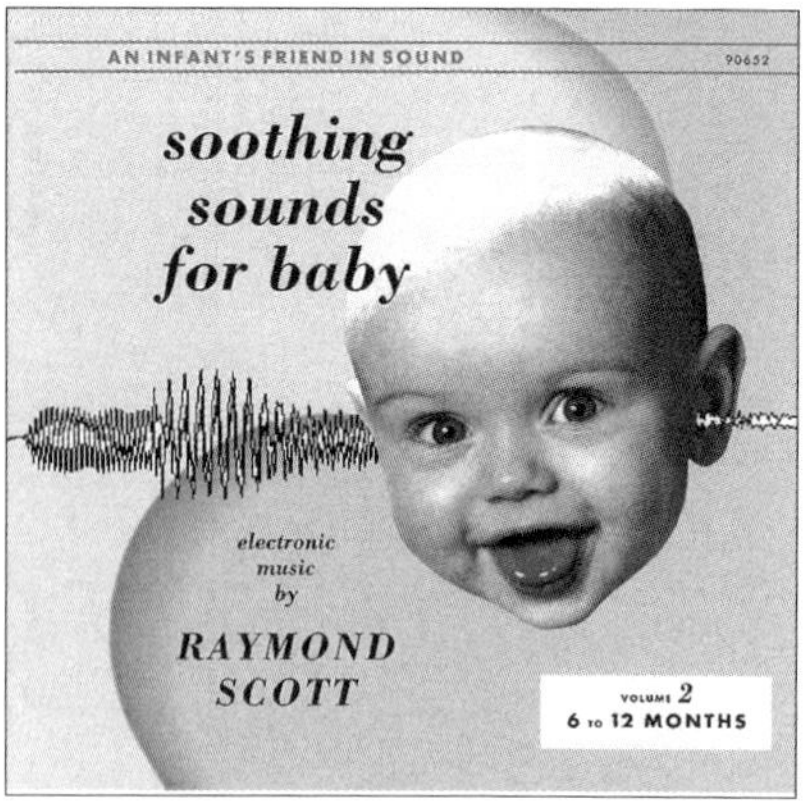

『スージング・サウンズ・フォー・ベイビー』第2集

た初のレコードという点で、スコットの音楽的な予知能力を示している。もっとも、これを影響力絶大な作品と称賛するのも、スコットが「シーケンス」の発見者だと宣言するのも、正確とは言えない。この3部作は商業的には失敗し、1990年代に再発売されるまで、ほぼ忘れ去られていたのだから。とはいえ、冷たく反復するミニマリズムと催眠的な静けさという組み合わせは、タンジェリン・ドリームやクラフトワークなどのシンセサイザー音楽を予言していたし、後の電子音楽世代に影響を与えもした。

シーケンサーを最初に作ったのはスコットだが、アイディアが広まるとすぐに、他の人々もシーケンサーを作りはじめた。ドン・ブックラ（ブックラズ・ボックスの開発者）も、ピーター・ジノビエフ（EMSシンセサイザーの開発者）も、スコットがシーケンサーという「旅」に出てすぐ、同じ山を別ルートから登りはじめた。お互いのやっていることは知らなかったが。結局、電子機器に楽音が作れるなら演奏も可能だと考えるのは、誰にとっても時間の問題だったのだ。

シーケンサーはともかく『スージング・サウンズ・フォー・ベイビー』シリーズは、電子音楽界の新しい流れに乗った。やがて現れる1980年代のニューエイジ的なシンセサイザー音楽に通じる、平和で静かでリラックスした雰囲気。こうしたトレンドの予兆としては、テルミンとオーケストラによるサミュエル・ホフマンのアルバム『ミュージック・フォー・ピース・オブ・マインド（心の平和のための音楽）』（1950）が挙げられる。ジャン＝ジャック・ペリーがオンディオリーヌとオルガンで1957年に作り、苦痛緩和のためフランスの病院や精神医学研究所に配布された『プレリュード・オ・ソメイユ（睡眠への前奏曲）』（1957）も、このジャンルの先駆けだった。まあ、スコットの音楽で赤ちゃんが実際に眠れたかどうかは、また別の問題だが。ちなみに3部作のジャケットでは、天使のような赤子が、片耳からもう片耳へと音波で串刺しにされている。

エレクトロニウム｜Electroneum

シーケンサーは、スコットの野心的な発明の1つにすぎない。１９５9年頃、彼は「エレクトロニウム」の製作に着手した（１９５０年代のホーナー電気アコーディオンも同じ商品名だが、混同しないこと）。この開発で彼は全力を使い果たし、他のプロジェクトがその犠牲となった。「エレクトロニウム」はダフネ・オラムの「オラミクス」と同様、発明者が満足して完成を告げることの決してない、壮大すぎる計画だった。オラミクスとはちがい、とりあえず外見は完成に至ったものの。

写真には、3部分に分かれた操作卓がダーク・ウッドのキャビネットに収められた優雅な姿が残されている。複雑な装飾が施され、ライトとスイッチが人間工学的にバランスよく並べられた操作卓は、広々と高級感あふれるデスクに設置された。操作卓の中央部に座ったオペレーターを、両側から斜めに突き出して丸くカーブした延長部が、ぐるりと取り巻いた。この楽器は現存するが、本書の執筆時点では、もはや作動はしていない。[95]

エレクトロニウムは（少なくとも現存するヴァージョンは）12チャンネルのシーケンサーを持つ。各チャンネルにトーン・ジェネレーターが割り当てられており、並べられたコントローラーで音を出したり、アクセントやトレモロ、リヴァーブなどの変化を加えることができる。12のチャンネルは同時に発音することも可能だ。１９７０年頃、スコットのためにエレクトロニウムを作ったエンジニアのアラン・エンテンマンによれば、このマシンは一部がアナログで一部はデジタルだという。トーン・ジェネレーター、フィルター、ノイズ・ジェネレーターはすべてアナログだが、他のパラメーターはデジタル制御。集積デジタル・レコーダーに設定を保存したり読み出すことで、音楽の記憶と再生が可能だ。[96]

スコットには、エレクトロニウムを普通の意味で「演奏」可能な楽器にする気はなかった。既成曲の電子音ヴァージョンを演奏させることもできたが、そんなことのために製作したわけではなかった。斬新な音楽を作曲し、録音し、再生する手段と考えていたのだ。楽譜を使う作曲とちがい、リアルタイムに演奏や録音ができるエレクトロニウムとのインタラクション（相互交流）によって、作曲家は新しい音楽を創造できる。これは「**人間と機械の芸術的なコラボレーション**」[97]だ、とスコットは１９７０年に記している。

ハーバート・Ａ・ドイチュ（１９３２〜）は、スコットとの会話を次のように回想している。スコットは、時間のかかる作曲や重労働は機械が肩代わりしてくれるようになるだろう、と語っていたと。[98]そのための機械が、エレクトロニウムだった。戦後のキッチンには輝かしい家電製品たちが収まり、家事労働を減らしてレジャー時代の到来を告げた。同じことを、音楽でも実現しようとしたのだ。テクノロジーの進歩に眉をひそめ、機械が音楽家の生計を脅かすと考える保守的な支配者層に対し、究極の悪夢を生み出すことがスコットの野心だった。エレクトロニウムはそれを実現し、電子音楽を合成するだけでなく、作曲家と機械の共同作曲を可能にした。

とはいえ最大の疑問は、作曲家とエレクトロニウムがどうやってインタラクションするかだ。この楽器に鍵盤はない。トム・レアは、スコットによるデモ操作を回想している。極小のスイッチを数回スライドさせるだけで、楽曲の完成に十分なインタラクションが得られたという。[99]スコットは、操作方法について「**作曲家はエレクトロニウムに、楽想、主題、動機など何であれ『提案』するよう『要求』できる**」[100]と書いている。なんとも不可解だ。作曲家がエレクトロニウムの提案を気に入ったら、録音を開始し、それから修正や展開のための様々なステップに取りかかる……といった手順を説明する前に、こんなことを書いているのだから。

言い換えよう。作曲家は、まず何か独自のパターンを演奏させ、それからテンポを変えようと考える。このプロセスの、後半部分は簡単だ。エレクトロニウムにはキーやテンポ、音と音の隙間、音色など、サウンドを様々に変えられるコントローラーが搭載されているのだから。だが、どうやって「提案」や「要求」が可能になるかは不明のままだ。楽想や主題、シーケンス、リズムパターンは、まず最初にどこで生まれるのか？

人工知能？

スコットの言葉は、エレクトロニウムには一種の音楽的な人工知能があり、機械と人間の立場は同等だ、と結論するような「神話」を助長するものだ。[101] 1970年代にスコットと共作したカナダの音楽家ブルース・ハーク（1931〜88）は、こうした考えを受け入れている。

レイモンド・スコット［……］は、私が操る装置を考え出した。完全に新しいコンセプトだ。鍵盤はない。私にも作れると思っていたが［……］これは明らかに史上初の、人間と機械のコミュニケーションだ。[102]

だが、この素晴らしいマシンが思考を読み取り、クリエイティヴに対話してくれるだろう、というハークの想いには、残念ながら何の根拠もなかった。修復してみたところ、エレクトロニウムは人工知能ではなさそうだった。並んだランプやスイッチやコントローラーを見ればそう思いたくもなるが、この機械は何かを考えるわけではなく、ランダムにふるまうだけだった。リズムや和声、反復しながら変化するシーケンス・パターンなどは、西洋音楽理論に従って作動しているだけだ。もし膨大なパターンがプログラムされていて、その各々が何千通りにも変化できるなら、基本的な動作原理は当時のドラム・マシーンよりもずっと複雑なはずだ。しかし実際はエース・トーンの「リズム・エース」（第9章参照）と同じで、出荷時のプリセット・パターンを選択したり、限られた範囲内で変更を加えることしかできない。

エース・トーンでは、たとえば「ワルツ」を選んでテンポを決め、他のパターンを重ねたり、スネアドラムの音だけを消したりできる。エレクトロニウムの原理も似たようなものだ。ちがいがあるとすれば、12個ある音源それぞれにプリセット・パターンや、変えられるコントローラーが大量に用意されていた点だ。おかげで作曲家は、たとえプリセットの寄せ集めから出発しても、かなり複雑な音楽を作ることができる。アラン・エンテンマンの「**エレクトロニウムでは大量のプリセットが選べる。事実上、ほぼ無限の並べ替えが可能だ**」[103]という発言も、これを裏づけている。とはいえ、この言葉には注意が必要だ。エンテンマンが関わった後も7年間、スコットはエレクトロニウムの製作を続けた。当然その中身は変化していっただろう。

さて、エレクトロニウムをどう考えるべきだろうか？　スコットの人生におけるこの楽器の存在は、ダフネ・オラムにおけるオラミクスと似ている。どちらも終わらなかった交響曲、未完成を運命づけられた名作だ。時間の制約や資金不足だけでなく、回路に熱中して部屋に引きこもる性癖が、おそらくはこの2人の敗因だったのだろう。そしてエレクトロニウムの物理的な面に関して言えば、最終的な完成形として、もう改良も何もせず、柔軟で多様で創意あふれるスコットの発明の進化形と認めてしまうのが最善かもしれない。

その後のスコット

前進し続けたスコットのキャリアも、1960年代には困難に陥っていた。発明に全精力を注いだため広告の仕事は減り、曲もほとんど作らなくなっていた。多くの発明品に商業的な可能性があったが、成功は収めていなかった。もし彼が孤独なマッド・サイエンティストで、音楽ビジネスにも商売にもセンスのない人物なら、それも当然と思える。しかし彼は音楽の才能だけでなく世渡りの上手さで、きわめて快適な生活を送ってきた男だ。商業音楽家として30年間も活躍してきたし、巨大エンターテインメント産業との付き合いもお手の物だった。発明家とは別の、音楽家として売れるための才能があった。音楽経験を積む中で、広い意味でのマーケットの動きも理解していったにちがいない。だから不思議なのは、キャリアの第1段階は商業的に大成功だったのに、第2段階がそうならなかったことだ。何が起きたのだろう?

ロバート・モーグなど何人かは、スコットは他人にアイディアを盗まれるのを恐れていたと語る。トム・レアはスコットを訪問した際「**この施設で見たものは原則として口外しないと認める書類**」に署名させられたと語っている。またスコットは「**会話の録音も禁止した**[104]（無所属の発明家が自作の〝盗用〟を偏執狂的に恐れるのは当然と考えていた）」。晩年に書かれ、残された書類の中から見つかった宛名のない手紙で、次のように弁明しているのも悲痛だ。「**私は秘密主義だった**［……］**たぶん神経質なまでに**[105]」。

知財が盗まれるのを恐れて秘密主義に陥ったのは、スコットだけではなかった。ダフネ・オラムやジョー・ミークも、同じ理由で他人と距離を置いていた。何年間も部屋にこもって1人で働く人間には、こうした傾向が生じやすいようだ。とはいえ、この説明では単純すぎる。スコットが自分の製作物をカタログやチラシで宣伝し、雑誌のインタビューも受けていた事実を忘れてはならない。

テルハーモニウムを作ったサディウス・ケーヒルや、オラミクスを作ったダフネ・オラムと同じように、スコットは悩んでいた。彼の発想は、現実のテクノロジーより何年も先に進んでいたため、実現できなかった。また正式な教育ではなく独学だったため、技術的な訓練をまったく受けていなかった。そしてエレクトロニウムのデモに関する彼の文章を見ればわかるが、やりたいことを説明するのも、実行すること自体も苦手だった。そしてエレクトロニウムを完成して満足することは、ついになかった。

1つの理由は、いくら改善を重ねてもこれで完成と思えない、完璧主義な性格のせいだ。だがそれだけでない。スコットの構想には、当時まだ存在していないテクノロジーが必要だった。自分に必要な技術を、彼は持っていなかった。エレクトロニウムよりも単純な仕組みのクラヴィヴォックスさえ、完成形には至っていなかった。美しく設計されたキャビネットやきれいなコントロール・パネルは、いかにも「製品」らしく見えるが、じつは試作品にすぎなかった。

スコットの発明にも、技術上やビジネス上のパートナーはいたが、そもそも彼は孤独な性分だった。1人だけで何かを発明し、商品化までできる人間は決して多くないのに、スコットはそれをやろうとした。彼は人に権限を与えるバンドリーダーではなく、いつも独裁者だった。誰かを励ます人ではなく、何をすべきか命令する人だった。他の音楽家を解雇して機械だけと作業するようになり、ついに自分の望む世界を創造できたのだろう。ボタンやスイッチは反論できないし、口答えもしないし、リハーサルに遅刻することもないのだから。

もちろん、常に1人だけで電子音楽を作っていたわけではないが、仕事に加わる者は特定の役割に振り分けられた。スコット以外の人間は雇われ職人にすぎず、共同作業の相手ではなかった。ロバート・モーグの体験がその典型だ。全体像を見せられることのないまま時々、この回路、あの回路、と設計を頼まれるだけだった。

モーグ自身のアプローチは対照的で、常に他人からの助言を受け入れ、自分の発明を磨きあげるために音楽家たちと共同作業した。たとえば1960年代のモーグは、アカデミックな音楽界と、盛り上がってきたロック・ミュージシャン世代の両方と、絆を深めていた。スコットはそのどちらとも関係を持たず、意識的に、頑固に孤立していた。自分だけの王国で満足し、何ひとつシェアしたくなかったのだろう。自分の楽器は販売したかったにもかかわらず。

また彼の失敗には、もう少し現実的な要素も影響している。当時のスコットは電子音楽に没頭する中年男だったが、絶好調とは言えないまでも、ひとまず裕福だった。少なくとも当初は。資金を稼ぐ必要がなかったので全精力は発明に注がれ、製造や市場調査や販売には残らなかったのだ。

最初の結婚で生まれた息子スタンリー・ワーノウは、父・スコットについての映画を作った〔後述〕。父は自作の製品を売りたいと本心から願っていたが、金銭には純朴すぎて無能だったため成功できなかった、とワーノウは信じている。スコットは音楽で稼ぐのは得意でも、経営は苦手だった。それなのに稼ぎは良かったので、金銭に無頓着になった。2度目の結婚も破綻し、豪邸は売却された。売却益の取り分はかなりの大金だったが、トラベラーズ・チェックの購入に使われた。資金が必要な時、彼はいつも現金を使っていたが、この頃にはもうまったく残っていなかった。投資も何もしていなかったのだ。[106]

ハーバート・ドイチュは、このパズルを解く説明をもう1つ提示している。1950年代後半から1960年代前半にかけて、電子音楽に少なからぬ影響を与えたアカデミックな芸術音楽畑の人々と、正面から向き合う劣等感からスコットは逃避していたのではないか、という考えだ。[107] ジュリアード音楽院を卒業した独創的な作曲家ではあったが、スコットはポピュラー音楽のミュージシャンで、時にはCM音楽家だった。芸術的な電子音楽の展開についても確実に知ってはいたが、大衆的な曲の方が性分に合っていたためか、芸術音楽に関わるのは居心地が悪かった。この時代のアメリカ電子音楽界では、芸術音楽とポピュラー音楽のギャップはイギリスよりも大きかった。ダフネ・オラムやトリストラム・ケアリーのようなイギリスの作曲家は、芸術作品と商業的な依頼の両方をこなしたが、同時期のアメリカの作曲家はどちらか一方しか手がけなかった。

ワーノウは、かつて映画学校の卒業生としてモートン・サボトニック（1933〜）のスタジオを訪ね、その後、父についての映画『デコンストラクティング・ダッド　レイモンド・スコットの音楽、機械とミステリー』（2010）が上映された2011年の映画祭で、サボトニックと再会した時のことを述べている。ワーノウは、数年前のスタジオ訪問や、電子音楽家の父レイモンド・スコットについて語った。だがサボトニックはスコットをまったく知らなかった。スコットもサボトニックも活動していたのは、ほぼ同時期だったにもかかわらず。[108]

スコットが何を考えていたにせよ、彼の活動には明らかに支離滅裂なところがある。大量の発明や特許に、これまた大量の「マンハッタン・リサーチ」「ジ・エレクトロニウム・コーポレーション」「ザ・ジングル・ワークショップ」「ザ・ワールド・オブ・サウンド」「レイモンド・スコット・エンタープライズ」といった彼の会社名が結びついていた。ほとんどは売れなかったが。スコットにとっては、あるアイディアから別のアイディアへと動き続ける方が、実現することよりも大事だったかのようだ。マーケティングの努力もしたというが、本当とは思えない。たとえば「ザ・ワールド・オブ・サウンド」社の製品カタログを見ると、中身は見事にバラバラだ。[109] 電子式自転車ベルが7・95ドルで、最高級エレクトロニウムは4950ドル。疑問を抱かずにはいられない。いったい誰のための価格表なのか？　このカタログが配布されることはあったのか？

1965年末、2度目の結婚が破綻したスコットは、マナセットからロングアイランド島ファーミング・デールの工業団地ウィロー・パーク・センターへと転居する。ここでは広めの一室を占有した。3度目の結婚をし、発明も続けたが、CMの依頼は減っていった。モータウン・レーベル［デトロイトで1959年創業。ブラック・ミュージック界の代表格とも言われるアメリカのレーベル］の創業者ベリー・ゴーディ［モータウンの創業者。マーヴィン・ゲイ、スティーヴィー・ワンダー、ジャクソン・ファイヴなど多くのアーティストを発掘した］からエレクトロニウムについての問い合わせがあったのが、大きなビジネスとしては最後の機会だった。

06

炎、頭《こうべ》にありければ

アメリカン・ロックのDIY電子音楽

Because a fire was in my head : Do-it-yourself electronic sound in American rock

1960年代のアメリカン・ポップス

1960年代初頭、電子音楽はまだ確立されていなかった。現在なら手軽に入手できる、素朴な技術基盤しか存在しなかった。テープレコーダーは普及し、後のサンプリング技術を先取りする創作ツールとして利用できるようになっていた。また、テスト・オシレーターなどの電子音発生装置は安価で容易に入手でき、操作も簡単だった。当時はこの2つがあれば、初歩的な電子音楽スタジオが作れた。他にもいくつかの電子楽器が販売されていたが、その証拠となる録音は現在ほとんど残っていない。この時代に電子音楽が聴けるのは、テレビや映画のサウンドトラックぐらいだった。

芸術音楽にも先見性のある者はいて、電子音の可能性を受け入れ、明るい見通しを持っていた。電子音楽の主要な2つの分家「エレクトロニッシュ・ムジーク」と「ミュージック・コンクレート」の対立関係は緩やかになっていた。多くの作曲家は純粋な電子音と、具体音や従来の楽器音を、ごく普通に混ぜて使うようになってはいたが、コンピユーター音楽、シーケンサー、プログラマブル・シンセサイザーはまだ研究所の中で発展途上だった。従来の調性や楽器法からの完全な離脱を期待する者もいたが、芸術音楽の領域で電子音楽の録音はわずかだった。『ニューヨーク・タイムズ』は1959年の記事で、電子音楽は従来のようなライヴ演奏ができないし、アルバムは明らかに作曲家たち自身のためのメディアにすぎず、レコードもごくわずかしか発売されていない、と指摘している。この種の音楽にマーケットがあったとしても、そこに向けて提供されていなかったのだ。[110] 疑いなく、進軍の太鼓は打ち鳴らされていたのに、電子音楽を支援する革命がレコード会社には起きていなかった。

芸術的な電子音楽を支持するサークルもいくつかあった。その中心はシュトックハウゼンやウラジミール・ウサチェフスキー（1911〜90）といった人々だった。一方、高名なアメリカの作曲家アーロン・コープランドは、20世紀音楽最初の60年間を論評した著書『新しい音楽 1900/60』（1968、未邦訳）に、こうした動きに相反する意見を記している。

作曲家は「我が家」から追い出される危機に直面している。作曲という仕事に、半分は技術者で半分は作曲家という新しいタイプの人間が、群がりはじめている。[111]

続けてコープランドは、「**音楽芸術を侵略するSFの怪物みたいな存在**」を持ち出して恐怖を煽ろうとしているわけではないが、多くの保守的な同僚たちが不安に感じているのは事実だ、と説明している。

事情はポピュラー音楽でも変わらない。電子音楽は映画やテレビの音楽として、渋々と受け入れられるだけだった。ロックンロールの横に電子音楽の居場所はなかった。文化大変動の1960年代、ロックンロールはどんどん保守化していた。徴兵から帰ってきたエルヴィスは以前とはまるで変わってしまったし、リトル・リチャードは宗教にめざめ、エディ・コクランやバディ・ホリーは死去し、ジーン・ヴィンセントはアルコールに溺れた。ジェリー・リー・ルイスやチャック・ベリーは、権力に監視されていた。彼らのキャリアは低迷していた。エッジの効いたシャープな表現は、安全で無害な丸い表現になってしまった。この時代の全米ヒットチャートを見ると、気が抜けたようなティーンのアイドルや、ミュージカルのサントラ盤、ノベルティ・ソング、イージー・リスニング系のバラード歌手に埋め尽くされている。ロックンロールは――ディオン、ロイ・オービソン、エヴァリー・ブラザースなど特筆すべき少数の例外をのぞいて――ショービジネスの快適な世界に安住し、当初の期待にそむいて衰退していた。1960年代半ばになると、もはや過激で挑発的な力を取り戻すことはなかった。

だがアメリカのこうした保守傾向の中にも、革命をめざす一群のミュージシャンがいた。それは芸術的な電子音楽の世界で起きていたことと並走するような動きだった。ロンドンのジョー・ミークに似た方法で、ロックに電子音を導入する実験だ。彼らは、完全に使い捨てのノベルティ・ソングから最先端のアート・ロックまで、ポピュラー音楽の語法を極限まで拡張した。先駆者たちも最初は商業的な音楽を作っていたが、次第に実験性の高い音楽家が登場しはじめる。スタイルはちがっても皆、同じようなことに取り組んでいた。誰もが未来を見つめていたが、どうしたらそれを手中にできるかは、まだわかっていなかった。

ミュージトロン｜Musitron

デル・シャノン（1934~90）の『悲しき街角』（1961）は『テルスター』発売の前年のシングルで、彼にとって最初の、そして最大のヒットとなった。おかげで、同業者のほとんどがブリティッシュ・インヴェイジョン［1960年代半ば、イギリスのロック・バンドがアメリカで大人気を博した現象］に葬り去られた後も、シャノンは業界に生き残れた。この曲にも、そして彼のほとんどのヒット曲にも、一聴して気づく特徴がある。ヴァイオリンやフルートに似ているが、明らかにどちらでもない音色のソロ・パートだ。

覚えやすく、構成もしっかりした『悲しき街角』を作曲したのは、シャノンとピアニストのマックス・クルック（1936〜）だ。シャノンのトレードマークとも言えるサウンドは、シングル盤で1分ほどからの約25秒間、聴くことができる。クルックが弾いた「ミュージトロン」（music + electron を縮めた造語）——実はクラヴィオリンを改造したもの——の音だ。彼は1950年代から電子音に興味を持ち、ハモンド社のソロヴォックスと迷った末、ギブソン社のクラヴィオリンを選んだ。

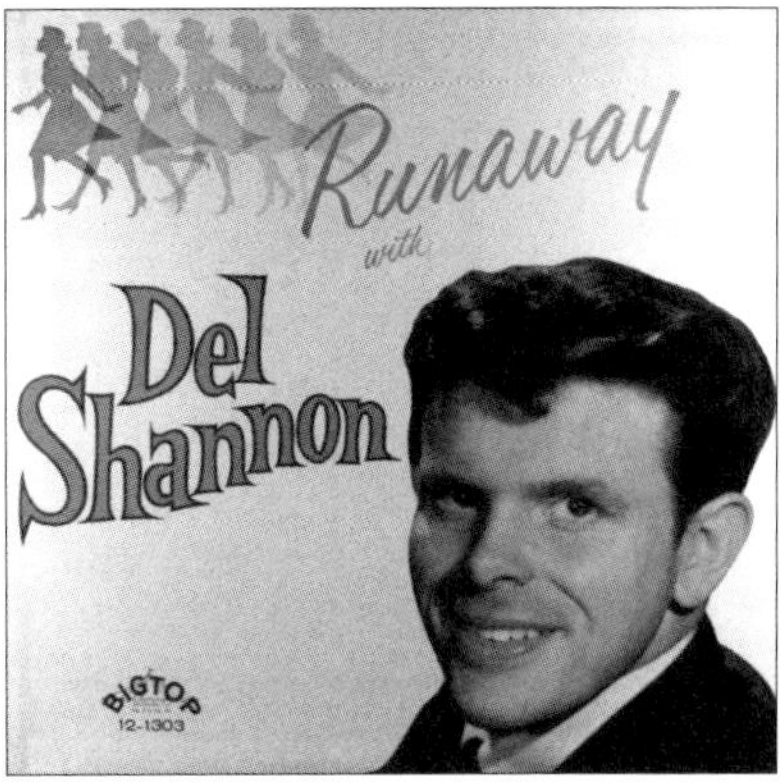

『悲しき街角』(1961)

本書執筆の数年前、クルックと話す機会があった。彼は「**新しく、変わったサウンドを創造したいという強烈な欲求**」について語った。「**ゴールに達するには、音楽に電子的な原理を当てはめるのが一番だと思った**[112]」。この言葉は、当時のあらゆる電子音楽家にとって信仰そのものだっただろうし、同時代の芸術音楽作曲家の影響とも考えられるだろう。クルックがミュージトロンを改造したのは、「**音楽に電子的な原理を当てはめる**」衝動からだった。ただし1960年代には、このことを秘密にしていた。自分以外の普通のオルガニストやクラヴィオリン奏者に対して、優位を失いたくなかったからだ。またポップスのキャリアには、ちょっとした神秘性も悪くないと気づいていたのだろう。

後になってわかったが、クルックの改造はささやかなものだった。クラヴィオリンの回路を変更して音域を広げ、チューニング回路につながるピッチ・ベンド機構を取り付けた。手製のビブラート・ユニットや、同じように自作した複数のリヴァーブ・ユニットを追加した。その1つには、庭木戸のスプリングを使った。シャノン自身もミュージトロンを愛好し、自分の関わるサウンドすべてに、この楽器を取り入れたがった。結果的にはこの熱狂が、電子音のソロが入ったあの大ヒット曲につながったのだ。シャノンのソロは大きな好奇心を惹きつけ、彼の神話の一部となっていった。大衆は問いかけた。「これは何の音だ？」と。

クルックもシャノンも電子音楽を作ったわけではなかったが、伝統的なロックンロールの中で、伝統に従うならギターかサックスに任せるべきソロに、電子楽器を用いた。これは小さな、しかし重要な一歩だった。だがクルックは、プロとして音楽を続けることはできなかった。リベラーチェ［派手な衣装や演出で知られるアメリカのピアニスト。1919～87］のアルバム1枚に参加したことを除けば、シャノンと組んだ後の消息はほとんど知られていない。1960年代後半に「ザ・サウンズ・オブ・トゥモロー」というポップ・デュオを組んだが、レコードは発表しなかった［後述］。

オンディオリーヌとアメリカン・ポップス

ジャン＝ジャック・ペリーは1950年代、ヨーロッパ中を旅してオンディオリーヌのデモをおこなっていた。1950年代が終わる直前、彼はジャン・コクトーと出会っている。コクトーは、この楽器にもペリーの演奏にも感銘を受けた。渡米すれば仕事がもっと進展するだろうとペリーに助言し、援助してくれる人を紹介しようと約束した。数週間後、エディット・ピアフの秘書が電話してきて、彼女に会うようペリーを呼び出した。ピアフもオンデイオリーヌには感動し、1959年のパリ・オランピア劇場公演に、演奏者としてペリーを招いた。彼女は、オンディオリーヌのデモを録音するスタジオ代を提供してくれ、ニューヨークの友人キャロル・ブラットマンへの紹介状も書いてくれた。

約3週間後、ペリーはブラットマンからの手紙を受け取った。そこにはニューヨーク行きの航空券も入っていた。ブラットマンはオーケストラで演奏するプロの打楽器奏者で、同時にポップスのスタジオ・ミュージシャンでもあった。ゴングやベルや太鼓などのエキゾチックな打楽器に目がなく、1945年にはニューヨークに「キャロル・ミュージック・サービス」を開設して、オーケストラや音楽スタジオに自分のコレクションを貸し出すようになる。彼は打楽器に限らず珍しい楽器が好きで、オンディオリーヌは好みにぴったりだった。

1960年3月、ペリーはオンディオリーヌを携えてニューヨークを訪れ、ブラットマンの後援でオンディオリーヌの作曲、録音、演奏、プロモーションに着手した。全国をツアーしてデモ演奏をおこない、話題のテレビ番組にも何本か出演した。1952年から15年間続いたCBSのクイズ番組『私の秘密』もその1つだ。1960年6月の番組では「**ジャン＝ジャック・ペリーです。フランスのパリから来ました**」と恥ずかしそうに自己紹介すると、ガムを噛みながらピアノの背後に座り、その横にクラリネット奏者が立った。ピアノとクラリネットの短い演奏の後、この2人は司会者だけに「秘密」をささやく。画面にはこの「秘密」がテロップで映し出されるが、スタジオの回答者たちには知らされない。「クラリネット奏者は演奏するふりをしているだけで、クラリネットのパートはペリーがオンディオリーヌで弾いていた」というのが、ここでの「秘密」だった。

「秘密」とは何なのか、不正解で笑わせてくれる回答者が、この番組の見どころだ。しかしこの時は、クラリネット奏者は吹く真似をしてるだけで「**他の人**」が音を出しているのではないか、と回答者が即座に当てたため、笑いは起きなかった。4名の回答者が話し合う中に「**電子**」という言葉が聞こえる。「**ペリーは腹話術師だ。クラリネットのパートを歌ったんだ**」と言い出す者が出てくる。やがて回答者たちは、クラリネットの音はピアノに「**付属する**」何かで鳴らしたのだと評定する。ここで、その正体は「**小さないたずらっ子**」オンディオリーヌだとタネ明かしされる。ここから5分間、ペリーはデモ演奏でオンディオリーヌの能力を示す。回答者のリクエストに応えてフレンチホルン、バンジョー、チェロ、ボンゴその他の音色を真似してみせる。じつに印象的な見せ方だ。このバラエティに富んだ演奏は、少なくともコンセプト的には、20年前にミュゼールが演じた「テルミンでエンジンの空ぶかし音を真似する芸」とも似ていた。

ともあれ、回答者がこの「秘密」は電子音だと気づいたことは、オンディオリーヌ自体は目新しかったかもしれないが、電子楽器で「本物の」楽器を模倣する発想は、もはや新しくなかったことを物語っている。この年の暮れ、スタンリー・キューブリック監督の映画『スパルタカス』（1960）でも作曲家アレックス・ノースがオンディオリーヌを用い、この楽器の知名度は上がった。

映画の後押しによって、そしてペリーの努力のおかげで、オンディオリーヌはつかのま流行の波に乗った。1963年には、はじめて全米シングル・チャートにも登場する。この時はプレイボーイ・クラブの音楽監督も務めたカイ・ウィンディングのトロンボーンに寄り添った、弦楽器に似た音色だった。このインストゥルメンタル曲〈モア〉は映画『世界残酷物語』（1962）に使われて大ヒットし、アルバム『ソウル・サーフィン』（1963）にも収録された。アルバムには、オンディオリーヌの演奏者としてウィンディング自身がクレジットされているが、実はペリーの演奏だったことが、今日ではよく知られている。

ウィンディングがプロデュースしたのは、口当たりが良くて毒もない典型的なイージーリスニング音楽だった。ロッ

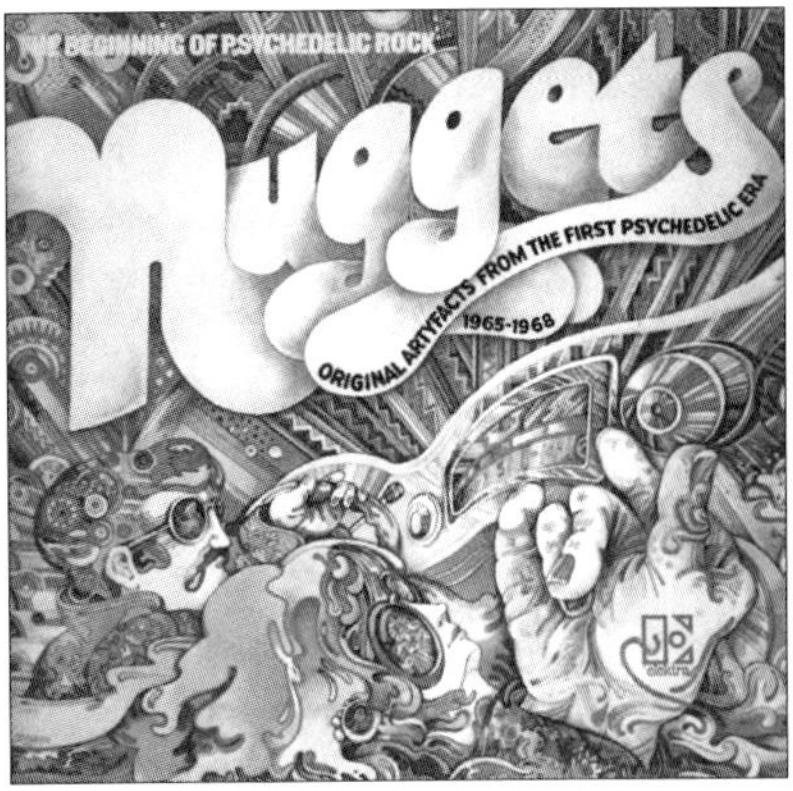

『ナゲット』（1972）

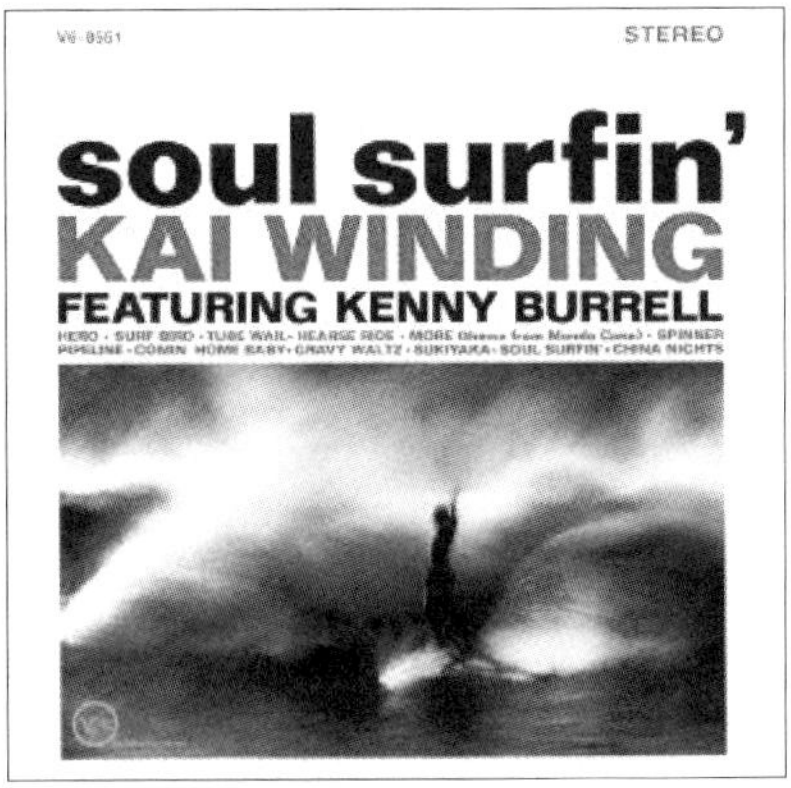

『ソウル・サーフィン』（1963）

クとオンディオリーヌは、まだ出会っていなかった。キャロル・ミュージック・サービスで催された非公開デモ演奏の場で、ボブ・ディランのサイドマン、アル・クーパーがこの楽器に出会うまでは。クーパーは、ジーン・ピットニーのアルバム『アイ・マスト・ビー・シーイング・シングス』（１９６５）のために、オンディオリーヌをキャロル社からレンタルした。彼のバンド「ブルース・プロジェクト」の傑作シングル曲〈ノー・タイム・ライク・ザ・ライト・タイム〉（１９６６）は、コンピレーション・アルバム『ナゲット』［１９７２年発売。サイケデリック・ロックやガレージ・ロックを中心に１９６０年代のシングル曲を集めた、伝説のコンピレーション・アルバム］に収録されて不朽の名声を得た。この曲でのクーパーは、インドのラーガ風のソロで、オンディオリーヌの名演を披露している。彼はこう語った。「**手のつけ根を使って、コルトレーンっぽい音階を演奏できるのが、楽しかったよ**」[113]。

その頃ペリーは、とにかくオンディオリーヌを宣伝し続けていた。テレビの子供番組にも「ミスター・オンディオリーヌ」として出演した。子供が怖がるのでケープやマスクこそ着けなかったが。１９６６年には再び『私の秘密』に出演し、最初に出演した時と似たようなことをした。ただ、この時はガーション・キングスレイも一緒で、ヴァンガード・レコードから発売したばかりのアルバム『ザ・イン・サウンド・フロム・ウェイ・アウト』（１９６６）の曲を演奏した。ペリーは、ヴァンガードから電子ポップスのインストゥルメンタル・アルバムを4枚発売しているが（うち2枚はキングスレイとの共作）これが第1作だ。このアルバムでは、緻密なテープ編集テクニックとともにオンディオリーヌが用いられたが、当時すでにこの楽器は時代遅れになっていた。残る3枚のアルバムではモーグ・シンセサイザーが使われた。このシンセサイザーによって、オンディオリーヌや同世代の電子楽器たちは歴史の彼方に追い払われたのだ。

ブルース・ハーク｜Bruce Clinton Haack

『私の秘密』に出演した電子音楽のパイオニアが、もう1人いる。ブルース・ハーク（1931〜88）だ。カナダに生まれ、特異な才能の知的障がい者［サヴァン］だった彼は、1950年代半ばから死去するまで、電子音楽界で熱意あふれる独特な仕事を続けた。彼は聴覚や音楽における「写真記憶」の持ち主で、聴いた曲をそのまま記憶して演奏できる、独学の天才だった。ロッキー山脈アルバータ州の隔絶された炭鉱町に、1人っ子として育ち、楽譜を初見で歌うことができなかったため、アルバータ大学の音楽科には入学できなかったが、かわりに心理学を学びながら余暇に作曲や演奏をおこなっていた。このような、学校とは関係のない活動を通して、ジュリアード音楽院に興味を持った彼は、カナダ政府の奨学金で1954年、ニューヨークに転居する。すぐに他の新入生と親交を結んだ。その中にはハークの一生を支える存在となったテッド・パンデルもいた。

世の中には、ハークを「愛のない家庭で育ち傷ついた変人」と決めつける神話がある。彼は10代の頃ネイティヴ・カナディアンからペヨーテ［幻覚サボテン］を授かり、その後、生涯ドラッグとアルコールに苦しんだといわれている。電子音楽界の典型的なアウトサイダーで、独学の奇人。その経歴はオカルト、神秘主義、自作ガジェット、宇宙、月面着陸など、ごちゃ混ぜだ。友人も共同作業者も、彼を天才だと思っていた。がっしりした体格の写真が、何枚か残っている。たいていは腕組みをしており、世の中を軽蔑の目で眺めているようだ。子供向けのエンタテインメントには関わってほしくないタイプだが、ハークが最初に業績を残したのは、まさにその領域だった。

ハークはジュリアード音楽院に1年半ほど在籍して中退したが、音楽の才能は明らかで、ポピュラー・ソングを作曲するかたわら、クラシックの作曲やミュージック・コンクレートの制作も続けていた。だが、いずれも大したお金にはならなかったので、エスター・ネルソンというダンス講師の伴奏者になった。これがきっかけとなり、ハークはネルソンやパンデルと共同で「ディメンション5レコーズ」を立ち上げる。彼らは1963年から、子供のためのレコードを作りはじめる。ハークは電子技術を学んではいなかったが、初歩的な電子楽器なら製作していた。材料は中身を抜き取ったラジオなどのガラクタで、「エレクトロニック・ウィンド・トンネル」「ホーン・ヒューズ・プラトー」「ソノ・ヴォーカル・コーラス・エレクトロニーク」などと名づけていた。[114]

『ザ・ウェイアウト・レコード・フォー・チルドレン』(1968)

ハークとパンデルのアパートで自宅録音され、素朴なジャケットに収められたディメンション5の作品群は、メインストリームに浮かび上がることなく発表され続けた。ネルソンは後に、子供たちと自然につきあえるハークの性分や、自意識の欠如について語っている。彼のそうした面は、音楽にも表れている。カササギのように落ち着きなく散らかった想像力、次から次へとキラキラ輝く魅力、様々な楽器の組み合わせ、サウンドやスタイルのすべてにおいて。

レーベルの発足当初から、子供のための電子音楽をめざした『ザ・ウェイアウト・レコード・フォー・チルドレン』（1968年と69年にそれぞれ録音され、別々に発売された）までの期間、ハークは自作の電子楽器を使用していた。シンプルで、反復が多くリズミカルなこれらの音楽は、「幼稚園のクラフトワーク」とでも呼ぶべきものだ。ここでの無邪気さや子供っぽい遊び心は、彼が同時期に作りはじめていた大人向けロック・アルバムの難解な理屈っぽさとは、相いれないものだった。

ハークは自作の電子楽器でアンダーグラウンドの有名人という地位を築き、『ザ・トゥナイト・ショー』（1962〜92）や『私の秘密』（2回出演）などのテレビ番組でデモ演奏をおこなった。ハークの全機材の中でも注目を集めたのは、人体の熱と伝導力を使って音の高さを変える「デルマトロン」（別名「ピープルオデオン」）だった。1966年の『私の秘密』には、デンマーク出身のコメディアンでピアニストのヴィクター・ボーグが出演した。彼が紹介したのは、何かブツブツ鳴り続けている半球形の風防ガラスで、そこから垂れ下がった電線が、床づたいにステージ後方カーテンの奥までつながっている。クイズが終わった後、ボーグはこのドームと自分を電線でつないで演奏をはじめる。右に左に走りながら、並んだ女性たちの手に次々とタッチして電子音を鳴らすのだ。背景では、風防ガラスからハムノイズが鳴り続けている。演奏の後、司会者はこの機械の発明者であるハークを紹介し、観客席のペンデルとハークは立ち上がって会釈した。

エレクトリック・ルシファー ｜ The Electric Lucifer

1968年頃になるとハークの仕事の方向性は、跳ね回るピンボールのように急転回した。子供のレコードやテレビの娯楽番組だけでなく、友人でマネージャーのクリス・カチュリスが、テレビCMの依頼を受けてくるようになったのだ。ハークのサウンドが利益を生んだ商品には、グッドイヤー・タイヤ、クラフト・チーズ、生命保険などがある。

また１９６８年からは「ハード・ロック」と自称するシリアスな作品群にも着手している。この名はハーク独自の電子的なロックを示すブランドで、カチュリスに教わった同時代のサイケデリック・ロックや、ヘビー・ブルースに影響を受けていた。ハークはすでに中年にさしかかり、普通に考えればロックのキャリアをはじめるには遅かった。実際、この「ハード・ロック」を聴く限り、ロックの音楽も文化もハークには把握できていないようにしか思えない。独特な過剰さが溢れかえり、まるで地球に降りた宇宙人が若者文化を真似しようとしているかのようなサウンドだ。

こうした面が最初に、そして最高に表現されたのは『エレクトリック・ルシファー』（１９７０）だ。このアルバムは１９６７年後半から６９年末にかけて作曲、録音された。この時期のハークは、カチュリスと時おりニュージャージーの海岸を車で旅していた。また、自作の電子楽器や改造したテープ・デッキやミキサーを配備した、個人スタジオの建設中だった。『エレクトリック・ルシファー』の大半は、このスタジオで録音された。カチュリスはアシスタントを務め、何曲かで歌ってもいる。

『エレクトリック・ルシファー』（1970）

ねじくれたり、はしゃいだり、陰鬱だったり、活気があったりと、ハークの「ハード・ロック」は様々なパートから成る音楽だったが、それらすべてが上手く調和しているとは言えなかった。オープニング曲〈エレクトリック・トゥ・ミー・ターン〉はヴォコーダー・ヴォイスを使った、ポコポコ弾むようなノベルティ・ポップスだ。全曲にわたるこのエフェクトは、当時のポップ・ミュージックによくある、わざとらしいスタイルだ。若干のギターや、エフェクト処理された打楽器も入っているが、楽曲の大半は、ぎっしり重ねられた電子音から成り立っている。歌詞は、善と悪との闘いについてのブレイキアン〔イギリスの詩人ウィリアム・ブレイクに心酔する人々〕的な瞑想であり、霊性の果てに訪れる秘蹟であり、ハークの個人的な宗教観の表現でもあった。彼はライナーノートでも「神はサタンを許すほど慈悲深い」などと語っている。『エレクトリック・ルシファー』は、1960年代の夢が潰えた後も残るポスト・ユートピアな雰囲気のサウンドトラックとして、並行する別の宇宙なら受け入れられていたかもしれない。だが、メジャー・レーベルから発売されたにもかかわらず、このアルバムが多くの聴衆を得ることはなかった。

ポール・タナー — Paul Tanner

テルミン奏者サミュエル・ホフマンの名前は、1950年代の経過にともなって映画クレジットから消えていった。理由の1つはホフマンの影響を受けたライバル、ドクター・ポール・タナー（1917〜2013）の出現だ。音楽家、作家、研究者、ABC放送の上級セッション・トロンボーン奏者で、グレン・ミラーやヘンリー・マンシーニやフランク・シナトラとも共演。著書も数冊あり、中でもジャズ入門書はベストセラーとなった。UCLAで教鞭もとった。タナーは1958年に映画音楽の録音（おそらく『吸血原子蜘蛛』）に参加している。この時の演奏家にはホフマンもいたが、タナーに言わせればホフマンの楽器は、なかなかオーケストラにピッチが合わなかったそうだ。

タナーは当時まだ電子音楽に関心を持っていなかったが、電子音のチューニングにはもっと実用的な方法があるはずだと考え、より優れた方法を追求しはじめた。そして、俳優で電子工作マニアの友人ボブ・ウィットセルと一緒に「エレクトロ・テルミン」と呼ぶ楽器を作った。テルミンとはまったく別で、テスト・オシレーターを機械的な操作

『ミュージック・フォー・ヘブンリー・ボディーズ』（1958）

システムで鳴らす、単純な仕組みだった。この楽器の初期ヴァージョンは1958年、タナーとアンドレ・モンテロ・アンド・ヒズ・オーケストラのアルバム『ミュージック・フォー・ヘブンリー・ボディーズ』（1958）で初公開された。アルバムのジャケット（全裸の美女が宇宙空間を飛んでいる）は、タイトルに引っかけた洒落だろう。オーケストラによる軽いムード音楽で、10年前にホフマンの制作したテルミン3部作と同様、弦楽器と電子音をブレンドした作品だ。ライナーノートには、エレクトロ・テルミンが「**ヒューヒューと鳴る無限の宇宙の世界に落ちていくような［……］未知の感覚をもたらす**」と書かれている。これは宇宙と電子音楽の結びつきを強調した、当時の決まり文句だ。また、エレクトロ・テルミンと本物のテルミンのちがいも書かれているが、さほど説得力はない。今日ではタナーの楽器は、有名なテルミンについて語られる時、その類似楽器として紹介されるにすぎない。

では一体、エレクトロ・テルミンとは何なのか？ 簡単に言えば、ピッチ可変式のオシレーターが発するサイン・ウェイヴを制御する機械だ。オシレーターと制御機構は、簡素な木の箱に収められている。箱の横幅に沿って細長いスロットがあり、そこに突き出したスライド式コントローラーを、手で左右に動かして操作する。このコントローラーは滑車につながっていて、動かすとオシレーターのピッチ制御ダイヤルが回る仕組みだ。また天板には、スロットに沿ってピアノ鍵盤が描かれている。このダミー鍵盤にコントローラーの位置を合わせると、オシレーターはその音を発する。これなら簡単にピッチが合わせられる。しかも音階の間に段差がないので、本物のテルミンの特徴であるポルタメントも表現できる［タナーのエレクトロ・テルミンは「タナリン」という名で復元されている］。

タナーはスタジオ経験もコネも豊富だったので、『ミュージック・フォー・ヘブンリー・ボディーズ』が発売されるとすぐに声がかかり、仕事の依頼は増える一方だった。エレクトロ・テルミンの機能は素朴で、構造も原始的だったが、タナーの手にかかると多彩な音が鳴った。本物のテルミンのようにビブラートやポルタメントを効かせつつ、ピッチも簡単かつ正確に保つことができた。

仕事のほとんどは、今ではお決まりの使われ方だ。1963年から66年まで続いたCBSのテレビ番組『ブラボー火星人』（1963～68）のようなSFものでは、テーマ曲に加えて（名ばかりの）火星人が空中浮遊する場面の効果音。1964年のB級映画『血だらけの惨劇』（1964）では、斧を持った殺人鬼ジョーン・クロフォードの精神が崩壊する場面の伴奏。1959から60年にNBCで放映されたバラエティ番組『スタータイム』（番組には『フォード・スタータイム』と『リンカーン＝マーキュリー・スタータイム』の2つのタイトルがあるが、これは同じフォード社のフォード部門とリンカーン部門どちらがCMを提供したかの差にすぎない）では、タナーはエレクトロ・テルミンを「声」として用いた。ちなみに、これは後のイギリスのテレビ番組『クランガーズ』（1969～）に出てくる、口笛のような声に似ている『クランガーズ』では、なめらかに上下するスライド・ホイッスルの音が、登場するキャラクターの声として使われている」。こうした作品すべてを通じて、タナーの自作楽器は世間に露出しまくった。やがてこの楽器の人気も下火になってきた頃、タナーに連絡してきたのがブライアン・ウィルソン（1942～）だった。

ブライアン・ウィルソン｜Brian Douglas Wilson

1966年、ウィルソンはザ・ビーチ・ボーイズの『ペット・サウンズ』（1966）と、洗練と複雑を極めた前代未聞のニュー・シングル『グッド・ヴァイブレーション』（１９６６）を制作していた。どちらにも電子音を使いたいと思い、当時のロスアンゼルス音楽業界で最も有名な電子音楽家だったタナーに連絡をとった。楽器が本物のテルミンではないことを、依頼の段階でウィルソンが把握していたかどうかは不明だ。彼は今もよく、この時の楽器を「テルミン」と語っている。また、様々な書物やＣＤのライナーノートにも、ビーチボーイズの録音に使われたのがアンテナ制御の「本物のテルミン」であるように書かれたため、この都市伝説は定着してしまった。

ともあれ、この粗末なニセモノの箱を携えたタナーは、ハル・ブレインやグレン・キャンベルといったロック界の偉大なセッション・プレイヤーたちと肩を並べ、１９６６年のバレンタイン・デーにおこなわれた〈駄目な僕（I Just Wasn't Made for These Times）〉のレコーディングに参加することになった。また、数日後には〈グッド・ヴァイブレーション〉の初セッションで、再びスタジオに入った。

ウィルソンがテルミンについて理解していたかどうかはともかく、自分の求める「サウンド」には明確な考えを持っていた。彼は後にこう語っている。

頭の中で『グッド・ヴァイブレーション』が形になった時、すでにテルミンが聴こえていた。女性の声とか、ノコギリをヴァイオリンの弓で弾くような音だ。それを人の声のように震わせられるんだ。最高だよね！[115]

このセッションを収めた海賊版や、後に発表された公式録音からわかるのは、タナーの演奏は最初から目立っていたが、作業が進むにつれてどん

『ペット・サウンズ』（1966）

どん強調され、最終テイクではうねるようなサイン・ウェイヴの音が大きくミックスされたことだ。

『ペット・サウンズ』は1966年5月に発売された。名曲〈駄目な僕〉では、曲がゆっくりと消えていく部分の直前に、タナーの短いソロがフィーチャーされた。この曲からはエレクトロ・テルミンの長所がわかる。本来なら優秀な「本物の」テルミン奏者にしかできない、音程の正確な演奏ができることだ。この曲は、電子音が心地よく溶け込んだ、哀しげな音楽だった。宇宙人でも苦しみや笑いの表現でもなく、温かくて人間味あふれるサウンドだった。

5ヶ月後、今では素晴らしいポップスとして一般に賞賛され、当時のように衝撃的ではなくなった、あの『グッド・ヴァイブレーション』が発売された。聞いたこともない楽器の組み合わせが3分半続き、楽曲の構成は予想外の飛躍をみせる。途方もなく複雑な作品をまとめあげたウィルソンのポップスの魔法は、偉大というほかない。"I'm picking up good vibrations" と歌われるサビの部分では、下から支えるように激しく刻むチェロを背景に、タナーのエレクトロ・テルミンがはっきりと聴こえる。曲がフェード・アウトしながら終わっていく時も、このサビ部分がヴォーカル抜きで繰り返されるので、タナーの電子音は最後まで聞こえている。

『グッド・ヴァイブレーション』の後、ウィルソンはタナーに、ザ・ビーチ・ボーイズのステージでも演奏してくれるよう頼んだ。タナーは他にも契約があることや、自分がバンドよりも世代的に年上すぎると感じてしまうことを理由に、このオファーを断った。しかしタナーがだめでも、ツアーには演奏者が必要だ。バンドは解決策として、モーグの営業をしていたウォルター・シアーに話を持ちかけた。そこでシアーは、本物のテルミンをデモ演奏した。バンドは、こんな楽器は非実用的だとすかさず却下した。視覚的なよりどころがまったくないこの楽器に、困惑してしまったのだ。そこでシアーは、ロバート・モーグに話を振った。[116]

『ワイルド・ハニー』（1967）

こうして、いくつもの皮肉な事態が重なることになった。たとえばテルミンの崇拝者であるモーグが、エレクトロ・テルミンを模倣したリボン・コントローラーつき楽器の製作を依頼されたことだ。そもそもエレクトロ・テルミン自体、本物のテルミンの模倣だったのに。また、この新しい楽器の演奏をマイク・ラヴが担当することになったのも皮肉だ。彼はウィルソンの冒険的なサウンドにずっと反対していて、サーフ・ロック時代のように泡だらけの浅瀬でぴちゃぴちゃ遊んでいたい種類の人間だったのに。

とはいえ『グッド・ヴァイブレーション』は売れた。登場する楽器がテルミンだと間違って伝わったため、モーグ社テルミンの売り上げも回復しはじめた。これは、現金に困っているこの会社にとっては大助かりだったが、同時に、モーグの心に芽生えはじめた考えを裏づけもした。それは、肥え太ったレコード会社の前払い金でポケットを膨らませたロック・ミュージシャンが、電子楽器を売るのにぴったりのマーケットだという考えだ。

1967年9月、タナーは再びザ・ビーチ・ボーイズに呼び出された。アルバム『ワイルド・ハニー』（1967）のタイトル曲で、フックとなる2音のフレーズを演奏する役割だった。彼はこの頃、すでにエレクトロ・テルミンや電子楽器から手を引こうとしていた。タナーは他のセッションに参加中、誰かがモーグ・シンセサイザーを演奏するのを聴いて、この新しい楽器の方が自分の手作り楽器より100倍も勝ると思い知らされたのだった。エレクトロ・テルミンは現役を退き、ある病院に譲渡された。そこでは聴力テスト用に使用されたが、病院が地震で崩壊した時、楽器も一緒にこの世から消えていった。

シルヴァー・アップルズ｜Silver Apples

1965年にモーグが最初のモジュラー・システムを発表した時、新しい時代が静かにはじまりつつあった。最初期のモーグ――高価で複雑で巨大な機械――は、資金力のあるアカデミックな組織に届けられた。そこには、一見して無限の可能性を持つこの新しい楽器の性能に興味を示す、実験音楽の作曲家たちが集まっていた。モーグ・シンセサイザーがポピュラー音楽の世界で存在感を示しはじめるのは、この数年後だ。広く普及するまでは、さらに何年もかかった。だが同じ頃、この電子音楽新時代の最先端に、アメリカのロック・バンドは別の方法で接近していた。彼らは、シンセサイザー以前の電子音楽の特徴であるローテックな創意工夫と、（たいていは）直球ど真ん中のロックンロールを結びつけようとしていたのだ。

電子のツーピース・バンド「シルヴァー・アップルズ」は、W・B・イエーツの詩『さまよえるイーンガスの歌』（1899）の一部をバンド名にした（本章のタイトルも、この詩からとった）。ちなみに、ブックラ・モジュラー・システムを用いて録音されたモートン・サボトニックによる電子実験音楽の古典『シルヴァー・アップルズ・オブ・ザ・ムーン』（1967）も、イエーツの同じ詩からアルバム名を借用している。両者はまったくの無関係だが。シルヴァー・アップルズのリーダー、シメオン・コックス（1938～）は自称ロックンローラーで、芸術音楽の素養はなかった。だがオシレーターを持った友人を見つけた時、新しい世界の扉を開ける機会が訪れた。この友人はレコード・プレイヤーでクラシック音楽を流しながらオシレーターを鳴らしたりしていた。コックスも同じアイディアを試したが、彼が流したのはローリング・ストーンズだった。すぐに夢中になった。

1966年から67年にかけて、コックスは直球のロック・バンドいくつかでフロントを務めた。その最後となった

「ジ・オーバーランド・ステージ・エレクトリック・バンド」は、型通りにギター2本＋ベース＋ドラムの編成で、コックスが参加した時はグリニッチ・ヴィレッジのコーヒーハウスに出演していた。すでに例の友人からオシレーターを25ドルで買い取っていたコックスは、バンドで演奏する時それをギター・アンプにつないだ。コックスはこう書いている。彼が加入してしばらくするとバンドのファンは減りはじめ、メンバーも1人また1人と、うなりを上げるサイン・ウエイヴやスクウェア・ウェイヴから逃げ出していった、と。最終的に残ったのはコックスと、ドラマーのダニー・テイラーだけだった。だが、必要は発明の母だ。2人は活動を続けようと決意し、シルヴァー・アップルズが生まれた。コックスの電子音と、複雑にセットアップされたテイラーのドラム。ヴォーカルは2人とも担当する。この編成で、彼らは奇抜な演奏を展開していった。

このバンドでは、メロディやハーモニーを奏でる音源がオシレーターだけだったので、複雑な音楽を作る方法をなんとかして探さなければならなかった。少なくとも和音を変える方法ぐらいは、絶対に。まずはオシレーターを足して、音数をもっと増やす必要があった。さらなる難題は、この機械を「楽器」に作り変え、1人で複数のオシレーターを同時に「演奏」できるようにすることだった。コックスの使っていたオシレーターは、シンセサイザー以前の電子作曲家たちが愛用したような実験機具で、ピッチは大きなロータリー・ダイヤルで変えていた。

かつての電子作曲家たちはコントロールされたスタジオ環境で、テープ操作によってメロディやハーモニーを作り上げていた。5分間の音楽を作るのに2週間かかった。だがライヴ演奏をしたいなら、オシレーターをリアルタイムに次々と鳴らす手段が必要だ。そこでコックスは、オシレーターそれぞれを電信のキーに繋ぎ、それを手や足や額で「演奏」して、あらかじめチューニングしておいたオシレーターのオンとオフを、音楽に合わせて切り替えることにした。オシレーターが出す純粋なサイン・ウェイヴの音は、まるで病院のように冷ややかな響きだったので、ファズやフェイザー、フィルター、ラジオ回路など、入手できるあらゆる機材を通した。こうして、耳を刺すようなサイン・ウエイヴも、音色を変えられるようになった。

ザ・シメオン｜The Simeon

コックスは、ドラムのテイラー呼ぶところのこの装置「ザ・シメオン」を、身のまわりにずらりと並べるようになった。この気まぐれな野獣は、まもなく途方もない規模になっていった。1ステージに使われるのは9つのオシレーター（5つはベース、3つがリズム、1つはリード用）、エコー・ユニット1つ、トーン・コントローラー2つ、ワウ・ペダル、ラジオ、アンプ3つにフット・スイッチとハンド・スイッチがいくつか。これほどの物量にもかかわらず、シメオンにできることは限られていた。たとえばベースのパートには5音しか使えなかった。ベース用オシレーターは曲をはじめる前からチューニングされているため、演奏を止めないと音が変えられなかった。こうした制約はあったが、上手く調整されたテイラーのドラムセットと組み合わせることで、シルヴァー・アップルズの音色パレットは他のロックンロールと似ても似つかぬものになっていった。

独自の機材を集め、マネージャーのバリー・ブライアントの資金援助や、作詞家のスタンリー・ウォーレントやエイリーン・ルウェリンの助けを借りながら、シルヴァー・アップルズは着々とキャリアを重ねていった。ブライアントはこのバンドを、経営不振だったニューヨークのインディペンデント・レコード・レーベル、カップ・レコーズに紹介した。他からオファーがなかったので、シルヴァー・アップルズはこのレーベルと契約する。1968年前半のある日、4トラック・レコーダーしかないレーベルの小さなスタジオで、デビュー・アルバムのレコーディングがはじまった。しかしプロデューサーの病欠で、早くもセッションは座礁しかけていた。コックスもテイラーもマネージャーのブライアントもスタジオ経験はなく、あるのは機材だけだった。彼らは手探りで、4トラックレコーダーならではの初歩的なマルチ・トラック録音技術を少しずつ習得していった。1台のレコーダーの4トラックすべてにドラムとベースのパートを録音し、それをもう1台のレコーダーの1トラックにミックス・ダウン。そして残りの3トラックを、リズムやリード・オシレーターやヴォーカルや効果音で埋めていった。

バンドと同名のデビュー・アルバム『シルヴァー・アップルズ』（1968）はこうして作られた。1曲めは〈オシレーションズ〉（1968）。この曲にはバンドの長所と欠点、シメオンの限界とそれを克服する創造力が詰めこまれている。曲は、空飛ぶ円盤が離陸していくような上昇音ではじまり、固定した1コードのドローンに落ち着く。コックスとテイラーがハモりながら歌い、テイラーの複雑なドラムのパターンや、注意深く計画されたオシレーターのドローンのオン／オフといった手法が展開される。こうして出来上がった魅惑の反復運動は、シングル・カットしていいほどの出来ばえだった。ラジオではごく一部でオンエアされただけだったが、それはこのバンドの後の作品と同様、きちんと営業してもらえなかったためだろう。

『シルヴァー・アップルズ』（1968）

シメオンは、無数の部品が接続された迷宮のような存在となった。分解してライヴ会場に運び、組み立てるのにたいへんな時間がかかった。シルヴァー・アップルズの最初のギグの1つ、ニューヨークのセントラル・パークで3万人の観衆を前におこなわれた無料コンサートでは、午後3時からはじまるショーのためにコックスとテイラーは早朝からセッティングをはじめなければならなかった。このモンスターの内臓を、特製のケースに押し込んで運搬したり結線したりできるようになるまでは、コンサート・ツアーなど不可能だった。

シルヴァー・アップルズは、この後も10年間にわたってツアーやレコーディングを続けたが、商業的にはほとんど売れなかった。ただ1969年の春、成功に少しだけ近づく出来事があった。バンドはニューヨークのレコード・プラント・スタジオを借りてレコーディングをおこなっていたが、同じスタジオをジミ・ヘンドリックスが使っていたのだ。毎日のセッションが終わると機材を片付けて、スタジオを明け渡さなければならなかった。ある日シルヴァー・アップルズは、ヘンドリックスとジャム・セッションすることになった。このハプニングはテープに残されているらしい。ヘンドリックスのファン雑誌『ジムプレス』は、2003年にこの話を検証し、出版している。その結論は、証拠の録音が残っているというものだ。ヘンドリックス・ヴァージョンの〈星条旗〉(1969)で、シメオンによるベースの音が聴くことができるという(終わりの方で)。また、もう1つの興味深いコラボレーションとして、T・レックスとジャム・セッションしたという噂もあるが、こちらは残念ながら証拠となる録音が残されていないようだ。

ローザー・アンド・ハンド・ピープル｜Lothar And The Hand People

ジミ・ヘンドリックスとセッションしたバンドが、もう1つある。シルヴァー・アップルズと同じ頃、ニューヨーク周辺で活動していた「ローザー・アンド・ハンド・ピープル」だ。1965年に5ピースのバンドとして結成され、1966年にニューヨークに移ってキャピトル・レコードから『プレゼンティング……ローザー・アンド・ハンド・ピープル』(1968)(プロデューサー：ロバート・マーグーレフ)と『スペース・ヒム』(1969)(プロデューサー：ニック・ヴェネット)という2作のアルバムを発表している。陽気なフォーク・ロックに陰気なサイケデリック文化がミックスされ、よくできた音

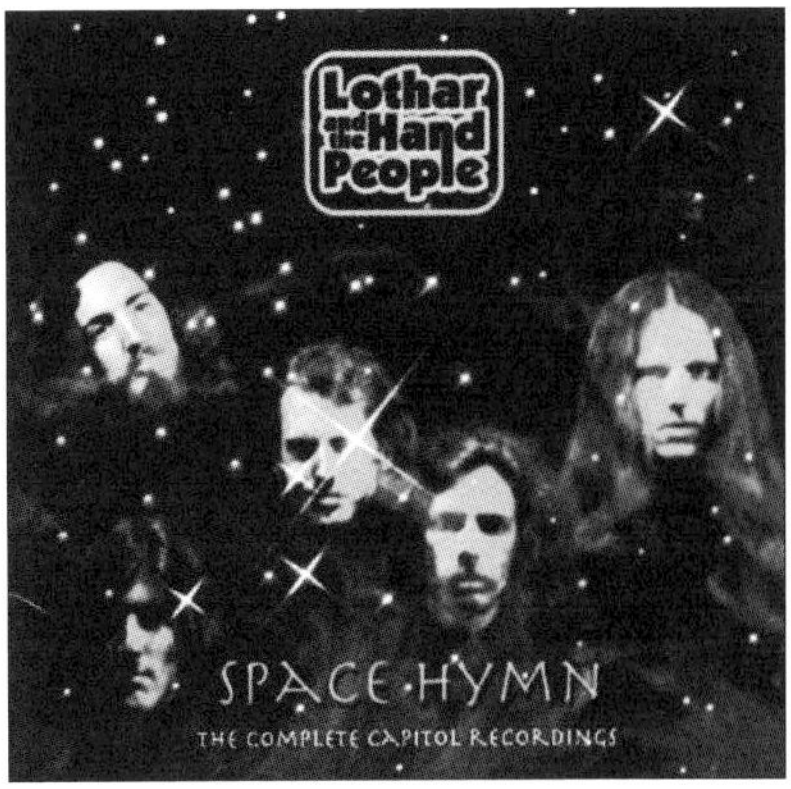

『スペース・ヒム』(1969)

『ローザー・アンド・ハンド・ピープル』(1968)

源だし、演奏も巧みだ。特別なひらめきはさほど感じられないものの。

それでも特筆すべきなのは、彼らが、この時代にテルミンをサウンドの中心にすえた唯一のバンドだったことだ（バンド名の「ローザー」はテルミン、「ザ・ハンド・ピープル」はバンドメンバーのことだ）。このバンドはモーグ・シンセサイザーも用いた。

セカンド・アルバム『スペース・ヒム』のタイトル曲は、ラジオでも流された、このバンドの最も有名な曲だ。シタールのようなモーグのドローンが流れる中、長ったらしいモノローグが、リスナーにリラックスするよう勧めてくる。音楽はこの時代に典型的な、表層的な深遠さや象徴としての宇宙感が漂う、アコースティックな曲調へと変化していく。とりあえず魅力的だし、シンセサイザーをロックに統合した例としては早かったが、たとえばシルヴァー・アップルズが明らかに「他にはない」音を鳴らしたのに比べれば、当時にしても保守的なロックではあった。だが結局、コックスのシルヴァー・アップルズのようなことを試みるバンドは、他にはなかったのだ。「**ただ、クラシックの教育を受けた音楽家で、実験室のシンセサイザーを使う『ザ・ユナイテッド・ステイツ・オブ・アメリカ』というバンドがいるとは聞いていた。確かにすごい連中だったが、演奏は見たことがない**」[117]。

ザ・ユナイテッド・ステイツ・オブ・アメリカ｜The United States of America

この言葉の半分は正しい。「ザ・ユナイテッド・ステイツ・オブ・アメリカ」は実験室のシンセサイザーこそ使っていなかったが、確かにクラシックを学んだ音楽家の集まりだった。

リーダーで作曲家、研究者、民族音楽学者のジョセフ・バード（1937〜）は、戦後に生まれた実験音楽の洗礼を受けていた。彼は1950年代後半から1960年代前半にかけて、現代音楽シーンの周辺をさまよいながら音楽を学んでいた。一時期はジョン・ケージにも師事し、「ケージの〈アトラス・エクリプティカリス〉（1961〜62）を記譜するため、易をやる必要に迫られた[118]」と語っている［ケージの〈アトラス・エクリプティカリス〉は、チェコの天文学者アントニン・ベチヴァルが1958年に出版した星図に基づく作品。易が使われたのは〈易の音楽〉（1951）なので、バードの記憶違いと思われる］。バードは現代音楽の重要人物でこそなかったが、シーンに加わることで進路が定まり、別ジャンルであるロックにも短期間で急接近していった。

バードは博士号取得のため1965年までUCLAで学び、大学のニューミュージック・ワークショップに全力を注いでいた。1965年、UCLA学生連合の援助を得て「ア・スチームド・スプリング・ヴェジタブル・パイ」というコンサート&イベントに参加する（このタイトルは『アリス・B・トクラス・クックブック』という書物からランダムに選ばれた）。コンサートの最後はラ・モンテ・ヤングの作品だった。ステージでは、巨大なゴム風船が電気掃除機で膨らまされた。曲は30分も続くので、バードは観客が退屈すると考えた。そこで、風船を膨らませている間のアトラクションに、友人のリンダ・ロンシュタットがヴォーカルのブルース・バンドをステージに出した。後に彼はこう振り返っている。「このコンサートで、ロックなら大衆とつながれると気づき、バンドの結成を考えはじめた[119]」。

バードは1966年にUCLAを去る。その頃には、ブルース・バンドは別として、ミュージック・コンクレートとテープ編集の実験にあけくれていた。とにかく電子音楽を作りたくて仕方なかった。しばらくの間は、後にオーバーハイム・シンセサイザーを開発するトム・オーバーハイム（1936〜）が作った、原始的なトーン・ジェネレーターを使っていた。オーバーハイムがこの機材を返してほしいと言い出す頃、バードは、オレンジ郡で働く航空エンジニアのリチャード・デュレットと出会う。バードの依頼でデュレットは、手持ちサイズの小型オシレーターを複数組み立てた。それぞれのオシレーターはポテンショメーター（可変抵抗器）で制御され、オシレータどうしの関係はセレクターで変えることができる。バードはこう語っている。

トーン・ジェネレーターの波形は1つだけだが、もう1つジェネレーターがあれば、ピッチにモジュレーションがかけられる。矩形波を加工して鋸歯状波が作れるんだ。［……］最高の芸術があるとしたら、それはテープ・ディレイの設定に宿ると思うね。[120]

大仰に「デュレット・エレクトロニック・ミュージック・シンセサイザー」と名づけられたこの機材は、単音しか出せなかった。そのため複数の電子音を重ねるには、スタジオでのマルチ・トラック録音が必要だった。またライヴ演奏には、あらかじめ録音したテープを一緒に流す必要があった。

1967年、バードはこの小さな道具を腕に抱えて「ザ・ユナイテッド・ステイツ・オブ・アメリカ」を結成し、風変わりなロックをはじめた。メンバーは、キーボードと電子音を演奏するバード、ヴォーカルにドロシー・モスコウィッツ、リング・モジュレーターを通した電気ヴァイオリンを弾くゴードン・マロン、フレットレス・ベースのランド・

フォーブス、通常のドラム・セットの膜面にコンタクト・マイクをつけてサウンドを加工した「電気ドラムス」を叩くクレイグ・ウッドソン、それに時々加わるもう1人のキーボード、エド・ボガス。ロック出身のシルヴァー・アップルズとは対照的に、バードのメンバーは全員、前衛音楽や民族音楽に関わっていた。

僕らは、ロックというメディアについて知識も経験もないまま取り組んでいることを、はっきりと自覚していた。ケージもシュトックハウゼンも、アフリカ音楽もインド音楽も演奏していたし、単純にそれらすべてをロックに取り込むことができると思っていた。ロックンロールのルーツについては、ほとんど何も知らなかったけどね。[121]

ザ・ユナイテッド・ステイツ・オブ・アメリカ

ロックならではのリード楽器であるエレキ・ギターは使われず、リング・モジュレーター処理されたマロンのヴァイオリンが、その役割を果たした。また、バードの担当する「電子音」には録音テープも含まれた。デュレット・エレクトロニック・ミュージック・シンセサイザーは全体のサウンドを支配し、時には突飛な音で楽曲を中断させもした。ロックの伝統など知らなかったにもかかわらず、このバンドのサウンドは、ジェファーソン・エアプレーンのような当時最先端の西海岸サイケデリック・ロックと、事実上一致していた。

アルバムのレコーディングは難航した。バードとモスコウィッツは恋愛関係にあったが、プロデューサーのデヴィッド・ロビンソンが彼女の元パートナーだったため、現場の空気はピリピリしていたのだ。バードはバンドに実験性を要求したので、さらに緊張感が高まった。にもかかわらず、作品の出来は良かった。当時の時代精神の中に、反抗的なロックと夢みるようなバラードのバランスが保たれている。

デュレット・エレクトロニック・ミュージック・シンセサイザーには制約が多く、素材としての可能性はあっても、メロディを奏でるのは難しかった。作曲されたのが比較的ふつうの楽曲だったこともあり、鮮やかな電子音を用いつつも、実際はスタンダードなロック・アルバムが仕上がった。シルヴァー・アップルズが、ほぼ純粋な電子音楽であったのとは逆に。結果論だが、ザ・ユナイテッド・ステイツ・オブ・アメリカのアルバムは、電子音を用いた初期のロック・ミュージシャンの問題点を示す1つの例と言える。ここでは電子音が、全体の構成に不可欠な要素ではなく、単に目立つためのジェスチャーとして使われている。そのバランスは確かに見事だが、傲慢な態度とも言える。

モントレー・ポップ・フェスティヴァル［1967年6月に開催された大規模な野外コンサート。大規模ロック・フェスの先駆けとなった］の後でロック・アーティストの需要が高まったため、このバンドはコロンビア・レコードに拾われたが、アルバムのチャート順位はかなり低かった。大予算を投じたコロンビアのサンプラー・アルバム『ロック・マシーン・ターンズ・オン・ユー』（1968）に収録された〈アイ・ウォント・リーヴ・マイ・ウッドン・ワイフ・フォー・ユー〉（1968）は多くの耳に届いたが、いささか時代遅れのサウンドだった。

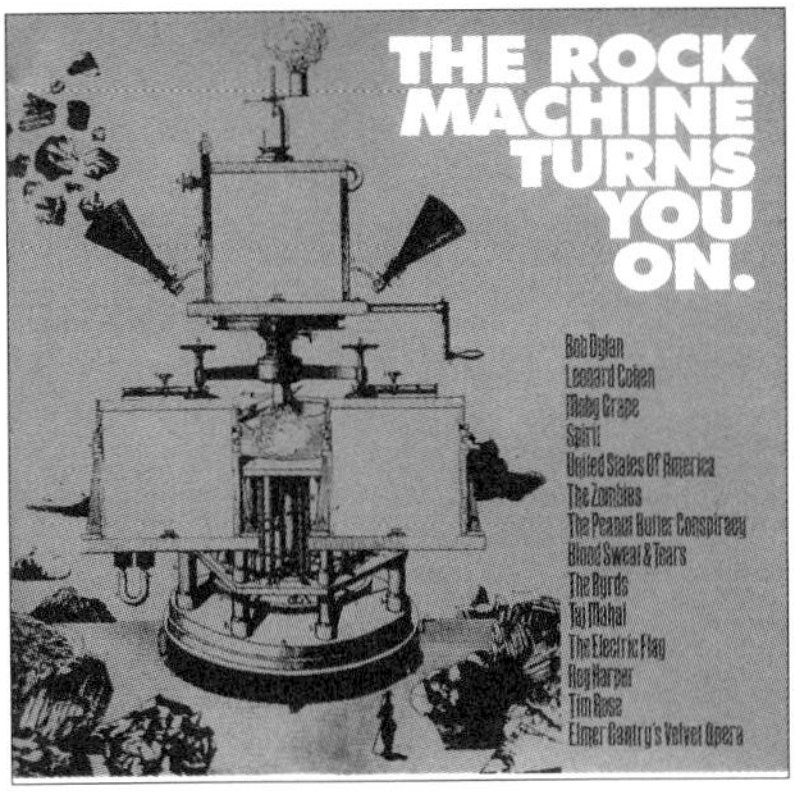

『ロック・マシーン・ターンズ・オン・ユー』（1968）

バンドはライヴ・ツアーもおこなった。バードは、たまたま一緒になったヴェルヴェット・アンダーグラウンドが敵対してきて、自分たちのアンプを押し倒した、と語っている。しかしツアーは無駄に終わった。バンド内は南北戦争のように分裂してしまったのだ。モスコウィッツは存続を望み、あきらめず数曲のデモを録音した。バードは、コロンビアでの電子ロック第2弾として「ジョセフ・バード・アンド・フィールド・ヒッピーズ」名義のアルバムを1969年に発表したが、ほとんど知られずに消えていった。

フィル・オクス｜Phil Ochs

ザ・ユナイテッド・ステイツ・オブ・アメリカがアルバムを発表する前のバードの電子音は、往年のプロテスト・フォーク歌手、フィル・オクス（1940〜76）の録音で聴くことができる。オクスは、1966年にはすでに3枚のアルバムをエレクトラから出していた。彼の歌は時事問題に関する痛烈な内容だったため、フォーク・ミュージック業界では、ボブ・ディランが「電気」に寝返った後の救世主と思われていた「フォーク系の歌手として名を上げたディランは」［『ブリンギング・イット・オール・バック・ホーム』（1965）以降エレクトリック・サウンドに転向し、賛否両論を巻き起こした］。だがオクスは、そんな期待を背負う気などなかった。1967年、A&Mレーベルに移籍した彼は、新しい方向性を探しはじめる。そこでジョセフ・バードの登場だ。

オクスのA&Mでの1作目は『プレジャー・オブ・ハーバー』（1967）だ。ハープシコードと弦楽四重奏曲を用いた、バロック調の室内ポップスだ。オクスは新しい方向に変わろうとしていた。アルバムは、並外れて壮大な〈クラシフィクション〉（1967）で終わる。内容はジョン・ケネディ大統領の死についての寓話で、バードが編曲を担当した。曲の長さは9分近くある。弦楽器、フルート、金管楽器、テープの逆回転、オルガン、電気ハープシコード、打楽器、そしてデュレット・エレクトロニック・ミュージック・シンセサイザーの発振音。バードは編曲に対するオクスの要求に応えて、これらの音をぎっしりと詰め込んだ。シェーンベルクやストラヴィンスキー、ケージ、電子音楽への目配りも感じられる。野心の重圧によろめきながら足を引きずるオクスが、フォーク・ギターをかき鳴らしていた初期の自分と決別し、遠い彼方を目指すと大胆に宣言するような作品だった。

レコーディングは緊張に満ち、長い時間がかかった。オクスはいつもギターを弾き語りしていたが、この時はそれが難しかった。バードは両手に持ったドラムのスティックを打ち鳴らして、クリック音を録音した。ミックス・ダウン作業の段階では、すでにプロデューサーのラリー・マークスと仲たがいしてしまったため、バードはスタジオに呼ばれなかった。マークスは、残念ながらクリック音をミックスに残してしまった。ぐちゃぐちゃした不協和音の中に「カチ…カチ…」という不吉なクリック音の反復が聞こえる。

『プレジャー・オブ・ハーバー』は大して売れなかった。オクスはプロテスト・ソング以降、ファンを得ることができなかった。作曲の筆も止まり、アルコールに溺れて落ちぶれ、1976年に自ら死を選んだ。一方、バードも〈クラシフィクション〉以降は編曲の依頼がほぼなかった。それでも彼のこの壮観なオーケストレーションは、1960年代ロックにおける偉大で独創的な表現の1つだ。

フィフティ・フット・ホース｜Fifty Foot Hose

サンフランシスコの「フィフティ・フット・ホース」は、超然として霊感あふれる女性ヴォーカルや、部分的に電子楽器を用いる点など、ザ・ユナイテッド・ステイツ・オブ・アメリカと似たところのあるバンドだ。率いるのはルイス・〝コーク〟・マーチェスチ（1945〜）とデヴィッド・ブラッサム。

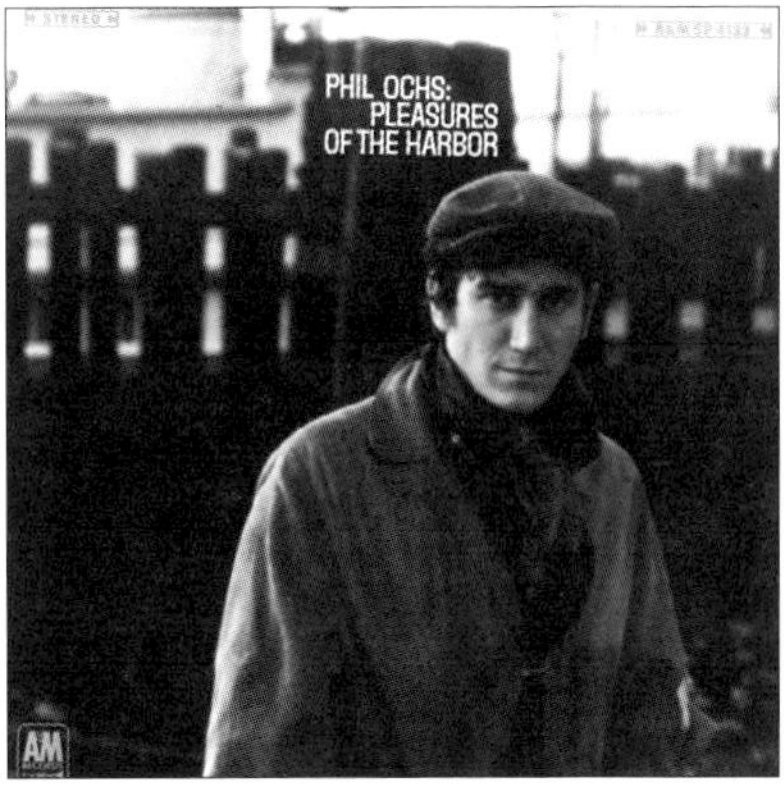

『プレジャー・オブ・ハーバー』(1967)

彼らは、ザ・ユナイテッド・ステイツ・オブ・アメリカ同様の芸術的な美学と、少なからぬ電子音楽の知識を武器に、シーンに参加してきた。こうした特徴の多くはマーチェスチによるものだ。彼は、当時から現在に至るまで活動を続ける、ヴィジュアル・アーティストでもある。

フィフティ・フット・ホースは1966年後半、マーチェスチのバンド「ザ・エシックス」の解散後に結成された。外見はロックンロールふうのザ・エシックスだが、今日では1960年代最大の問題作の1つとされるシングル『バッド・トリップ』（1967）を発表している。この曲には、マーチェスチの目指した実験的な音楽性がすでに表れていた。

彼の電子音楽のルーツは若い頃、ガールフレンドの兄が聴かせてくれたエドガー・ヴァレーズの〈ポエム・エレクトロニーク〉に啓示を受けた時点まで遡る。「**何を聴いているのか、わからなかった**」と彼は言う。「**だけど、口がきけないほど驚いた。色調、サウンド、クオリティ、躍動感。理屈抜きで、ヴィジュアルがイメージできたよ**」ガールフレンドの兄は、テルミンを使った曲を探したらどうか、とアドバイスしてくれた。マーチェスチは、テルミンのための曲を収録したクララ・ロックモアのアルバムを見つけ、「**手を触れないで演奏するという魔法のようなコンセプトが、すごく面白いと思った**」。

初期の電子音楽家たちと同様、彼もまた、電子音の魅力を難解に語っている。「**科学的、電気的、数学的なものだってことはよくわかっている。だけど気持ちとしては、もっと魔法のように感じるんだ**」[122]。マーチェスチは、ジョン・ケージやテリー・ライリーやジョージ・アンタイルといった実験的な作曲家の作品にも親しむようになった。また1950年代SF映画の電子音にも詳しくなった。音楽と音響を結びつけたケン・ノーディーン〔（1920〜）アメリカの声優。CMや映画の予告篇で活躍。アルバム『ワード・ジャズ』（1957）など、音楽に効果音やナレーションをミックスした作品への出演でも知られる〕の語りにも影響を受けた。

ベーシストのマーチェスチはギタリストのブロッサムに出会い、集めていた電子音楽やミュージック・コンクレートを聴かせた。ブロッサムは電子音楽など何も知らなかったが、この新しい影響を大いに受け入れた。2人はロックンロールに、芸術的な電子音楽のコンセプトを合体させようと考えた。マーチェスチは原始的なノイズ発生装置を自分で作りはじめた。材料はオシレーター、ラジオ、市販の工作キット、第二次世界大戦の戦艦にあった古いスピーカーだ。

スピーカーを上向きに取り付けた。そこにビー玉とかボール・ベアリングとか、弾んだりガラガラ鳴るものをあれこれ詰め込んだ。スピーカーで超低周波のサイン・ウェイヴを鳴らすと、球は踊り出した。別の音を鳴らすと、空中に飛び回って波形を描きはじめた。持っていた古いマイクを振り子に取りつけて、スピーカーの上を行き来させ、ドップラー効果のようなフィードバックを起こした。[123]

ブロッサムの妻ナンシーも、歌手として参加した。こうしてフィフティ・フット・ホースは、サンフランシスコの現代音楽や前衛音楽シーンに加わった。同じ頃「サンフランシスコ・テープミュージック・センター」という施設が生まれている。この組織はモートン・サボトニックとレーモン・センダーが1951年に創設し、スタジオ設備を提供したりコンサートを振興したりした。

1966年、サンフランシスコ・テープミュージック・センターはカリフォルニア州オークランドにあるミルズ・カレッジの教養学部に移転し、「ミルズ・カレッジ・テープミュージック・センター」と改名。この頃にはサンフランシスコが、盛り上がりつつあるカウンター・カルチャーの精神的な本拠地となっていた。テープミュージック・センターは、実験的な音楽家や芸術家たちの集う拠点となった。非営利で誰でも参加でき、録音機器やブックラ・シンセサイザーなどの設備も、使いたければ誰でも使えるのがポリシーだった。マーチェスチとブロッサムはここに通い、テリー・ライリーのような人々と交流しながら、自らの方法論を練り上げていった。

芸術の世界や、ミルズ・カレッジ・テープミュージック・センターとつながりを持ち、テリー・ライリーやラ・モンテ・ヤングを知り、彫刻や絵画のようなアートの用語や、パフォーマンスの用語で物事を考えるようになった。おかげで、ロックンロールの現場や領域しか見ようとしない連中に対しては、斜に構えるようになったよ。[124]

コールドロン｜Cauldron

とはいえフィフティ・フット・ホースは、ただの〝新しがり屋〟ではなかった。音楽を注意深く考え抜き、伝統的な曲作りも、ロックンロールの力強さも、しっかり理解していた。バンドはマーキュリーの子会社ライムライト・レコーズとの契約を得て、アルバム『コールドロン』（１９６７）を発表する。録音のため、マーキュリー側はモーグとブックラのシンセサイザーを借りようと提案したが、バンドはオリジナル楽器の使用を選んだ。「**自分でクリエイトしたかった。どこかから仕入れたり、他の誰かも持っている機材を買ってくるんじゃなくて、楽器は自分流に作ろうと考えた**」[125]。スタジオにはホーナー社のテープエコー・マシン「エコーレット」、さまざまな手製オルガン・キット、コンタクト・マイクを取り付けたノコギリの刃など、マーチェスチの自己流楽器が塔のように積み上げられ、ぐらぐらと揺れていた。アルバムはサンフランシスコ初の8トラック・レコーダーで録音され、手作りの即興的な雰囲気があふれている。サウンド・エフェクトも、テープのリールに手で触れて速度を遅くしたりテープの軸穴を回したりする、原始的な手段で作られた。

アルバムにはリズム・アンド・ブルースやジャズ、サイケデリック・ロックの影響が入り混じっている。電子音の割合は、ザ・ユナイテッド・ステイツ・オブ・アメリカほどではなく、適度な効果音といったところだ。『コールドロン』はさほど売れなかったが、電子音を導入しようとした初期ロックの最高傑作の1つだ。アルバムの曲〈レッド・ザ・サイン・ポスト〉はサイケデリックな雰囲気だ。ファズ・ギターのリフや急降下爆撃する電子音に、ナンシー・ブロッサムの歌が重なる。10分間続く〈ファンタジー〉は、ロックのひな形に電子音楽の野心や勇気を流し込もうとした点で、〈クラシフィクション〉におけるジョセフ・バードのアレンジに並ぶものだ。〈ファンタジー〉では、複雑に組み合わされたベースとギターと電子音のトランシーなフレーズが、次第にもう少し普通な感じのエレキギター・ロックへと変化していく。マーチェスチはこの曲やアルバムの他の曲について、確固とした構造の中に即興の要素を入れた、と記している。曲中のどこでソロをはじめるかは決めていたし、どんな雰囲気になるかも想定していたが、実際の演奏内容そのものは決めないままで演奏に臨んだのだ。

『コールドロン』(1967)

フィフティ・フット・ホースは、シルヴァー・アップルズやザ・ユナイテッド・ステイツ・オブ・アメリカやローザー・アンド・ハンド・ピープルなど、電子実験をおこなうアンダーグラウンドなライヴ演奏のほとんどを見知っていたが、シーンに加わる気はなかった。ブルー・チアー、チャック・ベリー、フェアポート・コンヴェンションといった様々なアーティストと、いかにも不釣り合いな組み合わせでライヴ・ツアーもこなしたが、ロック界とのコネクションも持たなかった。バンドが意図したのは、あくまでも真剣な芸術だった。保守的なロックのファンからは敵視されるだろうと予想し、誠実な努力や演奏力の高さという「保険」はかけていたが、やはり観客は当惑した。マーチェスチは、ブルー・チアーのメンバーや、リハーサルスタジオで出会ったドクター・ジョンなど、自分のやり方に興味を示すミュージシャンもいたと回想している。だが、本章で紹介している他の音楽家たちと同様、タイミングが悪かった。「**まだ、ちょっと保守的な時代だったんだな**」とマーチェスチは語る。

大衆の視点は、僕らとはちがった。彼らは熱狂的なファンにはなるけど、1つの方向しか見ないし、決めた枠に閉じこもる。僕らのような音楽は難しい。ジミ・ヘンドリックスのフィードバック奏法も、わかる人にしかわからなかった。理解できないものは気持ち悪い、って感じかな。[126]

バンドは1969年の後半に解散した。メンバーのほとんど（マーチェスチ以外）はミュージカル『ヘアー』に出演した。ナンシー・ブロッサムはサンフランシスコのプロダクションに移り、後にゴスペル歌手となった。

ギル・メレ｜Gil Mellé

自作電子楽器の冒険をくり広げるパイオニアは、ジャズの世界にも存在する。美術家で音楽家のギル・メレ（1931〜2004）だ。1950年代にはブルーノートやプレスティッジで自身の録音を残したが、マイルス・デイヴィスやセロニアス・モンク、ソニー・ロリンズらのジャケット・デザインも担当している。電子音楽にも関心を持ち、エドガー・ヴァレーズに師事した。1959年、メレはオリジナルの電子音楽機材を製作しはじめる。この楽器はヴァーヴから出た1968年のアルバム『トーマIV』で使われた。この作品でメレは、史上初の「電子ジャズ」を宣言した。

電子音は、彼が演奏するサクソフォンなど通常のジャズ演奏にも上手く溶け込んでいたが、これ以後のメレは、映画やテレビの作曲に活動の場を移していく。1968年に作られ、1976年公開のテレビ映画『シージャック』は、10分間の雷雨シーンに完璧な電子音がつけられた。映画で最も有名なのは、彼自身「電子音を使った初の映画音楽」と強調する『アンドロメダ…』（1971）だ。メレは物議をかもす発言も辞さず、バロン夫妻による『禁断の惑星』のサウンドトラックについては「**市販のテスト用サインウェイヴ・ジェネレーターで作られていて、電子音楽とは言えない**」（だから自分の作品こそが初だ）と語っている。[127]

フランク・ザッパ｜Frank Zappa

フランク・ザッパ（1940〜93）の音楽的野心の射程距離は、ポップスからドゥワップ、R&B、ジャズ、サーフ・ロック、21世紀のクラシック、前衛音楽にまで及ぶ。ザッパはエドガー・ヴァレーズの影響を公言しており、作品の電子音楽的な要素は、ヴァレーズの打楽器サウンドの魅力とも共通している。フロントマンと言うよりは音楽監督、ソング・ライターと言うよりはコンポーザーだったフランク・ザッパが「ロック・ミュージシャン」だったことは1度もなかった。彼のディスコグラフィには（自身のバンド「ザ・マザーズ・オブ・インベンション」が『フリーク・アウト！』（1966）でデビューした後も含めて）細かく吟味したくなる要素がぎっしり詰めこまれているが、芸術的な電子音楽やミュージック・コンクレートとのつながりを示す例はわずかだ。

時にザッパは、ソロ・デビュー作『ランピー・グレイヴィ』（1968）が最も好きな作品の1つだと語っている。オリジナル盤は１９６７年にキャピトル・レコーズから発売され、編集版がヴァーヴ・レコーズから再発売された。ここでのザッパは、音楽制作の究極を目指すためにモンタージュ的な手法を使っている。オーケストラ、語り、スムース・ジャズ・ロック、インスト・ロックのサーフ・ギター、ミュージック・コンクレートを結合した、比類のない手法だ。ジャンルを飛び越え、ベンチャーズから突然、ジョン・ケージの〈ウィリアムズ・ミックス〉に場面転換するようなこのサウンドに、混乱させられるか、むしろワクワクしてくるかは、聴き手のセンス次第だ。しかしながらセンスとは、あくまでも後天的な好みによるものだ。

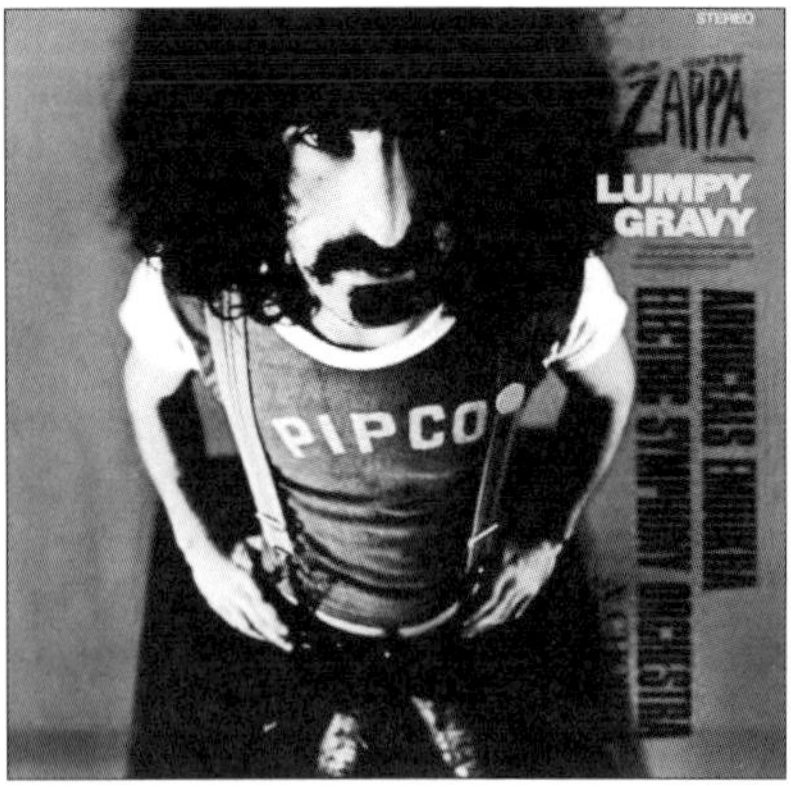

『ランピー・グレイヴィ』（1968）

たとえば『ローリング・ストーン』誌は納得せず、本作を「**風変わりな失敗音楽**」と評した。[128]

〈ザ・クローム・プレーテッド・メガフォン・オブ・デスティニー〉も、頭の固いリスナーを限界まで引っ張っていく曲だ。これは、ザ・マザーズ・オブ・インベンション名義のアルバム『ウィ・アー・オンリー・イン・イット・フォー・ザ・マネー』（１９６８）の最終曲。弦を弾いたり口笛を吹いたり何かを解体する音が、6分以上かけて電子音のドローンにじわじわと変化していく。制作過程は不明だが、本章に登場する他の音楽家たちと同じく、電子音楽への即興的で実験的な自己流アプローチだということは、はっきりとわかる。結果としてのサウンドはちがっていても。

ザ・サウンズ・オブ・トゥモロー ― The Sounds of Tomorrow

マックス・クルックは、デル・シャノンとの共作をやめた後もミシガン州で「マキシミリオン」または「ザ・マキシミリオン・バンド」名義で活動したが、あまり売れなかった。1964年、彼はスコット・ラディック（1942〜）に出会う。ラディックは音大を卒業したドラマーで、斬新な電子音楽に興味津々だった。彼もクルックと同じく根っからの機械マニアで、リヴァーブ・ユニットやあれこれを分解しては壊していた。マーチェスチやギル・メレやザッパがヴァレーズからインスピレーションを得たように、ラディックも〈ポエム・エレクトロニーク〉を聴いてはじめて電子音楽の可能性に気づき、自分のスタジオで芸術的な電子音楽を作り出していた。

ラディックは、クルックのミュージトロンに影響を受け、持っていたクラヴィオリンを改造して「ソノコン」と名づけた。2人は他にも電気オルガンや電気ピアノ、自作エフェクトなどを集めていた。これらは2人のバンド「ザ・サウンズ・オブ・トゥモロー」が5年間におこなった約200回の演奏で、実際に使用された。ある会場の広告には「**未来の楽器が奏でる**［……］**今日の音楽**」と記されている。2人はいくつもの楽器と歌を、器用に演奏してみせた。とりわけラディックはドラムを叩きながら歌を歌い、同時に左手と膝でソノコンや他の鍵盤も演奏した。

2人はスタックス・レコードでのレコーディングにも何度か参加し、ミュージトロンとソノコンを持ちこんで、カーラ・トーマスが歌う〈アイ・ライク・ホワット・ユーア・ドゥイング・トゥ・ミー〉（1968）にワウワウのようなエフェクトを提供している。他にジョニー・テイラーの〈テイク・ケア・オブ・ユア・ホームワーク〉（1969）でブラス・セクションに加わったり、グッディーズの〈ジルテッド〉（1969）にも参加している。

ザ・サウンズ・オブ・トゥモロー名義で活動している頃、ラディックはテレビで聴いた数篇のジングルやCMや効果音に興味を持った。調べてみるとその多くは、エリック・サイデーがモーグ・シンセサイザーで作っていた。そこでラディックは情報を集め、1968年初頭にモーグ社からカタログを取り寄せた。資金を貯め、ついにはニューヨーク州トゥルーマンズバーグの本社を訪れて、ロバート・モーグ本人に会う。年末には資金ができたので、自ら描いたデザインを渡して発注したカスタム・モデルを購入する。鍵盤やリボン・コントローラーは標準のままだったが、音源モジュールは普通よりも背が低いケース３つに収められた。ライヴで演奏する時、シンセサイザー越しに向こうが見通せるようにしたかったのだ。彼は３９６８ドルを支払い、——大金だが、モーグとしては安いほうだ——１９６９年になってすぐに、この楽器を受け取った。

手に入れた時のことは忘れられないね。開封して箱から取り出した。鍵盤。リボン・コントローラー。3つの箱（音源モジュール入り）。それにパッチ・ケーブル。それだけだ。書類もマニュアルも何も入っていない。［……］音が出るようになるまで、ずいぶん時間がかかったよ。[129]

『ザ・サウンズ・オブ・トゥモロー』(2005)

音が出るようになると、モーグ・シンセサイザーも機材に加わった。夏の終わりにバンドが解散するまでの6〜7ヶ月間、毎回この楽器が使われた。数年後、ラディックはモーグに、自分がこの楽器をライヴで使ったはじめてのミュージシャンではないかと尋ねている。モーグは少し黙ってから、そうだね、たぶん君がはじめてだ、と答えた。[130] よく似合う白黒チェックのジャケットを身にまとい、未来派だが生真面目なこの2人組は、結婚式やダンス会場、個人宅のパーティや学校行事で演奏した。オリジナル曲がなかったので、レコードを売り上げることはなかったが。

１９６０年代の終わり頃、クルックがロスアンゼルスに転居を決めてバンドは解散した。彼は自分用のモーグを購入し、ポール・ビーヴァーの講習を受けて使い方を学んだ。バンド末期にはデル・シャノンやブライアン・ハイランドとも共演したが、解散するまでクルックもラディックもアマチュア・ミュージシャンのままだった。クルックは消防士で、ラディックは教師だった。

結局「ザ・サウンズ・オブ・トゥモロー」は、2人の男がつかのま夢見た未来のサウンドに過ぎず、その未来にどう対応するべきか、本当に知っていたわけではなかった。その奇妙で不思議な空想、キッチュ感。2人は時代の先を行きすぎていたのか、それとも時代に取り残されていたのか？　彼らが音楽史に残した足跡は、ごく小さなものかもしれない。だが彼らの話は、無数の音楽家たちの努力を集約した大きな物語でもある。直感的に電子音楽とポピュラー音楽の交配に挑んだものの、魅力的だが弱々しい突然変異種で終わってしまった、無数の音楽家たちの。

この章で紹介したのは、まだ使えるのに時代遅れとして捨てられた手法を使おうとした人々だ。彼らが輝いた時は過ぎ去ってしまったが、その功績は今も生き続けている。ザ・ユナイテッド・ステイツ・オブ・アメリカ。ローザー・アンド・ハンド・ピープル。シルヴァー・アップルズ。だが彼らのデビュー前、1967年の終わりには、すでにザ・バーズのロジャー・マッギンやモンキーズのミッキー・ドレンツが、モーグ・シンセサイザーを使ったレコードを完成させていた。

07

モーグにまつわる人々

シンセサイザーの栄光

Moog men : The rise of the synthesizer

ロジャー・マッギン｜Roger McGuinn

ザ・バーズのロジャー・マッギン（1942〜）は1966年、バンドの曲に自作の実験的な電子機材を使った。シルヴァー・アップルズやフィフティ・フット・ホースに似た方法で、『ヤンガー・ザン・イエスタデイ』（1966）の中の〈CTA－102〉という曲に、録音した声の加工や、電鍵［電報を送るためのキー］でコントロールしたオシレーター音を用いたのだ。ピアノのサステイン・ペダルを痛めつけるような操作もしていて、これはマッギンいわく「**一種のシュトックハウゼン的なアイディア**」だった。[131]

言うなれば彼は、テクノロジーの進歩に魅せられた1960年代電子音楽の革新者だったのだ。最新の前衛音楽まで含め、あらゆる音楽ジャンルに関心を持っていた。モーグに興味を示した最初のロック・ミュージシャンの1人がマッギンで、モーグの音を録音した最初のバンドの1つがバーズだったのも、驚くにはあたらない。

1967年6月16日〜18日のモントレー・ポップ・フェスティヴァルで、マッギンはモーグ・シンセサイザーを発注した。

他の出演者が演奏に使っていたからではない。この楽器の持ち主で、新しもの好きのポール・ビーヴァーとバーニー・クラウスが、西海岸の代理店になろうと、モーグ製品の宣伝ブースを出していたからだ。モーグ社はすでに市場に乗り出していたが、価格が高すぎることもあってさほど売れず、多くは大学に納入されていた。パッチ・ケーブルや分圧器が取り付けられたこの楽器は、恐ろしく複雑だった。モーグが電子楽器制作の長い旅を、テルミンのように単純な製品から歩みはじめたのは、ついこの間のことだったにもかかわらず。

ロバート・モーグ｜Robert Moog

第2章でもふれたが、ロバート・モーグは1950年代に「R・A・モーグ・カンパニー」を立ち上げ、テルミンを製造していた。その後も学業は続け、クイーンズ・カレッジで物理学、コロンビア大学で電子工学の学士号を取得。さらにコーネル大学で機械物理学の博士号を取得し、最初の妻シャーリーと結婚している。この間もテルミンの自作キットを販売し続け、1961年発売の「メロディア」という機種で、売り上げは頂点に達した。これは完全トランジスタ式のコンパクトな機種で、組み立て済み製品または50ドルの自作用キットとして販売された。1950年代初頭、市場にトランジスタが流れこんで、エレクトロニクスの世界はがらりと変わった。これは50年前に真空管が起こした革命にも似ている。

　真空管の方が音が良いと言われるようになるのはずっと後の話で、この時

『ヤンガー・ザン・イエスタデイ』（1966）

点ではトランジスタという新しい技術が注目を集めていた。安価で軽量で小型なうえ安定性が高いトランジスタの特徴は、電子楽器のデザインを刷新した。そもそも1930年代から1940年代に登場した真空管世代の電子楽器は、技術的にも限界があった。たとえばハモンド社のノヴァコード［第1章参照］は、ポリフォニック音源で、変化に富む印象的な音色の楽器だが、このサウンドを実現するために大量の真空管が必要だった。そのため、重くて複雑で壊れやすい高価な楽器となり、大多数の音楽家にとっては非現実的だった。これに対し、ピアノに取り付けるソロヴォックスやクラヴィオリンなどの楽器は、やや安価で持ち運びもでき、もう少し実用的ではあったが、サウンドの複雑さを犠牲にせざるをえなかった。モノフォニック音源で、音色も限られていた。こうした両面を同時に満たすことは真空管では不可能だったが、トランジスタによって可能になったのだ。

モーグは1000台以上のメロディア自作キットを出荷した。彼は、この製品が当時まだ家内制手工業だった自分のビジネスの基盤になり、大学の学費を稼いでくれると考えた。1963年夏、2人の店員を雇ったモーグは、ニューヨーク州北部の田舎町トゥルーマンズバーグに販売店を開いた。商品カタログにはテルミンだけでなく、ギターやベース用の手頃なアンプも加えた。テルミン市場は次第に縮小してきていたため、当初事業は当初うまくいかず、これらのアンプがわずかな稼ぎとなった。

ハーバート・ドイチュ｜Herbert Deutsch

同年11月、ロチェスターでのカンファレンスで、モーグはハーバート・A・ドイチュに会う。ドイチュは音楽家で作曲家、教師でもあり、電子音楽に関心を持っていた。メロディアのキットを買って自作していた彼は、会場でテルミンを販売していたモーグと話しこむ。会話は３時間に及んだ。ドイチュは、翌１９６４年初頭に開催する予定の電子音楽コンサートに、モーグを招待した。モーグはこのコンサートに出席し、それから2人（とその妻たち）はディナーをともにして、一緒に電子楽器を作る計画を立てた。コンサートの直後、モーグがドイチュに送った手紙には「**この夏、2人で製作をするという計画にワクワクしている**」とある。数ヶ月のうちに「**スタジオ機材**」を準備するつもりだ、とも[132]。

夏が終わる頃、後に「モーグ・シンセサイザー」として知られる楽器の、音の出る試作機が出来上がった。秋にはドイチュが、これを使った最初の作品〈ジャズ・イメージズ　ア・ワークソング・アンド・ブルース〉（１９６４）を作曲。この最初の試作機は、数年後に公表されるモーグ・モジュラー・システムに比べて制約は多かったが、すでにヴォルテージ・コントロール（電圧制御）が実装されていた。電圧によってシンセサイザーの様々なパラメーターを変化させ、出力する音を変える仕組みだ。

2人は当初、この楽器は作曲のために新しい音色を作り出す装置で、演奏には向かないと思っていた。当時、電子音楽がライヴ演奏されることは稀だった。だから新しい電子楽器を作る時に考えなければならないのは、出てくる音そのものであって、演奏方法ではなかった。けれどもこの2人は次第に、演奏用の楽器――リアルタイムに鳴らせる楽器――を作るというアイディアを展開していったので、演奏者と楽器の間にどんなコントローラーやインターフェースを用いるかが問題となっていた。

ウラジミール・ウサチェフスキーは、床に置くピアノのような鍵盤楽器にしてしまうと、単に目新しいオルガンと見られるだけだから、やめた方がいいと助言してくれた。コロンビア－プリンストン電子音楽センターには、世界初のプログラマブル・シンセサイザー「ＲＣＡマークⅡサウンド・シンセサイザー」が１部屋を占めており、この音楽センターのディレクターであるウサチェフスキーの意見には重みがあった。だがドイチュは同意しなかった。親しまれてきたインターフェースの方が市場性は高くなるし、それが独創的な音楽表現を妨げるとは限らない、と異議を唱えたのだ。10年後にはモーグを目玉とする企画物のレコードが世に溢れたことを思えば、ウサチェフスキーにも一理ある。だが最終的にはドイチュの意見が通った。鍵盤を採用したからといって創造的な演奏が不可能とは言えない、という点でドイチュは正しかった。また、鍵盤のおかげで、この楽器の市場価値は高まった。鍵盤をつけるという決断によって、この革命的な楽器にも大衆的な商業音楽に入り込む可能性が開かれたのだ。実用性や演奏のしやすさだけではない。過激なまでに新しい製品に、あえて慣れ親しんだ外見を与えることで、電子音楽の遅々とした進歩につきまとい続ける亡霊、すなわち未知のものに対する人々の恐怖を、取り除くことができたのだ。

モーグ社の奮闘

やがて作曲家や音楽家たちも、モーグとドイチュが目ざすものに気づきはじめた。2人はトロント大学電子音楽スタジオを訪れた。ここでは先駆的な物理学者で発明家、「エレクトロニック・サックバット」〔Electronic Sackbut：ケインが1940年代に創作した電子鍵盤楽器〕の生みの親でもあるヒュー・ル・ケイン（1914～77）が、ほとんどの機材を設計していた。このスタジオでモーグとドイチュは、在籍する作曲家たちにシステムのデモをおこない、熱狂的な反応や、改良のための助言を得ることができた。スタジオを率いるマイロン・シェイファー（1908～65）も賛同してくれ、アカデミックな音楽機関の支持を得た2人は大いに勇気づけられた。

続いて1964年10月、音響工学協会（AES）の招きで、モーグはプロトタイプのデモをおこなうことになり、

エレクトロニック・サックバット

アイディアをまとめた紙資料を配布した。この資料は翌年、出版されることになる。[133] 当時のモーグは、電子音楽の技術分野では後ろ盾のないプレイヤーにすぎず、カード・テーブルに自家製品を並べることしかできなかったが、それに関心を持つ人間もいた。このコンベンションではじめて製品の発注を受けたのだ。注文主は前衛舞踊の振付家で作曲家のアルウィン・ニコライ（１９１０〜９３）だった。[134]

１９６４年末から翌年にかけてモーグの会社は、ニューヨーク・トゥルーマンズバーグの工場でモジュールを組み立てはじめた。博士論文を書き終える１９６５年の夏まで、モーグにとってはまだアルバイト気分の仕事だった。ＡＥＳのコンヴェンション後、トゥルーマンズバーグにはエリック・サイデーが時おり訪れていた。急成長を遂げて利益を生んでいたニューヨークのスタジオを拡張するため、新たな機材を探していたのだ。彼はモーグにとって２人目のシンセサイザーの顧客となった（シンセサイザーという用語は当時まだ一般的ではなかったが）。当時のサイデーはテレビやラジオのジングルを量産し、イギリスで最も売れっ子の作曲家、音楽家だった。また彼は、シンセサイザー以前の電子音楽制作技法も熟知していた。商業音楽制作の実務経験で得た資金と買い物リストに基づき、サイデーはモーグ・シンセサイザーのモジュールを１セット注文した。すべてを１つのキャビネットに収め、鍵盤でコントロールできるように、というリクエストつきで。

こうしたモーグと顧客のやりとりは、モーグ・シンセサイザーの発展にとって大きな意味があった。モーグは常々、丁寧な言葉で指摘し続けてきた。自分の作る楽器を実用的で便利なものにするためには、現役ミュージシャンからのフィードバックが大事で、欠かすことができないと。実際1967年のカタログには、参考として100人を超える作曲家との対話が掲載されている。サイデーの楽器を組み立てるのに、モーグは6ヶ月を費やした。事実上、これがモーグの販売した最初のモジュラー・シンセサイザーだ。オルガン型の鍵盤が褐色の木製キャビネットに収められ、上部にはモジュールの入った別のキャビネットが乗る。これらすべてをモーグ自身が箱詰めし、夜行バスに乗ってニューヨークまで運んで、朝の8時にサイデーのアパートメントを訪れたのだった。[135]

モーグの数少ない顧客リストの中で、商業音楽家のサイデーは例外的な存在だった。モーグはアカデミックな芸術音楽をマーケットと考えていた。1965年8月、モーグとドイチュはトゥルーマンスバーグ工場で3週間の夏期講習を開いた。12名の参加者が電子音楽の歴史や作曲を学び、モーグの用意した機材で録音を実習した。多くは大学関係の音楽家や作曲家、あるいは数学者だった。講習最終日の8月28日午後4時、3週間で作られた作品の演奏会が開かれた。ごく小さな催しで、観客は参加者自身とモーグの従業員、少数の友人ぐらいだった。上演された曲のほとんどはモーグの楽器で制作されたが、中にはテープ編集を用いた作品もあった。[136]

モーグ900 ― Moog 900

1965年から1966年にかけて、モーグはモジュラー・システムや個別モジュールの開発と販売を続けた。生産数は少なく、オーダーメイドだった。1967年、モーグ社は最初の標準仕様「モーグ900シリーズ・エレクトロニック・ミュージック・システムズ」の製造を開始する。モーグがドイチュのため1964年に作った素朴な楽器は、複雑な装置へと進化していた。異なる波形（鋸歯状波、三角波、正弦波などの個別の音色）を生成するオシレーターやアンプ、ミキサー、フィルター、ノイズ・ジェネレーター。エンヴェロープ加工部はヴォルテージ・コントロール式で、キャビネットは格子状のノブやパッチ・ケーブルが迷宮のように入り組んでいた。演奏者用にリボン・コントローラー（モーグがビーチ・ボーイズのために作ったものと似ている）と鍵盤が用意された。

宣伝用に33回転のレコードが作られた。盤の両面には、ウォルター（後にウェンディと改名）・カーロスの「**プロデュース／作曲／演奏**」による音楽が収録された。カーロスは、この楽器が音楽家にとって使いやすくなるよう、多くの助言を与えた協力者の1人だった。レコードには、多くの人にとって謎でしかない音作りのプロセスを教師のように説明するナレーションと、各種サウンドの断片的なデモが収録された。ナレーターのエド・ストロークスは、従来の電子音楽スタジオは制作に時間がかかりすぎると強調し、セールス口調で語り出す。「**モーグ900シリーズは問題の多くを、ヴォルテージ・コントロールで解決します**（電子効果音）［……］**あらゆる音がヴァーチャルに作り出せます**（電子爆発音）」[137]。9分間の宣伝は、即興的な電子発振音から、やや時代遅れなモーグ流のブギウギまで、さまざまな音楽の詰め合わせで幕を閉じる。この数年後にはモーグ・シンセサイザーを売りにした企画物のアルバムが世に溢れるのだが、それらを予言するような内容だった。

900シリーズのこのレコードは、大した影響力を持たなかったかもしれない。だがここでは一貫して、モーグ・シンセサイザーが音響生成、作曲、さらに演奏にも向いていることが表明されている。同じ内容は、この年モーグ社の出版したカタログでも繰り返された。カタログの序文では、こう述べられている。電子音楽制作の「**古典的な**」

アプローチ——オシレーター、フィルター、テープ編集など——は「**確かに、音楽表現の有効な手段ではある**」が、制約も大きい。一方、ヴォルテージ・コントロールの原理を使えば、コントロールは容易になり、リアルタイム演奏の可能性も開ける、と。

ただ問題は、ほとんどの演奏家がモーグを知らないことだった。突破口が開いたのは、ビーヴァー&クラウスがモントレーを訪れた時のことだ。モーグ社にとって、これは破産を目の前にした最後の賭けだった。

ポール・ビーヴァー｜Paul Beaver

ポール・ビーヴァー（1925〜75）は、モントレーを訪れる数年前から電子音楽を制作していた。年齢はすでに40代で、1950年代初頭から初期電子楽器の一大コレクションを築いていた。多くの楽器には自分で改造も施した。ハモンド・オルガンが数台、RCAテルミンとオンド・マルトノとソロヴォックスが1台ずつ、それにノヴァコードが5台もあった。ビーヴァーの基地は、1960年にロサンゼルスで購入した、崩れかけた平屋の倉庫だった。ここで彼は、増え続ける楽器に囲まれて暮らしていた。これらの楽器は映画やテレビに貸し出されたが、多くの場合、彼自身がオペレーターも務めた。

スーツを着た共和党員で、サイエントロジーとUFOの信奉者、ダーク・ヘアーでぽっちゃりした、子どもっぽい風貌のビーヴァーは、変わり者だった。彼と契約したノンサッチのジャック・ホルツマンはこの倉庫を訪ねて「**ビーヴァーのコレクションの本質や特性が理解できた**」「**明らかに彼は、彼自身の太陽の周りを回っている**」[139]と語っている。ビーヴァーはオハイオの生まれで、同じくポールという名の父は医師だった。訓練を積んだオルガニストでもあったビーヴァーだが、大学での学業は極東への従軍のため1950年に中断している。妹のジョージアナはヴァイオリニストで、音楽教師でもあった。ビーヴァーは多才な音楽家で、1950年代にはおおむねジャズを演奏していた。知られている最初の映画音楽は、『マグネティック・モンスター』(1953)というインディペンデント映画だ。[140]

タイトルにある「モンスター」は宇宙人ではなく、人間が生み出した怪物という設定ではあったが、『マグネティック・モンスター』は電子音楽にうってつけの舞台、すなわち1950年代アメリカSF映画というジャンルにぴったり当てはまる。ビーヴァーは、もう1人の作曲家(ブレイン・サンフォード)が書いた曲に、電子音の質感を付け加える役割で参加した。これは、以後の仕事の多くに共通のパターンとなった。使われた電子音は単純で、ごく基本的なものだが、時には明確な音のちがいが聴き取れ、コレクションにある鍵盤楽器も使われたことがわかる。ビーヴァーは鍵盤楽器以外にも、オシレーターやテープ・エコー、リング・モジュレーター、フィルター、そして「カナリア」と名付けた自作の小さなキーボードをため込んでいた。[141] レコーディングでは横長の机にコレクションをずらりと並べ、その前を左右に走り回ってはボタンを押し、スイッチを弾《はじ》き、ダイヤルを回した。

ビーヴァーは1960年代を通じて楽器を収集し続け、映画からテレビまで幅広い分野に楽器と自分自身を貸し出して、電子音響のエキセントリックな予言者という評判をこの領域に確立した。モーリス・ジャールはビーヴァーを雇い、トラックに積み込んだ電子楽器をレンタルして、デヴィッド・リーン監督『ドクトル・ジバゴ』(1965)全篇に流れる音楽を用意しようとした。これはビーヴァーがまだモーグ・シンセサイザーを所有していない時期だったが、モーグを手にいれた後も多くの仕事に古い楽器が使われた。

ジェリー・ゴールドスミス｜Jerry Goldsmith

映画音楽作曲家のジェリー・ゴールドスミス（1929〜2004）も、ビーヴァーを頼りにする常連だった。『サタンバグ』（1965）、『危険な道』（1965）、『電撃フリントGO！GO作戦』（1966）、『電撃フリント・アタック作戦』（1967）などがビーヴァーの仕事だ。中でもジェームズ・コバーン主演のスパイものパロディ映画『フリント』シリーズでは、ハモンド社の戦前からの楽器ノヴァコードとソロヴォックスが、所有者のビーヴァー自身によって、ひんぱんに演奏された。また、豪華な顔ぶれの戦争映画『危険な道』では、数ヶ所ある海軍の戦闘シーンで、改造されたノヴァコードが使われている。

多作で受賞歴も多いゴールドスミスは、ミクロス・ローザが手がけた『白い恐怖』の音楽に感化されて映画音楽の作曲家になったという。オーケストラと電子音楽を混ぜ合わせたあの映画音楽の手法を、ゴールドスミスも多くの作品で活用した。電子的な要素をたっぷり用いた最初の映画音楽は『フロイド／隠された欲望』（1962）だ［ジークムント・フロイトについての映画だが、邦題はフロイ「ド」となっている］。タイトル・ロールのフロイトは髭をたくわえたモンゴメリー・クリフトが演じた。3度出てくる不穏な夢の場面はすべて電子音楽で、『白い恐怖』を思い出させる。「**機材は素朴なものだった。トーン・ジェネレーター、シンプルなフィルター、あとは積み上げたテープレコーダーの山だ**[142]」。この音楽はアカデミー賞にノミネートされた。

電子楽器とオーケストラを組み合わせることが多くなってから、ゴールドスミスはビーヴァーとしばしば共同作業するようになる。ゴールドスミス自身も、1970年代初頭にミニモーグやアープ2500といったシンセサイザーを入手している。彼は時々、電子音と生楽器を別々に使い分ける必要があると感じていた。古いハリウッドの作曲家は、電子音楽が適した場面はごく一部だと考えがちだったが、ゴールドスミスにもその影響は顕著だ。一例が『2300年未来への旅』（1976）である。この映画では、ゴールドスミスが「人間的」と考えた場面にはオーケストラ、「未来的」な場面には電子音響、とはっきり区別されている。

1967年頃には、ビーヴァーはポピュラー音楽の録音にも参加するようになっていた。たとえば、サイケデリック・ブームにいち早く乗ってダンヒル・レコードから発売された、ハル・ブレイン（1929〜）の『サイケデリック・パーカッション』（1967）。このインストゥルメンタル・アルバムに収録された12曲は、1年のそれぞれの月を表現している。曲名から伝わる雰囲気をサウンドで表現し、熟練したパーカッションのグルーヴがそれぞれの月を盛り上げた。ビーヴァアルバムにはビーヴァーとブレインに加え、パーカッショニストのエミル・リチャーズ（1932〜）が参加した。ビーヴァーは彼と「エステティック・ハーモニー・アセンブリッジ」名義でライヴ演奏をしたことがある。この3人はエレクトラ・レコードのプロジェクト『ザ・ゾディアック：コズミック・サウンズ』（1967）でも共演している。このアルバムは一般に、モーグ・シンセサイザーを使った初のロック・アルバムとみなされているが、リイシューのライナーノーツ用にリチャーズがリッチー・ウンターバーガーに語ったところによると、もう1作よく似た雰囲気の『ストーンズ』（1967）という作品も、この直前に録音されていたという。[143]

バーニー・クラウス｜Bernie Krause

デトロイト生まれのバーニー・クラウス（1938〜）はビーヴァーよりも13歳若く、早くから音楽的才能を発揮していた。3歳半からヴァイオリンを学び、4歳でクラシックの作曲、10代からはチェロ、ベース、ヴィオラ、ハープも演奏。ギターにも熱中し、ジャズを演奏したりモータウンのセッションに加わる若者になっていた。そして1963年、長寿のフォーク・バンド「ウィーヴァーズ」に参加。ピート・シーガーから代わったメンバーの最後の1人となり、このバンドが翌年に解散するまで在籍した。だがこの直後、クラウスのキャリアは生楽器のフォークから電子音楽へと急展開する。彼はミルズ・カレッジ・テープミュージック・センターに入学し、現代音楽を学ぶ。シュトックハウゼンの講義を聴講し、この施設で触れたブックラ・シンセサイザーを使って実験をはじめた。

当時、テレビCMの音楽制作という金になる仕事を得るために、サイデーが楽器をどう使ったかという記事を読んで、クラウスはモーグ・シンセサイザーのことを知った。これはクラウスだけではなかった。サイデーは特別に注目を浴びる有名人でこそなかったが、大衆が聴く音楽をモーグ・シンセサイザーで作る唯一の人物であり、モーグへの関心を一身に受けていた。スコット・ラディックやジャン＝ジャック・ペリーもまた、サイデーの影響を受けた初期のモーグ・ユーザーだった。クラウスはニューヨークのスタジオにサイデーを訪ね、この気難しい楽器のデモ演奏に触れて、大いに興味をそそられた。

ジャック・ホルツマン｜Jack Holtzman

ここからジャック・ホルツマンが話に加わってくる。彼は、クラウスが電子音楽に興味を持っていると聞きつけ、ビーヴァーを知っているかと尋ねてきた。当時のクラウスは、ビーヴァーのことを聞いてはいた。映画の録音現場で1度見かけたこともあったが、きちんと紹介されてはいなかった。当時ホルツマンはまだ30代半ばだったが、すでに音楽ビジネスの世界ではベテランだった。19歳で「エレクトラ・レコード」を設立し、主にフォークやブルースのレコードをリリースしていた。黎明期の電子音楽にまつわる人々と同様、彼もまた技術マニアで、オシレーターやアンプや真空管に心を癒される若者だった。レーベルの社長かつプロデューサーとして大量の録音機材を収集し、直接それらに触れていた。そんな彼が電子音楽に関心を持つのは当然だった。

1960年代初頭、エレクトラはすでにフォーク系レーベルとして名声を確立しており、ホルツマンは他の方面に手を広げようとしていた。1964年にはクラシック専門のレーベル「ノンサッチ」を設立。こちらはエレクトラのサブ・レーベルとして、ロックやフォーク・ロックの人材も発掘するようになっていく。両レーベルとも、電子音楽の普及に大きく貢献した。

1966年ともなれば、急成長してきたカウンター・カルチャーが、ロックやサイケデリック・サウンドを発展させているのは明らかだった。その背景には文化の探求や大変動があった。ホルツマンはまだ若かったので、こうした変動を内側から理解することができた。そしてエレクトロニクスこそが、時代の伴奏音楽を提示できると見抜いていた。このアイディアを最初に表現したのは、エレクトラ・レコードとしてはかなりエキセントリックな作品の1つ、前述の『ザ・ゾディアック：コズミック・サウンズ』だ。

1966年後半のある日、ホルツマンはクラウスとビーヴァーを引き合わせた。まだ構想段階のアルバムに、この2人を参加させるためだった。一見無縁の組み合わせだったが、両者とも無類の電子音楽好きだったので、協力し合うことになった。どことなく売れそうな予感もあった。**「すぐに意気投合した。創作にも相乗効果が得られるとわかり、チームを組むことにしたよ。一緒に作業するのは素晴らしい時間だった」**とクラウスは語る。**「彼がサイエントロジー**〔アメリカに本拠地を置く新興宗教〕**の布教さえ止めてくれていればね……」**[144]。

まず2人はモーグの工場を訪ねて、モジュラー・システムの購入について話し合った。心配なのはシステムやチューニングの安定性だった。これは、以前クラウスがサイデーを訪れた時からの懸念だった。モーグは答えるかわりにマシンを押して、テーブルから床に落とした。それから拾い上げて置きなおし、電源を入れてデモ演奏した。動作は正常だった。[145] これにはビーヴァーとクラウスも納得した。それぞれ7500ドルずつ支払い、共同でこのシンセサイザーを所有することにした。これは、フリーのミュージシャンにとって大きなリスクだった。なにしろ当時の1万5千ドルと言えば、最高クラスのフォード・ムスタング・コンバーチブルが5台も買える金額だ。しかし2人は、すぐにもう1台モーグ・シンセサイザーを購入し、サンフランシスコにも置くことにした。1台目はロサンゼルスにあるビーヴァーのスタジオに置いた。彼らは長時間かけて操作をおぼえ、音楽と映画の両方のビジネスで、この投資から利益を生み出していった。

ザ・ゾディアック：コズミック・サウンズ｜The Zodiac：Cosmic Sounds

『ザ・ゾディアック：コズミック・サウンズ』は、表面的にはサイケデリック・ロックの二番煎じで金儲けを狙ったアルバムに見える。奇妙な軽音楽バンド、派手なパーカッション、不意に挿入される深刻ぶったナレーション、電子音の過剰なミックス。アルバムの12曲には、それぞれの星座が示されている。占星術への関心は当時、カウンター・カルチャーにおける流行の最先端だった。スリーヴに書かれた指示によれば、リスナーはこのアルバムを暗闇で聴かなければならない。作曲と指揮はモート・ガーソン（1924〜2008）、アルバムのプロデュースはアレックス・ハシレヴ（1932〜）。実際は両者とも、生まれつつあるカウンター・カルチャーの信奉者でも何でもなかった。ガーソンはドリス・デイやメル・トーメのような多くの歌手と経験を積んできた。ハシレヴは新人プロデューサーで、商業路

『ザ・ゾディアック：コズミック・サウンズ』(1967)

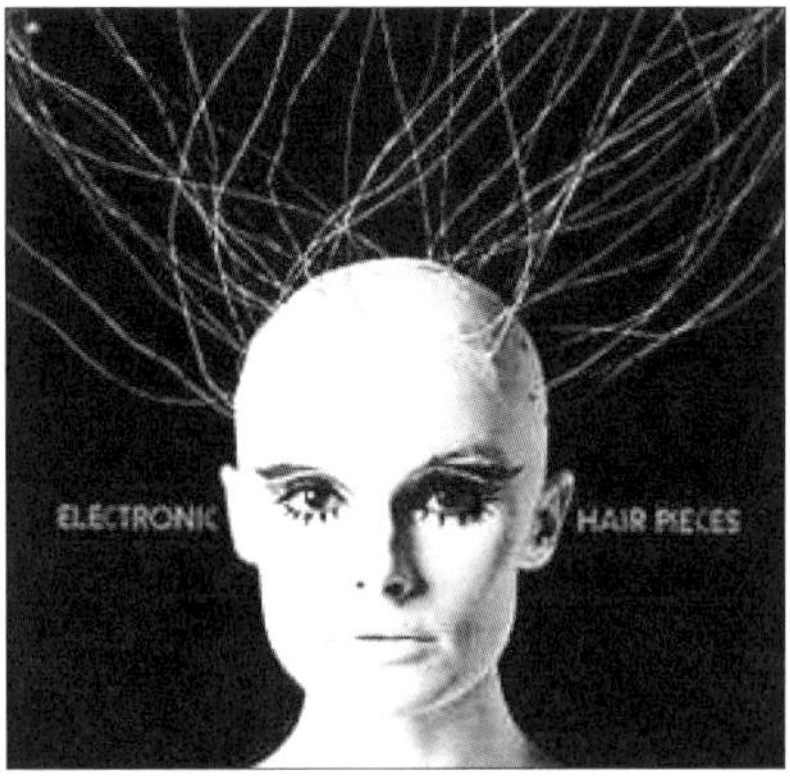

『エレクトロニック・ヘアー・ピーセズ』(1969)

線のフォーク・トリオ「ザ・ライムライターズ」出身だった。種を明かせば、この2人は単なる雇われの身だった。アルバムを裏で仕切ったのも、コンセプトを考えたのも、ホルツマン自身だった。

ともあれ、この作品はモーグ・シンセサイザーが使われた最初期のアルバムで、早くからモーグ社のディスコグラフィにも入っている。アルバムの発売は1967年11月だが、マスター・テープによれば曲の収録は同年の4月とされる。正式に発売され、広く告知もされたが、『ザ・ゾディアック：コズミック・サウンズ』は大ヒットにはならなかった。この1967年当時は中道路線の、もったいぶった詩を乗せた、穏やかでノリの良いサイケデリックなムード音楽ばかりが、真面目くさった顔で録音されていた。それに対し、カウンター・カルチャーの象徴にモーグ・シンセサイザーが使われたのは、本作がはじめてだった。本書でこれまで述べたとおり電子音と、異世界（宇宙や幽霊）や恐怖や苦悩やユーモアとの結びつきは、長きにわたり映画やテレビの音楽で繰り返され、定着していた。だが今や電子音には、エキゾチックで神秘的で幻覚的なヒッピー・カルチャーが結びつきはじめていた。モート・ガーソンもモーグのような電子楽器を使いはじめ、『エレクトロニック・ヘアー・ピーセズ』（1969）『ウォザード・オブ・イズ』（1968）などの奇妙で不思議な雰囲気のアルバムを連作していった。

モントレー・ポップ・フェスティヴァル以前に、クラウスは多大な時間を費やしてモーグ・シンセサイザーの使い方を習得していた。しかし、この楽器とこれを操作する自分たちを雇ってくれるように誰かを説得することは、まだ全然できていなかった。失意を感じつつも、関心を持ってくれる人なら誰にでもデモを見せられるよう準備して、2人はフェスに向かった。金銭的には完全に追い詰められていた。

1967年6月。モントレーの会場で、野外ブースのテーブルにモーグ・シンセサイザーを鎮座させ、2人は未来を予言する占い師のような面持ちで、奇妙な装置の隣に座った。生活のかかった1万5千ドルもの装置を、野外に陳列して客を呼び込むのは、ずいぶん大胆に思える。しかしクラウスは、モーグ・シンセサイザーは当時わずかしか存在していなかったから、もし盗まれても追跡は簡単だったと語る。警備もしっかりしていたし、泥棒には操作方法もわからないから、盗んでも使い物にならなかっただろう、と。[146]

見るからに場ちがいな出店だったが、勝算はあった。モーグ・システムは高価で、買えるのは大金を持ったミュージシャンだけだ。だが1967年のモントレーには、その大金を持ったミュージシャンが大勢いた。フェスの告知にはロックの巨人たちが掲げられ、バックステージをうろついていた。出演者にはサイモン&ガーファンクル、ビッグ・ブラザー&ホールディング・カンパニー、ザ・バーズ、ジェファーソン・エアプレイン、オーティス・レディング、バッファロー・スプリングフィールド、ザ・フー、グレイトフル・デッド、ザ・ジミ・ヘンドリックス・エクスペリエンス、ママス&パパスらがいた。観客席にもビートルズやローリング・ストーンズのメンバーが、降臨した神のように歩いていた。

商売はのんびりはじまったが、次第に調子は上向いてきた。ビーヴァーとクラウスがセットしたパッチ、とりわけ電子音による雷鳴やハモンド・オルガンのシミュレーションを、ヘッドフォンで試聴しようと待つ行列ができた。フェスが終わるまでに、2人は6台から12台のシステム（説明は一致していない）を、それぞれ1万2千ドルから1万5千ドルで販売した。1967年の秋、モーグ・シンセサイザーはロジャー・マッギンやミッキー・ドレンツ（ザ・モンキーズ）に発送された。こうしてモーグの音は、この年の暮れまでにヒット・チャートに入っていった。

ザ・ノンサッチ・ガイド・トゥ・エレクトロニック・ミュージック｜The Nonesuch Guide To Electronic Music

ホルツマンは、電子音楽が若者たちのカウンター・カルチャーにぴったりだと考えたが、同時に、もっとシリアスで高度な表現にも合うと気づいていた。彼はノンサッチ・レーベルのために、ブックラ・シンセサイザーを使った『シルヴァー・アップルズ・オブ・ザ・ムーン』（1967）の作曲と録音を、モートン・サボトニックに委嘱する。これは、レコード会社の委嘱で作られた初の電子音楽だ。続いてホルツマンは、初期の電子音楽の規範に沿った興味深い作品に着手する。1967年、ホルツマンはモントレー・フェスティヴァルに向かう機内でクラウスと同席し、電子音楽について語り合った。旅の終わりには『ザ・ノンサッチ・ガイド・トゥ・エレクトロニック・ミュージック』（1968）の構想が固まり、ビーヴァーとクラウスはデュオとして最初のレコーディング契約を結んでいた。

1968年の春に発売されたこの2枚組アルバムは音楽作品というよりも、電子音楽の可能性を紹介する教則用デモ音源として制作された。68あるトラ

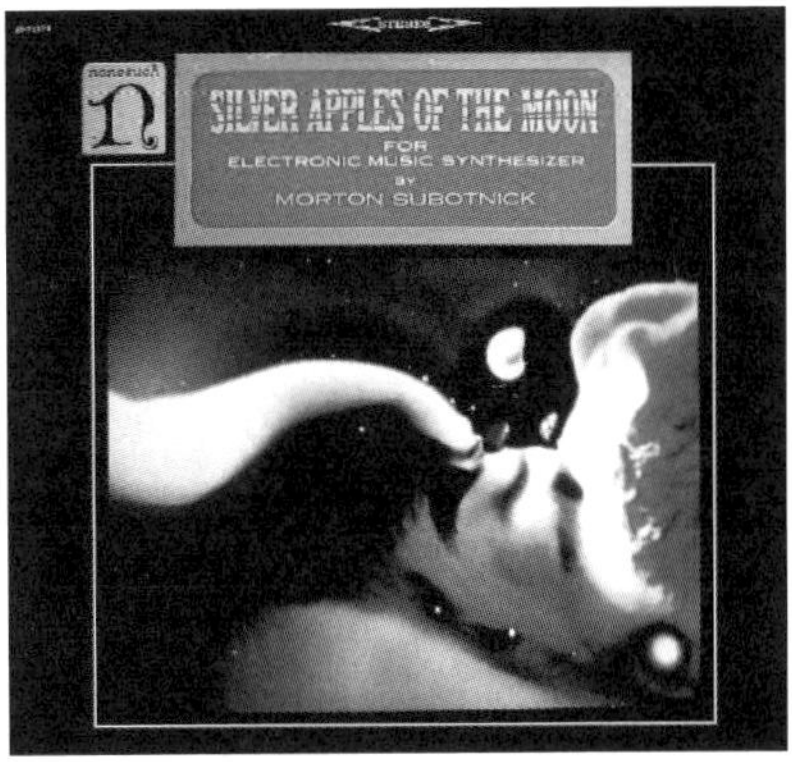

『シルヴァー・アップルズ・オブ・ザ・ムーン』（1967）

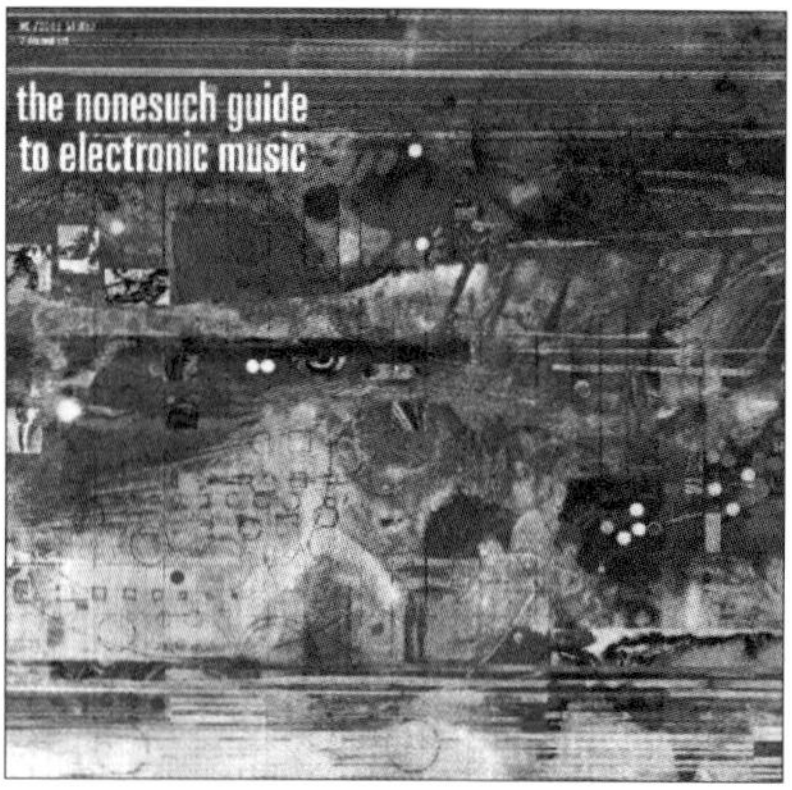

『ザ・ノンサッチ・ガイド・トゥ・エレクトロニック・ミュージック』(1968)

ックのほとんどは、短いサウンドのサンプルだ。過去のホルツマンには類のない企画である。やや似たものに、エレクトラ初期に制作された効果音アルバムのシリーズや、ギターの教則レコードはあった。だが今度の2枚組は、単純なジャンル分けには当てはまらなかった。アルバムには、クラウスによる解説や取扱方法が書かれた16ページのブックレットも同梱された。夜型のビーヴァーと一緒に徹夜で演奏したり、機材をいじったり、テキストを読み上げた音がカセットテープに録音され、文章に書き起こされた。2人はこのセッションを通じて、モーグ・シンセサイザーの秘密を解明しようとした。クラウスは、他の誰かではなく自分自身のために、この作業をおこなった。自分が理解できるようにモーグの秘密を体系化できたなら、他の人々にも理解できると思ったのだ。

各トラックのタイトルは〈周期性：正弦波の高周波〉だの〈倍音を伴った低周期鋸歯状波の調律〉といったものだ。アルバムもブックレットも、難解で神秘的な文章と電気製品の取扱説明書の、中間のような印象だ。奇妙な作品だったが、意外にもこれがヒットした。ビルボードのクラシック・チャートに26週間ランクインし続け、モーグが引き起こした電子音楽への関心が世間に広がりつつあることを示した。

ザ・バーズとザ・モンキーズ｜The Byrds and The Monkees

1967年10月20日、ザ・バーズはモーグ・シンセサイザーを使った初のポップ・シングルを発売した。『ゴーイン・バック』（1967）だ。ちなみにB面は〈チェンジ・イズ・ナウ〉。録音は10月9日におこなわれた。ポール・ビーヴァーの演奏パートもかすかに聴きとれる。[147] 同年12月までに録音され、翌年1月に発売されたアルバム『名うてのバード兄弟』（1968）にもこの曲は収録された。アルバムでは他の曲にもモーグが使われた。時にはビーヴァー、時にはマッギン自身が、この楽器を演奏している。モーグが最も目立つのは、最後の曲〈スペース・オデッセイ〉だ。忍び寄るようなモーグのヒューヒューした音が、不吉で陰鬱な葬送歌を奏でる。そこにバーズらしい伝統的なハーモニーと、マッギンの親しみやすいメロディが重なる。これは、有名なロック・バンドが、自分たちのサウンドとモーグを巧みに統合した、はじめての例だ。ここではアレンジ上の単なる空気感でも、ただの装飾でもなく、サウンドの基本部分にモーグが使われている。

　また、この録音では〈モーグ・ラーガ〉という曲も生まれた。ホルツマンが『ザ・ゾディアック：コズミック・サウンズ』でイメージしたように、まさしくカウンター・カルチャーの奥義とエレクトロニクスを結合したようなタイトルだ。この実験的なインスト曲は、チューニング不良のためアルバムには収録されなかったが、1990年発売の増補版でようやく日の目を見た。この作品は、モーグ・シンセサイザーの膨大な可能性や予測不能な複雑さを手中におさめた人間からの、音による報告書のようなものだ。マッギンは後に、シタール風の旋律を奏でるためのリボン・コントローラーの操作が、特に難しかったと回想している。[148] 確かに失敗作かもしれないが、今となっては失われた遺跡のような存在でもある。なおこの曲は後に、マルチ・トラック録音から完全に復元された。

『名うてのバード兄弟』（1968）

『スター・コレクター』（1967）

バーズの録音に参加する直前、ビーヴァーはザ・モンキーズとも共演している。モンキーズのミッキー・ドレンツがモーグ・シンセサイザーに興味を持っていたとは驚きだ。モンキーズは平たく言えば大量生産型のポップスだったし、中でもドレンツは音楽的に冒険するタイプのメンバーと思われていなかった。にもかかわらず、じつは彼こそ最も早い時期にモーグを使ったポップ・ミュージシャンの1人なのだ。残された録音によれば、9月15日から10月4日までのある時点で、『スター・コレクター』（1967）の収録曲〈デイリー・ナイトリー〉のために、ドレンツはこの新しいオモチャを演奏している。プロデューサーのチップ・ダグラスは、次のように語る。

ミッキーは新しいモーグを買ったが、どうやって鳴らせばいいか、まるでわかっていなかった。録音トラックとインプットをオンにして、ミッキーのアウトプットをつないだ。何トラックか録音したが、彼は機械をいじりまわすだけだった。我々は何とかしようとした。シンセサイザーであれこれ実験した後、思ったんだ。「うーん、これは本物のシンセ奏者を探したほうがいいな」。ポール・ビーヴァーのことは聞いていた。ミッキーが教えてくれていたからね。そこでミッキーにビーヴァーを紹介してもらった。彼はまさに演奏家だったよ。素晴らしい演奏家だった。それに、自分が何をすれば良いか理解していた。[149]

モンキーズがライヴ公演でモーグを使ったフィルムが今も残っている。ここでのドレンツは鍵盤を弾く真似をしてい

『まぼろしの世界』（1967）

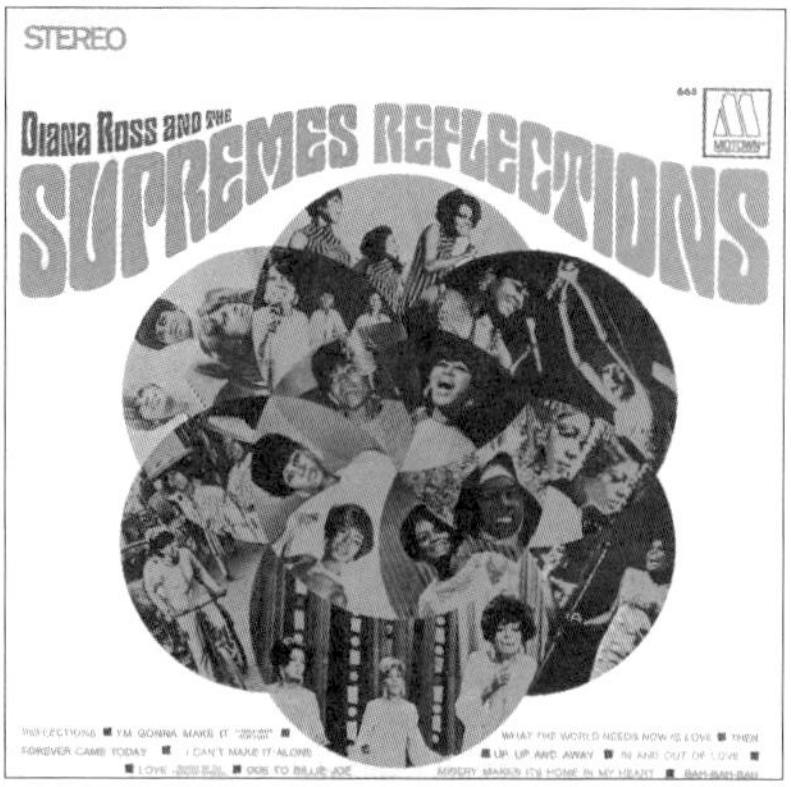

『リフレクションズ』（1968）

て、モジュール上のコントローラーをグリグリ回したりしている。

モーグ社の記録によれば、モータウン・レーベルも1967年12月にモジュラー・システムを購入した。ここにはすでに、近い将来レイモンド・スコットが作り出すような電子音への関心もうかがえる。ダイアナ・ロスとシュープリームスの名作『リフレクションズ』（1968）のタイトル曲のシングル盤は、ピコピコしたイントロではじまり、ヒューッと降ってくるような効果音や様々なテクスチャーがちりばめられている。そのすべては明らかに電子音で、モーグの音だと言われることもあるが、実際にはこのシングル盤が作られたのはモーグが配送される前だった。録音されているのは、ファンク・ブラザーズ〔モータウン・レーベルで活躍したスタジオ・ミュージシャンのユニット〕のメンバーが操作したテスト・オシレーターの音だ。

ビーヴァーとクラウスは1967年の秋、ロック界の賞賛を3度《たび》受けることになる。ザ・ドアーズのセカンド・アルバム『まぼろしの世界』（1967）によってだ。当時の有名バンドの間では、バンドのサウンドを飾り立て、拡張するのが流行っていた。モーグもその1つの表れとなったのだ。とはいえライヴで鍛えあげられ、詩人が率いるこのバンドは、中年シンセ奏者の無計画な美学には簡単に同調しなかった。ドアーズのキーボーディストであるレイ・マンザレクの自伝には、興味をそそられる記述がある。[150] 彼が描写しているのは、スタジオでビーヴァーが大量のパッチ・ケーブルを束ね、ボタンを押し、額から汗をしたたらせながらバンドに向かって、この音をどう思う？　あの音はどうだ？　と尋ねる様子だ。ジム・モリソンが時々「虚空から降り注ぐような、ガラスの割れる音が気に入った」などと反応するが、ビーヴァーは「それは、どの音？」と返す。

これは人格の衝突でも、仕事の進め方の衝突でもなかった。モーグ・シンセサイザーは複雑で、無数の組み合わせによる名づけようのないサウンドを提供するが、なにしろオシレーターが不安定だった。昨日は作れたサウンド、いや数分前のサウンドでさえも、常に再現できるとは限らなかった。たとえパッチ・ケーブルの配置やダイアルの位置を、完璧に記憶していても。そのうえ、1970年までは取扱説明書すら存在しなかった。モーグは事実上、電子音楽のあらゆる制作手段を更新する存在だったが、テープレコーダーやオシレーターを使う古い手法ほどではないにせよ、時間や熟考や実験を必要とした。多少は実験の時間があったとしても、アルバム1枚の制作に1週間ほどしか与えられないロック・バンドとは、相性が良いとは言えなかった。

ビーヴァー&クラウス｜Beaver & Krause

バーズもモンキーズもドアーズも、主流派ロックがモーグ・シンセサイザーと交雑受精することで咲いた、最初の徒花《あだばな》だった。ビーヴァーとクラウスは当時モーグを操作できるほぼ唯一の存在だったので、少なくともしばらくは、西海岸のロック・シーンで事実上の独占状態だった。しかし同時に、映画やテレビ業界も彼らを必要としていた。こうしたメディアを通じて2人のサウンドは、幅広い観客に届けられていった。

1967年後半から1970年頃にかけて仕事が減ってくると、2人は大小の映画制作プロダクションと仕事を

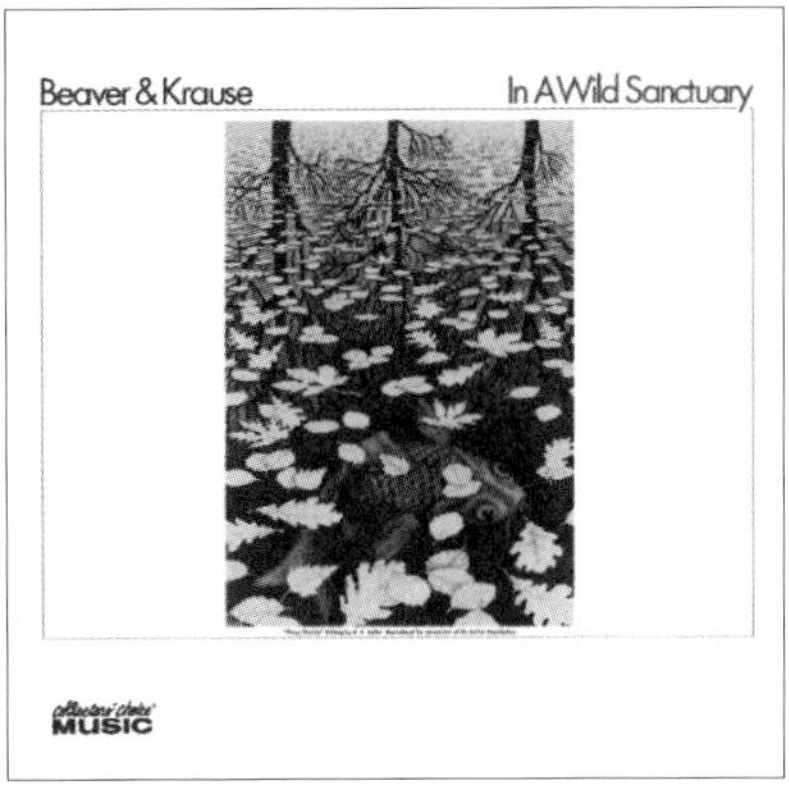

『イン・ア・ワイルド・サンクチュアリ』（1970）

『エレクトロニック・ファンク』（1969）

するようになる。多くの場合でモーグ・シンセサイザーだけではなく、ビーヴァーの集めた様々な楽器が使用された。たとえば『卒業』（１９６７）『冷血』（１９６７）『ローズマリーの赤ちゃん』（１９６８）『続・猿の惑星』（１９７０）といった映画だ。サウンドトラック音楽の作曲者が誰であろうと、ビーヴァーとクラウスは職人仕事に徹し、電子音や細々した効果音を提供し続けた。

初期の電子音楽家の多くは、裏方にとどまる運命だった。ビーヴァーとクラウスのサウンドは、映画の仕事やロックのレコードを通じて数百万人が耳にしていた。にもかかわらず、彼らは決して大スターとは言えなかった。後に「ビーヴァー&クラウス」名義でアルバムを録音し、ようやく少しは名が知られるようになるが、処女作『ザ・ノンサッチ・ガイド・トゥ・エレクトロニック・ミュージック』は例外として、続く『エレクトロニック・ファンク』（１９６９）、『イン・ア・ワイルド・サンクチュアリ』（１９７０）といった作品で、２人の音楽はより理解しやすい領域へと変化していく。これらのインスト・アルバムでは、ブルース調でジャジーな旋律が、後の１９８０年代に流行するニューエイジ音楽のようにドリーミーで滑らかな音風景にミックスされている。『イン・ア・ワイルド・サンクチュアリ』はエコロジカルなテーマに基づき、２人がサンフランシスコ近辺でテープレコーダーに録音したフィールド・レコーディング作品で、ビーヴァー&クラウスの中でも最も興味深いアルバムだ。たとえばこの中の〈スペースド〉は、Gの単音からはじまって複数の音に展開し、長いポルタメントを経てDの和音に解決する楽曲だ。こうしたサウンドは後にテレビや映画でも何度となく模倣され、ビーヴァーとクラウスを悔しがらせることになる。

録音芸術家としての2人は過渡的な存在で、いわば短期任務についた斬り込み部隊だった。ブルースやジャズやロックの構造にシンセサイザーを融合し、完全に調和した作品を作ることで、先へと進む道を切り開いた。新しい形の電子音楽を受け入れ、さらには期待までするよう、リスナーを慣れさせていった。感心なことに、彼らは常に前進し続けようとしていた。素材の多くは使い回しだし、心に残るメロディよりも質感や雰囲気を重視する作風ではあるが、どのアルバムもそれぞれ個性的だ。結局、とりわけビーヴァーは、古い意味での作曲家や演奏家というよりも、音風景の彫刻家であり、空気を作り出す職人だった。それゆえ、記憶にとどまる作品は少ない。後世に与えた影響こそ評価されているが、その音楽の多くは思い出すのも難しい。

映画や録音などの儲かる仕事が低調になる直前、ビーヴァー&クラウスはアルバムを作りはじめていた。これが、市場にシンセサイザーが増えてきた時期と重なったのは、偶然ではない。単純な話、1970年にはもう西海岸でモーグを所有し操作できるのは、彼らだけではなくなっていた。やがてモーグ以外のシンセサイザーも、簡単に入手できるようになっていった。1970年代も初期のうちなら、モーグ操作の裏技を指導できた。彼らは秘密を惜しみなく教えたが、それを公開しようとしまいと、いずれ誰もが秘密を知ってしまうのは当然の結果だった。1980年代初頭にフェアライト・CMI［フェアライト社が1980年に発売したサンプリング・ワークステーション］が登場した時も、同じことが繰り返された。この機械も希少で、高価で、複雑すぎたため、ミュージシャンには熟練職人の手助けが必要だった。だがこれらの人々、すなわち音楽革命の「門番」は、つねにごく短期間しか門を守っていられない運命にあるのだ。テクノロジーが簡単に入手でき、安価で簡単な存在になってしまうと、お払い箱になってしまう。残念ながらクラウス、そして特にビーヴァーは、モーグの「門番」だった。

モーグが登場する以前から、電子的なロックやポップスを作ろうと奮闘するミュージシャンやバンドは存在したが、モーグが現われると誰もがこの楽器に惹きつけられた。ごく短い浮気の場合も、熱い抱擁の場合もあった。「ローザー・アンド・ザ・ハンド・ピープル」は、耳に心地よいモーグ製テルミンの響きで知られたバンドだが、レコーディングにはモーグ・シンセサイザーも使っている。これはファースト・アルバムをプロデュースしたロバート・マーグーレフが、モーグを所有するシンセサイザー奏者だったおかげで実現した。1968年当時のロバートは新米プロデューサーだったが、モーグの巨大なモジュラー・シンセサイザーを持っていたので仕事が得られた。彼は1970年代、スティーヴィー・ワンダーのためにもシンセサイザーのプログラミングや演奏をしている。

ペリー&キングスレイ｜Perry & Kingsley

ジャン＝ジャック・ペリーとガーション・キングスレイが最初に電子ポップスのインストゥルメンタル・アルバムを録音したのは1966年だが、当時はまだモーグ・シンセサイザーを使っていなかった（『カレイドスコピック・バイブレーションズ：エレクトロニック・ポップミュージック・フロム・ウェイ・アウト』のこと。アルバムは翌1967年に発売された）。驚くべきこの新楽器の音を、はじめてペリーが聴いたのは1967年だった。おそらくウォルター・カーロスによるモーグ・シンセサイザーのデモ・レコードを録音したテープだろう。たちまちペリーは心を奪われた。この頃ペリーはまだニューヨークのキャロル・ブラットマンのスタジオに滞在していたが、モーグを買っていいかとパトロンに尋ねた。ブラットマンは庇護する相手を

『カレイドスコピック・バイブレーションズ：スポットライト・オン・ザ・モーグ』（1971）］

『カレイドスコピック・バイブレーションズ：エレクトロニック・ポップミュージック・フロム・ウェイ・アウト』（1967）

惜しみなく支援していたので、この願いをかなえてくれた。やがてロバート・モーグ自らが、ペリーのスタジオに楽器を運んできた。エリック・サイデーに楽器を届ける2年前のことだ。記録によれば、モーグ・シンセサイザーの購入は2月。ペリーとキングスレイはすぐに仕事にとりかかった。

彼らはモーグ・レコードを発表した世界初のアーティストにはなれなかったが、制作にモーグを使った最初のポップ・アーティストであることは間違いない。[151] セカンド・アルバムのタイトルは『カレイドスコピック・バイブレーションズ：スポットライト・オン・ザ・モーグ』（1971）。タイトル通り、モーグにスポットライトを当てた作品だ。オンディオリーヌやテープ編集も一部に使われたが、主役は今やモーグとなった。アルバムの大半は〈ムーン・リヴァー〉や〈ストレンジャーズ・イン・ザ・ナイト〉といったスタンダード・ナンバーのカバーだ。モーグという特別ブランドによるミューザック風のサウンドは世の中に溢れていったが、それらに共通するいかがわしさは、このアルバムからはじまった。

またここには、初期のモーグ作品群のもう1つの特徴も表れている。少なくともアーティストと同じ程度に、モーグという楽器そのものがレコードの主役になっていることだ。これ以降の録音作品でも、ペリーはモーグ・シンセサイザーとオンディオリーヌの両方を使い続けた。キングスレイもまた、多くの商業的なモーグ作品を作っている。アルバム『ミュージック・トゥ・モーグ・

『ミュージック・トゥ・モーグ・バイ』（1969）

バイ』（1969）には、彼の作曲した〈ポップコーン〉が収録されているが、この曲は1972年に「ホット・バター」［1971〜78年に活動したニューヨークのインスト・バンド］がカバーして、世界的な大ヒットとなった。

ブルース・ハークもモーグ・シンセサイザーのことを聞きつけ、ニューヨークにあるペリーのスタジオを1968年に訪れて、デモ演奏してもらっている。彼は、その後コロンビア・レコードと契約した際、同社が所有するモーグ・シンセサイザーの使用権を得て、1970年の『エレクトリック・ルシファー』ではこれを使っている。ちなみにこの作品、結果的にはモーグ・アルバムと称されるものの、ハークのマネージャーで共同制作者でもあったクリス・カチュリスによれば、アルバム全体にぎっしり詰め込まれた電子音コラージュのほとんどは、ハークの部屋いっぱいに溢れる自作楽器のサウンドなのだという。[152]

ドン・ブックラ｜Don Buchla

1968年の末頃、少なくともアメリカでは「モーグ」と「シンセサイザー」は、ほとんど同義語になっていた。けれども当時、入手できるシンセサイザーはモーグだけではなかった。アメリカには他にもヴォルテージ・コントロール式のシンセサイザーが存在した。バークレーで作られた「ブックラ・100シリーズ・モジュラー・エレクトロニック・ミュージック・システム」だ。

設計者のドン・ブックラ（1937〜2016）はロバート・モーグよりも3歳若い。モーグが音楽家、電子工学の何でも屋、発明家であったのと同じように、ブックラの経歴も似ている。カリフォルニア大学バークレー校で物理学を学び、1960年代初頭はサンフランシスコ・テープミュージック・センターで電子音楽のコンサートに参加していた。このイベントを通じてブックラは、センターの立役者であるモートン・サボトニックやラモン・センデールから委嘱を受けるようになる。彼らはブックラに、作曲や演奏に使える電子楽器の製作を依頼した。当時の電子音楽には不可欠だった時間と労力を要するテープ編集プロセスを不要にしてしまうような楽器だ。ブックラはこれに応えて、ヴォルテージ・コントロールを用いたモジュラー式の電子音楽システム「ブックラズ・ミュージック・ボックス」（または単純に「ブックラズ・ボックス」）を製作した。これが「ブックラ・100シリーズ・モジュラー・エレクトロニック・ミュージック・システム」の基礎となった。[153]

ブックラもモーグも、同じ1963年に製作をはじめていながら、お互い、何をしているかまったく知らなかった。しかし2人とも、音楽家や作曲家からの要求に応え、電子音楽制作の新しい手法を可能にする装置を作ろうとしていた。お互い似たような境遇だったモーグとブックラは、数年後には異なる方向に分かれていく。ブックラは非主流派となった。彼は物事の周縁を探索したがる性質で、メインストリームでの商業的な成功にはあまり関心がなかった。こうした性向は、自分の装置をその自然な故郷であるアヴァンギャルドな世界にとどめておく、という決意となって表れた。彼の周りには、ジョン・ケージやデヴィッド・チューダーといった音楽家や作曲家が集まり、ブックラ・システムの実現を手助けした。彼らはブックラと同じように電子音楽を、伝統的な調性音楽を離れて未開の領域に向かう手段とみなしていた。

ロバート・モーグは、自分はビジネスマンの柄じゃないと言いたがった。実際、最後には自分の会社の経営権を失いもした。とはいえ幸運にも、たとえばテルミン自作キットのような、商業的成功に結びつく決断も下している。もう1つの成功した決断は、コントローラーに鍵盤を採用したことだ。一方のブックラは、鍵盤を使うのは古くさい調性音楽の決まりきった道に作曲家を押し出すことだと考え、タッチ・センサー式パッドを使うシステムを選んだ。その結果、商業的で調性的な従来の音楽を作る人々には、モーグ・シンセサイザーの方が好まれた。またロバート・モーグは、エリック・サイデーや、モーグを使うロック・ミュージシャンのような人々に、進んで協力した。ブックラも1969年にCBSと短期間の商業契約を結び、CBSブックラが作られたが、このベンチャー事業はまもなく消滅してしまった。

実験的な方向に偏りすぎたせいか、1960年代末までブックラのユーザーはわずかだった。モーグが流行の波に乗ってスポットライトを独占している頃、ブックラの音が大衆に聴かれることはなかった。思いもよらない例外が訪れたのは、ブックラを用いて数枚のアルバムを制作したサボトニックのおかげだった。その皮切りは、ジャック・ホルツマンとトレーシー・スターンの委嘱でノンサッチ・レコードから1967年に発売された『シルヴァー・アップルズ・オブ・ザ・ムーン』だった。

このアルバムは、明確にレコード用として作られた最初の大規模な電子音楽だ。サボトニックはビニール盤というメディアに合うよう、31分間の作品を2部構成に分けて作曲した。「パートA」は、いたずらっぽく陽気でピコピコした打撃音が抽象的に跳ね回り、そこに柔らかい口笛のような音や、ぼやけた雰囲気音が入り混じる。「パートB」では、パタパタしたフレーズの反復するリズミカルな曲調へと、少しずつサウンドが展開していく。

様々な反応があった。アルバム発売から1年以上たって掲載された『グラモフォン』誌の評論は、おおむね肯定的だった。コメントが2つある。1つは「**このLPならジミ・ヘンドリクスのギターだって、合わなくもないだろう**」というものだ。実験的な電子音楽と、ロックにおける自由の極限を関連づけている。筆者にとっては珍しくないことなのだろう。続くコメントは、昔から確立されてきたもう1つの分野との関連に立ち戻っている。「**電子音楽の素晴らしい掘り出し物**［……］**SF映画を思わせる**」。なお、同誌は数年後、このアルバムは「**適切な作曲作品というよりも、電子技術のでたらめな習作にすぎない**」と不満を記してもいる。[154]

『シルヴァー・アップルズ・オブ・ザ・ムーン』B面の反復パターンは、ブックラがこの楽器に装備したある機能によって可能となった。「シーケンサー」だ。これは、あらかじめセットした電圧の組み合わせを連続的に発生させる装置で、その電圧はシンセサイザー内の他の部分に供給できる。モーグ・シンセサイザーの方には当初、このシーケンサー機能は装備されていなかった。じつは当時のブックラは、よく似たアプローチを試みている3人のうちの1人だった。この3人はそれぞれ別々に作業を進めていた。1人はレイモンド・スコット。スコットは1960年にシーケンサーを発明したと主張している。そしてもう1人は、ロンドンのピーター・ジノヴィエフ。ブックラズ・ボックスを委嘱したセンダーやサボトニックと同じように、彼も電子音楽はテープ編集の迷宮から抜け出すべきだと考えていた。

08

ホワイト・ノイズ

スウィンギン・シックスティーズのイギリス電子音楽

White noise : British electronic music in the swinging sixties

ピーター・ジノヴィエフ | Peter Zinovieff

1967年以降、モーグは着実にアメリカの大衆文化に浸透していたが、ヨーロッパまでは行き渡っていなかった。イギリスの電子音楽は、アメリカとは別の手段で広まっていた。レディオフォニック・ワークショップが黄金時代を迎え、バリー・グレイやダフネ・オラムがBBCテレビやラジオの音楽を制作していた。トリストラム・ケアリーは作曲家、教育者、アジテーターとして多忙をきわめ、ピーター・ジノヴィエフやエンジニアのデヴィッド・コッカレルとともに、1969年にはEMS（電子音楽スタジオ（ロンドン）有限会社）を設立しようとしていた。この頃ピーター・ジノヴィエフは、イギリス電子音楽界の中心人物となっていた。

ジノヴィエフは1933年、革命を逃がれてロンドンに来たロシア貴族の両親から生まれた。王族とも懇意で、スコットランドのゴードンストウン・スクールで学び、その後オックスフォード大学に入学して、最終的には地質学で博士号を取得した。他にもいくつかの科目を修めている。その経歴には、電子音楽の先駆者たちと共通の要素がみられる。幼い頃から、ラジオ技術や音響体験に魅了されていたことだ。

> **子どもの頃、よくラジオを組み立てたよ。ヘテロダイン**〔周波数を変換する処理〕**で発生する口笛のような音も大好きだった。大学で結成したバンドでは、ビスケット缶などの変な楽器を使ったり、面白い音を作るためにガラスを叩き割ったりした。**[155]

しかし他の多くの点で、ジノヴィエフのたどった道は典型的とは言えなかった。正式な科学教育を受けたが、興味は分析や実験に向かっていた。作曲や録音も手がけたが、それよりも何か問題を解決したり、新しい道具を作ることに時間を費やした。大学卒業後に最初の妻と結婚し、空軍省で数学者として働いた。この仕事は数年後に辞めたので全収入は税金に消えたが、妻が裕福だった。生活費を稼ぐ必要がなくなり、ジノヴィエフはその膨大なエネルギーと能力を、情熱の対象である電子音楽に注ぐことができるようになった。

そんな彼の電子音楽生活は、ロンドン中心部に住む１９６０年からはじまった。まず最初に、電子音楽を作ろうとする大半の人が当時やったように、テープレコーダーや軍放出品のトーン・ジェネレーターを買った。ケントにあったダフネ・オラムのスタジオを何度か訪れ、テープ編集の技術を学んだ。けれどもすぐ、自分はこうした面倒な作業に向いていないし、こんな作業には先がないと考えた。「**細々した作業には耐えられなかった。だが、すぐにシーケンサーという答えに気づいた。**〔……〕**そこから最終的に、コンピューターにたどり着いたんだ**[156]」。

１９６６年には、ジノヴィエフはロンドンのパトニーに移り住んでいた。テムズ川へと傾斜した、庭つきの一軒家だ。川を一望するスタジオをこの庭に建て、増え続ける電子機材を収納した。その中心にはＤＥＣ（ディジタル・イクイップメント・コーポレーション）製のコンピューター、PDP－8があった。これは1965年に発表されたアメリカ製品で、大量生産された最初のマイクロ・コンピューターだ。家庭用のデスクトップ機が普及するのは1980年代だが、その先駆けだった。1980年に生産終了するまで、約5万台が製造された。ジノヴィエフはこのマシンに4万ポンドを支払ったが、これは当時の一軒家の平均価格よりも高かった。おそらく彼は、コンピューターを個人的に所有したイギリス初の人物だろう。メモリーは8KBで、ハード・ドライヴはない。後から32KBのハード・ドライヴを増設した時は、本体と同じくらい費用がかかった。ジノヴィエフは、コンピューターが工場の自動生産ラインに使われていると知り、自分のマシンにもコマンドを出力させて手持ちの音源を鳴らそうと考えた。

ユニット・デルタ・プラス｜Unit Delta Plus

「ユニット・デルタ・プラス」として知られるジノヴィエフ、デリア・ダービーシャー、ブライアン・ホジソンの3人に会おうとポール・マッカートニーがやって来たのも、川辺のこのスタジオだった。このユニットは1966年に結成されたが、なかなか意見が合わず、1年と続かなかった。

当初の発想は、ホジソンやダービーシャーがレディオフォニックの商業音楽制作やイベントで培った専門技術を、ジノヴィエフのスタジオ設備を使って発揮することが目的だった。最初の成果は1966年9月10日、ニューベリーの外れにあるウォーターミル・シアターで開かれた電子音楽コンサートだ。ここではユニットのメンバー3人の様々な組み合わせと、ホーンジー・カレッジ・オブ・アートの照明プロジェクトによる作曲作品が、何曲か上演された。後にダービーシャーは、詩人のジョン・ベッジュマンが最前列で居眠りしていたと回想している。プログラム・ノートには、「**現代の電子コンピューター技術**」の役割は「**演奏**」だけでなく作曲にも及ぶ、という宣言が記された。「**ユニット・デルタ・プラスのスタジオは、電子装置に特化している。これによってテープ操作や編集、複製の手間は減り、サウンドがランダムにコントロールできる**」。説明によれば、コンピューターはランダムにもシーケンシャルにも使えるようセットされ、どちらの場合も最大32音まで鳴らすことができて、音色もそれぞれ無限に変えられるという。

ジノヴィエフの本心は、電子音楽の「技術」を探求することだった。それによって作られる音楽そのものには、当初から葛藤があったようだ。本書のためのインタビューでは、デルタ・プラスの作る音楽はひどすぎたと語っている。また1973年に発表されたプロフィールには、電子音楽は嫌いだという主張が記されている。[157] 彼の好んだ電子音楽は「芸術音楽」だった。ポピュラー音楽にもCM音楽にも関心はなかった。「**ポール・マッカートニーよりも、シュトックハウゼンが来たことの方が興味深かった。**[……]**ポップ・グループは苦手でね**[158]」。これが、デルタ・プラスが長続きしなかった理由の1つだ。ダービーシャーやホジソンも芸術音楽や実験音楽を制作したが、2人の関心はジノヴィエフよりも幅広かった。彼らは昼間、BBCテレビやラジオのために短い軽快な音楽を作っていたし、サウンドトラックにロックを使うようなカウンター・カルチャーのことも知っていた。

2人とジノヴィエフの対立については、このコンサートの演目がヒントになる。シリアスな作品の間に、ダービーシャーの作曲したBBCのジングルや、彼女とアンソニー・ニューリーの共作したポップ・ソングがはさまれているのだ。ダービーシャーは後年、自宅にニューリーが訪ねてきて、妻のジョアン・コリンズが先に帰った時のことを回想している。2人の風変わりな共作は〈ムージーズ・ブルージーズ〉（1966）と題され、コンサートの後は、約40年後にオンラインで公開されるまで、正式に完成されることも公的に聴かれる機会もなかった。曲名［原題は『Moogies Bloogies』］が「モーグ」を参照しているようだが、これは単なる偶然らしい。ニューリーはこの言葉を「ムージー」と発音しているし、「ムージーズ・ブルージーズ」という語句は、ミニスカートの女の子へのモヤモヤした欲求不満を意味したらしい。ユニット・デルタ・プラスはフィリップス社などのCM音楽も手がけたが、1967年にロイヤル・カレッジ・オブ・アートでレクチャーをおこなった後、ホジソンとダービーシャーはジノヴィエフと決裂した。

ジョージ・マーティン｜George Martin

ユニット・デルタ・プラスが、イギリスの電子音楽における正反対の傾向――実験性と大衆性――の表れだったとすれば、ポール・マッカートニーが彼らに接近したのは正解だった。マッカートニーは1966年2月、イタリアの作曲家ルチアーノ・ベリオによる電子音楽のレクチャーを聴講している。また『サージェント・ペパーズ・ロンリー・ハーツ・クラブ・バンド』（1967）のジャケットにはシュトックハウゼンが登場しているが、これは単に人目をひくアイコン以上の存在だった。当時のマッカートニーとレノンは、ブリティッシュ・ビートから遠く離れた芸術音楽の領域を開拓しようしていた。またマッカートニーは、ビートルズのプロデューサーでテープ編集もこなしたジョージ・マーティンからも、多大な影響を受けていた。

音楽プロデューサーとしてのマーティンは、「ザ・グーン・ショー」やピーター・セラーズのコメディ・レコードで、すでにテープ・ループを用いていた。彼は1962年にレディオフォニック・ワークショップのマッダレーナ・ファガンディーニ（レイ・カソードという別名義だった）と組んで、歌のないイージー・リスニング作品『タイム・ビート』（1962）を

『ムージーズ・ブルージーズ』（2014）

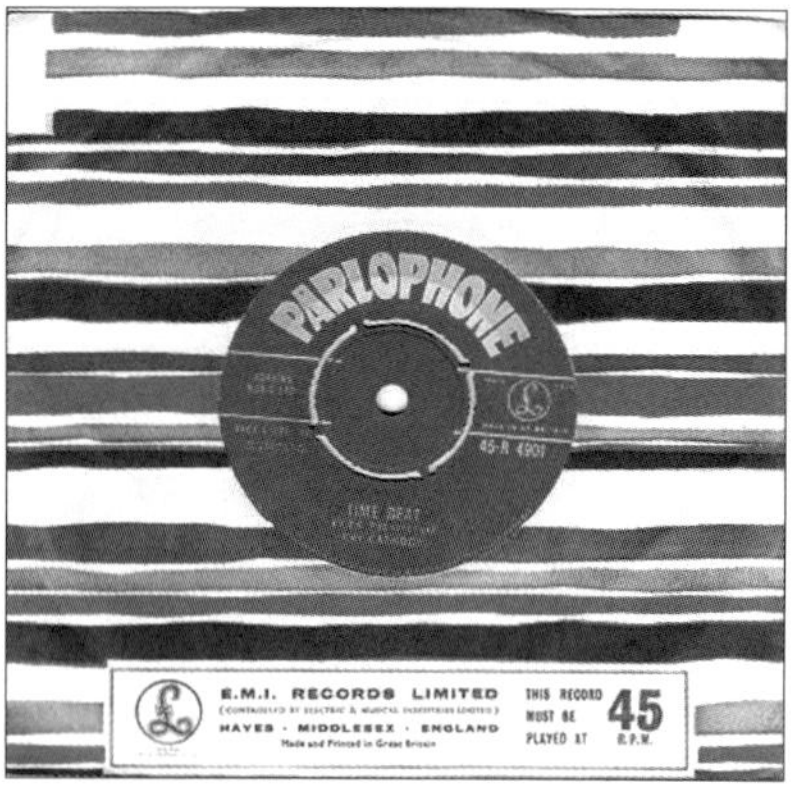

『タイム・ビート』（1962）

発表している。カップリング曲の〈ワルツ・イン・オービット〉では、従来の楽器編成にテープ・ループが組み合わされた。これはマーティンがビートルズに関わる直前のことで、ヒットはしなかった。しかしマッカートニーは、この作品のこともレディオフォニックのことも知っていた。だから電子音楽を探求しようとした時、まずレディオフォニックに近づこうとした。後にマッカートニーは、電話帳でレディオフォニックの番号を調べてダービーシャーに会おうとした、と語っている。本当にそうだったのかもしれないが、実際にレディオフォニックを訪れはしなかったようだ。

ホジソンは、ＢＢＣでもフリーの仕事でもダービーシャーのそばで働いていたが、マッカートニーがレディオフォニックを訪れた記憶はないし、時々語られる「〈イエスタデイ〉のレディオフォニック・ヴァージョン」という噂にも思い当たるふしはないと言う。

その話（『イエスタデイ』の制作について）**をしたのはデリア**［・ダービーシャー］**じゃないかと思う。デリアじゃないかな。たくさんの噂や伝説が一人歩きしている。偶然の出会いから長い付き合いにはなったけど、何も起こらなかったよ。**[159]

とはいえホジソンは、自分とダービーシャーとジノヴィエフの3人が、パトニーにあるジノヴィエフのスタジオでマッカートニーと会ったことは認めている。当時ダービーシャーと働いていたミルズも「イエスタデイ伝説」については何も知らないし、実際、何もなかったと考えている。最終的にはダービーシャー自身も死の直前に認めている。マッカートニーと会って作品を聴かせたが、共同作業は流れてしまったと。会見の場所に関するマッカートニーの記憶についても、彼女はきっぱりと否定している。「**彼**（マッカートニー）**はレディオフォニックには来ていません**［……］**ジノヴィエフのスタジオに来たので、私の作品をいくつか聴かせましたが、それだけです**」[160]。

ビートルズがこうした実験音楽に影響を受けはじめていた証拠は、１９６６年8月に発売された『リボルバー』（１９６６）に表れている。たとえば〈アイム・オンリー・スリーピング〉には、ジョージ・ハリスンのギターが逆回転で収められている。アルバム最終曲〈トゥモロー・ネヴァー・ノウズ〉は、さらに先鋭的だ。ここではメトロノームのように刻むドラムとベースのパターンに、テープのループや早回し、逆回転が重ねられ、さらにジョン・レノンの歌声が重ね合わされている。

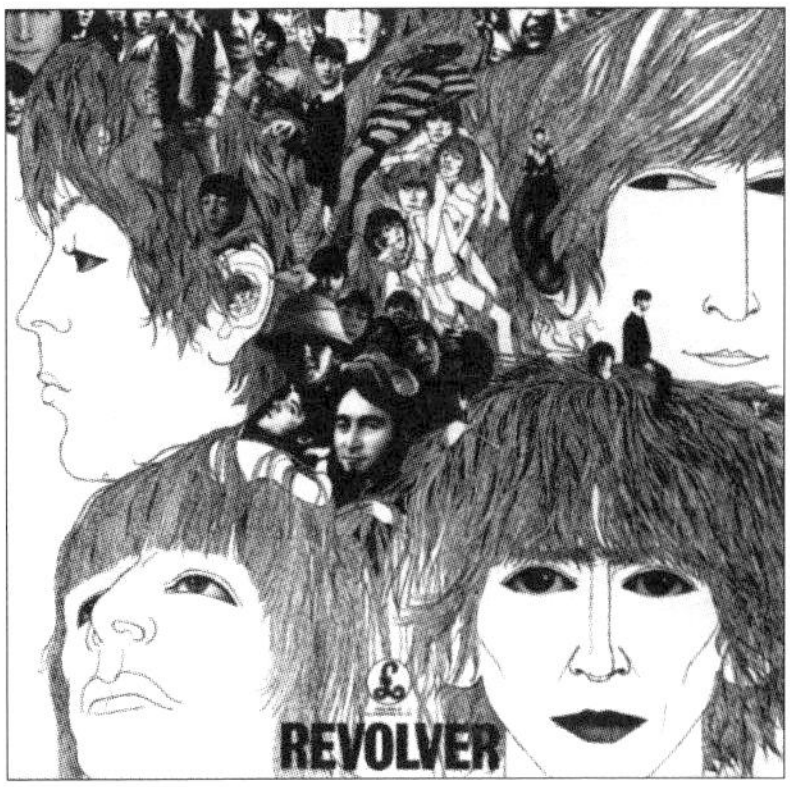

『リボルバー』（1966）

『リボルバー』のテープ実験が、マッカートニーのデルタ・プラス訪問よりも前におこなわれていたのは、ほぼ確実だ。レノンの〈レヴォリューション９〉（『ビートルズ（ホワイト・アルバム）』（１９６８）所収）でも再びテープ編集がおこなわれており、こちらにはデルタ・プラスと会った経験が多少、反映されている。しかし〈イエスタデイ〉のレディオフォニック・ヴァージョンという伝説は、どうも眉唾だ。マッカートニーの訪問が１９６６年だとして、〈イエスタデイ〉はその1年前に完成していたのだから。マッカートニーがこの曲を電子的に再解釈しようと考えていたのは確かなようだが、ダービーシャーの親友ホジソンは、彼女とマッカートニーが連絡を取っていたとは思っていない。とはいえビートルズとデルタ・プラスは1度だけ、ある種の共演を果たしている。

「ザ・ミリオン・ボルト・ライト・アンド・サウンド・レイヴ」は１９６７

『ザ・ミリオン・ボルト・ライト・アンド・サウンド・レイヴ』フライヤー

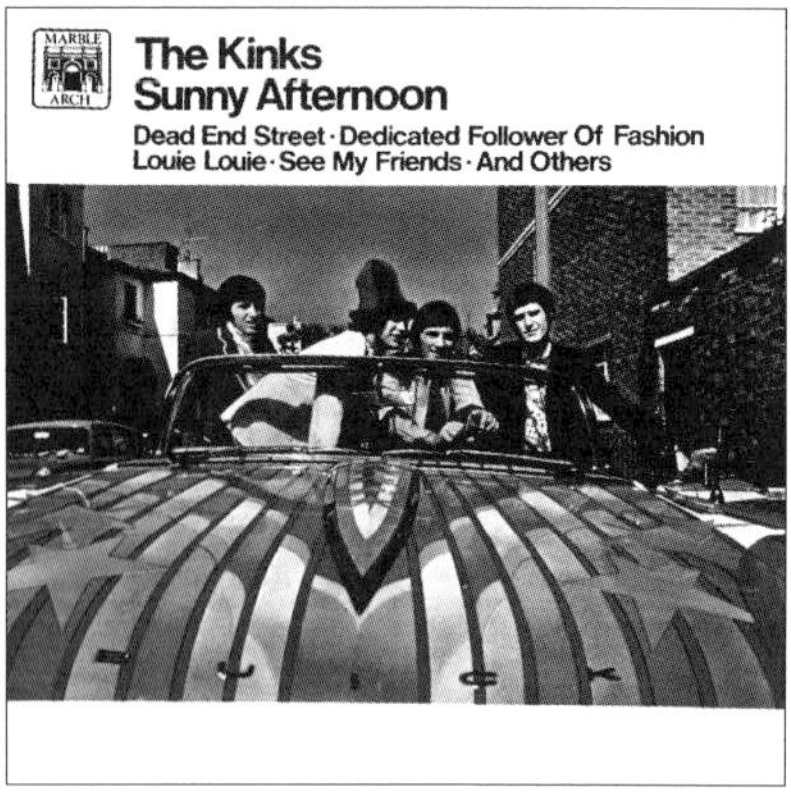

『サニー・アフタヌーン』（1967）

年初頭、ロンドンはチョーク・ファームのラウンドハウス・シアターで開催された。このイベントを企画したのはデザイナーのチーム「ビンダー、エドワーズ&ヴォーン」［デヴィッド・ヴォーン、ダグラス・ビンダー、ダドリー・エドワーズの3人］で、1月28日と2月4日の2回開催された。

このデザイン・チームは、マッカートニーのピアノを装飾したり、キンクスのアルバム『サニー・アフタヌーン』（1967）のジャケットでビュイックを派手にペイントしたことでも知られる。イベントでは、デルタ・プラスが制作したテープ音楽と、ビートルズの〈カーニヴァル・オブ・ライト〉（1967）が上演された。後者が公開されたのは、この1回きりだ。マッカートニーのディレクションで作られた14分間のサウンド・コラージュで、後に『ザ・ビートルズ・アンソロジー』シリーズへの収録をジョージ・マーティンとジョージ・ハリスンに拒絶されている。ビートルズ研究家のマーク・ルウィソーンによれば、制作日は1967年1月5日だ。4トラック・テープに録音され、トラック1はオルガンとドラムス。トラック2はディストーション・ギターと効果音。トラック3には別の効果音、教会オルガン、ジョン・レノンとポール・マッカートニーの叫び声。そしてトラック4はテープ・エコー、タンバリン、さらに効果音。音楽的な評価はともかく、〈カーニヴァル・オブ・ライト〉とデルタ・プラスが並んだのは、明らかに意図的なカウンター・カルチャーの祝祭だった。ロックはカウンター・カルチャーに不可欠な存在となっていたが、そのカウンター・カルチャーと電子音楽の間に生まれつつあった親善関係の1つの例が、このイベントだった。

レディオフォニックの面々

同僚であり友人でもあったホジソンとダービーシャーにとって、デルタ・プラスは活動の一部にすぎなかった。両者ともフルタイムのBBC職員だったのを思い出そう。それ以外の仕事が夜と週末の課外活動に限られていたことを考えれば、その業績は確かに並外れている。とはいえ専門家としての彼らの生活の中心は、常にレディオフォニックであった。

ブライアン・ホジソンが最初にレディオフォニック入りしたのは1962年で、在任は1990年代まで続いた。劇場での経験や、BBCのスタジオ・マネージャーとしての経験から、電子音を用いた初期の作品は音楽というよりも音響効果に近かったが、キャリアを積むにつれて作風は次第に、従来の意味での音楽性を獲得していった。『ドクター・フー』の、あのターディスの効果音やダーレクの声を作った人物」として有名になったものの、ホジソンこそはイギリス電子音楽界の影の立役者だった。実際、彼は1960年代の間じゅう変わりなく優れた働きを見せ、その時々の触媒、助力者、創造的な存在であり続けた。

ダービーシャーのもう1人のアシスタントがディック・ミルズだ。彼は〈ドクター・フーのテーマ〉の制作でダービーシャーを補佐した。1970年代初頭には、番組音響効果の首席プロデューサーをホジソンから引き継いだ。1958年創設の半年後から1993年まで、ミルズは職業人生の大半をレディオフォニックで過ごした。その前はBBCでレコーディング・エンジニアとして働いていたが、ホジソンと同じく、正式な音楽教育は受けていない。

もう1人、ジョン・ベイカー（1937〜97）も黄金時代の多作なオペレーターだ。彼は王立音楽アカデミーでピアノと作曲を学び、スタジオ・マネージャーとして1960年にBBC入りした。1963年からレディオフォニックに参加し、すぐにテープ編集の才能を見せた。ベイカーにはキャッチーな曲を生み出す才覚があり、地方ラジオのサウンド・ロゴや短いテーマ曲も数多く手がけている。典型的なのがBBCラジオ『ウーマンズ・アワー』（1946〜）で、お便りのコーナーを告げる8秒間の音楽だ。サイダー瓶から注がれる水音の録音を素材に、完璧に構成されたミュージック・コンクレート風ポップスの小品である。本業以外ではジャズ・ピアニストでもあったベイカーは、巧みなカミソリさばきでテープを切り分け、ジャズ風の雰囲気に編集する手腕で知られた。時にはテープ編集によるリズム・トラックと、ジャズ・ミュージシャンの生演奏をミックスしてみせた。一例が、サスペンス・ドラマ『ヴェンデッタ』（1966）だ。ここでは軽やかなレディオフォニックのリズムや、時に抽象的な雰囲気に合わせて、サクソフォンが鳴り響く。

レディオフォニックには、才能と独創性あふれる作家が他にも多く在籍した。彼ら全員にチャンスを与える余地はなかったが、そうすべきだとダービーシャーは主張し続けていた。彼女が素晴らしい作品を作れたのは生来の気質に加え、几帳面で細部にこだわり、熱意にあふれ、不本意な場合も創造的な妥協をめざす精神力のおかげだった。だがその気質ゆえ、ひどく消耗もした。BBC勤務で機材や賃金という利益は得られたが、プレッシャーもあった。ミルズは回想する。「**デリアは我が道を行くタイプだった。彼女を説得するのは大変だった。どんな仕事でも引き受けた瞬間は夢中になるのに、締め切りまでの残り時間がなくなるにつれ、逆に冷めていくんだ**[161]」。ダービーシャーも自分の性格を知っていた。「**アドレナリンを逆流させなくちゃ、とは思うんです。締め切りが近づくと、ふつうは仕事のスピードを上げるのに、私は遅くなってしまうので**[162]」。

国営機関であるBBCに存在したため、レディオフォニックは常にイギリス電子音楽界で最も重要な組織だった。

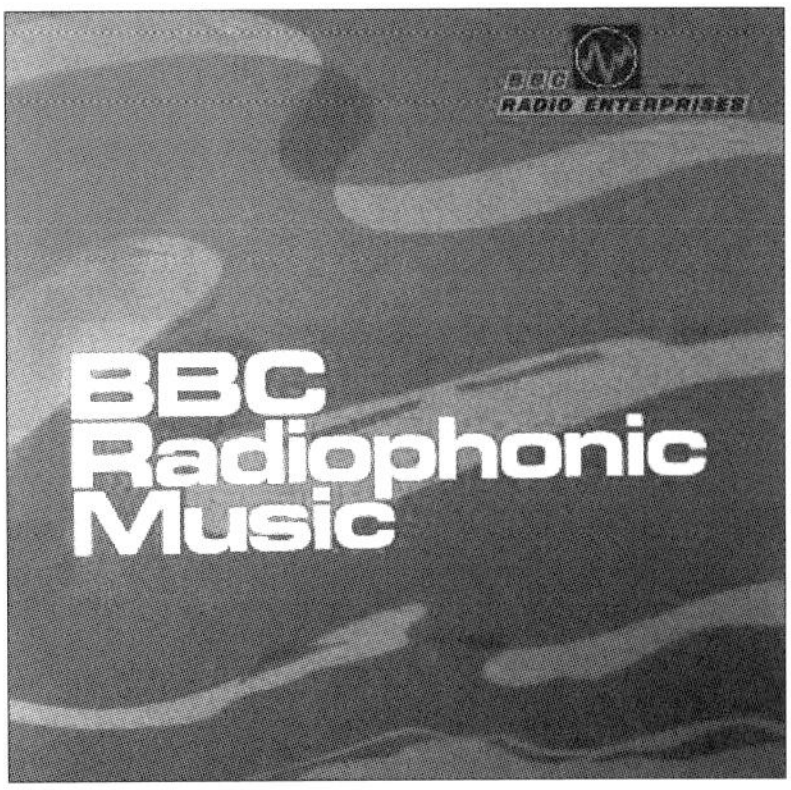

『BBC レディオフォニック・ミュージック』（1968）

所属作家たちは、大衆のために電子音楽を作った唯一の存在ではなかったが、最も目立つ存在ではあった。無数のテレビやラジオ番組に、その名がクレジットされた。1960年代のイギリスでは国民のほとんどがBBCラジオを聴き、BBCテレビを観ていたから、事実上、誰もがレディオフォニックの音楽を聴いていたことになる。その作風は創設以来どんどん変わっていったが、音響と音楽、実験性と商業性の間で、常に緊張を保持した。1962年の『ザ・ガーディアン』紙は、デズモンド・ブリスコーがいまだに相反する姿勢を保ち続けていると報じている。「**操作によって不快な音を作るのは簡単だが、美しくするのは実に難しい。それは、もともと非人間的な作業だからだ**」[163]。

とはいえ、時代が進むにつれて少しずつだが、明らかな変化が起きていった。抽象的なサウンドもラジオやテレビ用に作り続けられたが、ジングルやテーマ曲や伴奏音楽には、より保守的な音楽が重用されるようになっていった。多種多様なレディオフォニックのメンバーも、好むと好まざるにかかわらず、テープ技術を使ったポップスの制作に熟練していった。1968年にBBCエンタープライズから発売され、1978年にBBCレコーズから再発されたサンプラー・アルバム『BBC レディオフォニック・ミュージック』は、こうした変化に着目したものだ。キャッシュ・レジスターやドア・ベルや食器類の録音で構成された、短くてかわいらしい曲も多いが、もう少し長くて神秘的で抽象的な作品も収録されている。

たとえばダービーシャーの最も評価された作品〈ブルー・ヴェールズ・アンド・ゴールデン・サンド〉だ。この曲が最初に流れたのは1968年の『ワールド・アバウト・アス』〔1967～87年に放送された博物学ドキュメンタリー番組〕で、サハラ砂漠の遊牧民に関するドキュメンタリー番組の伴奏音楽に使われた。1970年には『ドクター・フー』でも再使用されている。曲中に流れるゴングのようなサウンドは、緑色のアルミニウム製ランプシェードをダービーシャーが打って、その音を録音したものだ。以後、このランプシェードはレディオフォニックの中で、聖遺物のように扱われる存在となった。アルバムのトラック・リストでは、『ウーマンズ・アワー』に使われたジョン・ベイカーの8秒間の曲の前に位置している。

音響機関として国民的な認知を得たレディオフォニックは当然のように、電子音楽を探求する者がまず最初に連絡をとる機関となった。ロック界の名士たちもここで起きていることに興味を持った。ローリング・ストーンズのブライアン・ジョーンズはホジソンとダービーシャーを訪ね、バンドが最近導入したモーグ・シンセサイザーを見に来るよう招待した。ピンク・フロイドのメンバーもレディオフォニックを訪れた。だが、マッカートニーの訪問はなかった。

1960年代のトリストラム・ケアリー

そんな中、トリストラム・ケアリーは電子音楽の分野に限らず、作曲家として多忙をきわめていた。彼は1963年、スタジオを移転する。このスタジオは国内で最も機材の揃ったテープ録音施設だと、ジノヴィエフも認めた。移転先はサフォーク州フレッシングフィールドの実家で、庭に建て直された波打つ鉄製の壁に囲まれた建物だった。イギリスの電子音楽界はまだ狭いコミュニティだったが、おそらくケアリーはその中で最も人脈が豊富だった。ポピュラー音楽から芸術関係まで、交友関係は幅広かった。所属はしていなかったがレディオフォニックの全員と知り合いだったし、ダフネ・オラムとも親交を続けていた。だからジノヴィエフに会うのは必然だった。友情が芽生え、2人はパブで愉快に語り合う仲となった。そこからEMSの事業がはじまった。

ケアリーは、ポピュラー音楽と芸術音楽の両方で同時に、電子音による作曲をはじめた。イギリスでは早い時期から、コンサートホールで催されるような電子音楽の演奏会には、しばしばケアリーの名前が見られた。同時期、ケアリーは産業映画や企業映画、テレビ番組にも楽曲を提供していた。レディオフォニックの主力番組『ドクター・フー』の音楽を担当し、『火星人地球大襲撃』（1967）のサウンドトラックも手がけた。この映画には、レディオフォニックも間接的に関わっている。制作会社はハマー・フィルムで、1950年代のBBCテレビ『クォーターマス教授』シリーズからの映画化3作目にあたる。このテレビ・シリーズは、レディオフォニックが電子効果音の制作をはじめた最初期の作品だ。

物語はオリジナルの番組とほぼ同じで、ロンドンの地下鉄駅で地中から発見された物体を巡って展開する。この物体は500万年前に埋められた異星人の宇宙船と判明し、同時に類人猿の骨も発掘された。主人公クォーターマス教授の推論によれば、この骨は宇宙船のパワーに影響を受けており、人類も同じそのパワーによって進化したのだという。地中から発掘された宇宙船は、近くの人々すべてに破壊的な影響力を発揮し、人々のエネルギーを吸い取ってパワーを増していく。クライマックスでは、考古学者ロニー博士（演じるのはジェームズ・ドナルド）がパワーの中心に向かってクレーンを指揮棒のように振り回し、我が身を犠牲にしてエネルギーを消散させる。

ケアリーの説得力あふれる音楽は、重厚な金管楽器と電子音をミックスしたものだ。力強いサウンドトラックには、観客がハマー作品に期待する恐怖やサスペンス、暴力的な感情があふれている。特筆すべきは、オーケストラが人間の出来事や感情を表現し、電子音は異星人を象徴するという、今日の映画で常識となった手法をこの作品が確立したことだ。映画がクライマックスに向かって盛り上がり、湧き上がる異星人の力がロンドンから生命を吸い取っていく場面には、テープ・ループによる振動音が重ねられる。ロニー博士がクレーンに登り、絶望的な努力で流れを食い止めようとする場面では、2分間ずっとテープ・ループが鳴り続ける。高音域の同音反復が続き、緊張感が高まる。この高音が急に止まり、今度はゴロゴロと低音のループが響き出すので、いよいよエンディングだとわかる。クレーンは浮かび上がる異星人の映像に突入し、両者は電子ノイズとともに爆発して、崩れ去る。

1960年代のダフネ・オラム

ダフネ・オラムは1959年にレディオフォニックを辞め、プライベート・スタジオを設立してフリーランスの仕事をこなした。その1つに、元勤務先であるBBCのための作品がある。子供のダンスや遊戯のために作られた6篇の短い電子音楽『リッスン、ムーヴ・アンド・ダンス』(1962)だ。簡素なメロディのエクササイズともいうべきこれらの曲は、ヴェラ・グレイによる朗読と一緒にアルバムとして発売された。また、音楽だけの7インチEPレコードとしても『エレクトロニック・サウンド・パターンズ』(1962)のタイトルで発売された。後者には文章つきのスリーヴ・ノートが付属し、オラムのスタジオも宣伝されている。

音楽制作に関心のある人なら、このサウンドが、ケントにあるダフネ・オラムの電子音楽スタジオで作られたことに興味をお持ちでしょう。ジェネレーター、複数のテープレコーダー、フィルター、リング・モジュレーター、その他の電子機器で音色を作り、個々の音程を調整し、長さや強さを制御して、必要なリズムやシーケンスへと最終的にまとめあげました。[164]

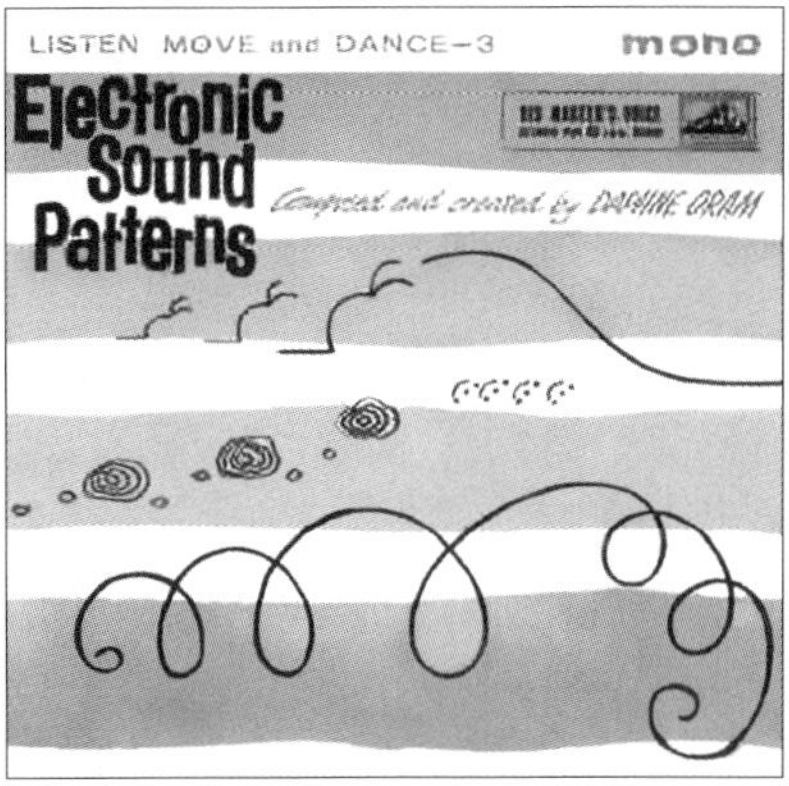

『エレクトロニック・サウンド・パターンズ』（1962）

これは、イギリスに電子音楽の神秘を広めるための、オラムによるキャンペーンの1つだった。1960年以降、彼女は多くのレクチャーやデモを大学や芸術機関でおこない、学校でワークショップを指導し、自分のスタジオでテープ編集の講座を開いた。そのいくつかにはフレッド・ジャドも参加していた。

当時の電子音楽家にとって、SFというジャンルを避けるのは難しかった。このジャンルにオラムがはじめて出会ったのは、1962年の『おおぐま座のロケット』（1969）だ。これは子どものための戯曲で、天文学者・数学者でSF作家のフレッド・ホイルが書き、ダフネ・オラムが「音楽と電子音」を担当した。1962年4月からの約6週間に様々な批評があふれたが、その多くはオラムの貢献を認識していなかった。デイリー・スケッチ紙は「**星雲の爆発に十分なピコピコ音**」と報じたし、ファイナンシャル・タイムズ紙は「**ヒューヒュー、ガンガン、ピーピー、ピコピコ**」と書いた。こんな軽薄な要約では、テープ・ループによるシンコペーション・リズムや、重なり合った音色の洗練された雰囲気を正しく表現しているとは、とても言えない。

オラムの関わったもう1つの委嘱作品は、動く光の彫刻を伴奏する電子音楽だ。この彫刻は当初、セントラル・ロンドンのトテナム・コート・ロードにあるマラード・エレクトロニクスの本社に設置され、後でハロッズ百貨店に移設された。さらにオラムは、クレジットこそないが、映画『回転』（1961）にも電子音を提供した。これはヘンリー・ジェイムズの中編小説『ねじの回転』（1898）のイギリスでの映画化で、公開当時は大ヒットにならなかったが、今日では心理ホラーというジャンルの古典と見なされている。監督・製作はジャック・クレイトン。主演はデボラ・カーとマイケル・レッドグレーヴで、トルーマン・カポーティが脚本に参加した。

ミス・ギデンズ（デボラ・カー）はマイルスとフローラという兄妹の家庭教師だ。この子たちの保護者は、独身の叔父（マイケル・レッドグレーヴ）。兄妹は礼儀正しく、屋敷のたたずまいは牧歌的だが、少しずつ不穏な雰囲気が忍び寄ってくる。前任の家庭教師が突然死したことがわかり、子供の行動が怪しくなってくる。ミス・ギデンズは、どうにも説明のつかない声や存在に悩まされる。天才的な原作と脚色によって、彼女が果たして精神のバランスを保っているのか、次第にわからなくなってくる。彼女は本当に幽霊を見ているのか？ それとも狂っているのは彼女自身なのか？ この疑問を、オラムがサイン波を重ねて作った幽霊のような音は、半透明の布で覆うかのようにあいまいにぼかしてみせる。とりわけ、ポロンポロンと鳴る無垢なオルゴールの音に電子音が重なってくる場面で、特筆すべき効果を上げている。

オラミクス｜Oramics

オラムはテレビCMもいくつか手がけた。1つはネスティー［食品会社ネスレが販売するアイスティー等の飲料ブランド］のCM（1962）だ。泡のはじけるような4音のパターンに、フルートに似た陽気なメロディが組み合わされる。もっと後に作られたレゴのCM（1966）は、エコーのかかった声をざっくりコラージュしたものだ。だが、こうした仕事を続けながらも、オラムの心は別のところにあった。こうしたCMは、短時間で制作した「やっつけ仕事」だったと言っても過言ではないだろう。彼女の真の情熱はドローン・サウンド［メロディやリズムは変化せず、長い音をゆったりと保持し続けるようなサウンド］に向けられていた。その探求は、1962年と1965年にグルベンキアン財団から得た助

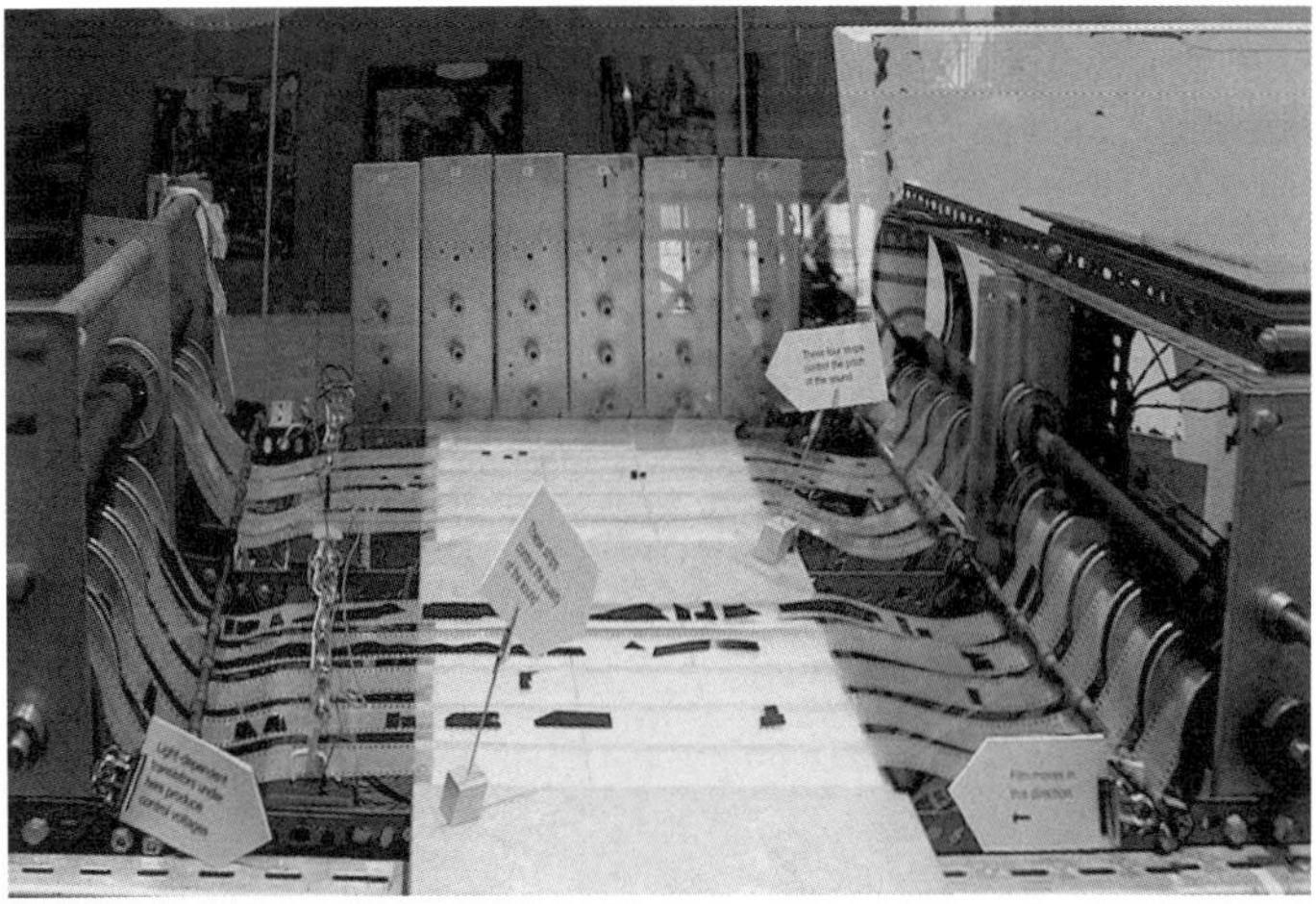

「オラミクス」の内部

成金で可能になった。最初の助成金は3500ポンドで、これはかなりの額だった。なにしろ平均年収が約800ポンド、一軒家の値段が2670ポンドだった時代だ。2回目の助成は1000ポンドと減額されたが、それでも大金だ。おかげでオラムは商業音楽の仕事を減らし、理想の機械の製作に集中できるようになった。

彼女はこの機械を「オラミクス」と呼んだ。これさえあれば作曲家は、キーを押したりダイヤルを回したりパッチ・ケーブルを挿すかわりに、光の上をスクロールする35ミリフィルムの帯にインクで絵を描いて、トーン・ジェネレーターと直接やりとりできる。しかし、この機械はオラムが満足して完成に至ることはなかった。機械がどう動作するのかも、彼女がこの機械でどんな音楽を作ろうとしていたのかも、謎に包まれたままだ。もしこれが完璧に実現していたら、作曲に新しい方法論をもたらしたのかもしれない。

とはいえ、若干のオラミクス録音を含めた彼女の作品集を聴く限り、たとえこのマシンを使っても、彼女の作曲が従来の電子音楽作品から大幅に変わったとは思えない。たとえば1969／70年の日付がある〈プロセリアンド〉という作品は、キリスト教神秘主義者チャールズ・ウィリアムズの詩による楽曲だが、テープやトーン・ジェネレーターを用いた初期の作品と、構成も内容もさほど変わらない。システム自体の制作に注力しすぎたため、作曲まで余力が残らなかったのだろう。オラミクスに、ある種のレトロな魅力があるのは確かだが、それは「(完成する）はずだったもの」の話にすぎない。オラムはこの物語から退場することになる。オラミクスへの熱中で、彼女は電子音楽の主流から外れざるをえなくなったのだ。資金をオラミクスの開発に集中させ、テープ音楽のスタジオにほとんど向けなかったため、スタジオは廃れていった。レクチャーや教育は長年続けたが、人に聴かせられるような音楽はごくわずかしか作曲できなかった。

１９６０年代のバリー・グレイ

１９６０年代のバリー・グレイは、ジェリー・アンダーソンによる一連のスーパー・マリオネーション〔操り人形と特撮を組み合わせた独特なスタイルの人形劇〕番組で、多忙をきわめていた。『海底大戦争 スティングレイ』（１９６４）、『ジョー90』（１９６８）、そして最も有名な『サンダーバード』（１９６５）。いずれも作編曲はグレイだ。彼は力強く鼓舞するようなテーマ曲を作る達人で、電子音のみによる作曲はほとんどしていない。とはいえ曲中に挿入する電子音や効果音楽には、私物のオンド・マルトノやスピネッタをよく使っていた。彼のファンは多かった。曲のほとんどは１９６５年から１９６７年にかけて、アンダーソンの「センチュリー21」レーベルから7インチ／33回転のミニアルバムとして発売された。その多くは、ヒット・チャート入りするほど売れた。たとえば最初のミニアルバム６枚は１９６５年のクリスマスに売り出され、24万枚を完売した。ただしフォーマットが通常とちがい、レコード業界としては異例なことに、玩具店などの小売店舗で販売されたため、ほとんどの売上はチャートに算入されなかった。だがレコードの売り上げは別にしても、１９６０年代に彼が手がけた番組の視聴者は１００万世帯を超えていた。そしてシリーズの多くは、今でも世界中でくりかえし鑑賞されている。

1969年、グレイはジェリー・アンダーソンの実写映画『決死圏SOS宇宙船』（1969）の全音楽を作曲した。彼は、SF映画には電子音楽がぴったりだと考えたので、これは公然と電子音を使うチャンスだった。加えてオンド・マルトノも、保守的な手法で控えめに用いられた。宇宙のシーンに流れる〈眠れる宇宙飛行士〉という曲では、フランスのオンディスト、シルヴェット・アラールによるマルトノと、夢のようにまろやかなストリングスの合奏を聴くことができる。

またグレイは、他の作曲家が音楽を担当した映画にも、部分的に協力している。BBCテレビ・シリーズのスピンオフ作品『ドクター・フー in 怪人ダレクの惑星』（1965）と『地球侵略戦争2150』（1966）では、電子音楽と効果音を担当。後者ではビル・マッグフィー作曲のメイン・テーマに、オンド・マルトノのリボン・コントローラーによるスウィープ音を加えた。ジャズ調の〈ダレク組曲〉にも、テープ・ループのような音を足した。同じような作業で参加した他の映画には『血に飢えた島』（1966）や、フランソワ・トリュフォー監督の『華氏451』（1966）がある。バーナード・ハーマンが音楽を担当した後者には、効果音を提供した。

『サンダーバード1』（1966）

こうした仕事を経てグレイは、電子音は何らかの次元を音楽に追加するが、それ自体が独立したものではないと考えるようになっていった。彼が完全に電子音のみで作曲することは、わずかなCM音楽以外ほとんどなかった。

1967年、アンダーソンは『キャプテン・スカーレット』（1967）に着手する。それまでのアンダーソン作品よりもダークで、危険な雰囲気で、アクションも暴力的だった。主人公スカーレットは不死身の体を持ち、襲い来る様々な脅威と闘う。この物語には、グレイの作品中で最も不気味な音楽がつけられた。

ＳＦ作品なので、電子音楽の実験にも最適と考えたのだろう。電子楽器や電子的な音響処理、効果音がふんだんに使われた。シリーズのエンディング曲には電子音声らしき歌が入っているが、これはグレイ自身の柔らかい北部訛りの声を処理したものだ。シリーズ中盤には、グレイとしては最大限に電子音を用いた曲もある。〈ルナーヴィル７組曲〉という作品で、同名のエピソードに使用された［シリーズ第12話。１９６７年12月15日に初放映された］。グレイがリボン・コントローラーで演奏したオンド・マルトノに加え、ジャック・エンブローの演奏する電気アコーディオンや、トレモロのかかったエレキ・ギター、ヴィブラフォンも使われている。冷たく荒涼として広がる月の様子を描き出した、印象的な音楽だ。

〈ルナーヴィル7組曲〉が収録されているCD『キャプテン・スカーレット』(2003)

ザ・ローリング・ストーンズ ― The Rolling Stones

イギリスには、アメリカにおけるザ・ユナイテッド・ステイツ・オブ・アメリカやシルヴァー・アップルズやフィフティ・フット・ホースのような、電子音楽に影響されたアンダーグラウンドなロック・バンドは存在しなかった。ただ１９６６年から１９６８年にかけては、プリティ・シングスやピンク・フロイドが、ビートルズと同じように電子音楽の実験をはじめていた。ローリング・ストーンズも１９６６年には音楽性を様々な方向に拡張していた。これにはブライアン・ジョーンズの功績が大きかった。ミック・ジャガーとキース・リチャーズにリーダーの座を奪われたブ

『サタニック・マジェスティーズ』(1967)

『ビトウィーン・ザ・バトンズ』(1967)

ライアンは、新しいサウンドの探求という別の役割を見つけていた。事実、アパラチアン・ダルシマーやシタールなどの多彩なサウンドをバンドに導入したのは、この時期のジョーンズだ。またジャガーとリチャーズの作曲チームもどんどん作風を広げ、バンドの出発点だったリズム・アンド・ブルースから遠ざかっていった。

1966年に録音され、1967年初頭に発売されたアルバム『ビトウィーン・ザ・バトンズ』(1967)には、この変化を示す証拠が数多く収められている。電子的な実験を試みた最初の1曲〈プリーズ・ゴー・ホーム〉はイギリス盤にのみ収録された。ストーンズの過渡期を集約する作品だ。過去の要素として、ドンドコドンドコと叩くボ・ディドリー風のビート。未来の要素は、派手にかけられたエコー・エフェクトやヘヴィーに歪んだギター。それに、これまでしばしば「ブライアン・ジョーンズのテルミン演奏」と語られてきた電子音だ。この電子音、サウンドの要となる正確でなめらかなポルタメントは、実はダイヤル式のオーディオ・テスト用オシレーターによるものだった。操作したのはジョーンズだったようだが。電子音楽に対する彼の関心は、レディオフォニックへの訪問によって確固たるものになった。ジョーンズは様々なインタビューで、電子音やテープの実験について楽しげに語っている。

ストーンズは1967年の終わりに『サタニック・マジェスティーズ』(1967)

を発売した。往々にして「失敗したサイケデリック・アルバム」の一言で片付けられがちなアルバムだ。このバンドのディスコグラフィでは例外的な作品だが、注目すべき点は多い。レコーディングに約1年を費やした労作で、アンドリュー・ルーグ・オールダム［ストーンズを成功に導いた、初期からのマネージャー兼プロデューサー］の降板後、セルフ・プロデュースで制作された。電子音楽の予兆は先の〈プリーズ・ゴー・ホーム〉にも見られたが、本作中の数曲ではさらに明確な表現へと成長していいる。たとえば〈シーズ・ア・レインボー〉のイントロには、二重にダビングされたオシレーター音と、シューシューいうテープ・エフェクトがミックスされている。オシレーターがピロピロと鳴り響き、テープ・エフェクトがシュワシュワと渦巻く〈２０００光年のかなたに〉のイントロでは、40秒間も逆回転の和音が続く。長時間にわたって、かなり自由におこなわれた本作の録音セッションで、こうした実験がどのようにおこなわれたかは不明だ。だが海賊版を検証する限り、ジョーンズの貢献が大きかったと考えられる。『サタニック・マジェスティーズ』は酷評され、ストーンズは１９６８年5月の『ジャンピン・ジャック・フラッシュ』で、円熟したブルース風のスタイルを選んだ。そして8月には『ストリート・ファイティング・マン』を発表し、再び実験音楽の道に戻ることはなかった。――いや、ちがう。１９６８年9月、このバンドはモーグ・シンセサイザーを手に入れたのだ。

ミック・ジャガーとモーグ｜Mick Jagger and Moog

『アナログ・デイズ』の著者フランク・トロッコとトレヴァー・ピンチによれば、モーグ社のジョン・ワイズが楽器とともにロンドンに派遣され、ミック・ジャガーは彼から1週間の講習を受けたという。どうやらジャガーは、ストーンズのシンセサイザー奏者になろうとしたらしい。これが1年前、『サタニック・マジェスティーズ』の録音中だったら、理解できるのだが、モーグ・シンセが到着したのは『ストリート・ファイティング・マン』の発売後、アルバム『ベガーズ・バンケット』(1968)発売の直前だった。すでにサイケデリックを探求する考えなど消えていた時期だ。けれどもワイズの滞在は、想定していた1週間から延びた。ジャガーは飲み込みが早く、意欲的な生徒だった。この頃の彼は映画『パフォーマンス』(1970)に出演しており、この楽器を映画に使えないかと考えた。

ドナルド・キャメルとニコラス・ローグが監督し、ジェームズ・フォックスやアニタ・パレンバーグがジャガーと共演したこの映画は難産で、1970年まで公開されなかった。イーストエンドのギャングスタ、チャス(フォックス)と、引退したロック・スターのターナー(ジャガー)を巡って、筋のはっきりしない物語が展開する。チャスがターナーの屋敷に逃げ込み、映画が進行するにつれて、2人のキャラクターは次第に渾然一体となっていく。

ターナー家の地下にはレコーディング・スタジオがあり、この鏡張りの部屋には、4本の巨大スピーカーが壁の両側に2本ずつ設置されている。片側の2本の間には、テープレコーダーが1台置かれている。これらはモーグのある場所に向かう廊下になっていて、その先に3台のモジュール・キャビネットが3枚続きの祭壇画のように置かれ、正面の床には鍵盤がある。ターナーは、その前の東洋風の絨毯に膝を折って座り、ケーブルをパッチングする。モーグは重々しく呼吸して、ダルシマーのような音楽を奏でる。するとメリー・クレイトンが歌う〈プアー・ホワイト・ハウンド・ドッグ〉が流れる。この部屋で起こるのは、1960年代のカウンター・カルチャー映画が成し遂げられなかった幻覚的なシーンだ。歪んだモーグのノイズが高まる中、ターナーが蛍光灯の管を振り回してこの場面は終わる。映画が公開された1970年代にはモーグもすでによく知られており、軽音楽やイージーリスニングなどフレッシュな娯楽と結びついていた。しかし映画が撮影された1968年の時点では、モーグはまだ畏敬の対象だった。サイケデリックな異常性、心霊現象、不可解な謎を象徴する存在だった。

ザ・ビートルズとノーマン・スミス｜The Beatles and Norman Smith

ローリング・ストーンズが延々と『サタニック・マジェスティーズ』を録音している頃、ＥＭＩアビー・ロード・スタジオでは、イギリス版サマー・オブ・ラヴ〔１９６７年夏からアメリカを中心に起こった、ロックやヒッピー文化を中心とする若者たちのムーヴメント〕の記念碑となる録音のために、音楽家、エンジニア、プロデューサー、技術者の集団が電子音楽の玉手箱を開こうとしていた。

ビートルズ『サージェント・ペパーズ・ロンリー・ハーツ・クラブ・バンド』（１９６７）の制作は、１９６７年６月発売に向けて１９６６年末にはじまった。『リボルバー』（１９６６）に収録された〈トゥモロー・ネヴァー・ノウズ〉ほど徹底的な実験作はなかったが、たとえばジョージ・マーティンとエンジニアのジェフ・エメリックは〈ビーイング・フォー・ザ・ベネフィット・オブ・ミスター・カイト〉で、古いカリオペ〔19世紀半ば～20世紀初頭に流行した、蒸気や圧縮空気で自動演奏されるパイプ式オルガン〕の録音をカットアップ編集したテープ・ループを使った。

翌年発表された『ザ・ビートルズ（ホワイト・アルバム）』収録の〈レヴォリューション９〉は、テープ音楽に対する次の、そして最後の挑戦となった。ミュージック・コンクレート風のコラージュは、ポール・マッカートニーがスタジオを離れている間に、ジョン・レノンが構成した。これは18ヶ月前にマッカートニーが制作したが未発売で終わった〈カーニヴァル・オブ・ライト〉に匹敵する作品となった。

『サージェント・ペパーズ・ロンリー・ハーツ・クラブ・バンド』（1967）

これ以前のビートルズのもう少し普通のレコーディングで、アビー・ロード・スタジオの「おじさん」的な存在だったのがノーマン・スミスだ。彼はその後1970年代に「ハリケーン・スミス」名義で数曲のヒットを飛ばすことになる。1967年には44歳で、彼自身が言うところの「堅実な人間」だった。サイケデリック文化については何も知らなかった。戦争中は空軍でグライダーのパイロットを務め、時にはジャズ・ミュージシャン、ソングライターでもあった。1959年、出遅れた見習いエンジニアとして35歳でEMIに入社（本人は、書類には28歳と書いたと語っている）。『ラバー・ソウル』（1965）まで、ビートルズの全録音でエンジニアを務めた。1967年にはプロデューサーに昇格し、EMIと新たに契約したピンク・フロイドやプリティ・シングスを手がけている。

ザ・プリティ・シングス｜The Pretty Things

プリティ・シングスの出世物語は、ローリング・ストーンズの余波のようなものだった。彼らもまた、リズム・アンド・ブルースを演奏する長髪の反体制派からはじまり、様々な楽器を用いる幅広い音楽スタイルを経て、サイケデリック系に進化したバンドだった。ただし、どの段階でも商業的には成功していなかった。ヒット曲を生み出す日々がはじまったのは、1967年のアルバム『エモーションズ』からだった。ここでの金管や弦楽器の編曲が、ノーマン・スミスの興味を惹いた。バンドはEMI傘下のコロンビア・レーベルと契約し、スミスのプロデュースで11月、いかにもサイケデリック志向なシングル『ディフェクティング・グレイ』（1967）を発表した。原曲は5分を超える野心的な大作で、それを編集したものだった。後年、オリジナル音源もアーカイヴから復元され再CD化されており、シングル・ヴァージョン以上に豊かな電子音楽の実験の様子がわかる。オシレーターによる不吉な低音のドローンと、引き伸ばされた逆回転ギターのコラージュ。古いミュージックホールの雰囲気に、ハード・ロックが絡み合う。

このシングルは売れなかったが、スミスとバンドは屈しなかった。次のシングル『トーキン・アバウト・ザ・グッド・タイムズ／ウォーキング・スルー・マイ・ドリームズ』（1968）は、やや実験性を抑えたものだったが、この制作中にバンドは、代表作となるコンセプト・アルバム『S・F・ソロー』（1968）に着手した。レコーディングは年内いっぱい続き、1968年11月にアルバムが発売された。電子的なギミックにあふれているが、どうやって作られたかは不明だ。テープを使ったトリックも多い。ギタリストのディック・テイラーが語るには、スミスがアビー・ロード・スタジオの技術者ケン・タウンゼンドに、たくさんの「特殊な小箱」を作らせたのだという。〈オールド・マン・ゴーイング〉で聴こえる2種類の上昇する歪んだ音、〈ウェル・オブ・デスティニー〉でのエコーのかかったコラージュ・サウンド、〈デス〉の最後に流れるスクラッチ・ノイズ――すべてはスタジオでの長時間の実験から生まれた。メンバーでこそなかったが、スミスの果たした役割は大きかった。

『S.F.ソロー』（1968）

『ディフェクティング・グレイ』（1967）

『夜明けの口笛吹き』（1967）

スミスが出会ったとき、プリティ・シングスはすでにベテランだったので、彼らに第3期を迎えさせることしかできなかった。一方、ピンク・フロイドの場合、スミスは当初から彼らに関わっていた。１９６７年3月に発売された最初のシングルはジョー・ボイドによるプロデュースだったが、2枚目のシングル『シー・エミリー・プレイ』（１９６７）や最初のアルバム4枚では、スミスがプロデューサーを務めた。

デビュー・アルバム『夜明けの口笛吹き』（１９６７）は１９６７年1月から7月にかけて録音され、8月に発売された。10月にUS版も発売されたが、かなりちがう内容だった。収録曲も別でタイトルも『ピンク・フロイド』というシンプルなものだった。悲運のリーダー、シド・バレットが主導した唯一のアルバムで、すでに現実から乖離していたバレットと後から加わったスミスの共同作業は難しかった。とはいえ両者間の緊張は、結果として創造性をもたらした。深いリヴァーブに満たされ、出所不明だが深遠で多面的なサウンドが溢れる、サイケデリックの古典と言うべきアルバム。本作をしめくくる〈バイク〉は、バレットのルイス・キャロル的な気まぐれと、ミュージック・コンクレートが同居した曲だ。バレットは曲中で女の子を「音楽」の部屋に招待するが、それは鐘の音と機械時計の音がコラージュされた部屋で、これらの音は次第に、グワッグワッというアヒルのような鳴き声のテープ・ループへと変貌していくのだった……。

ピンク・フロイドが次作『神秘』（１９６８）に着手する頃、バレットはすでにバンドから離れつつあった。このアルバムは、１９６８年1月から4月にかけて録音された。バンドにとって過渡期のサウンドで、バレットと彼の後任デヴィッド・ギルモアの両者が参加している。初期の名残りも見受けられるが、

『神秘』(1968)

ホワイト・ノイズ｜White Noise

バンドのサウンドは明らかに成熟してきている。中でも、反復するベースからはじまる不協和なタイトル曲〈神秘〉は12分間にもおよび、最も電子的な内容だ。ここではテープの逆回転、らせん状にうねるオシレーター、歪んだ轟音が聴こえる。

　録音のあらゆる部分にサイケデリックな電子音楽語法が用いられたが、ロック・ファンにも聴きやすいサウンドだ。テープ編集やオシレーターは、もはや正統な手段になっていた。とりわけテープの逆回転は、いたるところに使われた。これらの技術は古典的な電子音楽に由来したが、ピンク・フロイドの場合、シルヴァー・アップルズやザ・ユナイテッド・ステイツ・オブ・アメリカやフィフティ・フットホースといったアメリカのバンドとは、アプローチがちがった。このちがいは意図的なものだった。アメリカのバンドにとって、エレクトロニクスはバンドの「核心」だった。彼らがバンドを結成したのは、電子音楽とロックを融合するためだった。だが、EMIのアーティストやローリング・ストーンズなどのイギリスのバンドにとって、電子音はサイケデリック時代の音響探求の一要素にすぎなかった。シタール、ハープシコード、フレンチ・ホルン、位相処理などのスタジオ・エフェクトといった実験の1つだった。イギリスには「電子音楽」そのものを目指したバンドは存在しなかった。そんな中で、バンドに不可欠なほど真剣に電子音楽を探求したのは、ピンク・フロイドだけだった。

１９６８年、あるアルバムがロンドンに生まれた。表面的にはアメリカのアンダーグラウンドな電子ロックと似ていた。ホワイト・ノイズの『アン・エレクトリック・ストーム』だ。このプロジェクトは、アメリカ生まれのクラシック系ベース奏者デヴィッド・ヴォアハウスにダービーシャーとホジソンが協力したバンドだった。ヴォアハウスは語る。

あるオーケストラの仕事に行った時のこと。指揮者が言うには、隣でレクチャーをやっていて、テーマは電子音楽だった。そのレクチャーが素晴らしかったので、僕らは意気投合し、１週間後に「カレイドフォン・スタジオ」を設立したんだ！

このレクチャーは、サウス・ロンドンのゴールドスミス・カレッジでおこなわれたものだ。『アン・エレクトリック・ストーム』は、カムデン・タウンに開設されたカレイドフォン・スタジオで制作された。ヴォアハウスは自分のアイディアが、年長であるレディオフォニックの2人組によく似ていると知り、ダービーシャーと連絡を取って、すぐに仕事にとりかかった。3人はテープ録音で作曲してヴォーカルを加え、2曲を仕上げて、アイランド・レコード主宰のクリス・ブラックウェルに連絡をとった。結成間もないバンドとしては驚くべきことに、ブラックウェルは契約をオファーしてきた。それから1年間かけて『アン・エレクトリック・ストーム』が完成した。

ホワイト・ノイズの作品は、アメリカの実験的な電子音楽バンドと比較されることもあるが、実際にはまったく別のカテゴリーに位置するものだ。アメリカのバンドは、主に原始的な自家製電子楽器で音を作っていたが、ホワ

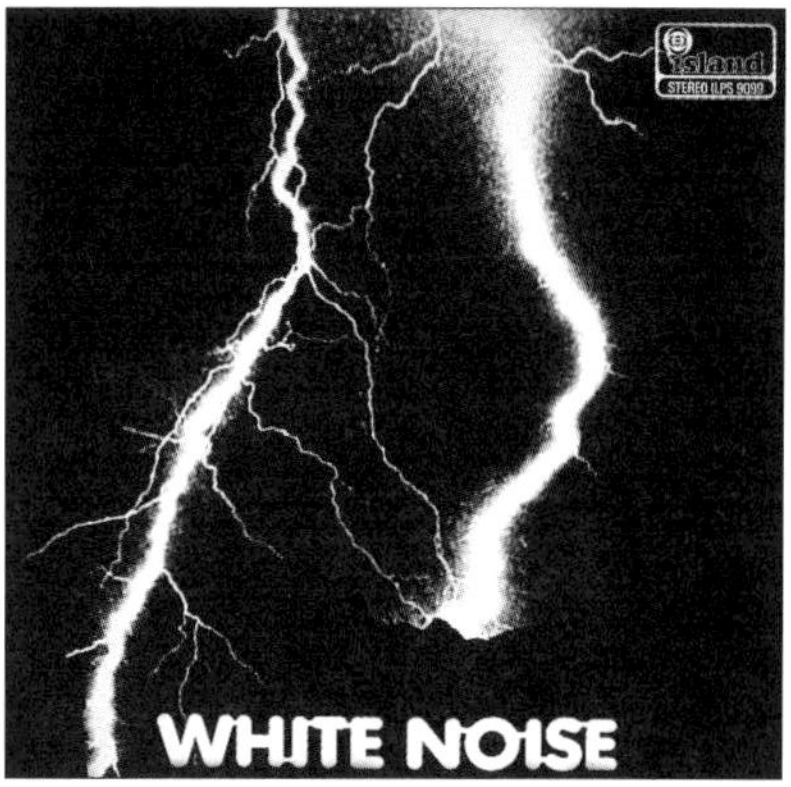

『アン・エレクトリック・ストーム』(1968)

イト・ノイズは、ダービーシャーとホジソンのテープ編集技術に全面的に頼っていた。後にヴォアハウスは、初期のEMS製VCS3シンセサイザーを入手しているが、この楽器がアルバムに使われたという噂は誤りのようだ。『アン・エレクトリック・ストーム』の発売は1968年末で、VCS3の発売より1年も早かったのだから。ダービーシャーとアンソニー・ニューリーの共作〈ムージーズ・ブルージーズ〉とは対照的に、ホワイト・ノイズはシリアスなビジネスだった。サイケデリック文化と、流行りはじめていたプログレッシヴ・ロックの隙間に、きっちり陣取ろうとしていた。

ホジソンによれば、中心になって制作を進めたのはヴォアハウスとダービーシャーで、ホジソンの役割は周辺的なものだった。アルバム7曲のうち6曲に、作者としてヴォアハウスがクレジットされている。ダービーシャーはクレジットされている曲も、いない曲もあるが、最後の曲〈ブラック・マス〉だけはバンド全員の名義になっている。打楽器はフリー・ジャズの即興家ポール・リットンが演奏しており、一部に弦楽器のようなサウンドも聴こえるが、それ以外はほぼ完全に電子的な音楽だ。ヴォーカルはジョン・ホワイト、アニー・バード、ヴァル・ショーで、彼らの歌声がアルバムに、ザ・ユナイテッド・ステイツ・オブ・アメリカやフィフティ・フットホースとやや似た印象を与えている。ジャンルを特定するのは難しいが、不気味さ、滑稽さ、面白さ、それらがすべて一緒になったような作品だ。亡霊のように芝居がかった声が、フォークソング調のメロディを歌う。伴奏はまったく対照的で、野放しのドラムと電子音が、激しい怒りから優美な雰囲気まで変化し続ける。ダービーシャーに慣れた聴き手なら、彼女のトレードマークとも言える、鼻にかかったギターのような音色に気づくだろう。〈マイ・ゲーム・オブ・ラヴィング〉では、オーガズムを思わせるうめき声が、クライマックスに向かって速くなっていく。ハーモニーのあるポップ・ソングと、前衛的なポルノが入り混じったような曲だ。さらに〈ヒア・カムズ・ザ・フレアズ〉は、ホジソンとダービーシャーが劇伴から学んだ恩を裏切るような珍妙な作品である。

アルバム全体としては、メロディにあふれているし、伝統的な作曲を理解した上で作っていることも伝わってくるが、感動的というほどではない。おそらくは完成までの時間が長すぎたため、レーベル側も最初の熱意が薄れたようで、1968年末にようやく発売された時には、ほとんど告知もされなかった。だが数年かけてそれなりに売れ、奇抜な「一発ネタ」として賞賛もされた。ヴォアハウスは、カレイドフォン・スタジオでホワイト・ノイズ名義のレコードを制作し続けたが、もうダービーシャーとホジソンは加わらなかった。ダービーシャーは亡くなる数年前、ホワイト・ノイズに参加したおかげで、自分の中のメロディを発展させる才能を楽観視できるようになったと語っている。BBCの仕事に声がかかったのも、この才能のおかげだったのだと。

広がる電子音楽

イギリスの電子音楽における芸術音楽とポピュラー音楽の緊張関係は、1960年代末まで未解決のままだった。その典型が、初期イギリス電子音楽界の2人の立役者、ダフネ・オラムとトリストラム・ケアリーだ。2人とも、コンサート・ホールで演奏されるような、芸術的で実験的な電子音楽を作りたいと熱望していた。しかし収入のため仕方なく、商業制作物を探しては音楽制作を続けざるをえなかった。ケアリーの方が、設備的にも性格的にも対応できたようだ。1950年代から1960年代、資金力のあるアカデミックな電子音楽機関はまだ存在しなかったので、彼らは自宅で作業しなければならなかった。

あるいはデリア・ダービーシャーも、芸術と実験の方に心が傾いていた。彼女は、ほとんどの作品をレディオフォニックで制作した。主にラジオドラマという分野で、公的な資金を使って実験作品を作ることができる場所だった。しかし同時に、レディオフォニックのエネルギーの多くは――もちろん彼女のエネルギーも――ラジオのジングルや、大衆向けのテレビ番組に向けられざるをえなかった。実験的な電子音楽を徹底的に追求する唯一の方法は、ジノヴィエフのように個人的な収入を持つことだった。その彼にしても、芸術性と大衆性の問題が具現化したユニット・デルタ・プラスでは、似たような困難に陥ったわけだが。

けれども1960年代の中頃になると、この緊張が解消する兆しが見えてきた。イギリスでは、芸術音楽界の権威も電子音楽を受け入れはじめたのだ。最初は少々ぎこちなく、ためらいがちにではあったが。オラムが全国の大学でレクチャーやデモンストレーションを続けたので芸術協議会も関心を示しはじめ、電子音楽のイベントを開催したのだった。1966年11月21日には、現代音楽振興会（SPNM）が「第1回電子音楽フォーラム」を開いた。議長はケアリーで、テーマは電子音楽だった。

こうした動きは、公式に編成されたキャンペーンではなかったが、無関係に続く出来事というわけでもなかった。計画を推進する人々の小グループがあり、そこにはケアリーとオラム、あるいはダービーシャーやジノヴィエフの名前が、しばしば見受けられる。名前は頻繁に表に出たが、面倒な敵意や疑惑を持たれていたわけではない。たとえば1963年にロンドンで開かれた芸術協議会のコンサートを、批評家のエドワード・グリーンフィールドは公正に論評し、その一部は賞賛さえしている。もっともその後、他の作品については「**我々の多くが理解できるような音楽は、どこかに置きざりにされてしまった**」と言い切ってもいるが。[167]

ジノヴィエフとケアリーの企画で、1968年1月15日にロンドンのクイーン・エリザベス・ホールで開かれたコンサートにも、似たような矛盾する批評が向けられた。ちなみにこのイベントは、イギリス初の電子音楽コンサートと誤解されがちだが、本当に最初のものは1966年9月にデルタ・プラスが主催した演奏会だ。他にも芸術協議会の後援で様々なイベントが開かれていたが、このコンサートは中でも大規模で、テレビカメラの収録も入っていた。ロンドンのサウスバンク・センターにあるクイーン・エリザベス・ホールは、ロンドンの文化生活のまさに中心であり、お堅い演奏会にしか貸し出されない会場だ。ここで収容人員1800名の観客が、ケアリー、オラム、ジノヴィエフらイギリスを代表する作曲家の音楽を聴いた。これは、イギリス初の電子音楽コンサートではなかったが、コンピューター音楽を取り上げた初のコンサートではあった。ジノヴィエフのDEC製PDP－8が「制御されたデタラメ」を実演すべく設置された。批評家ヒューゴ・コールは、このコンピューター作品を「**聴き手への効果としては、当惑せざるをえない**」と評している。コンサート全体については「**我々は皆、こうした音楽に対して無垢な状態だ。我々に望めるのは、誤解するにしても有意義な形の誤解だろう**」と語った。[168] 探求心にあふれ、聴く者を深い考察に導いたこのコンサートは、イギリス電子音楽界の分派として歴史に名をとどめることになる。オープニング作品はダービーシャーの〈ポプリ〉（1966）だった。以前にウォーターミルのコンサートでも上演された曲で、過去にBBCのため制作した商業音楽を再編集した作品だ。

まだまだ制約はあったが、権威の重い扉がミシミシと開きつつあった。このコンサートと同じ頃、全国の大学につつましい電子音楽スタジオが設立されつつあったのだ。マンチェスター、ヨーク、キングス・カレッジ、ゴールドスミス・カレッジ、それにケアリーが教鞭をとりはじめていたロイヤル・カレッジ・オブ・ミュージック（王立音楽院）だ。

09

流行に乗って韻を踏む

スイッチ・オン

It rhymes with vogue : Switching on

ウェンディ・カーロス｜Wendy Carlos

これまで本書が触れてこなかった電子音楽の先駆者は、他にもいる。正式な教育を受けていたり独学だったりと様々だが、音楽と技術の両方を習得した人々だ。たとえば、ウェンディ・カーロス（1939〜、以前の名はウォルター）。6歳からピアノを習い、ロードアイランド州ブラウン大学で音楽と物理学を学ぶ。10代だった1950年代は、自宅でミュージック・コンクレートの実験に熱中していた。コロンビア大学で作曲の修士号を得て、1962年から1965年までウラディミール・ウサチェフスキーとオットー・ルーニングに師事する。当時はコロンビア－プリンストン電子音楽センターの全盛期で、ここは正式な電子音楽の一大拠点だった。だがカーロスはセンターの雰囲気になじめなかった。メロディやハーモニーやリズムの明確な音楽を好み、セリエリズムや無調音楽のことは見下していた。

コロンビア大学の卒業後は、ゴッサム・レコーディング・スタジオで3年間エンジニアを務めた。小さめのモーグ・シンセ一式を1966年のこの頃に購入し、次第にシステムを拡張していった。ロバート・モーグとも友人になり、

ウェンディ・カーロス（1958）

共同作業者としてモーグ・シンセサイザーの開発に影響を与える。カーロスは自分のモジュラー・システムに、あらゆる種類の改造や機能の追加を要求した。ポルタメント・コントロール、タッチ・センサー式の鍵盤、フィルター・バンク。これらすべては、後にこの楽器の標準装備となった。進化し続けるモーグが自宅電子音楽スタジオの中央に置かれ、手作りの8トラック・レコーダーやミキサーが並べられた。

ホーム・スタジオを構築している頃、カーロスはレイチェル・エルカインドと友人になった。彼女はもともと音楽劇に関わっていた女性で、当時はコロンビア・レコードの社長ゴダード・リーバーソンの秘書として働いていた。1967年までに培ったこうした人間関係や環境のおかげで、ある一連の出来事が起きる。カーロスにはモーグ・シンセサイザーとホーム・スタジオ、その操作技術があった。ロバート・モーグからの信頼と注目があった。そこに、コロンビア・レコードの権威筋へと橋渡ししてくれる友人ができた。みずからの方向を定める時がきたのだ。

カーロスは、モーグ版〈何かいいことないか子猫チャン〉の宣材とデモを制作した。そしてエルカインドに、シンセサイザー版に編曲したバッハの作品を聴かせた。エルカインドは、この方向でアルバムが1枚作れると助言した。カーロスが演奏し、エルカインドはプロデューサー（そして友人）、ベンジャミン・フォークマンがやや漠然とした役割だったがアドバイザーを務め、後に『スイッチト・オン・バッハ』（1968）となるレコーディングがはじまった。この制作は、1968年の夏の終わりまで続いた。エルカインドの紹介でコロンビア・レコードと契約が結ばれ、アルバムは同年末に発売された。

スイッチト・オン・バッハ｜Switched on Bach

40分間にわたってバッハ作品を電子的に解釈した『スイッチト・オン・バッハ』のインパクトは、今日もはや失われてしまっている。これほど広く聴かれ、これほど話題となったのに、これほど今では聴かれなくなったレコードがあるだろうか？　クラシックの名曲を電子音で演奏するという発想は、今となっては平凡だし、まるで代用品のようだ。エレベーターやコール・センターにうってつけの、安上がりな商業音楽と思われるかもしれない。しかし1968年当時、これは途方もなく過激なコンセプトだった。人々が大切にしてきた大前提に対する、騎兵隊の突撃のようなものだった。多くの人々にとって電子音楽は本質的に「リアル」ではなく、定義しがたいものだった。人工的で、不毛で、人間的な感情に欠けるものだった。一方でバッハのような作曲家は、まさに真正な音楽の枠組みに入る。本物と偽物、真正と非‐真正の同居。これが、当時『スイッチト・オン・バッハ』が注目された理由だった。

クラシック音楽の電子的な翻訳が妥当かどうか。その美学的な判断はさておき、技術的な意味では、音と音が精密に結合するバッハ音楽の正確さは、1968年のシンセサイザー演奏にぴったりだった。カーロスのモーグ・シンセサイザーは、当時のあらゆるモーグと同様にモノフォニックだった。したがって、何であれ複雑な音楽を構築したければ、1度に1本の旋律だけを演奏しながら、こつこつとマルチ・トラック録音を重ねるしかなかった。カーロスはタッチ・センサー式の鍵盤で強弱のニュアンスを表現し、音色も慎重に切り替えた。時としてテープ編集も用いた。ハープシコードやフレンチ・ホルンやヴァイオリンのような既存の楽器を模倣する場合、シンセサイザーに必要なのは単に正確な複製ではなく、耳に聴こえる印象に従うことではないか、という議論もあったが、カーロスはそこに加わることはなかった。

『スイッチト・オン・バッハ』のアルバム・ジャケットは、約10年前に作られたジャン＝ジャック・ペリーの『ミスター・オンディオリーヌ』に似た発想で、電子テクノロジーを視覚的に強調している。後年にはアーティスト名が付け加えられたが、初版には「**超絶技巧の電子演奏……（バッハの曲名が並ぶ）……モーグ・シンセサイザーによる演奏**」とだけクレジットされている。カツラをつけ、時代がかった衣装を着てバッハを真似たモデルが、客間でポーズをとっている。その背後の、ふつうなら飾り立てたハープシコードが置かれそうな場所には、モーグのモジュラー・システムが鎮座している。これは実はコロンビア・レコードが所有する機材で、カーロスが制作に使ったものとは別だ。床には電源ケーブルが這い回っているが、パッチ・ケーブルがモジュールに挿さっていないので、音は鳴らないはずだ。ジャケットの意図は明白だ。楽器そのものに注目を集め、古い文化と新しい文化の衝突を示すこと。演奏家は誰だっていい。モーグそのものが「スター」なのだ。意図的でないにせよ、電子音楽は非人間的だという偏見や、人間が機械にとって代わられたという印象を助長するビジュアルだった。

発売後の初動は遅かったが『スイッチト・オン・バッハ』は、やがて1969年3月にはビルボード・チャートに入った。イギリスでも、どこでも、

『スイッチト・オン・バッハ』（1968年の初版、カーロスのクレジットはない）

ほとんど宣伝はされなかった。レビューは錯綜し、肯定的な批評ですら何が起きているのか正確には把握していなかった。『グラモフォン』誌にはこう書かれた。「**使われている音はおおむね心地よい。特に、聴きおぼえのある音色が模倣されている場合は。しかしながら普通ではない新奇な音、**［……］**ブーブーいう音は、もっと洗練できなかったのかと思わされる**」。そして、このアルバムは「**万人向けとは言えない**」が、「**新しい可能性の幅を広げるものだ**」と結論づけた。[169]また『ザ・ガーディアン』はこう述べた。「**この斬新なレコードには、つい耳を傾けてしまう**」。まるでコンピューターのように、モーグは気になってしまう存在だ、と。[170]

『ニューヨーク・タイムズ』紙のドナル・ハナハンは、『スイッチト・オン・バッハ』への多くの反応には困惑が潜んでいることを、明確にではないが指摘した。アルバムを手放しで賞賛してはいないが、驚嘆すべきとか意義深いといった言葉で、肯定的な論調を保っている。ここには、シンセサイザーとは何なのか、何ができるのか、といった疑問も感じられる。ハナハンはモーグを「**巨大なオルガン**」にたとえた。アルバムにフォークマンとカーロスの2人が関わったのは、モーグの演奏に人手が必要だからだとハナハンは考えたようだ。伝統的な楽器はシンセサイザーにとって代わられた、と彼は書く。「**しかし、ここでは**」と続ける。「**ほぼ1回の跳躍で、公約通りの革命が成し遂げられた。従来の音色を模倣するだけでなく、音楽的にも有効な、斬新なサウンドが発見された**」。さらに、この録音は「**音響的にも様式的にも正真正銘のバロック音楽**」であり、だからといって「**どんな音楽家も**［……］**だまされはしないだろう**」と述べている。漠然とだが定義可能な「バッハの本質」は保たれているが、定義不可能な「正統性」の方は犠牲になっていると憂いて、文章はしめくくられている。[171]

モーグの普及

1970年3月のグラミー賞で『スイッチト・オン・バッハ』は最優秀クラシック・アルバム賞、最優秀クラシック・パフォーマンス賞（インストゥルメンタル・ソリスト部門）、最優秀レコーディング技術賞の3部門を受賞した。とはいえ伝統的なクラシック音楽の権威にとっては、この時の電子音楽への賛同は幻のようなもので、その世界に何かを引き起こしたわけではなかった。クラシックの聖典を電子的に解釈することが標準となることはなく、受け入れられたのもあくまで傍流としてだった。クラシック界にとって『スイッチト・オン・バッハ』は単なる突然の嵐にすぎなかったのだ。「電子音楽」のわかりやすい指標としてモーグ・シンセサイザーへの関心は高まり、商業的には大成功だったが、クラシックの聴き手が電子音楽に関心を持つことはほとんどなかった。けれどもこの作品は、そんな聴衆など超越した方向を目指し、1966年から少しずつ打ち寄せられてきた「電子音楽への関心」という波を受け止めて1つの原型となるような、クロスオーバーなアルバムだった。

アルバム発売当時、アメリカ人の多くはモーグ・シンセサイザーの音を毎日テレビで耳にしていた。エリック・サイデーらのおかげだ。モーグという楽器そのものが、ある種のパーソナリティを獲得していた。『スイッチト・オン・バッハ』は、モーグへの好奇心を満たすのに最適な瞬間に登場した。クラシック音楽としては承認されなかったが、タイミングは間違っていなかった。また、注目を集めたおかげで、この作品は電子音楽史における1つのマイルストーンとなった。1969年、シンセサイザーやモーグに関する一連の記事が発表されたが、これはケーヒルのテルハーモニウム以来ことあるごとに表明されてきた、電子音楽への憧憬や恐怖の焼き直しだった。3月に発行された『タイム』誌は、こうした気分をとらえて「未来の音楽」について語っている。こういった「**ビービー、ブーブー、わめきたてる音の奇怪なコレクション**」を作っているのは演奏家ではなく、作曲家と技術者の交配種族だと。[172] どこかで聞いたような言葉ではないか。

カーロスは『スイッチト・オン・バッハ』に続いて、よく似た作品『ウェル・テンパード・シンセサイザー』（１９６９）を発表したが、こちらはさほど売れなかった。すでに似たようなモーグ・アルバムが一大産業となっていた。多くはクラシック音楽を電子化したものだったが、ポピュラー音楽のアーティストやジャンルを対象にしたものもあった。この１９６９年だけでも、ハンス・ワーマンの『モーグ・ストライクス・バッハ』、クリストファー・スコットの『スイッチト・オン・バカラック』と『モア・スイッチト・オン・バカラック』、モーグ・マシーンの『スイッチト・オン・ロック』、ガーション・キングスレイの『ミュージック・トゥ・モーグ・バイ』、ヒューゴ・モンテネグロの『モーグ・パワー』、ディック・ハイマンの『エイジ・オブ・エレクトロニクス』に『モーグ：ジ・エレクトリック・エクレクティックス』が発売されている。この手の作品は１９７０年代初頭まで量産されたが、音楽的にも商業的にも影響力を持つものは少なく、ほとんどは売れ残ってゴミ箱行きとなった。

カーロスやモーグが望んだ遺産ではなかったにせよ、『スイッチト・オン・バッハ』とそれに続く金目当ての作品群

『ウェル・テンパード・シンセサイザー』（1969）

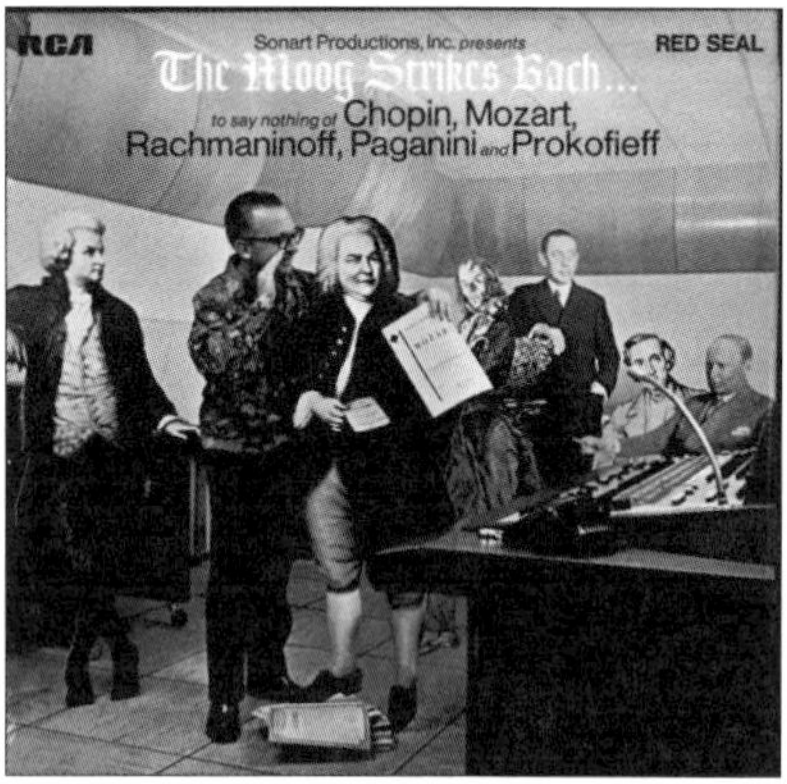

『モーグ・ストライクス・バッハ』（1969）

『スイッチト・オン・バカラック』（1969）

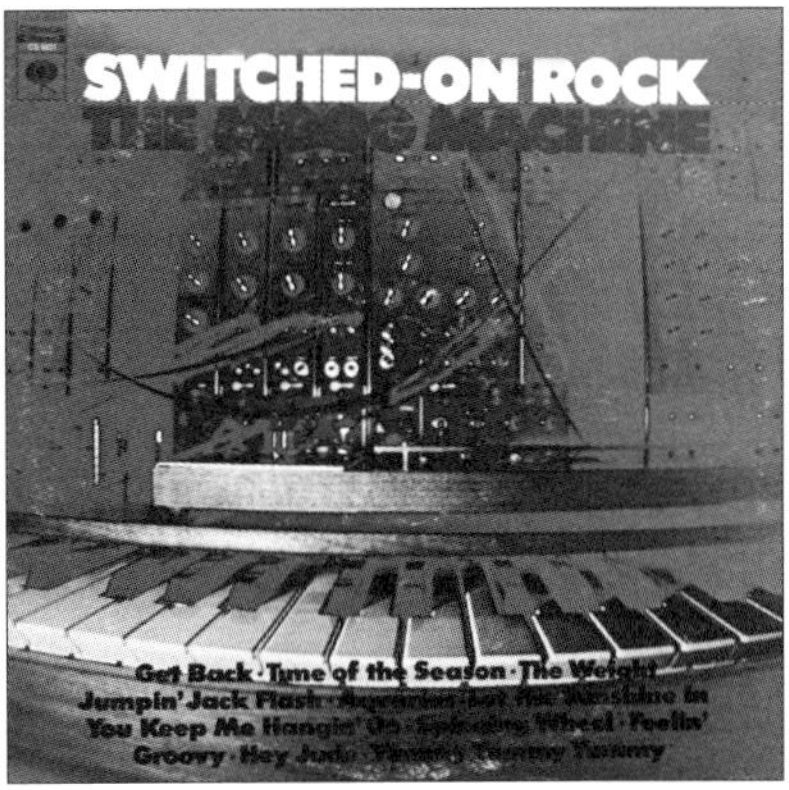

『スイッチト・オン・ロック』(1969)

『モーグ・パワー』(1969)

『エイジ・オブ・エレクトロニクス』(1969)

は、ポピュラー音楽の世界に電子音楽のアイデンティティを確立した。1つの「顔」とまでは言えないにせよ、少なくとも新しい「結びつき」として。

話を簡単にまとめよう。1940年代から1950年代初頭にかけて、電子音楽と言えばテルミンのことだと思われていた。その後しばらくは、ミュージック・コンクレートやテープ音楽のことだと思われた。そして『スイッチト・オン・バッハ』以降は、電子音楽とはシンセサイザー全般、中でもモーグを指すようになったのだ。

1969年当時、ポピュラー音楽とシンセサイザーのこうした結びつきは、イギリスよりもアメリカの方が強かった。理由は簡単で、当時のイギリス国内にモーグ・シンセサイザーがほとんど存在しなかったからだ。たとえば『メロディ・メイカー』誌の、オルガンや電子キーボードに関する特集記事は間違いだらけで、この楽器がどれほど知られていなかったかがわかる。記者はモーグについて「**コンピューターに似た機械で、基本的な音色や音程はテープで鳴らす**」などと書き、続いてこう断定している。「**イギリス国内で唯一のモーグは、ビートルズのジョージ・ハリスンの自宅にある**」[173]。実際にはローリング・ストーンズのモーグが、1968年にはイギリスに到着していた。しかもこれは、大西洋を渡った2台目のモーグだった。1台目は少し前にマンチェスター大学に届いていた。ハリスンは1969年前半にこの楽器を購入したが、同じ年にこれを入手したイギリスのロック・バンドやポップ・ミュージシャンやプロデューサーの1人にすぎなかった。ともあれ、こうしてこの楽器は大衆にも少しずつ知られていったのだった。

モーグ、テレビに登場

1969年のクリスマス・イヴ、ITVは『ウィズ・ア・リトル・ヘルプ・フロム・マイ・フレンズ』という番組を放送した。制作したヨークシャーTVプロダクションは、こう説明している。「**ジョージ・マーティンが**［……］**1時間、ポップスとコメディを紹介します**」。出演者はルル、スパイク・ミリガン、それにリンゴ・スターなど。マーティン自身もモーグ・シンセサイザーを演奏した。ヨークシャーTVは、イギリスのテレビでモーグが演奏されたのはこの番組が最初だと主張しているが、これは厳密に言えば正しくない。1960年代最後の数ヶ月、まったく別々に電子音楽にアプローチするテレビ番組が、イギリスで3本放映された。『ウィズ・ア・リトル・ヘルプ・フロム・マイ・フレンズ』は、その3本目だった。

1本目の『ザ・セイム・トレード・アズ・モーツァルト』は1969年8月にBBC2で放映された。イギリス電子音楽界の年長者トリストラム・ケアリー、ダフネ・オラム、ピーター・ジノヴィエフ、そして堂々たる存在のシュトックハウゼンが出演した。番組はきわめて真面目に、電子音楽がどういうもので、どこに進もうとしているの

『モーグ：ジ・エレクトリック・エクレクティックス』（1969）

か説明するものだった。また同年9月には2本目の、BBC1の技術番組『トゥモローズ・ワールド』で、モーグを紹介する小特集が放映された。おそらくこれが、イギリスのテレビにモーグが映った最初の機会だったはずだ。この番組ではマイク・ヴィッカースがモーグのデモをおこない、デレク・クーパーが解説のナレーションを加えた。ヴィッカースはマンフレッド・マン［1962年結成のブリティッシュ・ビート・バンド］のギタリストで、フルートやサクソフォンも演奏していた。1965年の後半にこのバンドを脱退し、映画やテレビ、ビートルズや多くのライブラリ・ミュージックのために譜面を書いたり、セッションに参加したりしていた。1969年にモーグを入手し、1975年にはライブラリ・アルバム『ア・モーグ・フォー・モア・リーズンズ』を発売している。

　この番組が注目に値するのは、夕方のプライム・タイムなのに、視聴者によく知らない楽器を単に紹介するだけでは終わらなかったところだ。ヴィッカースがモーグを弾くとクーパーが、演奏者は数分間で調整を終えるだろうと解説し、さらにこう付け加えた。「**複雑な機材を調整するのには、レディオフォニックの専門家でも普通は丸一日かかるのですが**」と。[174] クーパーのこの言葉からは、視聴者が「レディオフォニック」という言葉の意味を知っているのは当然の前提だったこと、当時のイギリスにおける電子音楽とレディオフォニックの強い結びつきは公認だったこと、しかし同時に、電子音楽に起きつつある変化も認識されていたことがわかる。テスト・オシレーターとテープ編集の時代も、レディオフォニックの音楽も、もはや過去のものだった。自動機械——プレイヤー・ピアノやバレル・オルガン——と同様、テープ音楽はテクノロジーの無慈悲な進化にその座を奪われ、未来のサウンドと信じられていた短い日々を思い出させるだけの存在となっていた。今やシンセサイザーこそが未来なのだ。ヴィッカーズもジョージ・マーティンも、ビートルズの『アビー・ロード』に参加している。このアルバムは、テープ時代からシンセサイザー時代への変化を暗示したのだ。

ディック・ハイマン｜Dick Hyman

『スイッチト・オン・バッハ』がシンセサイザーのアルバムとして初めてチャート入りした後、後に続いたのがディック・ハイマン（1927〜）だった。モーグを使って初チャート入りしたシングルは『ミノタウロス』（1969）。ハイマンはジャズ・キーボーディストで作曲家だった。すでに多数のアルバムを録音していたが、1969年にはその経歴に前述の『エイジ・オブ・エレクトロニクス』と『モーグ：ジ・エレクトリック・エクレクティックス』という2枚のモーグ作品が加わる。前述の『ミノタウロス』は、後者からのシングル・カットだ。反復するドラム・マシンに乗って、モーグのグルーヴが9分間ほど続く。音楽的には、1970年代テレビ刑事ドラマ風の雰囲気だ。

ハイマンは『ミノタウロス』と2枚のモーグ・アルバムの録音に、ウォルター・シアーの支援を受けていた。シアーはモーグ社の営業担当で、後にはアナログ録音で有名な「シアー・スタジオ」の持ち主となった人物だ。ドラム・マシンのリズムパターンは、プリセットの「ワルツ」と「ボサノバ」を組み合わせて作り、そこに3トラック分、モーグの即興演奏を重ねた。主旋律はモーグのポルタメント機能を自由に使って演奏した。ちなみにこの機能は、ウェンディ・カーロスが仕様に加えたものだ。

2002年のインタビューでハイマンは語っている。エマーソン・レイク＆パーマーのヒット曲〈ラッキー・マン〉（1970）でのキース・エマーソンの有名なモーグ・ソロが、『ミノタウロス』に「**少しばかり似すぎている**」ので、訴訟を起こそうと考えたことがある、と。[175] 当時、モーグのソロ演奏はきわめて少なかったので、似てしまうのは避けられなかったのだろう。両者の間に類似が認められるとすれば、どちらもポルタメントを使っている点ぐらいなのだが。

キース・エマーソン｜Keith Emerson

キース・エマーソン（1944〜2016）は、モーグを取り入れたもう1人のイギリス人だ。10代の頃は、ブルースやジャズのオルガンを演奏していた。彼のバンド「ザ・ナイス」は派手なステージングを展開し、エマーソンはハモンド・オルガンに短刀を投げつけたりしていた。オルガンの可能性を限界まで追及し、スプリング・リヴァーブを叩いたり、演奏中に電源を入れたり切ったりして、異様な効果音を作るのに熱中していた。モーグのサウンドをはじめて耳にしたのは1969年、ロンドンのレコード店でマネージャーが流していた私物の『スイッチト・オン・バッハ』だった。魅力は感じたが、これぞ、と確信したわけではなかった。

「一体これは何だ？」と思ったね。鳴らされてる楽器の写真は、ジャケットにあった。正直そこまで感動したわけじゃなかった。サウンドがちょっと泥臭くて、鈍重すぎたし、ぎこちなさすぎた。[176]

エマーソンはマネージャーのトニー・ストラットン・スミスに、ロンドンで誰かモーグを持っていないかと訊ねた。こうしてマイク・ヴィッカースと会うことになる。この頃のヴィッカースはロンドンにおいて、ビーヴァー＆クラウスの役割を1人で果たしていた。モーグのことなら何でも彼に訊けばいい。長くモジュラー・システムを所有していたので、単なる操作方法以上のことも熟知していた。エマーソンはヴィッカースを訪ねてデモしてもらい、間近に迫ったザ・ナイスのコンサートにこの楽器を借りられないかと頼んだ。ヴィッカースは即答せず、モーグは複雑で不安定なのでライヴ演奏には向かないと説明した。だが結局、果敢にもエマーソンに演奏させることに決めた。公衆の前でのデビユーに際し、この気難しいシンセサイザーの介護はヴィッカースが引き受けることになった。

1970年2月、ロンドンのロイヤル・フェスティヴァル・ホールで、ザ・ナイスはロイヤル・フィルハーモニー管弦楽団とともに登場した。エマーソンおなじみのハモンド・オルガンの横に、ヴィッカースのモーグがあった。その背後にはヴィッカース本人がヘッドフォンを装着して控え、時折出てきてはパッチ・ケーブルをつなぎ替えた。この公演について『ニュー・ミュージック・エクスプレス』誌のリチャード・グリーンはこう書いている。

あのモーグが、イギリスのステージにはじめて姿を現した。曲は〈シー・ビロングズ・トゥ・ミー〉。異様な物体だ。配電盤に似ていて、演奏は少しだけだった。プログラミングは持ち主のマイク・ヴィッカースが担当し、彼が音を出すとキースは大きく笑った。[177]

マネージャーのスミスはモーグ社に依頼状を書き、宣伝と引き換えにモジュラー・シンセサイザーをザ・ナイスに無償提供してくれないかと打診した。しかし営業担当ウォルター・シアーの回答は、モーグ社はプロモーション用の

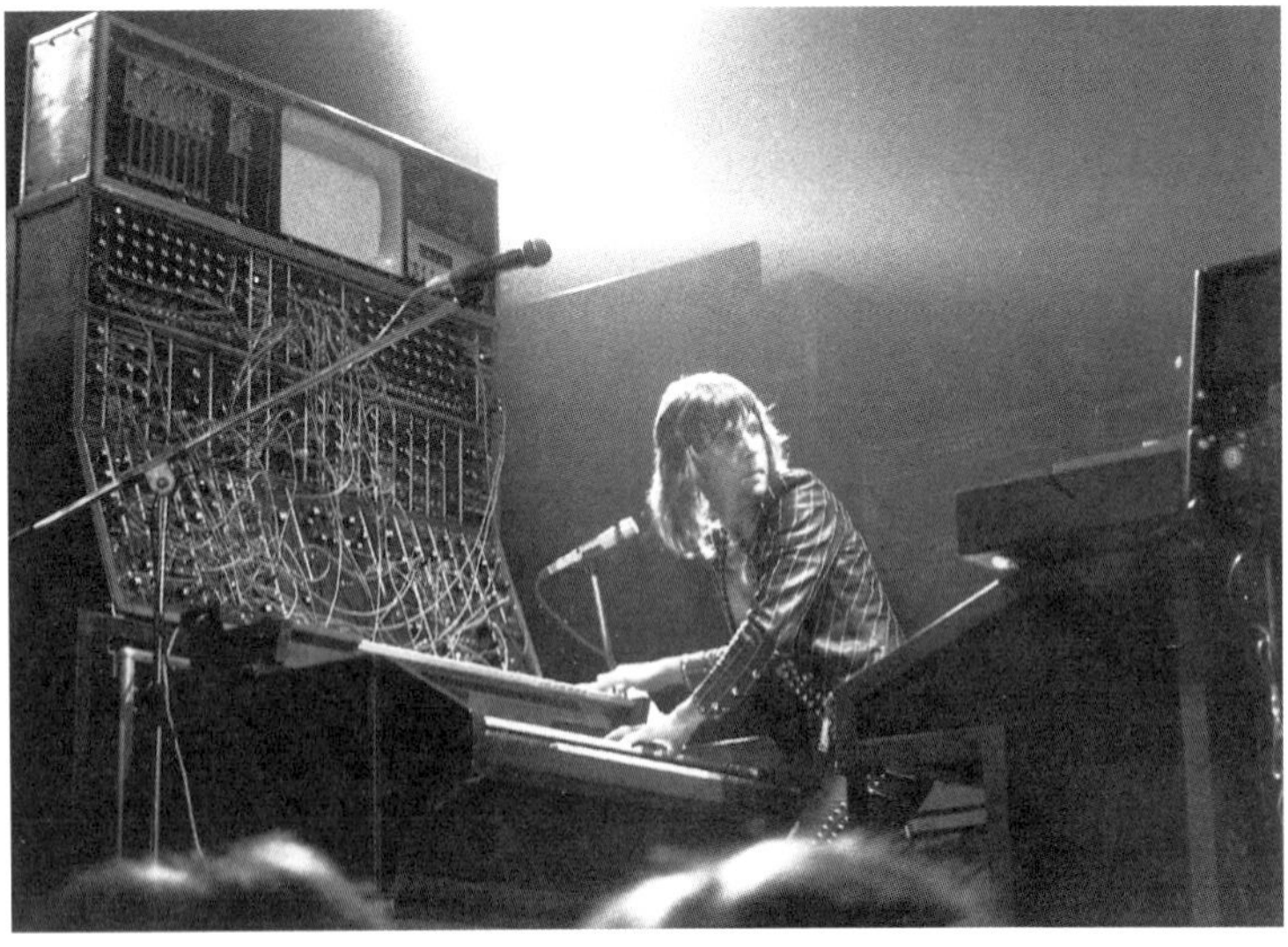

モーグを演奏するエマーソン（1974）

楽器を提供することはない、というものだった。コストの問題もあるし、ビートルズやストーンズのように金を払ってモーグを購入したバンドに対して不公平になる、と答えた。[178] 1970年の後半、エマーソンはザ・ナイスを解散して、エマーソン・レイク&パーマーを結成する。レコード会社から高額の前払い金を受け取り、自分用のモーグを買えるようになったエマーソンは、1969年にMoMA［ニューヨーク近代美術館］のコンサートで使われた楽器を配送してもらった。ここには、ある種の対称性がみられる。というのもこのコンサートは、モーグ・シンセサイザーがライヴ演奏可能な楽器だと示すために発案されたものであり、またライヴ演奏こそはエマーソンがこの楽器でやろうとしていることだったからだ。

ジャズ・イン・ザ・ガーデン｜Jazz in the Garden

そのコンサート「ジャズ・イン・ザ・ガーデン」は1969年の晩夏、MoMAで数回にわたって開催された野外演奏会だ。最終回では2つのモーグ四重奏団が演奏した。使われたのは特別製のモジュラー・システムで、コンサートのわずか2日前に完成したばかりだった。バンドの1組はハーバート・ドイチュが率い、もう1組はクリス・スワンセンが率いた。特製モーグで演奏されたのは半即興的な電子ジャズだったが、伴奏用のテープは使わず、完全な生演奏だった。満員の聴衆を前に演奏がおこなわれ、批判もなくはなかったが、コンサートは大成功と思われた。聴衆の中にはジャン＝ジャック・ペリーの相棒、ガーション・キングスレイもいた。彼はこのコンサートに触発されて「ザ・ファースト・モーグ・カルテット」を結成し、1970年1月にカーネギー・ホールでデビューを果たしている。ツアーもおこない、ライヴ・アルバムも発表した。このバンドの定番曲は、キングスレイが短時間で作ったという〈ポ

『ポップコーン』（1972）

ップコーン〉（1969）だ。この曲は2年後、ホット・バターによってカバーされ、シンセサイザー・ポップ最大のヒット曲の1つとなった。

雑誌『オーディオ』は、ジャズ・イン・ザ・ガーデンについて、こう書いている。「**確かなことが1つある。これからのライヴ演奏には、モーグが確固とした位置を占めるだろう**」[179]。これは正しかった。もしもジャズ・イン・ザ・ガーデンのようにロバート・モーグや事実上のスタッフ全員が側に控えて、機材の準備も管理もしてくれたらの話だが。あるいはキングスレイのように、必要なシンセサイザーを買うためレコード会社から3万ドルもの前払いを受け取ることができるならの話だが。

スプーキー・トゥースとピエール・アンリ ― Spooky Tooth and Pierre Henry

1967年にザ・ナイスを結成する以前、エマーソンはリズム&ブルースのバンド「ザ・ヴィップス」で演奏していた。彼はこのバンドで、オルガンの妙技に磨きをかけていた。エマーソンの脱退後、ヴィップスは「スプーキー・トゥース」とバンド名を変え、アイランド・レコードでレコーディングをおこなった。バンドが発表したメロディアスなブルース・ロックのアルバム2枚は、それなりに成功を収めた。続いて1969年、フランスの作曲家ピエール・アンリと奇妙なコラボレーションをおこなっている。これは、この時代の電子音楽とロックとのあまり楽しくないマリアージュ［結婚］となった。

ピエール・アンリ（1927〜2017）はミュージック・コンクレートの先駆者で、ピエール・シェフェールとともに幅広い制作をおこなってきた。1969年、彼はアイランド・レコードに、キリスト教にまつわるコンセプト・アルバムの制作を打診する。目指したのは、エレクトリック・プルーンズの『ミサ・イン・Fマイナー』（1967）や『リリース・オブ・アン・オース』（1968）のような作品だった。カトリックのミサに基づく曲をバンドが作曲・録音し、そこにアンリが電子的な編集を加える。これが彼のアイディアだった。

スプーキー・トゥースが選ばれて正式な依頼を受け、ブルース的な作品を6曲仕上げて、アンリにマスター・テープを渡した。両者が会ったのは1度きりだった。それからアンリは、この録音を自分のテープ音楽素材で包み込み、完成品を1969年末に『セレモニー』として発表した。スプーキー・トゥースの面々は、店頭に並ぶまでこのアルバムを耳にすることはなかった。これは、両者のどちらにとっても変則的な作品だ。アルバムのほとんどの部分で、ある意味まったくちがう2つの録音物が同時に鳴り響いている。ロックと電子音楽に生まれつつある結びつきの、なんとも例外的な表現だった。

ジョージ・ハリスンと『アビー・ロード』

テープ音楽やミュージック・コンクレートと戯れていたロック・ミュージシャンの多くは、1969年にはすでにシンセサイザーに目を向けていた。ジョージ・ハリスンもその1人で、この年の5月には、完全にモーグを主役に据えたアルバムを発表している。ザップル・レーベルからの、2枚目に

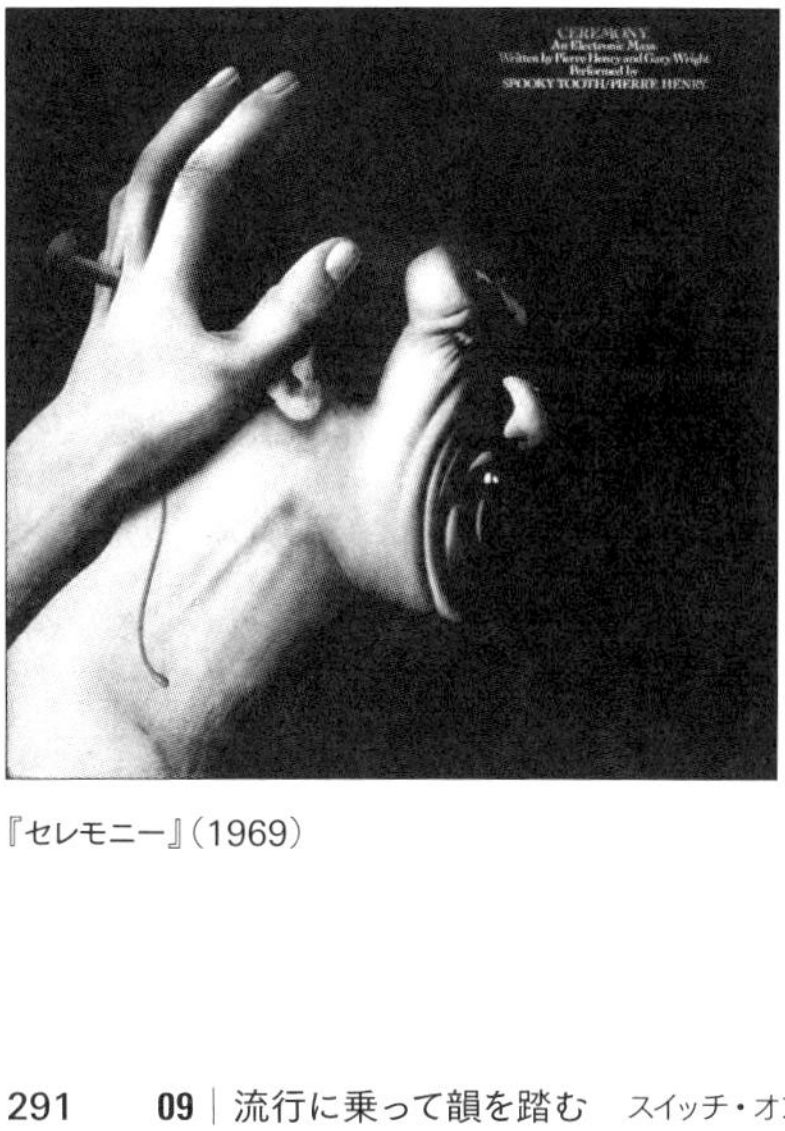

『セレモニー』（1969）

して最後となった作品『電子音楽の世界』（1969）だ。
アルバムは、とりとめのないモーグ作品2曲で構成されている。バーニー・クラウスは、本作のオリジナリティについて自伝の中で疑いを申し立てている。彼が言うには、アルバムの音楽のほとんどは、1968年にハリスンに渡したモーグのデモ録音だというのだ。『メロディ・メイカー』誌の記事は不正確で、モーグに関する誤報をまきちらしているが、ハリスンのアルバムについては興味深い指摘をしている。本作は『スイッチト・オン・バッハ』よりも芸術的に成功している、というのもこれは何かの真似ではないからだ、と。本作は「**人間の出す音を真似しようとなどしていない**」[180]。

アルバムのカバー・アートは、楽器そのものを目立たせようとする「よくあるパターン」をひねったものだ。キーボードの前に座るアーティストの、ナイーヴ・アートのような自画像。その後ろにモーグのモジュールが、バック・バンドのように並んでいる。

このアルバムの発表と前後して、ビートルズとジョージ・マーティンはアビー・ロード・スタジオに集まっていた。最後に1度だけ、このスタジオの名前を冠したアルバム『アビー・ロード』を録音するためだった。ハリスンのモーグが使用され、マイク・ヴィッカースも参加した。ヴィッカースの仕事はパッチングして音色を作ることで、演奏はリンゴ・スター以外の

『電子音楽の世界』（1969）

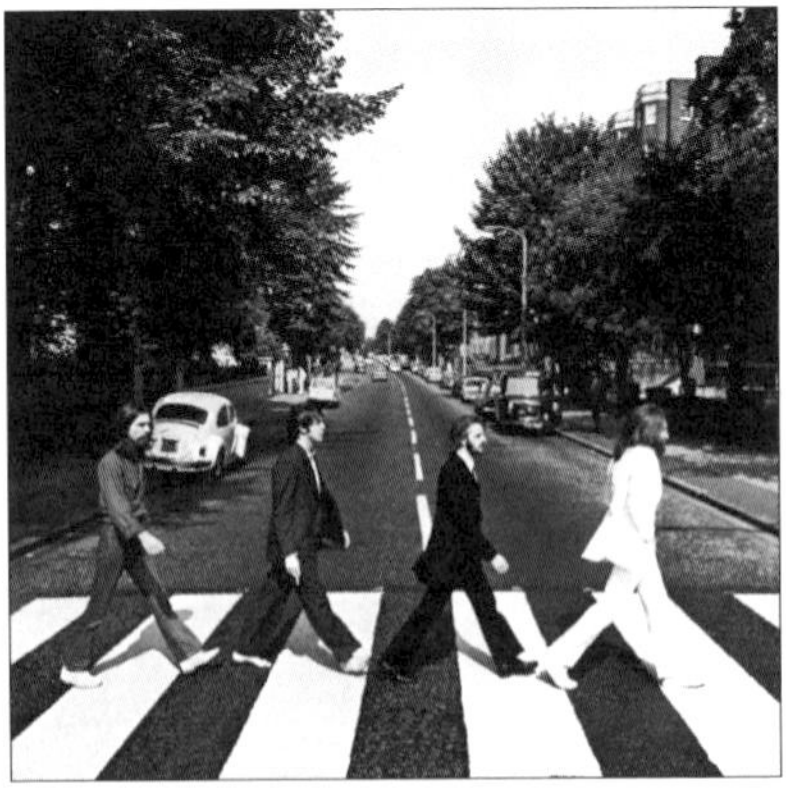

『アビー・ロード』（1969）

メンバーがおこなった。〈ビコーズ〉〈ヒア・カムズ・ザ・サン〉〈アイ・ウォント・ユー〉〈マックスウェルズ・シルヴァー・ハンマー〉の各曲で、モーグが使われた。

ビートルズの神話を強調する人々は、『アビー・ロード』で使われたシンセサイザーの革新性を誇張しすぎる傾向がある。ザ・バーズやザ・モンキーズがその2年も前からモーグを使っていたことや、その後で他の多くのバンドも使ってきたことを忘れて。とはいえ『アビー・ロード』のモーグは、単なる装飾以上のものだった。また存在感十分なこの世界一のバンドは、著しい変革も示している。〈マックスウェルズ・シルヴァー・ハンマー〉では、リボン・コントローラーを使ったモーグ演奏が多重録音されている。〈ビコーズ〉では、間奏で金管楽器の模倣のような音が聴ける。〈アイ・ウォント・ユー〉では、曲が突然終わる前までモーグのホワイト・ノイズが押し寄せる。ハリスンの曲〈ヒア・カムズ・ザ・サン〉では、彼自身がもう少しメロディアスな使い方をしている。

ここで19世紀に話を戻そう。ケーヒルのテルハーモニウム特許は、電子音楽における「芸術」と「機材」の関係を示唆している。どちらもお互いが必要だ。芸術がどこまで発展できるかは機材の限界次第だし、機材は芸術家が促すことで発展する。カーロスとモーグの関係がいい例だ。シンセサイザーは機材として大きな飛躍だが、もし芸術の方に寄り添うなら、もっと実用的な道具になる必要がある。モーグのモジュール・システムは、巨大で高価すぎた。ほとんどの音楽家には買えなかったし、ライヴ演奏にも向いていなかった。「芸術」側からは、もっと小型で、安価で、演奏に適したシンセサイザーが求められていた。バンド「ザ・サウンズ・オブ・トゥモロー」で、モーグを使った軽音楽をラウンジ・バーで演奏したスコット・ラディックは、この法則の例外だ。また「ジャズ・イン・ザ・ガーデン」や、ザ・ファースト・モーグ・カルテットや、キース・エマーソンは、モーグ・シンセサイザーをライヴ用の楽器として演奏してみせたが、大多数のミュージシャンには真似のできることではなかった。大金がなければ買えないレアな楽器を入手したうえ、専門の技術者を依頼し、運搬もサポートしてもらう必要がある。かつての電子音楽にも、同じように高いハードルがあった。必要なのは、ライヴ演奏に適した機材だった。ポータブルで、廉価で、信頼性の高い楽器だった。

EMS VCS3

ピーター・ジノヴィエフは、電子音楽の制作手法としてのテープ編集は、1960年で終わったと考えている。その後の活路はコンピューターの自動演奏に見出し、部分的にではあるが、その正しさを証明してきた。実際、コンピューターは電子音楽の世界に受け入れられたが、その前にまず受け入れられたのはシンセサイザーだった。音楽史のこの段階には、ジノヴィエフも重要な役目を果たしている。1969年頃、パトニーに設けられた彼のスタジオでは、とにかく現金が必要だった。ジノヴィエフはコンピューターの実験を進めており、新しい機材を購入しては設備を拡張し続けていた。彼は当時、ハリソン・バートウィッスルやシュトックハウゼンといった作曲家たちに、設備を使う許可を与えていた。芸術評議会から派遣されるグループも歓待していたが、すべて無料だった。切実に、資金を稼ぐ必要があった。

彼のスタジオを訪れていた作曲家に、トリストラム・ケアリーがいる。ケアリーとジノヴィエフ、ジノヴィエフのエンジニアのデヴィッド・コッカレルは、初の廉価版シンセサイザーを構想していた。EMSの「ヴォルテージ・コントロールド・スタジオ3」（通称「VCS3」）。アメリカでは「ザ・パトニー」の名称で販売された）だ。これは「VCS1」［1969年に発表されたEMS初のシンセサイザー］の後継機だった（「VCS2」は存在しなかったようだ）。

ＶＣＳ１の生産台数は少なく、そのうち1台はオーストラリアの作曲家ドン・バンクスが所有していた。ＶＣＳ３は安価で小型で、学校にも最適なモジュラー・シンセサイザーという発想で作られた。その目標をふまえ、各部品の価格やサイズが、製品の最終形を決める大きな要因となった。製作チームの考えたシステムは、オシレーター3基、フィルター1基、エンヴェロープ・ジェネレーター1基にリング・モジュレーター1基を、小さな机ぐらいの大きさのすっきりしたケースに格納したものだった。モジュラー・システムとしては見慣れた仕様だが、サイズが小さい。傾斜のついた縦型パネルにダイヤルが並び、平らなデスクトップ・パネルにはコントローラーが取り付けられた。パッチ・ケーブルはなくなり、子どものゲームのように、16×16のマトリックス・パネルに色つきピンを挿して各部を接続する。鍵盤はないが、模型飛行機のラジコン機構を加工した小さなジョイスティックが付属する。一体化したアンプとステレオ・スピーカー、ステレオ・インプット端子もある。この端子は、音作りだけでなく外部音源の加工にＶＣＳ3を使いたい音楽家にとって特に魅力的だ。

ＶＣＳ３は１９６９年11月に発売された。価格は約３３０ポンドで、ＥＭＳが最初に計画した２００ポンドより大幅に高くなった。たとえば当時、フェンダー・ストラトキャスターのギターは約２４０ポンドで買えた。ＶＣＳ３は、手頃な楽器にはならなかった。とはいえ少し後に発売された、同じように小型のモーグやアー

EMS VCS3

プに比べれば安かった。どちらもイギリスでは、アメリカ国内より高価だったのだ。VCS3には不備も限界もあった。不安定で、同じ音色を再現することは難しかったし、鍵盤がないので旋律楽器としての可能性も低かった（別売のモノフォニック鍵盤を後から追加可能ではあった）。それでもこの製品は成功を収めた。後にはブリーフケース・サイズの廉価版も発売された。

価格の安さや運びやすさを考えれば、大型モジュラー・シンセサイザーとVCS3の関係は、ハモンド社のノヴァコードとソロヴォックスの関係に似ている。VCS3は電子楽器の入門機で、機能はごく限られていた。だが教育市場では、よく売れた。ザ・フー、ピンク・フロイド、ホークウインド、ロキシー・ミュージックなど多くのブリティッシュ・ロック・バンドにも使われた。そのため他社の後発製品「ミニモーグ」や「アープ・オデッセイ」も、同じ市場に向けて売り出された。

VCS3は、EMSの歴史の中でも興味深い位置を占めている。短期間に売り出され、会社の「顔」となったが、ジノヴィエフにとっては現金を稼ぐための副業にすぎず、大量生産されたのはあくまでも結果にすぎなかった。自分の仕事の中心は、パトニーのコンピューター・スタジオを発展させることだと彼は考えていた。製品としてのVCS3は、スタジオから生まれた赤ん坊のようなもので、能力は分相応にささやかなものだった。それでもこの優美な楽器は、学校や大学の音楽科、そしてピート・タウンゼントやブライアン・イーノらに活用された。

アープ・2500

1969年の段階で、シンセサイザーを販売する会社は3つあった。アメリカのモーグとブックラ、そしてイギリスのＥＭＳだ。短い競争の末、ブックラは専門家が愛用するブランドとなった。同じ年、アメリカでは別のシンセサイザー会社が設立された。アラン・ロバート・パールマン（１９２５〜）はエンジニアとしてＮＡＳＡで働いていたが、電子音楽に関心を持ち続けていた。マサチューセッツ州ウースター工科大在学中の１９４８年には、それをテーマに論文も書いている。

電子楽器の価値は、何よりも斬新さにある。技術者としては、ミュージシャンのニーズを重視している。電子楽器が確固たる地位を得るのも、遠いことではないだろう。[181]

１９６９年、パールマンは多くのアメリカ人と同じように、『スイッチト・オン・バッハ』を耳にした。彼は、かつて作ったこともあるこの楽器についてリサーチをはじめた。わかったのは、モーグはチューニングが狂いやすいし、ブックラには鍵盤がないことだった。そこで演奏家向けに、演奏しやすいシンセサイザーを作るという目標を定めた。投資家のグループから資金10万ドルを集めてアープ社を設立し、最初の製品「アープ・２５００」を１９７０年に発表する。この楽器はチューニングがモーグよりも安定しており、ブックラとちがって鍵盤もあった。ただし競合２社の製品に比べると、やや大きく、やや高価だった。アープ社は１９７０年代前半に急成長し、１９７５年にはモーグよりも大きな会社になっていた。とはいえ「シンセサイザーの年」であった１９６９年の印象は強く、ほぼ誰もがシンセサイザーといえばモーグを思い浮かべた。

１９７０年代に入ると電子音楽は毎日、テレビでもラジオでも映画でも、ふつうに聴かれるようになっていた。疑惑の目を向け続けられた数十年を経て、ついにレコード会社も電子音楽を有望視するようになり、門戸を開いて、この奇妙なミュータントの群れをマーケットに送り出すようになった。電子音楽のヒット・アルバムやヒット・シングルも、どんどん生まれた。安価で使いやすい機材が作られるようになり、ついには実用的な電子楽器となった。それでも電子音楽への疑心はなかなか消えず、違和感は残っていた。批評家はあいかわらず、機械のせいで音楽家が職を失うとか、音楽から魂が失われるとか、昔ながらの疑念を示し続けた。この種の頑固な意見は、電子音楽が当たり前になった1970年代末になってもまだ続いていた。芸術と機材の進化はどんどんスピードを上げていったが、「ユリイカ！」と叫ぶような特別な瞬間は、ついに訪れなかった。

シンセサイザーの時代

1969年、モーグ社はパフォーマンス用の小型シンセサイザーの開発をはじめた。試作機をサン・ラに貸し出したが、これは現存していない。そして1970年、モーグのカタログに新製品が発表された。「**さあどうぞ！　ライヴ演奏用に作られた、小型で低価格な電子音楽シンセサイザーです**[182]」。これこそが「ミニモーグ」だ。モノフォニックで44鍵。モジ

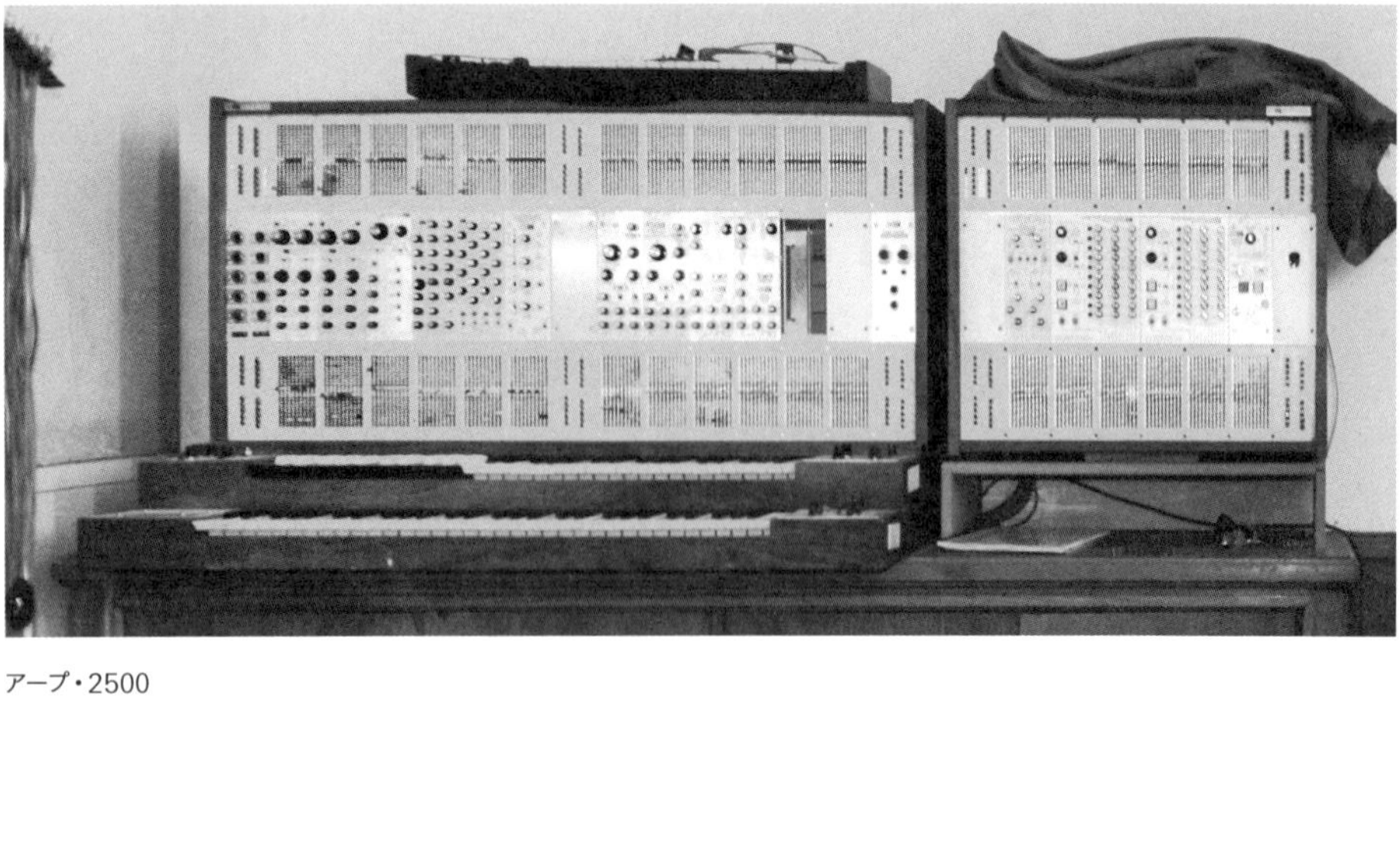

アープ・2500

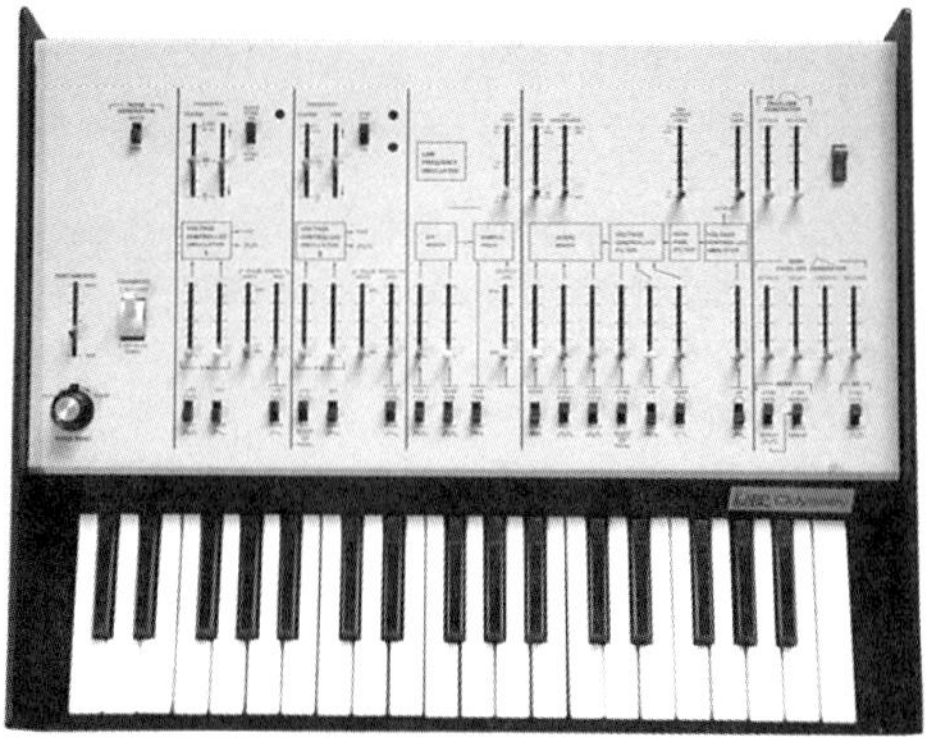

アープ・オデッセイ

ユラー・システムの最も一般的なパーツが、運搬しやすい小型のケースに収められている。続いてアープ社も、同じような発想の「オデッセイ」を1972年に発表した。

同じ頃から日本の楽器メーカー、コルグやヤマハやエース電子工業（ローランドの前身）が、少しずつ頭角を表しはじめていた。コルグの最初の製品は1963年に発売されている。電気機械式のリズム・ボックスで、その名は「DA－20ディスク・ロータリー エレクトリック・オート・リズム・マシン」。通称「ドンカマチック」として知られ、ワーリッツァー社の「サイドマン［1959年発売のドラム・マシン］」に影響を受けた製品だ。1966年には、ソリッドステート全電子回路式の「ドンカマチック・DE－20」がその座を奪う。そして、翌年からコルグは電子オルガン市場にも手を広げる。最初のシンセサイザー「ミニコルグ・700」を発表するのは1973年のことだ［同社は1970年に日本初のシンセサイザー「試作一号機」を製造しているが、市販はされなかった］。

エース電子工業もまたドラム・マシンの先駆者で、1967年の「エーストーン FR－1リズム・エース」発売以降、躍進を続けた。創業者の梯《かけはし》郁太郎《いくたろう》は1972年に同社を退き、ローランドを設立。1973年に最初のシンセサイザー「ローランド・SH－1000」を発売する。同年、19世紀からオルガンやピアノを作り続けてきたヤマハも「GX－1」（当初は「エレクトーン GX－707」の名称で発売された）で競争に参入。これら3社はわずか数年でEMSやモーグ、アープに肩を並べ、シンセサイザー市場を席巻していった。1970年代、電子音楽の楽器といえ

ドンカマチック

ばシンセサイザーであり、ドラム・マシンやシーケンサーであった。そして時代が進むにつれ、多くの機種が生まれていった。「機材」が改良され、編集され、低価格になり、わかりやくなり、使いやすくなり、持ち運びしやすくなっていく間も、「芸術」はあらゆる方向に育っていった。誇り高きプログレッシヴ・ロックのキーボード奏者なら、まず間違いなくミニモーグやアープ・オデッセイを装備していた。ピンク・フロイドはＥＭＳのシンセサイザーを使った。ウェンディ・カーロスは映画『時計じかけのオレンジ』（１９７１）のサウンドトラックでベートーヴェンを一新してみせた。ホット・バターの『ポップコーン』は世界的なヒットとなった。ザ・ペッパーズの『ペッパー・ボックス』（１９７３）や、チコリ・ティップの『サン・オブ・マイ・ファザー』（１９７２）も同様にヒットした。スティーヴィー・ワンダーはトントズ・エクスパンディング・ヘッド・バンド（ローザー・アンド・ハンド・ピープルのロバート・マーグーレフが参加）との連携を続けた。スーサイドは自作電子楽器の美学を１９７０年代に更新した。タンジェリン・ドリームはテープ・コラージュからシンセサイザーに移行し、ジョン・ピール［当時人気を博したイギリスのラジオＤＪ］の後押しでヴァージン・レコードと契約してアルバムをヒットさせた。クラフトワークは電子音楽のカルテットを結成し、『アウトバーン』（１９７４）で世界

SH-1000

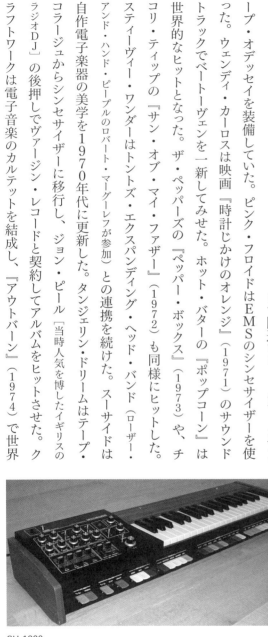

的にブレイクした。ドナ・サマーの『アイ・フィール・ラヴ』（1977）では、ジョルジオ・モロダーによるシーケンサーの強烈なアルペジオが、後に続く無数のハウスミュージック・レコードの始祖となった。デヴィッド・ボウイとブライアン・イーノは、ひたすら耳をすまし続けていた。ゲイリー・ニューマン、そしてソフト・セルやヒューマン・リーグ、ヘヴン17、デペッシュ・モード、スパークス、ニュー・オーダー、OMD、ウルトラヴォックス、ヴィサージといったバンドを後になって結成する面々、あらゆるミュージシャンが、エレキ・ギターを捨ててシンセサイザーに飛びついた。

けれども、本書で紹介した電子音楽の先駆者のほとんどは、こうしたゴールド・ラッシュに乗り損ねた。彼らの多くは性格的に「科学者」で「発明家」で「作家」だった。中には天性のパフォーマーもいたが、たいていは真空管やハンダだらけの小部屋に引きこもっている方が好きだった。電子音楽が人前で演奏される音楽に変わってくると、なじめなくなった。これが理由で、最初はそこに存在していたはずの電子音楽家たちも、多くが視界から消えていった。

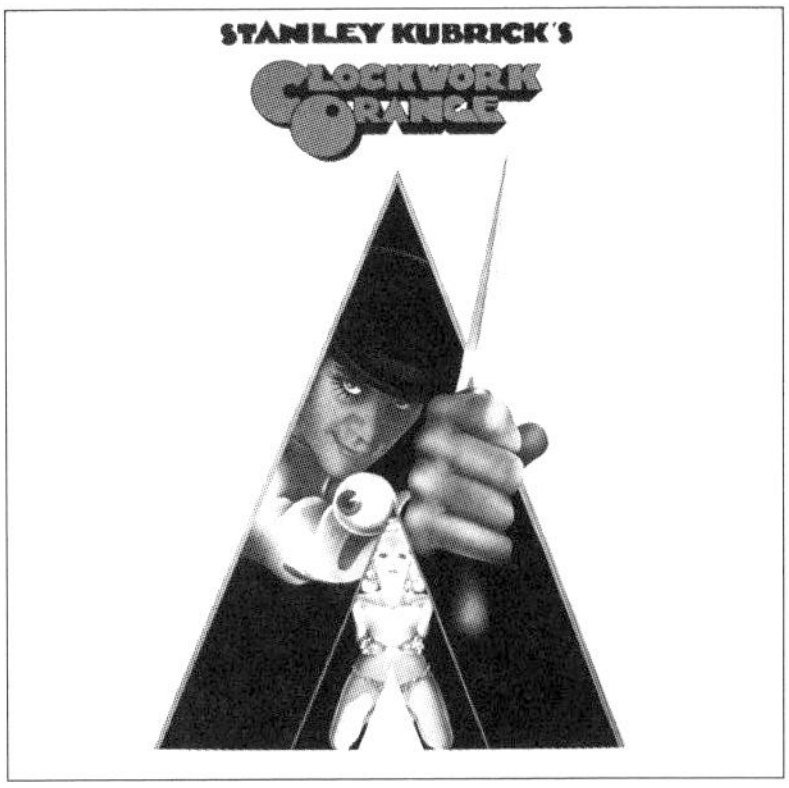

『時計じかけのオレンジ』（1971）

『ペッパー・ボックス』（1973）

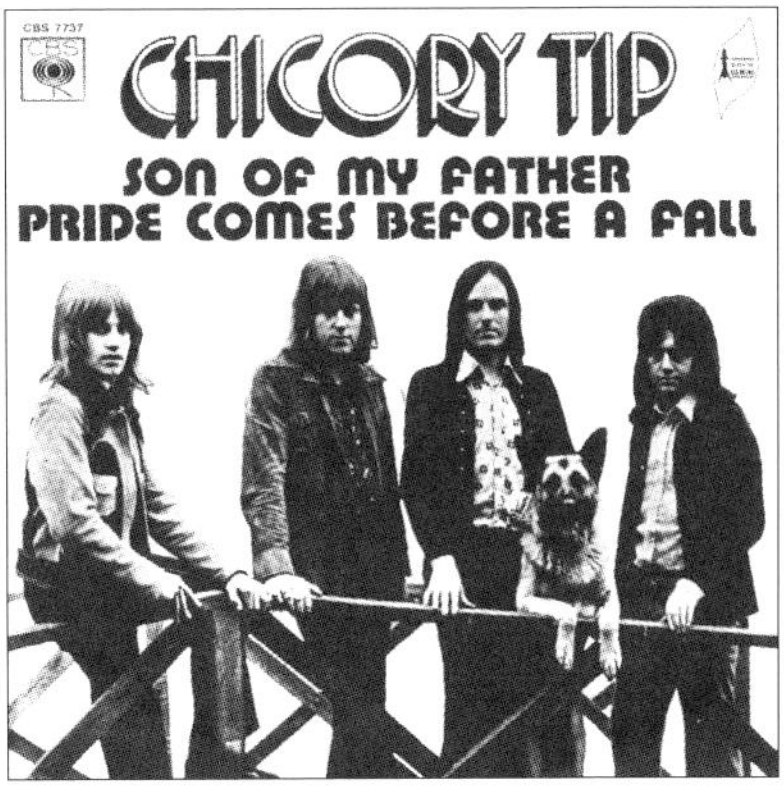

『サン・オブ・マイ・ファザー』（1972）

『アウトバーン』(1974)

『アイ・フィール・ラヴ』(1977)

もう1つの理由は、テクノロジーの加速だ。電子音楽の１９６０年代は、テープ時代からシンセサイザー世代へと移行して終わった。変化が早すぎたので、ついていけない者も、適応したがらない者もいた。また切り貼り編集のベテランの中には、シンセサイザーの多くが鍵盤楽器であることを制約と考える者もいた。彼らにとってテープという手法の面白さは、限界がないことだった。音階という絶対的な権力から解放され、誰も聴いたことがなく、２度と再び聴くことのできないような音を創造することだった。それが今では、金さえあれば誰でも同じ機種を買い、同じサウンドを鳴らすことができるではないか。実際は、これは誤解だったのだが。初期のシンセサイザーは千差万別で、プリセット音色に頼ることもできなかった。自分の信じるシステムを選び、自己流で音を作るしかなかった。１９４０年代後半から１９６０年代後半に全盛期を迎えた音楽家や作曲家の場合、こうしたシンセサイザーとシーケンサーの時代を飛び越えて、彼らの望むような音響操作の領域が無限に広がるコンピューターとサンプラーの時代に直行した方が、幸せだったかもしれない。もっとも彼ら古き電子音楽家の多くにとって、そんな時代の到来はあまりにも先のことだった。

エピローグ

その後の彼ら

Epilogue

ダフネ・オラム｜Daphne Oram

ダフネ・オラムは、電子音楽についてのレクチャーを1980年代まで続けた。『音楽についての個人的な覚え書き／サウンドとエレクトロニクス』（1972、未邦訳）という興味深い本も書いている。版元はガリアード・インプリントという音楽出版社。この出版社からは、ほぼ同時期にトリストラム・ケアリーがEP盤を2枚出している。この本では、時には教科書のように明快に電子音楽が紹介され、時には音の性質について難解な思考が展開される。冒頭でオラムは、厳密でアカデミックな教科書を書きたいわけではないと述べているが、その意図は成功している。彼女が提供するのは、とりとめない混合物だ。手書きのダイヤグラム。技術的な説明。モンテーニュ［ルネサンス期のフランスの哲学者］の引用。古代中国のシンボル。人生と芸術についての憂いを帯びた思索。文章から読み取れるオラムの内面は、相反する物事に関心を寄せるエキセントリックで独創的な女性、フリーランスの学者といったところか。これを読むと、彼女がイギリス電子音楽界の重要な原動力から脇役へと消えていったのもわかる気がする。本があ

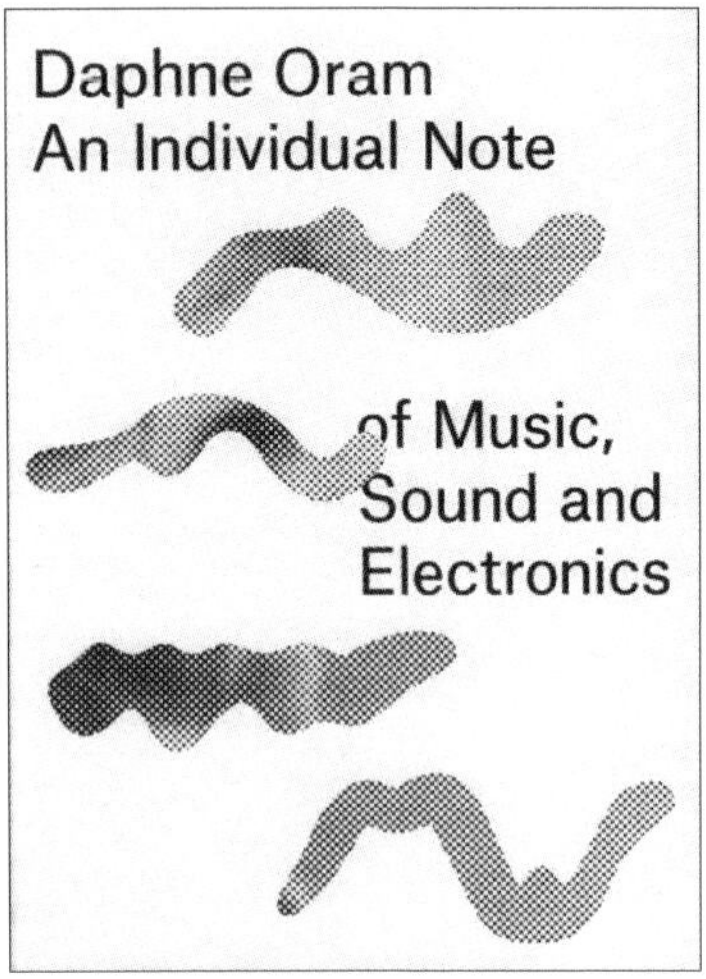

ダフネ・オラム『音楽についての個人的な覚え書き』（1972）

まり売れずに消えていったのも、驚きではない。

この本が出版された頃、オラムは作曲を止めたも同然だった。仮に作曲を続けていたとしても、それを聴いた者はいない。全精力はオラミクスを仕上げる努力に費やされていた。だが当時、すでに電子音楽は特別なものではなくなっていた。オラム世代が取り組んできたテスト・オシレーターやテープは、シンセサイザーのせいで時代遅れになり、彼女は孤独に作業を続け、アイディアの盗用を恐れ、広がり続ける電子音楽コミュニティとは疎遠になっていった。財政支援も得られず、他者の協力も得られず、オラミクスが全性能を発揮する日はついに来なかった。コンピューターの性能が上がってくると、オラムはシステムのデジタル化にとりかかった。だが1990年代、2度の脳卒中発作で創作は不可能となった。老いたオラムが介護施設に移ったしばらく後、デリア・ダービーシャーが訪ねた時には、もはや友情もとげとげしく崩れてしまっていた。2003年、ダフネ・オラムは施設で死去した。

芸術家や科学者が、人里離れた塔にこもって孤独に作業するのは、イメージとしてはロマンティックかもしれない。しかし晩年のオラムには「逃したチャンス」というバックグラウンド・ノイズが鳴り響き続けていた。彼女の思い描いたドローン・サウンドが、完璧に実現することはなかった。実験のことばかり考えていたため、音楽の創作は止めてしまった。解体されて機能停止したオラミクスは、オラムのアーカイヴがあるゴールドスミス・カレッジに収蔵された。2011年からはロンドン科学博物館に展示されているが、未修復状態でも、試作段階からまったく進化していないのはわかる。オラムは追加資金を集めようとしたが、かなわなかったのだ。彼女に関するグルベンキアン財団のファイルには、手書きの記録が残っている。これによれば1973年11月16日が、最後に彼女が資金援助の交渉に来た日付だ。記録者はオラムに対し、助成金を受けられる「**チャンスはない**」と告げた、と書いている。オラムは礼儀正しいが「**あまりビジネスライクではなかった**」とも。[183]

デリア・ダービーシャー｜Delia Derbyshire

オラムと同じようなバックグラウンド・ノイズは、ダービーシャーの晩年にも鳴り響いていた。彼女は1970年代もBBCで働き続け、一時はシンセサイザーに惹かれてEMS VCS3を購入もした。レディオフォニック・ワークショップの巨大なEMSモジュラー・システムにも慣れ親しもうとしたが、フラストレーションが溜まるだけだった。この種のテクノロジーは、面倒なテープ編集作業よりもむしろ制約が大きく、コントロールしづらかった。彼女が望み続けたことは、デジタル・シンセサイザーやソフトウェアが発展した1990年代後半には可能になったが、時すでに遅し。常に突然の依頼を受け、ぎりぎりまで変更を強いられる業務を続けた結果、彼女の精神はすり切れ、1973年にBBCを退職してしまっていた。

これ以上、不誠実でいたくなかったのです。スタッフの制作したものに、高尚すぎるとダメ出しするのも、うんざりでした。BBCの部外者に聴かせたら、受け入れてくれるような作品なのに。[184]

長年ダービーシャーの友人であり、同僚であったホジソンは、こう語っている。

彼女は、きちんと準備してコンセプトを立て、企画を進めるのが好きだった。思い通りのコンセプトが難しいのもわかっていた。彼女は「考えてることが現実には無理だとしたら、企画全体として何が大事か」を考えていた。悲劇的なのは、機材はどんどん進歩していたのに、デリアは明らかにテクノロジーについていけなくなっていたことだ。[185]

BBCを去り、音楽をやめてしまう前の短期間、ダービーシャーはホジソンとともにエレクトロフォン・スタジオ［ホジソンがレディオフォニック退職後、コヴェントガーデンに設立した個人スタジオ］で制作をおこなった。晩年の彼女の衰えぶりは、いかにも哀しい。混沌と不安の中でアルコールに溺れ、仕事も住居も転々とし、新聞を貯め込んでは、取り憑かれたように手記を書いていた。結婚生活は短く、失敗に終わった。『ドクター・フー』のファン大会でも20年来の音楽的貢献は認められていたが、1990年代以降は電子音楽の新世代にその座も奪われ、カルト的な存在になっていく。ダービーシャーはまさしく、問題を抱えて消えていった天才だ。先駆的な作品、アルコール依存、移り気な性格、空白の年月、そして自ら世間から消えていったこと。BBCラジオ・スコットランド放送による1997年のインタビューは、ダービーシャー作品の再評価と同時に、彼女の精神状態も伝えている。ここでは過剰に神経質な様子で、おそらくは酔っぱらってクスクス笑いながら、自身の音楽人生について語り、唐突に頑固になったり強引になったりして、妥協できない性格をさらけ出している。注目されることを楽しみ、年長の指導者という役割を楽しみ、自分にまつわる「神話」を信じはじめているようでもある。

「神話」ならこう考えるだろう。気まぐれで美しいが忘れ去られた、この電子音楽の先駆者を、取り囲んで完膚なきまでに叩きのめしたのは、権威の力であったと。多くの神話同様、ここには多くの真実もあるが、還元主義的とも言える。彼女の業績は確かに素晴らしいが、おおかたの推測によれば、彼女の最悪の敵は彼女自身だった。彼女は、環境が自分を抑圧していると思っていたが、それと同じぐらい、彼女の気質そのものが彼女の才能を食いつぶしてしまった。この環境――巨大で、動きの緩慢な「BBC」というマシーン――は、他では決して得られない機会や設備や聴衆を、彼女に提供してくれた。だが彼女は、BBCが求める締め切りを理不尽と感じ、反発した。そしてこの関係が消えると、彼女の音楽的キャリアも終わった。晩年も音楽への関心が消えることはなかったが、成果はほとんどなかった。イギリスのミュージシャン、ピーター・ケンバー（スペースメン3の「ソニック・ブーム」として知られる）は最期まで彼女の友人で、2人でソフトウェアやシンセサイザーをいじっていた。2人がどれだけの音楽を作ったか、そこにダービーシャーがどのくらい関わったかは不明だ。彼女は腎臓疾患で2001年に死去した。

レディオフォニック・ワークショップ｜Radiophonic Workshop

ブライアン・ホジソンは1972年末にBBCを辞職し、電子音楽のスタジオ「エレクトロフォン」を設立して、数枚のシンセサイザー・アルバムを録音した。1977年にはBBCに復職し、1984年にブリスコーが引退した後、1995年までレディオフォニックの代表を務めている。

ジョン・ベイカーも、ホジソンやダービーシャーと同様、1970年代までBBCに残った。レディオフォニックで作品を作りながら、社外でも活動を続けた。過労の結果か、ベイカーの酒量はどんどん増えていった。1970年には精神の破綻を起こし、信頼性の欠如が理由で1974年に職場を放逐される。再び制作に戻ることはなく、1997年にワイト島で死去した。

再任したホジソンの管理下で、レディオフォニックはMIDIスタジオとして再構築された。当時、MIDI機材やサンプラーやコンピューターといった設備は高価で、資金の潤沢なプロ用スタジオでなければ導入することは無理だったが、この頃のレディオフォニックはすでにそうした存在になっていた。シンセサイザーの創生期と同じように、制作手段のほとんどは少数のエリートが握っていた。だが、歴史は繰り返す。時が進むにつれ、機材は安価になり、小型になり、簡単に入手できるようになっていった。ささやかな資金でも自宅スタジオが作れるようになり、テレビのサウンドトラックを制作する作曲家には、それが当然になっていった。もはやレディオフォニックのような専門機関は不要になってしまったのだ。

そして1998年、レディオフォニックの扉は永遠に閉じられた。レディオフォニックは、単発のラジオ・ジングルから何年も続くテレビ・シリーズまで、40年間で6千近いプロジェクトのサウンドを制作した。その初期から作品のコピーは保管されており、数十年間でテレビ番組の映像は散逸しても、サウンドトラックだけは残されてきた。作曲家のマーク・エアーズは、剝離したり千切れたりした何千ものテープ・リールをアーカイヴにまとめるという大仕事を引き受けた。彼は、忘れ去られようとしていた多くの素材を拾い上げ、廃棄を待っていたBBCの倉庫から回収している。

EMSとジノヴィエフ | EMS and Peter Zinovieff

EMSシンセサイザーの1970年代は、輝かしくはじまった。VCS3がイギリスで人気を博していたし、アメリカではそこまで人気はなかったものの「パトニー」の名で販売された。モーグは小型シンセからはじまって巨大かつ複雑な楽器を製造するようになったが、EMSは別の道を進んでいた。SYNTHI 100など1970年代

EMS Synthi100

に発売されたＥＭＳシンセサイザーの多くは、モーグ・モジュラー・システムと同性能の製品だった。その一部はレディオフォニックに納入された。ピーター・ジノヴィエフはＥＭＳの管理職を続けていたが、彼にとってこの会社は副業にすぎなかった。パトニーでは隣の建物も購入して仕切りを取り払い、庭から移転したホーム・スタジオに情熱を注いでいた。その後、スタジオはオックスフォードシャー州グレート・ミルトンの邸宅へと移転する。だが、ジノヴィエフの結婚生活は１９７０年代末に破綻し、財産も失った。ＥＭＳは１９７９年に破産し、会社は紆余曲折を経て１９９５年、ロビン・ウッドの手に渡る。ウッドは１９７０年以来、この会社で楽器の補修を手がけてきた人物だ。スタジオはロンドンに戻り、テムズ川サウス・バンクから数マイルにあるナショナル・シアターの地下倉庫に移転した。だがある時、水が地下室に流れ込んでしまい、機材も被害を受けた。

ジノヴィエフはその後、長いあいだ音楽から引退していたが、近年また制作を再開している。２０１１年9月、本書のためにインタビューした時点では、『馬』というラジオ作品に取り組んでいた。これは詩人カトリーナ・ポーテアスとの共作で、同年11月にBBCラジオ3で放送された。ここでのジノヴィエフの音楽はすべて、コーンウォールのファル川に渡されたケーブル・フェリーの音を加工したものだ。この川からも遠くないトゥルーロ近くの倉庫では、今もウッドがEMS VCS3のオリジナル仕様を販売し続けている。

トリストラム・ケアリー｜Tristram Cary

トリストラム・ケアリーは、高齢になっても活発に制作を続けた。1974年にオーストラリアに移住し、1986年までアデレード大学で教鞭をとる。その後はフリーランスの作曲家に戻り、2008年に死去するまで委嘱を受け続けた。イギリスの電子音楽家マーク・エアーズはケアリーの知人で、一緒に『ドクター・フー』の音楽をコンピレーション・アルバムに編集したが、ケアリーのキャリア上の矛盾について語っている。

ケアリーは心底、芸術音楽の作曲家になりたかった――コンサート作品を真面目に受け取ってほしかったんだ――。電子音楽作品にも完全に真面目に取り組んでいた。メディア作品の作曲家として成功したことを不満に思っていた。テーブルに料理を提供するために自分の芸術を売り渡すようなものだと感じていたんだ。[187]

エアーズは、ケアリーがオーストラリアにアカデミックな仕事を得てイギリスを去った理由の1つは、メディアのための音楽から逃げるためだったのではないかと述べている。アカデミックの世界なら、当然ながら作品を真面目に受け止めてもらえるし、固定給も得られるし、空き時間に芸術音楽の作曲もできる。本当は商業的でありたくないという不満は、多くの創作者にとってよくある経験だ。それでもケアリーは、苦痛で消耗したり失望に打ちのめされたりせず、必要なら妥協もしつつ働き続けた。ブライアン・ホジソンはケアリーのことを、電子音楽界で出会った最も素晴らしい人物だと考えている。[188]

バリー・グレイ｜Barry Gray

バリー・グレイはジェリー・アンダーソンとの共同作業で、『謎の円盤UFO』（1970～71）や『スペース1999』（1975～77）の第1シーズンなど、ライヴ・アクション・シリーズの作曲と編曲を続けた。事実上最後の仕事となった『謎の円盤UFO』の制作中、チャンネル諸島ガーンジー島に移住。残る生涯は、この島で半引退の生活を送った。古くなった大量の電子楽器は、戦時中に島を占領していたドイツ軍の、深さ15フィート（約4.6メートル）の地下壕にスタジオを作って収納した。島にある「オールド・ガヴァメント・ハウス・ホテル」のレストランでピアニストを務め、時には私物のオンド・マルトノも演奏した。グレイは1984年に死去し、しばらくしてスタジオ機材や楽器、保存されたテープや書類は、チェルシーのガレージに移された。その後グレイの遺族は、アンダーソンの熱狂的ファンであるラルフ・ティタートンが『レコード・コレクター』誌に書いた記事をみつけて、連絡をとった。ティタートンとそのパートナーのキャシー・フォードは、グレイのアーカイヴを整理する仕事に取り組んだ。2人はグレイのオンド・マルトノを回収して、映画音楽作曲家のフランソワ・エヴァンスに渡した。エヴァンスは楽器を修復し、自分の作品で使用している。

『スペース1999』サウンドトラック盤（1976）

ジャド、レスリー、ミーク、ホフマン｜Fred Judd, Desmond Leslie, Joe Meek and Samuel J. Hoffman

フレッド・ジャドの電子音楽の大半は、スタジオGのライヴラリー・アルバム『エレクトロニック・エイジ』（1970）に収録されている。これらは『トゥモロー・ピープル』（1973～79）など、様々なテレビ番組に使用された。その後は電子音楽から遠ざかり、このテーマについて書いた最後の本『エレクトロニクス・イン・ミュージック』（1972、未邦訳）の頃には、文章にも電子音楽への幻滅がにじみ出ている。ジャドは1992年に死去し、音楽も忘れ去られた。

デズモンド・レスリーの場合、1960年代初頭には電子音楽を放棄してしまったようだ。彼はエキセントリックな本を書くようになり、キャッスル・レスリーにあった実家を修復もした。レスリーは2001年に死去した。

フランスの作曲家ジャン・ルドゥリユーは、ジョー・ミークの〈テルスター〉の旋律が、自分の作曲した映画『ナポレオン／アウステルリッツの戦い』（1959）からの盗作だと主張した。彼は裁判に訴えたので、数年にわたる訴訟の間、ミークの印税は凍結された。ドラッグの使用で逮捕されたこともあり、ミークの脆弱な神経はストレスに参っていた。ヒット曲は他にもあったが、嗜好の変化とあいまって、彼のキャリアは行き詰まっていった。1967年2月3日、ミークは大家と口論になって彼女を射殺し、その直後同じ銃で自殺した。

パートタイムのテルミン奏者だったサミュエル・ホフマンは、1950年代半ばから仕事が減っていったが、完全には演奏をやめなかった。作品リストは、最も有名な映画音楽や1940年代に録音した3枚のアルバムをはるかに超え、やるせない宗教音楽からついにはロックンロールまで、どんどん広がっていった。ホフマンが最後に演奏したのはキャプテン・ビーフハートの1967年のアルバム『セーフ・アズ・ミルク』で、〈エレクトリシティ〉と〈オータムズ・チャイルド〉の2曲に参加している。ホフマンは同年の暮れに死去した。

ジャン＝ジャック・ペリー｜Jean-Jacques Perrey

ジャン＝ジャック・ペリーはアメリカで10年を過ごした後、1970年にフランスへと帰国する。だが、海外での成功が祖国では大して評価されないことに失望し、再びすべてをやり直すことにした。バレエ音楽、ライブラリ・アルバム、レストランのピアノ弾き、ラジオ・ルクセンブルクの音楽など、様々な仕事をこなしていったが、ニューヨークを拠点として築いたあの頃の勢いを取り戻すことはできなかった。オンディオリーヌも時代遅れになっていた。開発者のジョルジュ・ジェニーは、トランジスタを使ったりキャビネットを新型にしたりして改良を進めたが、努力もむなしく誰も興味を示さなかった。この楽器は忘れ去られていった。ペリー自身も忘れられ、1980年代には第一線から退いていたが、サンプリング元として再評価されることになる。

1990年にギャング・スター［1985～2005年に活動したアメリカのヒップホップ・デュオ］が、ペリーの1970年の曲〈E.V.A.〉を引用した［シングル『ジャスト・トゥ・ゲット・ア・レップ』］。新しい世代がこのフランス人を再発見し、再評価したのだ。こうしてペリーの穏やかな第2のキャリアがはじまった。書籍『インクレディブリー・ストレンジ・

『セーフ・アズ・ミルク』（1967）

ミュージック』第2号での非常に長いインタビュー。ヴァンガード・レコードからの再発売。ライヴ出演に一連の新録音。その中の数曲でペリーはダナ・カントリーマンと共演した。彼はペリーの伝記作家で、2人は1960年代のヴァンガードのアルバム以降、ペリーが止めてしまった仕事を再開し、モーグとオンディオリーヌを使ったインスト・ポップの曲も制作している［ペリーは本書出版後、2016年に死去］。

アメリカのバンドたち

1960年代に自力で電子音楽を作ったシルヴァー・アップルズ、フィフティ・フット・ホース、ザ・ユナイテッド・ステイツ・オブ・アメリカのような発明家たちは、祖国でも、もっと言えば他のどの国でも「名誉なき予言者」だった。キャリアは短く、ほとんどは10年ともたなかった。しかし1990年代のCD再発ブームによって、1度はどうしようもなく消えていった彼らのアルバムが、新しい聴き手の前に再び姿を現すことになった。今度の聴き手は以前よりずっと多く、もっとずっと熱心だった。

ザ・ユナイテッド・ステイツ・オブ・アメリカのジョセフ・バードは、地道で断続的な音楽活動を続けてきた。シンセサイザー音楽のアルバム［『アメリカン・メタフィジカル・サーカス』（1969）］や、ライ・クーダーを共同プロデュースしたアルバム［『ジャズ』（1978）］などを制作し、現在は教師をしている。イギリスの「ブロードキャスト」は、バードからの影響を表明する現代のバンドの1つだ。ザ・ユナイテッド・ステイツ・オブ・アメリカの分裂後、メンバーの1人であるリチャード・デュレットは自分のシンセサイザーを取り戻した。以来、両者に音沙汰はない。シメオン・コックスは、1970年に経済的な理由でシルヴァー・アップルズが分裂した後、音楽をやめてしまった。

例の「ザ・シメオン」は、アラバマのトレーラー・ハウスに収納していた。だが、1979年のハリケーン・フレデリックで、ザ・シメオンは流出してしまった。それでもコックスはアーティスト活動を続けた。1990年代半ば、シルヴァー・アップルズのアルバムは、新しい世代からカルト的な人気を博するようになる。おかげでコックスは再び音楽に取り組むようになり、地道な演奏活動や、シルヴァー・アップルズ名義でのレコーディングを再開した。ブラーのデーモン・アルバーンが支持してくれたのも大きかった。1998年、ドラマーにダニー・テイラーを迎えて再結成ライヴをおこなった後、大変な交通事故に見舞われたが、コックスは生き残った。テイラーは2005年に死去した。

コーク・マーチェスチは、1969年にフィフティ・フット・ホースがバラバラになった後、プロとして演奏するのをやめてしまった。とはいえアーティスト活動は続けており、1990年代には電子楽器を刷新してバンドを再起動した。マーチェスチとフィフティ・フット・ホースは、今も活動を続けている。

ビーヴァー&クラウスのアルバムは、シンセサイザーによるニューエイジ・ミュージックの先駆的存在となった。電子音楽は長きにわたって、未知の世界、オカルト、不安、恐怖、UFO、宇宙、お笑いのための音楽と見られてきたが、彼らはそこに新たな道標を示したのだ。おかげで今や電子音楽は、静穏や平和、瞑想、静けさを表す音楽になった。彼らは1970年代も活動を続けたが、シンセサイザーがなじみやすい楽器になるにつれ、専門家として求められる機会は減っていった。ポール・ビーヴァーは電子音楽の知識を私塾で公開したり、学校や大学でも講義し続けたが、1975年に高校で教鞭をとっている最中に動脈瘤破裂を起こし、数日後に死去した。彼の死後、バーニー・クラウスも音楽活動から引退し、今は世界中を旅して自然の音を録音し続けている［クラウスはこの活動を『野生のオーケストラが聴こえる――サウンドスケープ生態学と音楽の起源』（2013年、みすず書房）にまとめている］。

レイモンド・スコットとエリック・サイデー｜Raymond Scott and Eric Siday

1970年、モータウン・レーベルの創業者ベリー・ゴーディが、大勢の取り巻きを引き連れてレイモンド・スコットを訪問した。彼の関心は、スコットが果てしなく開発し続けている「エレクトロニウム」にあった。当時のモータウンは電子音楽に興味を示していたのだ。たとえば同社の代表は、ザ・サウンズ・オブ・トゥモローのメンバーだったスコット・ラディックに接触し、社が所有するモーグの操作を依頼して断られていた。こうしてレイモンド・スコットは1971年にカリフォルニアへと転居し、1977年までモータウンの電子音楽部門でR&Dディレクターを務めることになる。この間もエレクトロニウムの開発は続けていたが、実際に役立つことはほとんどなかったようだ。もしモータウンがエレクトロニウムをレコーディングに使ったなら、その事実を公表していただろう。1988年頃にはスコットも、このシステムをあきらめざるをえなくなった。健康状態は悪化し、2度にわたる心臓バイパス手術の後、心臓発作の連続や脳卒中で仕事も話もできなくなってしまった。スコットは1994年に死去。長い間ガレージで忘れ去られていたエレクトロニウムは、「ディーヴォ」のマーク・マザーズボウが救出し、ダレン・デイヴィソンの指示に基づいて修復された。

スコットの友人で同年輩のエリック・サイデーは、スコットよりずっと早く死去している。彼は1970年代もこつこつと制作を続け、『ニューヨーク・タイムズ』の追悼記事によれば、幅広く聴かれて利益も上がる商業的な電子音楽を作って、よく知られていた。サイデー本人は影が薄く、電子音楽についても特に語っていない。1976年に心臓発作で死去した。没後も彼の音楽はテレビで使用されたが、再発レーベルに注目されることはなかった。

1度は有名になったが晩年は消えていったスコットの場合、サイデーとは対象的に再評価が進んでいる。『マンハッタン・リサーチ・インク』（2000）という2枚組CDブックには、未発表の音源が多数収録された。その後『スージング・サウンズ・フォー・ベイビー』シリーズも再発。2010年には、最初の結婚で生まれた息子のスタン・ワーナウが、父親についてのドキュメンタリー映画『デコンストラクティング・ダッド』を発表している。

バロン夫妻｜Louis & Bebe Barron

ルイス&ベベ・バロンは1969年に別居し、翌年に離婚した。離婚後も共同作業は続けていたという情報もあるが、息子のアダム・バロンによれば2人はほとんど新作を作っていなかったようだ。その代わり1976年頃からは、インタビューに答えたりSF大会に出席したり、『禁断の惑星』のサウンドトラック・アルバムを何度か発売したりと、折にふれ自分たちの遺産を世に広めていた。

ジョン・ケージとの親交にもかかわらず、1980年代に映画研究者が再評価するまで、バロン夫妻に批評家が注目することはなかった。それ以降も夫妻は、電子音楽界では周辺に位置し続けた。ベベは1985年から1987年にかけて、SEAMUS（アメリカ電子音楽協会）の第一書記を務めている。1986年の『キーボード』誌には、スタジオでの夫妻の写真が掲載された。年をとって銀髪になったルイスとベベは、30年来変わらない機材に囲まれている。スタジオの場所はグリニッチ・ヴィレッジからカリフォルニアのガレージに移ったが。しかしビヨルン・ボルグ［（1956〜）。スウェーデン出身のテニス選手。1983年に26歳で引退、1990年に現役復帰した］は木製ラケットを手に

『マンハッタン・リサーチ・インク』（2000）

カムバックしたが、バロン夫妻はそうならなかった。2人はもはや現役ではなかったのだ。その記事の中で夫妻は、シンセサイザーやコンピューターに対する相反した感情を語っている。3年後、ルイス・バロンは癌で死去した。ベベ・バロンはそれから10年も作曲していなかったが、１９９９年にカリフォルニア大から最新デジタル技術を使った新作を打診された。そうして２０００年に完成した『ミクスト・エモーションズ』は、意外なほど『禁断の惑星』に似た作品だった。彼女は２００８年に死去した。

レフ・テルミン｜Lev Termen

初期電子音楽の各段階と個人名がほぼ同義語になった2人の人物、レフ・テルミンとロバート・モーグは、１９９１年に面会を果たしている。著名人として10年ほど過ごした後、テルミンは１９３８年にアメリカからモスクワへと帰国した。数年後に彼は死亡したと西側では思われていたが、１９６０年代半ばになると、彼はまだ生きているという噂が流れはじめる。真実は、50年もの間ソヴィエト政権の体制に服従しながら、心ならずも権威に従い、盗聴器開発などの政府プロジェクトに従事していたのだった。１９８９年に鉄のカーテンが崩壊した後、すでに90歳代のテルミンがモスクワで貧しく暮らしていることがわかった。「**全人生を費やした作品や所有物は、小部屋に並んだごくわずかな家財道具へと蒸留されてしまった**」[189]。レーニンに発明をデモしてみせたこの人物はソヴィエト時代を生きのび、彼の影響のもとで電子楽器を作った20世紀初頭生まれの発明家たちよりも長生きした。ジョルジュ・ジェニーは、１９７５年に死去している。またモーリス・マルトノは、オンド・マルトノの限定生産を監督し続けていたが、１９８０年、82歳の誕生日を迎える直前に交通事故で死去した。

そしてテルミンは、ほぼ半世紀ぶりにアメリカに戻ることになる。数ある業績の中でもFMシンセシス［1980年代に商品化されたデジタル音響合成方式］の開発者として知られるジョン・チャウニングや、テルミンのドキュメンタリー映画を製作したスティーヴン・M・マーティンらが、彼を招待したのだ。マーティンは少年時代に『地球の静止する日』を観て以来、テルミンに魅せられてしまったという。

1991年9月27日、スタンフォード大学のフロスト・アンフィシアターで、テルミンを讃えるコンサートが開かれた。スタンフォード設立100周年記念メダルが授与される数分間、この老人に1500人の群衆がスタンディング・オベーションを捧げた。その中にはドン・ブックラやモーグのようなアメリカのシンセサイザー開発者も大勢いた。テルミンは1993年11月に97歳で死去。マーティンの映画『テルミン』（1993）がイギリスのテレビ「チャンネル4」で初放映された翌日だった。

ロバート・モーグ｜Robert Moog

モーグは1970年代初頭のシンセサイザー界で抜きんでた存在だったが、仕事は1970年代からずっと順風満帆なわけではなかった。ビジネスマン以上にアイディアマンだった彼は、1972年からモーグ・ミュージックと名称変更した自分の会社をコントロールできなくなり、1977年に退社。モーグ・ミュージックも国内外の圧力と悪戦苦闘し、1986年に破産してしまった。

自らの名を冠した会社を去った後、モーグは原点に戻り、ビッグ・ブライヤ社を立ち上げて、再びテルミンを製作しはじめた。カーツウェル・ミュージック・システムズ社の顧問を務めたり、講演をしたり、音楽技術誌のインタ

ミニモーグ・ヴォイジャー

ビューを受けもした。１９８０年代には、安価で小型で多機能な日本製シンセサイザーが急速に市場を席巻し、モーグ社の製品は人気を失っていった。１９８０年代半ば、ミニモーグは二束三文で取引されるようになっていた。

だが、これは終わりを意味しなかった。新世代のミュージシャン、とりわけダンス・ミュージックの世界で、アナログ時代のシンセサイザーの価値が上がりはじめたのだ。中古モーグの価格は高騰し、「モーグ」の名称自体が１９７０年当時の魅力を取り戻した。２００２年、ビッグ・ブライヤ社は「モーグ」名義で製品を作る権利を取り戻し、すかさずオリジナルのミニモーグをヴァージョン・アップした新製品「ミニモーグ・ヴォイジャー」を発表。ロバート・モーグは自分の名前が再び製品に記されているのを見て満足した。顧客の多くが、発音を間違えていたとしても「慣習的に〝ムーグ〟と発音されがちで、日本でも長年そう発音されてきたが、本人は〝モーグ〟だと強調しており、本書もこれに従っている」。彼は２００５年に死去している。

モーグは技術者であり、発明家でもあった。芸術家や夢想家のような考え方もした。技術的な素養だけでなく、直感のひらめきもあった。晩年の彼には、その両面が表れていた。手頃で実用的で使いやすい電子楽器を作る人物であり、回路を擬人化して神秘的な言葉で語る人物でもあった。ハンス・フェルスタッド監督のドキュメンタリー『モーグ』（２００４）で、白髪で優しげな表情のモーグには、かすかな彼岸の雰囲気すら感じられる。子どもっぽい朗らかな花の絵が描かれた古いステーション・ワゴンで田舎を走り、ポーチでロッキング・チェアを揺らしながら、彼は格言めいたことを語る。頭の上で腕を揺すりながら、「**どこか外**」から降りてきて彼を「**通り過ぎていく**」アイディアについて話す。「**電子部品に何が起きているのか、私には感じられるんだ**」。モーグはそう語る。

謝辞

本書の執筆を委嘱してくれたデヴィッド・バーカーとコンティニュアム社に感謝する。名前は（私には）知らされていないデザイン・チームにも。カバー・デザインはとても気に入っている。

電子音楽について長年にわたり語り合ってきた以下の人々がいなければ、本書は成立しなかっただろう。マーク・エアーズ、トニー・ベーコン、アダム・バロン、ジョセフ・バード、ジョン・キャリー、ダナ・カントリーマン、シメオン・コックス、マックス・クルック、ダレン・デヴィソン、ジェイソン・ドレイパー、アラン・エンテンマン、ジョス・グッデイ、アラン・ハマー、イアン・ヘリウェル、ブライアン・ホジソン、ジャック・ホルツマン、クリス・カチュリス、マイク・ケリー、バーニー・クラウス、スコット・ラディック、コーク・マーチェスチ、ディック・ミルズ、テッド・パンデル、トム・レア、トム・シーブルック、デヴィッド・シェパード、ポール・タナー、リッチー・アンターバーガー、スタンリー・ワーノウ、ダン・ウィルソン、ジェフ・ウィナー、ピーター・ジンオービエフ。

とりわけイアン・ヘリウェルとジェフ・ウィナーは、時間と重要な知見を惜しみなく与えてくれた。

本書をマデリーン、ジョージア、ギデオンに捧げる。

訳者あとがき

本書は"The Sound of Tomorrow : How Electronic Music Was Smuggled into the Mainstream"（明日のサウンド：如何にして電子音楽はメインストリームに密輸されたか）の全訳です。

原題は、第6章に登場する実在のバンド「ザ・サウンズ・オブ・トゥモロー」（The Sounds of Tomorrow）のもじりですが、同時に、来たるべき未来にふさわしい「明日のサウンド」を信じて奮闘を続けた、発明家や技術者や音楽家といった過去のクリエイターたちへのオマージュとも読み取れます。

新しい発明がさらに新しいアイディアを喚起し、作り手どうしの出会いが次の創作につながっていく。電子楽器や電子音楽に熱中した（しすぎた）マニアックな人々の、そんなバトン・リレーによって、最初は奇妙で不気味な謎のサウンドと思われていた電子の音は、大衆も好んで耳にするマス・カルチャーやポップ・カルチャーの中心部へと少しずつ「密輸」されていきました。

通信、電話、ラジオ、テレビ、テープ、レコードといったメディアの歴史。オシレーター、真空管、電磁誘導、トランジスタなど、音楽に影響を与えたテクノロジーの歴史。テルハーモニウムやテルミンに端を発する個性的な電子楽器から、発振音、テープ音楽、モーグやブックラのようなシンセサイザーまで、紆余曲折をたどって進化し続けたハード（楽器）とソフト（制作手法）の音楽史。こうした様々な「歴史」の重なり合いから、「点」と「点」を結ぶようにして複合的に電子音楽の成立事情を活写してみせたところが、本書のユニークな点です。

メディアやテクノロジーの発達史に興味のある方。ミッド・センチュリー時代のSFやホラー映画や海外テレビ・ドラマに関心をお持ちの方。ラウンジ、モンド、エキゾチカなどのムード音楽から、サイケデリックやプログレのようなロックまで、ポピュラー音楽ファンの方。電子音楽や電子楽器の愛好家に限らず、様々な趣味嗜好の方に幅広くお楽しみいただける内容だと、自信を持ってお勧めいたします。


プロローグで著者も述べている通り、これまで電子音楽の歴史は、しばしばアカデミックな芸術音楽（現代音楽）の視点から語られてきました。それに対し本書は、あくまでも雑多な大衆文化——娯楽番組やハリウッド映画の音楽、CMやサウンドロゴや企業フィルムなどの商業音楽、ポピュラー音楽やロック——の中に電子の音がどのように侵食し、どうやって市民権を得ていったかを描き出します。

放送や映像の効果音に使用されることで、電子音が耳慣れたものになっていった様子（第2章）。BBC放送の一部門であったレディオフォニック・ワークショップの影響力（第4章）。ビートルズやローリング・ストーンズのような有名バンドから、サイケデリックでマニアックなバンドまで、ロックの世界に電子楽器が普及していった過程（第6章）。少しずつ進行していった「密輸」の様々なシーンを、本書はカメラを切り替えるように見せていきます。

ただし、時系列を行き来しつつ展開する構成上、それぞれの出来事の前後関係など、わかりにくい部分もあります。そこで巻末には、本書の作品や出来事を一覧できる年表も追加しました。ご活用いただければ幸いです。

またイギリス人の著者による本書では、やはりイギリスとアメリカのトピックが中心となっています。年表では同時進行していた他国の電子音楽や、芸術音楽についても簡単に紹介しました。

本書には、たとえばポール・マッカートニーは〈イエスタデイ〉の電子音ヴァージョンを作ろうとしていたとか、イギリスで最初にモーグ・シンセサイザーを買ったのがジョージ・ハリスンという通説は間違いだとか、ビーチ・ボーイズはテルミンを使ったと言われるが正確には「エレクトロ・テルミン」という別の楽器だったとか、トリヴィア的なエピソードも散りばめられていて楽しめます。しかし何よりも興味深いのは、電子の音に取り憑かれてしまった情熱的すぎる人々の、人間ドラマかもしれません。

今で言う配信ビジネスを一度は成功させながらも、やがて倒産に追い込まれたサディウス・ケーヒル（第1章）。映画会社に抜擢されて斬新な電子音響を生み出したものの、訴訟で争うハメになりハリウッドから見放されてしまったバロン夫妻（第3章）。商業音楽の制作では成功したにもかかわらず、オリジナル楽器の完成にこだわるあまり、音楽界から忘れ去られていったレイモンド・スコット（第6章）やダフネ・オラム（第8章）。訴訟やドラッグの問題を抱え、悲惨な最後を遂げたジョー・ミーク（第8章）等々。

商業的・経済的な成功と芸術的・個人的な欲求の間で葛藤し続け、極度に内向的だったり完全主義の度がすぎるあまり自滅に向かわざるを得なかった彼らには、ものを作る人間特有の「業」というか、悲哀のようなものも感じざるをえません。

ここで訳者の個人的な話をしておきましょう。本業は作曲家でミュージシャンです。用いる楽器の大半はシンセサイザーなどの電子機器で、コンピューターを多用して音楽制作を続けています。同時に大学の教員も務めており、論文など英語の文献にふれることも少なくありません。しかし、まさか自分がこれほど本格的に「翻訳」という仕事に取り組むことになるとは思ってもいませんでした。

本書と出会ったのは、2014年に休暇で訪れたドバイの書店。もとより旅先で、知らない書店をぶらつくのは好きな方です。なんとなくアート・ブックや音楽書のコーナーを眺めていた時、本書が目に入りました。題名が、日本語にすると『明日のサウンド』。おっ、これは前衛音楽、それともテクノにまつわる本かな？　パラパラめくってみると「モーグ・シンセサイザー」だの「テルミン」といった単語が目に飛び込んでくる。なるほど電子楽器を紹介する本か。それなら自分の専門ど真ん中。この分野に関しては、様々な媒体に寄稿もしています。たとえば、本書にも登場するドキュメンタリー映画『モーグ』の日本版パンフレットに「電子音に恋した〈発明家〉たち」という記事を執筆したこともあります。資料は常に探しているのです。

ページをさらにめくると『遊星よりの物体X』『禁断の惑星』といった映画のタイトルが目につくではありませんか。いよいよ面白くなってきた。当方、大学では映画を論じる講義も担当しており、しかもこの手のレトロな娯楽映画は個人的に大好物。そういえば『禁断の惑星』はフランスのフェスティヴァルで、生演奏つきの爆音上映を鑑賞したこともあるぞ。読み進むと、今度は「レス・バクスター」だの「ペリー&キングスレイ」なんて固有名詞が出現。ミュージシャンとして「現在進行形のムード音楽を追求」と自称する当方にとって、エキゾチカやラウンジ音楽は昔から愛聴のジャンル。ここまで自分の嗜好や知識に合致する書物もなかなかありません。これは読むしかない！いや日本語に翻訳して、世に知らしめるしかない！　それができるのは自分しかいない！　……とまあ、旅先特有の躁状態もあって、本書の登場人物たちに負けないぐらい熱く興奮して、帰国するやいなや出版社に連絡をとったわけです。

とはいえその後は、音楽制作や大学業務が繁忙期になると、何週間も筆が止まることもあり。また年代や固有名詞や事実関係に間違いがあってはならないと、文献やネットを駆使しての「裏取り」や、著者との質疑応答にも時間がかかり。気がつけば着手から脱稿まで、あっという間に4年以上が過ぎてしまいました。

そんな訳者の仕事を辛抱強く待ち続け、校正に校閲、訳文チェック、資料写真の掲載確認まで奮闘し、第一稿から「これは面白い！　ぜひ多くの人に読まれるべきですよ！」と持ち上げまくってモチベーションを維持してくださった編集担当の沼倉康介さんに、まずは大感謝です。「専門書的になりすぎないよう、読みやすいレイアウトで」という訳者のオーダーに見事に応えてくださった装丁の加藤賢策さん。クールなイラストレーションを提供してくださった今井トゥーンズさん。そして出版を快諾し、ゴー・サインを出してくださったアルテスパブリッシングの木村元さんと鈴木茂さん。皆さんのご協力に感謝を捧げます。どうもありがとうございました！

ヌノサトル

2018年9月

関連年表

年	世界の出来事	本書の出来事	本書に登場する作品など
1867		サディウス・ケーヒル生誕	
1876	グラハム・ベル、電話を発明		
1877	トマス・エジソン、フォノグラフを発明		
1879	ロンドンに電話交換所開設		
1881		NYに電力網が敷設	
1882		エジソン・エレクトリック・カンパニー、NYに発電所を開設	
1883		ブルックリン橋、竣工	
1887	エミール・ベルリナー、グラモフォンを発明	フリードリヒ・トラウトヴァイン生誕	
1892		ケーヒル、コロンビア大を卒業	
1895	リュミエール兄弟、映画を発明		
1896		レフ・テルミン生誕	
1897		ケーヒル、テルハーモニウムの特許出願	
1898		テルハーモニウム特許承認 モーリス・マルトノ生誕	
1900	パリ万博	テルハーモニウム試作機完成	
1903		サミュエル・ホフマン生誕	
1904	ジョン・フレミング、二極真空管を発明		

1905		エリック・サイデー生誕	
1906	アメリカで初のラジオ放送実験	リー・ド・フォレスト、三極真空管を発明 テルハーモニウムがNYに設営、営業開始	
1907			フェルッチョ・ブゾーニ『新音楽美学試論』
1908		レイモンド・スコット、バリー・グレイ生誕	
1911		クララ・ロックモア生誕	
1913			ルイジ・ルッソロ『騒音芸術』
1914	第一次世界大戦開始	ケーヒルの会社、倒産 フレッド・ジャッド生誕	
1918			
1919		レフ・テルミン、テルミン発明 エリック・サイデー、王立音楽院に入学	
1920		ルイス・バロン生誕	
1921		デズモンド・レスリー生誕	
1922			
1924	アメリカでラジオ全国放送開始	ソ連はテルミンを国外宣伝　米国特許出願	アンドレイ・パシュチェンコ作曲『テルミンとオーケストラのための交響的神秘』
1925		ベベ・バロン、トリストラム・ケアリー、ダフネ・オラム生誕	
1927	トーキー映画開始	トラウトヴァイン、トラウトニウムを発明	
1928	フリッツ・プロイマー、磁気テープを発明	テルミン、米国特許承認 マルトノ、オンド・マルトノを発表	ディミトリオス・レヴィディス作曲『オンド・マルトノ独奏と管弦楽のための交響詩』
1929	世界恐慌に突入	RCAビクター、テルミン商業生産のライセンス獲得 ジャン＝ジャック・ペリー、ジョー・ミーク生誕	
1930	A・D・ブルームライン、ステレオ・レコードを発明	マルトノ渡米、アメリカ・ツアー開始（31年まで）	

年	世界の出来事	本書の出来事	本書に登場する作品など
1931		電気ピアノ「ネオ・ベヒシュタイン」発売 オンド・マルトノ初ラジオ放送 ブルース・ハーク生誕	
1932		BBC、初のTV放送 テレフンケン社、トラウトニウム発売 オンド・マルトノ最初の製品製作開始	
1933		ピーター・ジンオーヴィエフ生誕	
1934	ローレンス・ハモンド、ハモンド・オルガンを発明	ケーヒル死去（66歳） ロバート・モーグ生誕	
1936		ホフマン、「ハル・ホープ」と名乗り始める レイモンド・スコット・クインテット結成	
1937		デリア・ダービーシャー生誕	レイモンド・スコット作曲『パワー・ハウス』
1938		テルミン、アメリカを去る ジョルジュ・ジェニー、オンディオリンを構想	
1939	第二次大戦開始	NY万国博覧会（39年～40年） ノヴァコード発売 ウォルター・カーロス生誕 エリック・サイデー、NYに移住	CM『ペプシコーラ・ヒッツ・ザ・スポット』（エリック・サイデー） 映画『ニュー・ホライズン』（ノヴァコード使用） ヴェラ・リン『また会いましょう』（ノヴァコード使用）
1940			映画『バグダッドの盗賊』（ミクロス・ローザ／オンド・マルトノ使用） 映画『レベッカ』（フランツ・ワックスマン／ノヴァコード使用）
1941	アメリカでTV放送開始	ジョルジュ・ジェニー、オンディオリンを発明	映画『マルタの鷹』（ノヴァコード使用）
1945	第二次大戦終結		映画『白い恐怖』（ミクロス・ローザ／テルミン：サミュエル・ホフマン） 映画『失われた週末』（ミクロス・ローザ／テルミン：サミュエル・ホフマン）
1946		レイモンド・スコット、マンハッタン・リサーチを設立	
1947	ベル研究所、トランジスタを発明	アメリカ、テープ録音による初のラジオ放送（ビング・クロスビー） ミニテープCo. テープレコーダー発売 コンスタン・マルタン、クラヴィオリンを発明 ルイス・バロンとベベが結婚	映画『赤い家』（ミクロス・ローザ／テルミン：サミュエル・ホフマン） レス・バクスター『ミュージック・オン・ザ・ムーン』（テルミン：サミュエル・ホフマン）

1948		コロンビア、33回転LPレコード発売 AMPEX、モデル200発売 バロン夫妻、テープ音楽に着手	ピエール・シェフェール作曲『騒音の音楽会』 オリヴィエ・メシアン作曲『トゥランガリラ交響曲』（オンド・マルトノ使用） レス・バクスター『パフューム・セット・トゥ・ミュージック』（テルミン：サミュエル・ホフマン） ラジオ『テリーと街へ』（バリー・グレイ）
1949	ハモンド社、スピネット・オルガン発売	シェフェール、アンリら、GRMC結成 オンディオリン発売 モーグ、15歳でテルミンを自作 バロン夫妻、アナイス・ニンのレコードを制作	ホフマン『ミュージック・フォー・ピース・オブ・マインド』 ジャン＝ジャック・ペリー『プレリュード・オ・ソメイユ』 ダフネ・オラム『静止点』 アナイス・ニン『ガラスの鐘の下で』『近親相姦の家』
1950	朝鮮戦争開始	セルマー、クラヴィオリンの製造開始 バリー・グレイ、自宅スタジオを開設 バロン夫妻、NYに転居	レス・バクスター『ミュージック・フォー・ピーシズ・オブ・マインド』（テルミン：サミュエル・ホフマン） 映画『火星探検』（ファーディ・グローフェ／テルミン：サミュエル・ホフマン） 映画『月世界征服』（電子音使用）
1951		サンフランシスコ・テープミュージック・センター設立 フランスRTF放送局内にGRMCスタジオ開設 ドイツNDWR放送局内にケルン電子音楽スタジオ開設	シャルル・トレネ『詩人の魂』（オンディオリン：ペリー） 映画『遊星よりの物体X』（ディミトリ・ティオムキン／テルミン：サミュエル・ホフマン） 映画『地球の静止する日』（バーナード・ハーマン／テルミン：サミュエル・ホフマン）
1952		NAMMショーでギブソン社、クラヴィオリンを発表	バロン夫妻『天空の動物園』 映画『アトランティスの鐘』（バロン夫妻）
1953	朝鮮戦争終結	ケルン電子音楽スタジオにシュトックハウゼンが参加 R・A・モーグ・カンパニー設立、テルミン販売開始	デズモンド・レスリー著『空飛ぶ円盤実見記』 ジョン・ケージ作曲〈ウィリアムズ・ミックス〉（協力：バロン夫妻） バロン夫妻『電子神経系のための第1番』 映画『マグネティック・モンスター』（ポール・ビーヴァー） 映画『姿なき訪問者』『それは外宇宙からやって来た』『月基地計画』（テルミン：サミュエル・ホフマン） ラジオ『宇宙への旅』（クラヴィオリン使用）
1954		ブルース・ハークNYに転居	映画『ミラマジック』『ジャズ・オブ・ライツ』『禁断の惑星』（バロン夫妻）
1955	NHK電子音楽スタジオ開設 ハモンド社、B−3オルガン発売 RCAプリンストン研究所、RCAシンセサイザーを開発	トリストラム・ケアリー、ラジオ『日本の漁師』『マダムと泥棒』音楽制作 モーグ、マンハッタン・リサーチを訪問	映画『ヴィジット・トゥ・ア・スモール・プラネット』（バロン夫妻）

年	世界の出来事	本書の出来事	本書に登場する作品など
1956		ホフマン『ジョニー・カーソン・ショー』でテルミンを演奏 スコット、クラヴィヴォックス特許出願 トラウトヴァイン死去	デズモンド・レスリー『宇宙空間の音楽』
1957	ヒラー＆アイザックソン、世界初のコンピュータ作曲『イリアック組曲』 ルチアーノ・ベリオら、ミラノに電子音楽スタジオを設立	人工衛星スプートニク1号発射 ビル・ヘイリー＆コメッツ、イギリスツアーでクラヴィオリンを使用	エレクトロソニックス『ソング・オブ・ザ・セカンド・ムーン』 ジョー・ミーク『カンバーランド・ギャップ』『グリーン・ドア』 レイモンド・スコット「ジングル・ワークショップ」 TV『トゥイズルの冒険』（バリー・グレイ） ラジオ『すべて倒れんとする者』『不愉快な牡蠣』（デズモンド・ブリスコー）
1958	IC（集積回路）発表 ステレオ方式レコード発売	ブリュッセル万博でペリー、オンディオリンを演奏 BBCにレディオフォニック・ワークショップ開設 ポール・タナー「エレクトロ・テルミン」を開発	ブリュッセル万博　ヴァレーズ〈ポエム・エレクトロニーク〉 チッタノーヴァ『異なる永遠のための歌』オンディオリン使用 バロン夫妻『ブリッジス・ゴーラウンド』 ポール・タナー『ミュージック・フォー・ヘブンリー・ボディーズ』 TV『アンフィトリオン38』（ダフネ・オラム） TV『火星人地球大襲撃』（デズモンド・ブリスコー） TV『電気じかけのトーチー』（バリー・グレイ）
1959	NASA設立 ウサチェフスキーら、コロンビア＝プリンストン電子音楽センターを開設	ワーリッツァー、サイドマンを発売 ペリー、エディット・ピアフの公演に参加 ミーク、自宅スタジオを開設 オラム、BBCを退職 スコット、エレクトロニウムを設計	CM『マックスウェルハウス・コーヒー』（エリック・サイデー）
1960	ザ・ビートルズ結成	ペリー、TV『私の秘密』出演 ペリー、マンハッタン・リサーチを訪問 ジョン・ベイカー、BBCに着任	ジャン＝ジャック・ペリー『ミスター・オンディオリン』 デズモンド・レスリー『悪魔王の死』 ジョー・ミーク『アイ・ヒアー・ア・ニュー・ワールド』 映画『スパルタカス』（オンディオリン使用） TV『スーパーカー』（バリー・グレイ）
1961	ザ・ビーチ・ボーイズ結成	モーグ、「メロディア」（テルミン）発売	フレッド・ジャド『電子音楽とミュージック・コンクレート』 デル・シャノン『悲しき街角』 映画『回転』（ダフネ・オラム）
1962	キューバ危機 フィリップス、カセットテープ発表 ザ・ビートルズ『ラヴ・ミー・ドゥ』でレコード・デビュー ザ・ローリング・ストーンズ結成	NASA、テルスター衛星1号機を発射 デリア・ダービーシャー、レディオフォニック・ワークショップに配属	ダフネ・オラム『エレクトロニック・サウンド・パターンズ』『おおぐま座のロケット』 レイ・カソード『タイム・ビート』 トルネイドース『テルスター』 映画『フロイド／隠された欲望』（ジェリー・ゴールドスミス） 映画『世界残酷物語』（オンディオリン使用） TV『宇宙船XL・5』（バリー・グレイ）

1963	メロトロンMk-1発売	ブックラ・100シリーズ発売 コルグ、ドンカマチック発売 ベイカー、レディオフォニック・ワークショップに配属 デズモンド・レスリー、TV『ザット・ワズ…』に出演 モーグ、ハーバート・A・ドイチュと出会う	映画『鳥』（トラウトヴァイン使用） TV『スペース・パトロール』『ドクター・フー』（レディオフォニック） CM『スプライト／はずむメロンボール』（レイモンド・スコット）
1964	初のモーグ・モジュラー完成	ジャック・ホルツマン、ノンサッチ・レーベルを設立	レイモンド・スコット『スージング・サウンズ・フォー・ベイビー』 ハーバート・ドイチュ『ジャズ・イメージズ、ア・ワークソング・アンド・ブルース』 TV『海底大戦争 スティングレイ』（バリー・グレイ） TV『ドクター・フー』（音響提供：デズモンド・レスリー） 映画『血だらけの惨劇』（エレクトロ・テルミン演奏：タナー）
1965		マイクロ・コンピューターPDP-8発売 スコット、離婚してロングアイランド島に転居 モーグとドイチュ、トルマンスバーグ工場で講習会を開催	ジーン・ピットニー『アイ・マスト・ビー・シーイング・シングス』オンディオリン使用 映画『Dr.フーin怪人ダレクの惑星』（音響：バリー・グレイ） 映画『ドクトル・ジバゴ』（電子音：ポール・ビーヴァー） 映画『サタンバグ』『危険な道』（電子音：ポール・ビーヴァー） TV『宇宙家族ロビンソン』 TV『サンダーバード』（バリー・グレイ） スクリーン・ジェムズ社ジングル（エリック・サイデー）
1966		ユニット・デルタ・プラス結成 ブルース・ハーク、TV『私の秘密』に出演 ジンオーヴィエフ、パトニーにスタジオを開設 ポール・マッカートニーがジンオーヴィエフのスタジオを訪問 現代音楽振興会、第一回電子音楽フォーラムを開催	ブルース・プロジェクト『ノー・タイム・ライク・ザ・ライト・タイム』（オンディオリン使用） ザ・ビートルズ『リボルバー』 ビーチ・ボーイズ『ペット・サウンズ』（エレクトロ・テルミン演奏：タナー） ペリー＆キングスレイ『ザ・イン・サウンド・フロム・ウェイ・アウト』 ザ・バーズ『ヤンガー・ザン・イエスタデイ』 ダービーシャー＆ニューリー『ムージーズ・ブルージーズ』 映画『電撃フリントGO!GO作戦』（電子音：ポール・ビーヴァー） 映画『血に飢えた島』『地球侵略戦争2150』『華氏451』（バリー・グレイ） 映画『鮮血の女王』（バロン夫妻）
1967			モートン・サボトニック『シルヴァー・アップルズ・オブ・ザ・ムーン』 キャプテン・ビーフハート『セーフ・アズ・ミルク』（ホフマン、テルミン演奏） ザ・バーズ『ゴーイン・バック』 ザ・ゾディアック『コズミック・サウンズ』

年	世界の出来事	本書の出来事	本書に登場する作品など
1967		モントレー・ポップ・フェスティヴァルで、クローズ&ビーヴァーがモーグをデモ ザ・ミリオン・ボルト・ライト・アンド・サウンド・レイヴ開催 モーグ900発売 ユニット・デルタ・プラス解散 ザ・ビートルズ『カーニヴァル・オブ・ライト』初演 ミーク死去（37歳） ホフマン死去（63歳）	ザ・モンキーズ『スター・コレクター』 ザ・ドアーズ『まぼろしの世界』 ビーチ・ボーイズ『ワイルド・ハニー』（タナーのエレクトロ・テルミン使用） フィル・オクス『プレジャー・オブ・ハーバー』 フィフティ・フット・ホース『コールドロン』 ハル・ブレイン『サイケデリック・パーカッション』 ザ・ビートルズ『サージェント・ペパーズ・ロンリー・ハーツ・クラブ・バンド』 ピンク・フロイド『夜明けの口笛吹き』 ザ・ローリング・ストーンズ『ビトウィーン・ザ・バトンズ』 ザ・ローリング・ストーン『サタニック・マジェスティーズ』 ザ・プリティ・シングス『ディフェクティング・グレイ』 映画『電撃フリント・アタック作戦』（電子音：ポール・ビーヴァー） 映画『卒業』『冷血』（電子音：ビーヴァー&クラウス） 映画『火星人地球大襲撃』（トリストラム・ケアリー） TV『キャプテン・スカーレット』（バリー・グレイ）
1968			『ザ・ノンサッチ・ガイド・トゥ・エレクトロニック・ミュージック』 『BBCレディオフォニック・ミュージック』 ブルース・ハーク『ザ・ウェイアウト・レコード・フォー・チルドレン』 ザ・プリティ・シングス『S・F・ソロー』 ホワイト・ノイズ『アン・エレクトリック・ストーム』 モート・ガーソン『ウォザード・オブ・イズ』 ザ・バーズ『名うてのバード兄弟』 ダイアナ・ロスとシュープリームス『リフレクションズ』 ウォルター・カーロス『スイッチト・オン・バッハ』 シルヴァー・アップルズ『シルヴァー・アップルズ』 ローザー・アンド・ハンド・ピープル『ローザー・アンド・ハンド・ピープル』 ザ・ユナイテッド・ステイツ・オブ・アメリカ『ザ・ユナイテッド・ステイツ・オブ・アメリカ』 V.A.『ロック・マシーン・ターンズ・オン・ユー』 ギル・メレ『トーマV1』 フランク・ザッパ『ランピー・グレイヴィ』 ザ・マザーズ・オブ・インベンション『ウィ・アー・オンリー・イン・イット・フォー・ザ・マネー』 映画『ローズマリーの赤ちゃん』（電子音：ビーヴァー&クラウス） TV『ジョー90』（バリー・グレイ）

1969	アポロ11号月面着陸 ウッドストック・フェスティヴァル	EMS VCS3発売 BBC2『ザ・セイム・トレード・アズ・モーツァルト』ケアリー、オラム、ジンオーヴィエフら出演 BBC1『トゥモローズ・ワールド』でモーグ紹介 ITV『ウィズ・ア・リトル・ヘルプ・フロム・マイ・フレンズ』 ジャズ・イン・ザ・ガーデン開催 ザ・サウンズ・オブ・トゥモロー、ライヴにモーグを使用	ダフネ・オラム『プロセリアンド』 スプーキー・トゥース&ピエール・アンリ『セレモニー』 ジョージ・ハリスン『電子音楽の世界』 ザ・ビートルズ『アビー・ロード』 ビーヴァー&クラウス『エレクトロニック・ファンク』 ガーション・キングスレイ『ミュージック・トゥ・モーグ・バイ』 ウォルター・カーロス『ウェル・テンパード・シンセサイザー』 ハンス・ワーマン『モーグ・ストライクス・バッハ』 クリストファー・スコット『スイッチト・オン・バカラック』 モーグ・マシーン『スイッチト・オン・ロック』 ヒューゴ・モンテネグロ『モーグ・パワー』 ディック・ハイマン『エイジ・オブ・エレクトロニクス』『ミノタウロス』 ルイス・ヒューブナー『セダクション・スルー・ウィッチクラフト』 (バロン夫妻) TV『決死圏SOS宇宙船』(バリー・グレイ) TV『クランガーズ』(エレクトロ・テルミン使用)
1970	大阪万博 ザ・ビートルズ、解散	アープ・2500発売 ミニモーグ発売 バロン夫妻が離婚 シルヴァー・アップルズ解散	スタジオG『エレクトロニック・エイジ』 ビーヴァー&クラウス『イン・ア・ワイルド・サンクチュアリ』 ザ・ナイス、ロイヤル・フィルハーモニー管弦楽団と共演 エマーソン・レイク&パーマー『ラッキー・マン』 ガーション・キングスレイ「ザ・ファースト・モーグ・カルテット」結成 ブルース・ハーク『エレクトリック・ルシファー』 映画『パフォーマンス』(ミック・ジャガー、モーグ使用) 映画『続・猿の惑星』(電子音：ビーヴァー&クラウス) TV『謎の円盤UFO』(バリー・グレイ)
1971		EMS Synthi100発売	ペリー&キングスレイ『カレイドスコピック・バイブレーションズ：スポットライト・オン・ザ・モーグ』 映画『アンドロメダ…』(ギル・メレ) 映画『時計仕掛けのオレンジ』(ウェンディ・カーロス)
1972	IBM、フロッピー・ディスクを発表	アープ・オデッセイ発売 ホジソン、レディオフォニック・ワークショップを退職	チコリ・ティップ『サン・オブ・マイ・ファザー』 ホット・バター『ポップコーン』 アルバム「ナゲット」(オンディオリン使用) フレッド・ジャド著『音楽における電子技術』 ダフネ・オラム著『音楽についての個人的な覚え書き／サウンドとエレクトロニクス』
1973	ジョン・チャウニング、FM方式デジタル音響合成理論を発表	コルグminiKORG700発売 ローランドSH-1000発売 ヤマハGX-1発売 ダービーシャー、レディオフォニック・ワークショップを退職	ザ・ペッパーズ『ペッパー・ボックス』

年	世界の出来事	本書の出来事	本書に登場する作品など
１９７４	冨田勲、デビューアルバム『月の光』発表	ケアリー、豪州へ移住	クラフトワーク『アウトバーン』
１９７５	ベトナム戦争終結		ＴＶ『スペース１９９９』（バリー・グレイ）
１９７６	アップルコンピュータ設立 パリのポンピドゥ・センターにＩＲＣＡＭ設立	ラモーンズ、デビュー サイデー死去（70歳）	映画『２３００年未来への旅』（ジェリー・ゴールドスミス）
１９７７		モーグ、モーグ・ミュージックを退社	ドナ・サマー『アイ・フィール・ラヴ』
１９７８	シーケンシャル・サーキットプロフェット５発売		
１９７９	フェアライトＣＭＩ発売	ＥＭＳ破産	
１９８０	ソニー、ウォークマン発売 フィリップス、ＣＤ発表	マルトノ死去（82歳）	
１９８２	ＭＩＤＩ規格発効		
１９８３	ヤマハ、ＤＸ７発売 任天堂、ファミリーコンピューター発売		
１９８４	アップル、マッキントッシュ発売 シンクラヴィア発売	ブリスコー、レディオフォニック・ワークショップを退職、ホジソンが再任 グレイ死去（75歳）	
１９８６		モーグ・ミュージック破産	
１９８８	ＩＲＣＡＭ、ＭＡＸを開発	ハーク死去（57歳）	
１９８９	ベルリンの壁崩壊	ルイス・バロン死去（69歳）	
１９９０	ｍｐ３規格完成		ギャング・スター『ジャスト・トゥ・ゲット・ア・レップ』でペリーを引用
１９９１	ソ連崩壊 Ａｖｉｄ、プロ・トゥールズー発売	テルミンにスタンフォード大学設立１００周年記念メダル授与	
１９９３		テルミン死去（97歳） ディック・ミルズ、レディオフォニック・ワークショップを退職	

1994		スコット死去（85歳）	
1997		ベイカー死去（59歳）	
1998		レディオフォニック・ワークショップ解散	
2000			レイモンド・スコット『マンハッタン・リサーチ・インク』（アンソロジー） ベベ・バロン『ミクスト・エモーションズ』
2001	911テロ事件	ダービーシャー死去（64歳）	
2002		モーグ、ミニモーグ・ヴォイジャー発売	
2003	iTunes Music Store 開始	オラム死去（77歳）	
2004			映画『モーグ』
2005		モーグ死去（71歳）	
2008	Spotify サービス開始	ベベ・バロン死去（82歳）	
2011			ジンオーヴィエフ『馬』
2016		ペリー死去（87歳）	

索引

人物・団体

ア

アグネス・バーネル Agnes Bernelle 136
アーサー・キット Eartha Kitt 130
アダム・バロン Adam Barron 103, 317
アナイス・ニン Anaïs Nin 81, 82, 86, 87
アニタ・パレンバーグ Anita Pallenberg 265
アラン・ロバート・パールマン Alan Robert Pearlman 297
アル・クーパー Al Kooper 179
アルウィン・ニコライ Alwin Nikolais 217
アール・ブラウン Earle Brown 85
アルフレッド・ヒッチコック Alfred Hitchcock 31, 53-56
アレックス・ノース Alex North 178
アーロン・コープランド Aaron Copland 173
アンソニー・ニューリー Anthony Newley 246, 272
アンドリュー・ルーグ・オールダム
Andrew Loog Oldham 264
アン・フランシス Anne Francis 88
イアン・ヒューゴ（ヒュー・パーカー・ギラー）
Ian Hugo (Hugh Parker Guiler) 82, 86, 87
ウィーヴァーズ Weavers 224
ヴィサージ Visage 301
ヴィップス、ザ The V.I.P.s 290
ヴェラ・リン Vera Lynn 33, 130, 134, 135
ウォルター（ウェンディ）・カーロス Walter(Wendy) Carlos 219, 237, 276-280, 282, 286, 293, 300
ウォルター・シアー Walter Sear 188, 286, 288
ウォルター・ピジョン Walter Pidgeon 88
ウラジミール・ウサチェフスキー Vladimir Ussachevsky 3, 104, 173, 215, 216, 276
ウルトラヴォックス Ultravox 301
エスター・ネルソン Esther Nelson 181
エディット・ピアフ Édith Piaf 176
エドガー・ヴァレーズ Edgard Varèse 20, 76, 87, 102, 119, 202, 206, 207, 209,
エドマンド・H・ノース Edmund H. North 63
エドワード・G・ロビンソン Edward G. Robinson 59
エマーソン・レイク＆パーマー
Emerson, Lake & Palmer 286, 288
エリック・サイデー Eric Siday 102, 103, 122, 131, 152-158, 209, 217, 218, 224, 226, 238, 241, 281, 316
エレクトリック・プルーンズ Electric Prunes 291
オーケストラル・マヌーヴァーズ・イン・ザ・ダーク（OMD）
Orchestral Manoeuvres in the Dark 301
オットー・ルーニング Otto Luening 3, 276
オリヴィエ・メシアン Olivier Messiaen 29
オルダス・ハクスリー Aldous Huxley 82

カ

カイ・ウィンディング Kai Winding 178
ガーション・キングスレイ Gershon Kingsley 179, 237, 238, 282, 289, 290, 326
カールハインツ・シュトックハウゼン Karlheinz Stockhausen 3, 47, 48, 87, 108, 116, 173, 198, 212, 224, 246, 247, 284, 294
キース・エマーソン Keith Emerson 286, 287, 288, 290, 293
キース・リチャーズ Keith Richards 262, 263
キッド・バルタン（ディック・ラエイメーカーズ）
Kid Baltan(Dick Raaymakers) 77, 128
ギャング・スター Gang Starr 313
ギル・メレ Gil Mellé 206, 207, 209
キンクス、ザ The Kinks 250
クララ・ロックモア Clara Rockmore 25, 56, 202
クリス・カチュリス Chris Kachulis 182, 183, 239
クリス・ブラックウェル Chris Blackwell 271
クリスチャン・ウォルフ Christian Wolff 85
クリスチャン・ナイビイ Christian Nyby 62
グレン・ミラー Glenn Miller 184
ゲイリー・ニューマン Gary Numan 301
ケネス・アーノルド Kenneth Arnold 60
ケン・ノーディーン Ken Nordine 202
コンスタン・マルタン Constant Martin 38 ,39, 132
ゴア・ヴィダル Gore Vidal 100

サ

サウンズ・オブ・トゥモロー、ザ The Sounds of Tomorrow 176, 209-211, 293, 316
サディウス・ケーヒル Thaddeus Cahill 7, 12-14, 16, 19, 20, 167, 281, 293
サミュエル・ホフマン Samuel Hoffman 4, 52-54, 56-60, 62,63, 66-68, 162, 184, 185, 312, 313
ジェフ・ゴダード Geoff Goddard 144
ジェームズ・フォックス James Fox 265
ジェリー・ゴールドスミス Jerry Goldsmith 54, 222, 223
ジェリー・ルイス Jerry Lewis 100
シド・バレット Syd Barrett 269
ジミ・ヘンドリックス Jimi Hendrix 194, 206, 228
ジム・モリソン Jim Morrison 234
シメオン・コックス Simeon Cox190-193, 195, 314, 315
ジャック・ホルツマン Jack Holtzman 83, 220, 224, 225, 227, 229-231, 241
ジャック・マリン Jack Mullin 42, 43, 80
シャルル・トレネ Charles Trenet 72-74
ジャン゠ジャック・ペリー Jean-Jacques Perrey 4, 37, 38, 70-77, 149, 150, 162, 176-179, 224, 237-239, 279, 289, 313
ジャン・ジロドゥ Jean Giraudoux 113
ジュディ・ガーランド Judy Garland 91
シュープリームス、ザ The Supremes 233
ジュリー・ロンドン Julie London 59

ジュール・ヴェルヌ Jules Verne 61, 103
ジョー・ミーク Joe Meek 138-144, 167, 174, 312
ジョージ・アダムスキー George Adamski 136
ジョージ・ハリスン George Harrison
249, 250, 283, 284, 291-293
ジョージ・マーティン George Martin
247, 248, 250, 266, 284, 285, 292
ジョセフ・バード Joseph Byrd 196-201, 205, 314
ジョニー・グリーンウッド Jonny Greenwood 30
ジョルジオ・モロダー Giorgio Moroder 301
ジョルジュ・ジェニー Georges Jenny
36-38, 70, 71, 73, 75-77, 313, 318
ジョン・ケージ John Cage
85-87, 102, 104, 196, 198, 200, 202, 208, 240, 317
ジョン・チャウニング John Chowning 319
ジョン・ハナート John Hanert 33, 34
ジョン・ベイカー John Baker 122, 252, 254, 307
ジョン・レノン John Lennon 247, 249, 250, 266
シリル・グランサム Cyril Grantham 40
シリル・ヒューム Cyril Hume 88
シリル・リチャード Cyril Ritchard 100
シルヴァー・アップルズ Silver Apples
190-195, 198, 199, 205, 211, 212, 262, 270, 314, 315
ジーン・ピットニー Gene Pitney 179
スコット・ラディック Scott Ludwig
209-211, 224, 293, 316
スタンリー・キューブリック Stanley Kubrick 178
スタンリー・ワーノウ Stanley Warnow 169, 170
スティーヴン・M・マーティン Steven M. Martin 319
スパークス Sparks 301
スプーキー・トゥース Spooky Tooth 290, 291
ソフト・セル Soft Cell 301

タ

ダイアナ・ロス Diana Ross 233
ダナ・カントリーマン Dana Countryman 314
ダニー・テイラー Danny Taylor 191-193, 315
ダフネ・オラム Daphne Oram 6, 76, 106-110, 112-122, 127, 138, 163, 166, 167, 169, 243, 244, 254, 256-260, 273-275, 284, 303-305
チャールズ・チルトン Charles Chilton 111
チャールズ・ブラケット Charles Brackett 57, 58
ディック・ハイマン Dick Hyman 282, 286
ディミトリ・ティオムキン Dimitri Tiomkin 62-64
ディミトリオス・レヴィディス Dimitrios Levidis 26
デヴィッド・O・セルズニック David O. Selznick 55, 56
デヴィッド・ギルモア David Gilmour 269
デヴィッド・コッカレル David Cockerell 120, 243, 294
デヴィッド・チューダー David Tudor 85, 240
デヴィッド・ブラッサム David Blossom 201
デヴィッド・ボウイ David Bowie 301
デヴィッド・ローズ David Rose 91
デズモンド・ブリスコー Desmond Briscoe
108, 110, 112-114, 116-118, 123, 253, 307
デズモンド・レスリー Desmond Leslie
107, 122, 135-137, 156, 312
テッド・パンデル Ted Pandel 180,181
テネシー・ウィリアムズ Tennessee Williams 82
デペッシュ・モード Depeche Mode 301
デリア・ダービーシャー Delia Derbyshire
1-3, 121-125, 245-249, 251-254, 271-275, 304-307
デル・シャノン Del Shannon 174-176, 209, 211
ドアーズ、ザ The Doors 233, 234
ドナルド・スワン Donald Swann 110
トニー・ストラットン・スミス Tony Stratton-Smith
287, 288
トム・オーバーハイム Tom Oberheim 197
トム・ディッセフェルト Tom Dissevelt 77, 78
ドリス・デイ Doris Day 226
トリストラム・ケアリー Tristram Cary 48, 76, 106-112, 118-120, 122, 138, 169, 243, 254, 255, 273-275, 284,294, 303, 310
トルネイドース、ザ The Tornados 144
ドロシー・モスコウィッツ Dorothy Moskowitz 197-199
ドン・バンクス Don Banks 295

ナ・ハ

ナイス、ザ The Nice 287-290
ニコラス・ローグ Nicolas Roeg 265
ニュー・オーダー New Order 301
ノーマン・スミス Norman Smith 266-269
バーズ、ザ The Byrds
211, 212, 228, 230-232, 234, 293
バディ・ホリー Buddy Holly 138, 144, 174
バート・ウィードン Bert Weedon 135
バート・リットン Bart Lytton 103
バーナード・ハーマン Bernard Herrmann
63-65, 78, 261
バーナード・レヴィン Bernard Levin 136
バーニー・クラウス Bernie Krause 33, 213, 220, 223-226, 228-230, 233-237, 287, 292, 315
H・G・ウェルズ H. G. Wells 61
ハーバート・ドイチュ Herbert Deutsch
164, 214-216, 218, 219, 289
バリー・グレイ Barry Gray 107, 129-135, 138, 152, 243, 260-262, 311
ハル・ブレイン Hal Blaine 187, 223
ハロルド・スマート Harold Smart 40
ハワード・ホークス Howard Hawks 62
ハンス・フェルスタッド Hans Fjellestad 320
ハンフリー・ボガート Humphrey Bogart 54, 101
ビーヴァー & クラウス Beaver & Krause
33, 220, 234-236, 287, 315
ピエール・アンリ Pierre Henry 46, 116, 290, 291
ピエール・シェフェール Pierre Schaeffer
3, 4, 20, 44-48, 76, 108, 116, 291
ピーター・ケンバー Peter Kember 307
ピーター・ジノヴィエフ Peter Zinovieff 1, 2, 120, 162,

242-249, 254, 274, 275, 284, 294, 296, 309
ピート・タウンゼント Pete Townshend 296
ビートルズ、ザ The Beatles 2, 138, 228, 247-250, 262, 266, 267, 283, 285, 289, 292, 293
ヒューマン・リーグ、ザ　The Human League 301
ヒュー・ル・ケイン Hugh Le Caine 216
ビリー・フューリー Billy Fury 144
ビリー・ワイルダー Billy Wilder 55, 57
ビル・ヘイリー & ヒズ・コメッツ Bill Haley and his Comets 40
ビル・マクガフィー Bill McGuffie 40
ピンク・フロイド Pink Floyd 254, 262, 266, 269, 270, 296, 300
ビング・クロスビー Bing Crosby 43, 59, 80,
フー、ザ The Who 228, 296
ファースト・モーグ・カルテット、ザ The First Moog Quartet 289, 293
ファーディ・グローフェ Ferde Grofé 32, 62-64
フィフティ・フット・ホース Fifty Foot Hose 201-205, 212, 262, 270, 272, 315
フィル・オクス Phil Ochs 200, 201
フェルッチョ・ブゾーニ Ferruccio Busoni 20
ブライアン・イーノ Brian Eno 296, 301
ブライアン・ウィルソン Brian Wilson 186-189
ブライアン・ジョーンズ Brian Jones 254, 262-264
ブライアン・ハイランド Brian Hyland 211
ブライアン・ホジソン Brian Hodgson 1, 2, 123, 125, 127, 245-249, 251, 252, 254, 271-273, 305-307, 310
フランキー・ヴォーガン Frankie Vaughan 139
フランク・ザッパ Frank Zappa 101, 207-209
フランク・シナトラ Frank Sinatra 184
フランソワ・トリュフォー François Truffaut 261
フリードリヒ・トラウトヴァイン Friedrich Trautwein 30, 36
ブルース・ハーク Bruce Haack 165, 180-184, 239
フレッド・M・ウィルコックス Fred M. Wilcox 88
フレッド・ジャド Fred judd 107, 125, 127-129, 138, 257, 312
フローレンス・マーリー Frorence Marly 101
ヘヴン 17 Heaven 17 301
ベベ・バロン Bebe Barron 49, 80-87, 91, 317, 318
ヘルベルト・アイメルト Herbert Eimert 48
ペリー & キングスレイ Perrey & Kingsley 237
ベリー・ゴーディ Berry Gordy 170, 316
ヘンリー・ハサウェイ Henry Hathaway 55
ヘンリー・マンシーニ Henry Mancini 184
ヘンリー・ミラー Henry Miller 82
ボブ・ホープ Bob Hope 59
ポール・タナー Paul Tanner 159, 184-189
ポール・ビーヴァー Paul Beaver 33, 102, 103, 211, 213, 220-225, 228, 229, 231-237, 287, 315
ポール・マッカートニー Paul McCartney 1-4, 245-250, 254, 266
ポール・リットン Paul Lytton 272
ホワイト・ノイズ White Noise 271-273

マ

マイク・ヴィッカース Mike Vickers 285, 287, 288, 292
マイケル・レニー Michael Rennie 63
マイヤー・エプラー Meyer Eppler 47
マーク・トウェイン Mark Twain 16, 17
マックス・クルック Max Crook 175, 176, 209-211
マンハッタン・リサーチ Manhattan Research 4, 149, 170, 317
ミクロス・ローザ（ロージャ・ミクローシュ）Miklós Rózsa 54-59, 62-64, 78, 222
ミッキー・ドレンツ Micky Dolenz 211, 229, 232
ミック・ジャガー Mick Jagger 262-265
ミュゼール（ジョセフ・ホワイトリー）Musaire(Joseph Whitely) 26, 51, 178
メリー・クレイトン Merry Clayton 265
メル・トーメ Mel Tormé 226
モート・ガーソン Mort Garson 226, 227
モートン・サボトニック Morton Subotnick 170, 190, 203, 229, 240-242
モートン・フェルドマン Morton Feldman 85
モーリス・マルトノ Maurice Martenot, 30, 318
モンキーズ、ザ The Monkees 157, 211, 229, 232, 234, 293

ヤ・ラ

ユナイテッド・ステイツ・オブ・アメリカ、ザ The United States of America 195-197, 199-201, 205, 211, 262, 270, 314
ユニット・デルタ・プラス Unit Delta Plus 1, 2, 245-247, 249-251, 274
ライ・クーダー Ry Cooder 314
ライムライターズ、ザ The Limeliters 227
リムスキー・コルサコフ Rimsky-Korsakov 50
リンダ・ロンシュタット Linda Ronstadt 196
ル・コルビジェ Le Corbusier 76
ルイジ・ルッソロ Luigi Russolo 20
ルイス・バロン Louis Barron 49, 80-87, 91, 93, 94, 98, 100, 103, 104, 317, 318
ルイス・ヒューブナー Louise Huebner 100
ルイス・コーク・マーチェスチ Louise Cork Marcheschi 201-207, 209, 315
レイチェル・エルカインド Rachel Elkind 277, 278
レイモンド・スコット Raymond Scott 102, 103, 146-155, 157-170, 242, 316
レス・バクスター Les Baxter 66, 67
レスリー・ニールセン Leslie Nielsen 88, 89
レフ・セルゲーエヴィチ・テルミン（レオン・テルミン）Lev Sergeyevich Termen(Léon Theremin) 19, 21-25, 28, 36, 50, 52, 53, 60, 318, 319
ローザー・アンド・ハンド・ピープル Lothar and The Hand People 194, 195, 205, 211, 237, 300
ロジャー・マッギン Roger McGuinn

211, 212, 229, 231
ロニー・ドネガン Lonnie Donegan 139
ロバータ・リー Roberta Leigh 126, 134
ロバート・A・ハインライン Robert Anson Heinlein 61
ロバート・ワイズ Robert Wise 63
ロバート（ボブ）・モーグ Robert(Bob)Moog 5, 68-70, 73, 149, 150, 167, 168, 188-190, 210, 213-220, 226, 238-241, 290, 318-321
ロベルト・バイヤー Robert Beyer 47
ローリング・ストーンズ、ザ The Rolling Stones 190, 228, 254, 262-264, 265-267, 270, 283, 289

A

BBC レディオフォニック・ワークショップ
BBC Radiophonic Workshop 1, 3, 4, 108, 112-114, 116, 117, 119-127, 132, 133, 243, 245, 247-249, 251, 253-256, 263, 271, 273, 274, 285, 305-309
EMS 120, 243, 255, 294-297, 299, 308, 309
IBC 139
MGM 88-92, 98, 102, 103
NWDR 48
20世紀フォックス 63, 65

電子楽器・機材

アープ・2500 ARP 2500 222, 297
アープ・オデッセイ ARP Odyssey 296, 299, 300
エコーレット Echolette 204
エーストーン FR-1 リズム・エース
ACE TONE rhythm ace 299
エレクトロ・テルミン Electro-theremin 159, 184-186, 188, 189
エレクトロニウム Electroneum 148, 160, 163-166, 168, 170, 171, 316
エレクトロニック・サックバット Electronic sackbut 216
オーバーハイム・シンセサイザー Oberheim Synthesizer 197
オラミクス Oramics 6, 163, 166, 167, 258-260
オンディオリーヌ Ondioline 4, 36-39, 41, 70-77, 119, 149, 159, 162, 176-180, 238, 279, 313, 314
オンド・マルトノ Ondes Martenot 26-30, 36, 37, 40, 41, 55, 60, 75, 132, 133, 135, 149, 155-157, 159, 220, 260, 261, 311, 318
クラヴィヴォックス Clavivox 148, 159, 168,
クラヴィオリン Clavioline 4, 39-42, 111, 131, 132, 135, 141, 144, 175, 176, 209, 214,
サイドマン Sideman 159, 160, 179, 299,
シメオン、ザ The Simeon 192-194, 315
スタンシル・ホフマン Stancil Hoffman 81
スピネッタ Spinetta 132, 133, 260
ソロヴォックス Solovox 33-41, 175, 214, 220, 222, 296
タナリン Tannerin 185
チェンバレン Chamberlain 160
テルハーモニウム Telharmonium 7, 12-21, 28, 73, 167, 281, 293
テルミン Theremin 7, 21-30, 40, 41, 49-53, 55-60, 62-70, 93, 95-97, 111, 130, 132, 149, 159, 162, 178, 184-189, 195, 202, 213, 214, 220, 237, 240, 263, 283, 312, 318, 319
トラウトニウム Trautonium 30, 31, 40
ドンカマチック Donca Matic 299
ネオ・ベヒシュタイン Neo Bechstein 130
ノヴァコード Novachord 4, 31, 32-34, 36, 40, 41, 53, 54, 62, 67, 133, 214, 220, 222, 296
ハモンド・オルガン Hammond Organ 31, 32, 53, 63, 131, 220, 229, 287, 288
ブックラ・シンセサイザー Buchla Synthesizer 162, 190, 203, 204, 224, 229, 239-242, 297
100 シリーズ Buchla 100 Series 239, 240
フェアライト・CMI Fairlight CMI 236
マエストロヴォックス Maestrovox 41
マグネトフォン Magnetophon 42, 43, 78, 80
ミニコルグ・700 miniKORG 700 299
ミュージトロン Musitron 175, 176, 209
メロディア Melodia 213, 214
モーグ・シンセサイザー Moog Synthesizer 103, 155, 157, 180, 189, 190, 195, 204, 209-212, 215-224, 226-239, 241-243, 246, 254, 264, 265, 276-294, 296-300, 308, 309, 314, 316, 320
900 シリーズ Moog 900 Series 219
ミニモーグ Minimoog 222, 320
ミニモーグ・ヴォイジャー Minimoog Voyager 320
モデル 200 Model 200 43, 80
ユニヴォックス Univox 41, 128
ローランド SH-1000 Roland SH-1000 299
ヤマハ・GX-1 299
EMS Synthi100 308
EMS VCS3 272, 294-296, 305, 308, 309
EMS VCS1 294

曲名・アルバム名・映画・書籍・テレビ番組・イベントなど

ア

アイ・ヒア・ア・ニュー・ワールド 140, 142
アイ・フィール・ラヴ 300
アイ・マスト・ビー・シーイング・シングス 179
アウトバーン 300
赤い家 59
悪魔王の死 137
アトラス・エクリプティカリス 196
アトランティスの鐘 86, 87, 102
アン・エレクトリック・ストーム 271, 272
アンドロメダ… 207
アンフィトリオン 38
イエスタデイ 2, 248, 249

カ

サ

タ

ナ・ハ

マ

ヤ・ラ・ワ

原注

1　映画『MOOG モーグ』ハンス・フェルスタッド監督、2004年
Moog, by Hans Fjellestad, 2004.
2　ジェイ・ウィリストン「テデウス・ケーヒルのテルハーモニウム」
Jay Williston, 'Thaddeus Cahill's Teleharmonium' http://www.synthmuseum.com/magazine/0102jw.html（2012年5月取得）
3　「テルハーモニウムの魔法の音楽」『ニューヨーク・タイムズ』1906年12月16日所収
'Magic Music from the Telharmonium', *New York Times*, 16 December 1906.
4　「トウェインと電話」『ニューヨーク・タイムズ』1906年12月23日所収
「マーク・トウェインと新年会」『ニューヨーク・タイムズ』1907年1月1日所収
'Twain and the Telephone', *New York Times*, 23 December 1906
'MarkTwain and Twin Cheer New Year's Party', *New York Times*, 1 January 1907.
5　『ザ・ガーディアン』1907年1月2日
The Guardian, 2 January 1907.
6　「ハーディ・ガーディの目に見えぬライバル」『ニューヨーク・タイムズ』1907年1月12日所収
'An Invisible Rival for the Hurdy Gurdy', *New York Times*, 12 January 1907.
7　『レビュー・オブ・レビューズ』1906年4月号
Review of Reviews, April 1906.
8　『ブリティッシュ・パテ』1934年
British Pathé, 1934.
9　「鍵盤の発明者が弾くマルトノを聴く聴衆」『ニューヨーク・タイムズ』1931年1月4日所収。
'Listeners to Hear the Martenot with the Inventor at the Keyboard', *New York Times*, 4 January 1931.
10　「電子管を使ったピアノ似の機材」『ニューヨーク・タイムズ』1930年12月14日所収。
'Piano-Like Device Uses Radio Tubes', *New York Times*, 14 December 1930.
11　「空中から取り出した素敵な音楽」『ザ・ガーディアン』1928年6月9日所収。
'Better Music from the Air', *The Guardian*, 9 June 1928.
12　「マルトノ、BBCでオンディウムを演奏」『ザ・ガーディアン』1947年4月20日所収。
'Martenot Plays his Ondium for the BBC', *The Guardian*, 20 April 1947.
13　アラン・ヤング，マーク・ヴェイル『ザ・ハモンドオルガン』バックビート，1997年。
Young, Alan and Vail, Mark. *The Hammond Organ: Beauty in the B.* Backbeat, 1997.
14　ソロヴォックス取扱説明書（ソロヴォックス/モデルL）ハモンド・インストゥルメント・カンパニー
'The Solovox Owners (Model L Solovox)', Hammond Instrument Company.
15　マルタンは1950年に書籍『電子音楽』（*Musique électronique de l'instrument de musique le plus simple aux orgues électroniques, amélioration d'instruments classiques, cloches électroniques, constructions pratiques*）を出版している。
16　1956年10月、セルマー社のクラヴィリオンはまだ8年の生産寿命を残しており、7000台以上の売り上げを要求していた。
17　「空中から取り出した音楽」『ザ・ガーディアン』1934年6月20日所収
'Music from the Air', *The Guardian*, 20 June 1934.
18　『ダウンビート』1951年
Downbeat, 1951.
19　ゴールドスミスが音楽を担当した『電撃フリント GO! GO! 作戦』『電撃フリント・アタック作戦』『サタンバグ』のサウンドトラックではノヴァコードが使用されている。
20　1975年頃ローザが自分のキャリアについてアラン・ハマーに語った録音テープ（後にローザの自伝『二重生活』Double Life の資料として使われた）。
21　ローザとアラン・ハマーの録音テープ。
22　『ラジオ・ライフ』1946年4月14日
Radio Life, 14 April 1946.
23　ティオムキンはノヴァコードのユーザーだった。多くの映画音楽で、弦楽器の補強にこの楽器を用いている。
24　シュアーは1996年の映画『バットマン・リターンズ』Batman Returns でもテルミンを演奏している。
25　スティーヴン・スミス『火中の心臓: バーナード・ハーマンの生涯と音楽』カリフォルニア大学出版、1991年
Smith, Steven C. *A Heart at Fire's Centre: The Life and Music of Bernard Hermann.* University of California Press, 1991年
26　スティーヴ・ルービン『シネファンタスティック』1976年第4号第4巻
Steve Rubin. *Cinefantastique*, vol. 4 no. 4, 1976.
27　『ラジオ&テレビジョン・ニュース』1954年1月号
Radio and Television News, January 1954.
28　ダナ・カントリーマン『未来へのパスポート』スターリング・スワン・プレス、2010年
Countryman, Dana, *Passport to the Future: The Amazing Life and Music of Electronic Pop Music Pioneer Jean-Jacques Terrey.* Sterling Swan Press, 2010.
29　「フランスからの名作　ブリュッセル万博で公開されたフランスの新楽器　プログラムNo.428」　GRC 5394
Masterworks from France, programme no. 428. New French Instruments presented at the Brussels World's Fair. GRC 5394.
30　『ニューヨーク・タイムズ』1968年11月16日
New York Times, 16 November 1968.
31　ベベ・バロンは晩年、NPR（ナショナル・パブリック・ラジオ。アメリカの公共ラジオネットワーク）のスーザン・ストーンにインタビューを受けた（2005年2月7日）。かつて他の取材に対し、従兄弟

ではなく友人だと語っていたが、この時のインタビューではこう説明している。
32　3M（スリーエム）は20世紀初頭に鉱山会社として創業したが、第二次大戦中に防衛物資の研究や製造にも着手し、その直接の結果として磁気テープの製造を始めた。
33　マーク・バーマン『映写（7）　映画製作におけるフィルムメイカーたち』
Burman, *Projections 7*. Faber & Faber, 1997
34　ベベは晩年のインタビューでウィリアムズの録音について語っているが、リストアップされた全録音のコピーを探し出したアダム・ベロン（ルイスとベベの息子）もテネシー・ウィリアムズのものだけは見つけられなかったし、誰かが見つけたという話も聞いたことがない。
35　著者へのメール　2011年5月23日
36　アンドレア・ジュノー&V.ヴェール『インクレディブリー・ストレンジ・ミュージック vol.2』1994
Juno and Vale, *Incredibly Strange Music Volume 2*. RE/Search, 1994
37　マーク・バーマン『映写（7）　映画製作におけるフィルムメイカーたち』
Burman, *Projections 7*: Film-Makers on Film-Making . Faber & Faber, 1997.
38　『ロサンゼルス・タイムズ』1956年2月26日
Los Angeles Times, 26 February 1956.
39　日付の無い履歴書（アダム・バロン提供）による。
40　テッド・グリーンウォルド　『キーボード』1986年12月号
Ted Greenwald, *Keyboard* 12 1986.
41　ドア・スカリー『自伝：ヘイデイ』1979
Schary, *Heyday*.Little, Brown, 1979.
42　フレデリック・クラーク, スティーヴ・ルービン『シネファンタスティック』第8号, No.2, No.3, 1979
Frederick S Clarke and Steve Rubin, *Cinefantastique*, vol. 8 nos 2 and 3, 1979.
43　合衆国商務省国勢調査局　消費者収入調査（1957年4月）に基づく。
44　アンドレア・ジュノー&V.ヴェール『インクレディブリー・ストレンジ・ミュージック vol.2』1994
Juno and Vale, *Incredibly Strange Music Volume 2*.
45　フレデリック・クラーク, スティーヴ・ルービン『シネファンタスティック』
Clarke and Rubin, Cinefantastique.
46　『フィルムズ・イン・レビュー』1956年4月号
Films in Review, April 1956.
47　テッド・グリーンウォルド『キーボード』1986年12月号
Greenwald, *Keyboard* 12.
48　前掲
49　マーク・バーマン『映写（7）　映画製作におけるフィルムメイカーたち』
Burman, *Projections 7*. Faber & Faber, 1997.
50　『バラエティ』1957年3月27日
Variety, 27 March 1957.
51　「宇宙の怪物たち」『ザ・ガーディアン』1956年6月10日所収
'Space Monsters', *The Guardian*, 10 June 1956.
52　『ニューヨーク・タイムズ』1956年5月4日
New York Times, 4 May 1956.
53　日付の無い履歴書（アダム・バロン提供）による。
54　著者によるインタビュー　2012年1月12日
55　グリーンウォルド『キーボード』1986年12月号
Greenwald, *Keyboard* 12.
56　マーク・バーマン『映写（7）　映画製作におけるフィルムメイカーたち』Faber & Faber, 1997
Burman, *Projections 7*. Faber & Faber, 1997.
57　バーンスタイン　サンフランシスコ・テープ音楽センター
Bernstein, *The San Francisco Tape Music Center*.
58　若き日のトリストラム・キャリーに関する情報は未出版の自伝に記されている。その 一 部はジョン・キャリーが提供。
59　ウェストミンスター・スクールの公文書記録長エリザベス・ウェルズ提供の情報　2011年4月
60　シェボーン校 女子校友会記録による　2011年4月
61　著者によるインタビュー　2004年7月28日
62　アンドリュー・ピクスリー『クォーターマス教授コレクション』ライナーノーツ, BBC DVD, 2005
Andrew Pixley, liner notes to *The Quatermass Collection*（BBC DVD, 2005）.
63　『ザ・コンポーザー：大英作曲家協会会報』1962年春
The Composer: Journal of the Composers' Guild of Great Britain, Spring 1962.
64　ブリスコー, デズモンド, カーティス・ブラムウェル『BBCレディオフォニック・ワークショップ - 最初の25年』BBC 1983
Briscoe, Desmond and Curtis-Bramwell, *The BBC Radiophonic Workshop – The First 25 Years* .BBC, 1983.
65　ジョー・ハットン「レディオフォニックの女性たち」
［訳注：芸術音楽団体 Sonic Arts Network に掲載され、2012年の執筆当時は下記のミラーサイトで取得できたが現在は取得不可］
Jo Hutton, 'Radiophonic Ladies',
http://web.archive.org/web/20060517133312/
http://www.sonicartsnetwork.org/ARTICLES/ARTICLE2000JoHutton.html(Last accessed January 2012)
66　著者によるインタビュー　2011年3月6日
67　『ドクター・フー』の成立詳細についてはこのサイトを参照［訳注：現在は取得不可］。
http://ourworld.compuserve.com/homepages/Mark_Ayres/DWTheme.htm(Last accessed November 2011).
68　スコットランドの同人誌『ボアジン』7号　1990年代末頃
Boazine 7, Scottish fanzine, late 1990s.
69　ケンブリッジ大ガートン・カレッジの記録係 ハンナ・ウェストール提供の情報　2011年5月
70　著者によるインタビュー　2011年3月6日
ここで言及されている本はF.C.ジャド『電子音楽と具体音楽』1961.
F. C. Judd, *Electronic Music and Musique Concrète*. Neville Spearman, 1961

71　ジョー・ハットン「レディオフォニックの女性たち」Jo Hutton, ‘Radiophonic Ladies’, ibid.
［訳注：現代音楽団体 Sonic Arts Network に掲載され，2012年の執筆当時は下記のミラーサイトで取得できたが，現在は取得不能］
http://web.archive.org/web/ 20060517133312/ http://www.sonicartsnetwork.org/ARTICLES/ ARTICLE2000JoHutton.html (Last accessed January 2012).
72　ランドール D. ラーソンによる1982年のインタビュー『サウンドトラック』1993年9月号
SoundTrack, September 1993. Interview conducted by Randall D. Larson in 1982.
73　www.barrygray.co.ukにある自伝の録音による。若き日のグレイに関する情報の多くは、この録音および同サイトに記された自伝に基づく。
www.barrygray.co.uk (Last accessed May 2012)
74　著者による、ミラー社の従業員ジョスリン・グッドイーへのインタビュー　2011年6月1日
彼女は1960年代、スピネッタのメンテナンスのためバリー・グレイの自宅スタジオを何度か訪れている。
75　『サウンドトラック』　1993年9月号
SoundTrack, September 1993.
76　前掲
77　このドラマの最初のエピソードでは、エリック・サイデーの電子音楽も使われている。
78　CDブック『マンハッタン・リサーチ・インク』（バスタ・レコード 2000）より　アーウィン・チャサイドのインタビュー　1993
Manhattan Research Inc CD book (Basta Records, 2000).
79　http://RaymondScott.com/jjperrey.html
［訳注：このサイトは現存しない。現在の公式サイトは http://www.raymondscott.net］
80　CDブック『マンハッタン・リサーチ・インク』CD1トラック23より　この件に関するスコットの談話
81　CDブック『マンハッタン・リサーチ・インク』CD1トラック17、トラック7
82　CDブック『マンハッタン・リサーチ・インク』より　ジェフ・ウィナーがEメール（2012年2月1日付）で確認している。「私はこれらの引用を、1962年7月31日にシカゴで催されたレイモンド・スコットの電子音楽講義の録音から書き写した」
83　エリック・サイデーの若い頃に関する情報は、王立音楽院アーカイヴからキャスリン・アダムスン提供　2011年11月22日
84　『ヴァラエティ』1947年7月号
Variety, 5 July 1947.
85　「作曲家たち」『タイム』1966年11月4日所収
‘Composers: Swurpledeewurpledeezeech!’ *Time*, 4 November 1966.
86　『ビルボード』1958年3月9日
Billboard, 9 March 1957.
87　「作曲家たち」『タイム』1966年11月4日所収
‘Composers: Swurpledeewurpledeezeech!’ *Time*, 4 November 1966.
88　トム・レアの博士論文「合衆国の電子楽器の進化」1972　彼はボブ・モーグの助言により、サイデーやレイモンド・スコット、ウェンディー・カーロスらを訪れている。
89　本書の執筆中、1950年代生まれで80年代からイングランドに住んでいるアメリカの友人と、このCMについて話した。彼はこの曲がすぐにわかり、記憶を頼りに歌うことができた。
90　『ミュージック・エレクトロニーク』（78回転のライブラリー盤）インター・アート音楽出版（ロンドン）
Musique Electronique, 78-rpm disc of library music released on Inter-Art Music Publishers, London.
91　トム・レアから著者へのメール　2011年12月9日
92　1965年6月29日および7月22日の書簡　エリック・サイデー・アーカイヴ　ニューヨーク公共図書館所蔵
93　合衆国特許 2,871,745
94　CDブック『マンハッタン・リサーチ・インク』
95　エレクトロニウムを所有しているのは「ディーボ」のマーク・マザーズボウ。修復したのはダレン・デイヴィスン。彼はこのマシンの動作について、技術的な詳細を本書に提供してくれた。
96　著者へのメール　2012年2月23日
97　レイモンド・スコット「ザ・レイモンド・スコット・エレクトロニウム」1970年5月の小記事　ダレン・デイヴィスン提供
Raymond Scott, *The Raymond Scott Electronium*. Short paper dated May 1970, provided by Darren Davison.
98　映画『デコンストラクティング・ダッド　レイモンド・スコットの音楽、機械とミステリー』（日本未公開）スタンリー・ワーナウ監督, 2010.
Deconstructing Dad by Stan Warnow, 2010.
99　著者へのメール　2011年12月9日
100　レイモンド・スコット『ザ・レイモンド・スコット・エレクトロニウム』
Scott, *The Raymond Scott Electronium.*
101　前掲
102　ブルース・ハーク　カナダのラジオ局CKUAのインタビューへの回答、1970年
これは「エレクトリック・ルシファー」再発盤（オムニ・レコーディング・コーポレーション, 2007）のボーナストラックにも収録されている。
Bruce Haack, interview on Canadian Radio CKUA (1970). Included as a bonus track on a reissue of *The Electric Lucifer* (Omni Recording Corporation, 2007).
103　著者へのメール　2012年2月23日
104　著者へのメール　2011年12月9日
105　CDブック『マンハッタン・リサーチ・インク』
106　著者によるインタビュー　2012年2月14日
107　CDブック『マンハッタン・リサーチ・インク』
108　著者によるインタビュー　2012年2月14日
109　CDブック『マンハッタン・リサーチ・インク』
110　『ニューヨーク・タイムズ』1959年3月15日
New York Times, 15 March 1959.
111　コープランド『新音楽 1900〜1960』マクドナルド 1968
Copland, *The New Music 1900/60*. Macdonald: London, 1968

112　著者によるインタビュー　2004年1月30日
113　著者によるインタビュー　2004年2月9日
114　クリス・カチュリスから著者への、日付のない手紙 2011年11月受領
115　バッドマン『ザ・ビーチ・ボーイズ』
Badman, *The Beach Boys. Backbeat*, 2004
116　ピンチ＆トロッコ『アナログの日々』
Pinch and Trocco, *Analog Days.* Harvard Univ.Press. 2004
117　著者によるインタビュー　2004年1月23日
118　著者によるインタビュー　2004年7月6日
119　サンデイズド・レコードに寄せたジョセフ・バードのエッセイ、2002年
From essay supplied by Joseph Byrd to Sundazed Records, 2002.
120　著者によるインタビュー　2004年7月6日
121　サンデイズド・レコードに寄せたジョセフ・バードのエッセイ、2002年
122　著者によるインタビュー　2011年12月1日
123　著者へのメール　2011年12月16日
124　著者によるインタビュー　2011年12月1日
125　同人誌『プトラマイク・テラスコープ』1997
Ptolemaic Terrascope fanzine, 1997.
126　著者によるインタビュー　2011年12月1日
127　ランドール・D・ラーソン1983年3月のインタビュー。キューシート、2005年1月
Randall D Larson, interview conducted March 1983, published in *The Cue Sheet*, January 2005.
128　ジム・ミラー『ローリング・ストーン』1968年6月22日
Jim Miller, *Rolling Stone*, 22 June 1968.
129　著者によるインタビュー　2012年3月5日
130　著者は2005年に、ザ・サウンズ・オブ・トゥモローのコンピレーション盤（RPMレコーズ, RPM300）のための調査と共同プロデュースを行った。これはこのバンドの音源を集めた初めてのものだ。ライナーノートのリサーチのためにした会話の中で、ラディックがこの話をしてくれた。
131　ジグザグ　30号, 1973年3月.
Zigzag no. 30, March 1973.
132　モーグからドイツへの手紙, 1964年2月11日（2012年5月に取得）
http://moogarchives.com
133　R. A. モーグ『AES（音響工学協会）会報』vol. 13 no.3 1965年7月3日, 200-206頁.
R. A. Moog, *Journal of the Audio Engineering Society*, vol. 13 no. 3, July 1965, pp. 200–206.
134　マーク・ヴェイル『ヴィンテージ・シンセサイザーズ』バックビート、2000年
Vail, Vintage Synthesizers. Backbeat, 2000
135　ピンチ＆トロッコ『アナログの日々』
Pinch and Trocco, *Analog Days.* Harvard Univ.Press. 2004
136　http://www.moogfoundation.org/2010/mooghistory-unveiled-brian kehew-explores-1965-r-a-moog-co-electronic-music-workshop/（2012年2月取得）
137　「モーグ900シリーズ」デモ・レコード、1967年
Moog 900 Series Electronic Music Systems, demonstration record, 1967.
138　『電子音楽の作曲〜演奏の機材』RAモーグ社のカタログ
Electronic Music Composition – Performance Equipmnt. Catalogue published by RA Moog Co. 1967.
139　著者へのメール　2011年11月
140　ウォーレン・シャーク「ポール・ビーヴァー」『フィルム・ミュージック 2』所収
Sherk, Paul Beaver. *Film Music 2*, The Film Music Society, 2004
141　著者へのメール　2011年11月30日.
142　ジェリー・ゴールドスミス『ヴァラエティ』1997年10月14日
143　リッチー・アンターバーガー, ゾディアック『コズミック・サウンズ』CDライナーノーツ、2002年
Richie Unterberger. Liner notes for *The Zodiac: Cosmic Sounds*, Elektra/Runt 2002.
144　著者へのメール, 2011年11月30日
145　当時の音楽家たちは、モーグのチューニングを安定させる唯一の方法が長時間置いておくことだと気づいた。ビーヴァーは1日24時間、モーグの電源を入れっぱなしにしておくのが習慣だった。
146　著者へのメール　2011年11月30日
147　クリストファー・ヒョルト『ソー・ユー・ウォント・トゥ・ビー・ア・ロックンロール・スター』ジョーボーン, 2008
Hjort, *So You Want to be a Rock 'n' Roll Star.* Jawbone, 2008
148　前掲書
149　アンドリュー・サンドヴァル『ザ・モンキーズ』バックビート、2005年
Sandoval, *The Monkees.* Backbeat, 2005
150　マンザレク『ハートに火をつけて』バークレー, 1997
Manzarek, *Light My Fire.* Berkley, 1997
151　ダナ・カントリーマン「未来へのパスポート」スターリング・スワン・プレス、2010年
Countryman, *Passport to the Future.*
152　筆者宛ての日付のない手紙　2011年11月受領
153　オリジナルのブックラ・ボックスは1966年以来、ミルズカレッジに保存されている。
154　『グラモフォン』1969年1月号、1972年8月号
Gramophone, January 1969 and August 1972.
155　著者によるインタビュー　2011年9月12日
155　著者によるインタビュー　2011年9月12日
156　前掲
157　『ザ・ガーディアン』1973年1月15日
The Guardian, 15 January 1973.
158　著者によるインタビュー　2011年9月12日
159　著者によるインタビュー　2004年6月30日
160　『ボアジン』第7号, 1990年代後半頃
Boazine 7, circa late 1990s.
161　著者によるインタビュー　2004年6月28日
162　デリア・ダービーシャー追悼記事『ザ・ガーディアン』2001年7月7日

Delia Derbyshire obituary, *The Guardian*, 7 July 2001.
163「エンジニアリング・ミュージック」『ザ・ガーディアン』1962年3月15日, 所収
'Engineering Music', *The Guardian*, 15 March 1962.
164　ダフネ・オラン『エレクトロニック・サウンド・パターンズ』スリーヴ・ノート、1962年
Daphne Oram. Sleeve note for *Electronic Sound Patterns* (His Master's Voice, 1962).
165　セッションと放送の情報はラルフ・ティッタートン提供。2005年1月25日
Session and broadcast information supplied by Ralph Titterton, 25 January 2005.
166　『SFソロー』再発盤のライナーノーツ
Liner notes to reissue of *SF Sorrow* (Snapper, 1998).
167　「電子音楽」『ザ・ガーディアン』1963年5月14日, 所収
'Electronic Music', *The Guardian*, 14 May 1963.
168　「電子音楽」『ザ・ガーディアン』1968年1月16日, 所収
'Electronic Music', *The Guardian*, 16 January 1968.
169　『グラモフォン』1969年4月号
Gramophone, April 1969.
170　「ザ・モノ・フェードアウト」『ザ・ガーディアン』1969年3月3日所収
'The Mono Fade Out', *The Guardian*, 3 March 1969.
171　ドナル・ヘナハン「偽バッハにスイッチ・オン」『ニューヨーク・タイムズ』1968年11月2日
Donal Henahan, 'Switching on to Mock Bach', *New York Times*, 2 November 1968.
172　『タイム』1969年3月7日
Time, 7 March 1969.
173　「ジョージのモーグが国内唯一?」『メロディ・メイカー』1969年11月15日所収
'Is George's the Only Moog in the Country?', *Melody Maker*, 15 November 1969.
174　「トゥモローズ・ワールド」1969年9月30日放映
Tomorrow's World, 30 September 1969.
175　http://erman.iobloggo.com/archive.php?eid=33 (Accessed May 2012).
176　マーティン・ハンソン『ザ・ナイス』ヘルター・スケルター、2002年
Hanson, *The Nice*. Hester Skelter, 2002
177　前掲書
178　ウォルター・シアーの手紙　1970年1月16日付
The letter from Walter Sear, dated 16 January 1970, is reproduced in Vail, *Vintage Synthesizers*.
179　「モーグ・ジャズ・イン・ザ・ガーデン」『オーディオ』1969年11月, 所収
'Moog Jazz in the Garden', *Audio*, November 1969.
180　「ジョージのモーグが国内唯一?」『メロディ・メイカー』1969年11月15日所収
'Is George's the Only Moog in the Country?', *Melody Maker*, 15 November 1969.
181　マーク・ヴェイル『ヴィンテージ・シンセサイザーズ』バックビート, 2000
Vail, *Vintage Synthesizers*. Backbeat, 2000
182　「紹介しましょう……ミニ・モーグ モデルDを」RAモーグ社の広告, 1970
'Introducing… the Mini Moog Model D', advert by RA Moog Inc, 1970.
183　グルベンキアン財団のアーカイヴ・ファイル, 著者へのE-mail, 2011年6月6日.
184　『サーフェイス』アメリカン・アート・アンド・カルチャー・ファンジン、2000年5月
Surface, American art and culture fanzine, May 2000
185　著者によるインタビュー　2004年6月30日
186　BBCラジオ・スコットランド、ジョン・カヴァナーによるインタビュー, 1997年10月
187　著者によるインタビュー　2011年5月6日
188　著者によるインタビュー　2011年3月6日
189　アルバート・グリンスキー、BBCラジオ4での語り　2004年10月21日

Watch and Listen
本書をより楽しむための作品ガイド

第1章

映画
The Birds, Directed by Alfred Hitchcock, 1963（アルフレッド・ヒッチコック『鳥』）
Theremin: An Electronic Odyssey, Directed by Steven M. Martin, 1994（スティーブン・M・マーティン『テルミン』）

録音
We'll Meet Again, Vera Lynn with Arthur Young on the Novachord Circa, 1939/40
Turangalîla Symphony, Olivier Messiaen, 1948
The Art of the Theremin, Clara Rockmore, 1992

その他
Newsreel clip of Leon Theremin demonstrating the theremin in London, 1927
Newsreel clip of Georges Jenny demonstrating the Ondioline in Germany, 1948

第2章

映画
Rebecca, Directed by Alfred Hitchcock, 1940（アルフレッド・ヒッチコック『レベッカ』）
The Maltese Falcon, Directed by John Huston, 1941（ジョン・ヒューストン『マルタの鷹』）
The Lost Weekend, Directed by Billy Wilder, 1945（ビリー・ワイルダー『失われた週末』）
Spellbound, Directed by Alfred Hitchcock, 1945（アルフレッド・ヒッチコック『白い恐怖』）
The Red House, Directed by Demer Daves, 1947（デルマー・デイヴィス『赤い家』）
Rocketship, X-M Directed by Kurt Neumann, 1950（日本未公開）
The Day the Earth Stood Still, Directed by Robert Wise, 1951（ロバート・ワイズ『地球の静止する日』）
The Thing from Another World, Directed by Christian Nyby, 1951（クリスチャン・ナイビー『遊星よりの物体X』）
Spartacus, Directed by Stanley Kubrick, 1960（スタンリー・キューブリック『スパルタカス』）

録音
Music Out of the Moon/Perfume Set to Music/Music for Peace of Mind, Dr Samuel J. Hoffman Released, 1947–50; reissued, 1999
L'âme des Poètes, Charles Trenet, 1951
Song of the Second Moon, Electrosonics (Tom Dissevelt and Kid Baltan), 1957
Mr Ondioline, Jean-Jacques Perrey (as Mr Ondioline), 1960

テレビ番組
You Asked For It, Appearance by Samuel Hoffman, 1953
Dutch television excerpt of Tom Dissevelt and Kid Baltan, 1959

その他
British Pathé newsreel footage of Musaire, 1937
Newsreel footage of Martin Taubman, 1938
Poème électronique, Edgard Varèse, 1958

第3章

映画
Bells of Atlantis Directed by Ian Hugo Circa 1953（日本未公開）

Jazz of Lights, Directed by Ian Hugo, 1954（日本未公開）
Forbidden Planet, Directed by Fred M. Wilcox, 1956（フレッド・M・ウィルコックス『禁断の惑星』）
Bridges go Round, Directed by Shirley Clarke, 1958（日本未公開）
Space Boy, Directed by Florence Marly, 1973（日本未公開）

録音
Williams Mix, John Cage, 1953
Seduction through Witchcraft, By Louise Huebner, 1969

第4章

映画
The Delian Mode, Directed by Kara Blake, 2009（日本未公開）
Practical Electronica, Directed by Ian Helliwell, 2011（日本未公開）

録音
Time Beat/Waltz in Orbit, Ray Cathode (BBC Radiophonic Orchestra), 1962
Telstar, The Tornados, 1962
BBC Radiophonic Music(various BBC Radiophonic Workshop composers), 1968
The Radiophonic Workshop (various BBC Radiophonic Workshop composers), 1974
I Hear a New World, Joe Meek, 1991 (recorded circa 1959/60)
Music of the Future, Desmond Leslie, 2005
Oramics, Daphne Oram, 2007
*Soundings: Electroacoustic Works 1955–96,*Tristram Cary, 2008
BBC Radiophonic Workshop: A Retrospective (various BBC Radiophonic Workshop composers), 2008
Stand By For Action! – The Music of Barry Gray, Barry Gray, 2009
It's Time for Tristram Cary, Tristram Cary, 2010
Stand By for Adverts: Rare Jingles, Jazz and Advertising Electronics, Barry Gray, 2011
Electronics Without Tears, F. C. Judd, 2012

テレビ番組
Space Patrol (also known as *Planet Patrol*), 1963
Quatermass and the Pit, 1958/59
Doctor Who, From, 1963

第5章

映画
Deconstructing Dad, Directed by Stan Warnow, 2010（日本未公開）

録音
Manhattan Research Inc. Raymond Scott, 2000
Soothing Sound for Baby volumes 1, 2 and 3, Raymond Scott, 1964
Sounds of Now Volumes 1 and 2, Eric Siday, 1971

テレビ番組
Maxwell House 'perking coffee pot' advert, from 1960 Screen Gems identitone, from 1965

第6章

映画
Strait-Jacket, Directed by William Castle, 1964（ウィリアム・キャッスル『血だらけの惨劇』）

録音
Music for Heavenly Bodies, Andre Montero and his Orchestra, featuring Paul Tanner, 1958

Runaway, Del Shannon, 1961
Music from Outer Space, Andre Montero and his Orchestra, featuring Paul Tanner, 1962
Mondo Cane, No. 2, Kai Winding, 1963
Soul Surfin', Kai Winding, 1963
Good Vibrations, The Beach Boys, 1966
I Just Wasn't Made for These Times, The Beach Boys, 1966
The In Sound from Way Out, Kingsley–Perrey (Gershon Kingsley and Jean-Jacques Perrey), 1966
No Time Like the Right Time, Blues Project, 1967
Wild Honey, The Beach Boys, 1967
Cauldron, Fifty Foot Hose, 1967
Cruci xion, Phil Ochs, 1967
Presenting ... Lothar & The Hand People, Lothar and The Hand People, 1968
Silver Apples, Silver Apples, 1968
Tome V1, Gil Mellé, 1968
The United States of America, The United States of America, 1968
The Way-Out Record for Children, Miss Nelson and Bruce (Haack), 1968
Contact, Silver Apples, 1969
The Electronic Record for Children, Bruce Haack, 1969
Space Hymn, Lothar and The Hand People, 1969
The Electric Lucifer, Bruce Haack, 1970
The Sounds of Tomorrow, The Sounds of Tomorrow, 2005

テレビ番組
I've Got a Secret, Appearances by Jean-Jacques Perrey, 1960 and 1966
I've Got a Secret, Appearance by Bruce Haack, 1966
My Favourite Martian, 1963–66

第7章

映画
Magnetic Monster, Directed by Curt Siodmak, 1953（日本未公開）
Freud, Directed by John Huston, 1962（ジョン・ヒューストン『フロイド／隠された欲望』）
In Harm's Way, Directed by Otto Preminger, 1965（オットー・プレミンジャー『危険な道』）
Moog, Directed by Hans Fjellestad, 2004（ハンス・フェルスタッド『MOOG』）

録音
Kaleidoscopic Vibrations: Spotlight on the Moog, Kingsley-Perrey (Gershon Kingsley and Jean-Jacques Perry), 1967
Pisces, Aquarius, Capricorn & Jones Ltd., The Monkees, 1967
Silver Apples of The Moon for Electronic Music Synthesizer, Morton Subotnick, 1967
The Zodiac: Cosmic Sounds, Composed, arranged and conducted by Mort Garson, words by Jacques Wilson, spoken by Cyrus Faryar, 1967
The Amazing New Electronic Pop Sound of Jean-Jacques Perrey, Jean-Jacques Perrey, 1968
The Nonesuch Guide to Electronic Music, Paul Beaver and Bernard L. Krause, 1968
Notorious Byrd Brothers, The Byrds, 1968
Ragnarok Electronic Funk, Beaver and Krause, 1969
In a Wild Sanctuary, Beaver and Krause, 1970

第8章

映画
The Innocents, Directed by Jack Clayton, 1961（ジャック・クレイトン『回転』）
Daleks' Invasion Earth 2150 AD, Directed by Gordon Flemyng, 1966（日本未公開）
Dr. Who and the Daleks, Directed by Gordon Flemyng, 1966（日本未公開）
Fahrenheit 451, Directed by Francois Truffaut, 1966（フランソワ・トリュフォー『華氏451』）
Island of Terror, Directed by Terence Fisher, 1966（日本未公開）

Quatermass and the Pit (also known as *Five Million Years to Earth*) Directed by Roy Ward Baker, 1967（日本未公開）
Doppelgänger (also known as *Journey to the Far Side of the Sun*) Directed by Robert Parrish, 1969（ロバート・パリッシュ『決死圏SOS宇宙船』）
Performance, Directed by Donald Cammell and Nicolas Roeg, 1970（ニコラス・ローグ、ドナルド・キャメル『パフォーマンス 青春の罠』）

録音
Tomorrow Never Knows, The Beatles, 1966
Between the Buttons, The Rolling Stones, 1967
Carnival of Light, The Beatles, 1967
Defecting Grey, The Pretty Things, 1967
The Piper at the Gates of Dawn, Pink Floyd, 1967
Sgt. Pepper's Lonely Hearts Club Band, The Beatles, 1967
Their Satanic Majesties Request, The Rolling Stones, 1967
Revolution 9, The Beatles, 1968
A Saucerful of Secrets, Pink Floyd, 1968
SF Sorrow, The Pretty Things, 1968
An Electric Storm, White Noise, 1969
The John Baker Tapes Vol. 1 and 2, John Baker, 2008

テレビ番組
Captain Scarlet, 1967

第9章

録音
Switched-On Bach, Wendy Carlos, 1968
Abbey Road, The Beatles, 1969
The Age of Electronicus and Moog: The Electric Eclectics of Dick Hyman, Dick Hyman, 1969
Ceremony, Spooky Tooth/Pierre Henry, 1969
Electronic Sound, George Harrison, 1969
Moog Power, Hugh Montenegro, 1969
The Moog Strikes Bach, Hans Wurman, 1969
Music to Moog By, Gershon Kingsley, 1969
Switched On Bacharach and *More Switched On Bacharach*, Christopher Scott, 1969
Switched-On Rock, The Moog Machine, 1969
The Well-Tempered Synthesizer, Wendy Carlos, 1969
Lucky Man, Emerson Lake & Palmer, 1970
Moog Indigo, Jean-Jacques Perrey, 1970

テレビ番組
The Same Trade as Mozart, 1969
Tomorrow's World, 1969

初期電子音楽のコンピレーション・アルバム

Ohm+: The Early Gurus of Electronic Music 1948–80, 2005
Forbidden Planets – Music from the Pioneers of Electronic Sound, 2010
Panorama de Musique Concrète, 2010
Forbidden Planets Volume Two, 2011

参考資料

インタビュー

マーク・エアーズ、アダム・バロン、ジョン・キャリー、ダナ・カントリーマン、シメオン・コックス、ダレン・デヴィソン、アラン・エンテンマン、ジョス・グッデイ、アラン・ハマー、イアン・ヘリウェル、ブライアン・ホジソン、ジャック・ホルツマン、マイク・ケリー、バーニー・クラウス、スコット・ラディック、コーク・マーチェスチ、テッド・パンデル、トム・レア、スタンリー・ワーノウ、ジェフ・ウィナー、ピーター・ジンオービエフ。

先行企画のためのインタビュー：マーク・エアーズ、ジョセフ・バード、シメオン・コックス、マックス・クルック、ブライアン・ホジソン、ディック・ミルズ、ポール・タナー。

インタビューは直接の面談、電話による会話、文書などで行われた。さらに限られたやりとりに関しては、注釈でふれておいた。

書籍

Babiuk, Andy. *Beatles Gear* (revised edition). Backbeat, 2002.（『Beatles gear』坂本 信訳、リットーミュージック、2002）
Badman, Keith. *The Beach Boys.* Backbeat, 2004.（『ザ・ビーチ・ボーイズ・ダイアリー』宮治 ひろみ訳、毎日コミュニケーションズ、2005）
Baines, Anthony. *The Oxford Companion to Musical Instruments.* Oxford University Press, 2002.
Bernstein, David W. *The San Francisco Tape Music Center: 1960s Counterculture and the Avant-Garde.* University of California Press,2008.
Brend, Mark. *Strange Sounds: Offbeat Instruments and SonicExperiments in Pop.* Backbeat, 2005.
Briscoe, Desmond and Curtis Bramwell, Roy. *The BBC Radiophonic Workshop: The First 25 Years.* BBC Books, 1983.
Burman, Mark. *Projections 7.* Faber & Faber, 1997.
Cleveland, Barry. *Creative Music Production: Joe Meek's Bold Techniques.* Mix Books, 2001.
Copland, Aaron. *The New Music 1900/60.* Macdonald: London 1968.
Countryman, Dana. *Passport to the Future:The Amazing Life and Music of Electronic Pop Music Pioneer Jean-Jacques Perrey.* Sterling Swan Press, 2010.
Glinsky, Albert. *Theremin: Ether Music and Espionage.* University of Illinois Press, 2005.
Griffiths, Paul. *A Guide to Electronic Music.* Thames and Hudson, 1979.
—*Modern Music: A Concise History* (revised edition). World of Art, 1994.
Hanson, Martyn. *The Nice: Hang On to a Dream,*Helter Skelter, 2002.
Hjort, Christopher. *So You Want To Be a Rock'n' Roll Star: The Byrds Day-by-Day 1965–73.* Jawbone, 2008.
Holmes, Thom. *Electronic and Experimental Music* (2nd edition). Routledge, 2002.
Holzman, Jac and Daws, Gavan. *Follow the Music. First Media, 1998. Houghton, Mick. Becoming Elektra: The True Story of Jac Holzman's Visionary Record Label.* Jawbone, 2010.
Judd, F. C. *Electronics in Music.* Neville Spearman, 1972
Juno, Andrea and Vale, V. *Incredibly Strange Music Volume 2.* Research, 1994.
Krause, Bernie. *Into a Wild Sanctuary: A Life in Music and Natural Sound.* Heyday Books, 1999.（『野生のオーケストラが聴こえる：サウンドスケープ生態学と音楽の起源』伊達 淳訳、みすず書房、2013）
Lanza, Joseph. *Elevator Music: A Surreal History of Muzak, Easy-Listening, and Other Moodsong.* Quartet Books, 1995.
Lewisohn, Mark. *The Complete Beatles Recording Sessions.* Hamlyn, 1988.（『ビートルズレコーディングセッション』内田久美子訳、シンコーミュージック、1998）
—*The Complete Beatles Chronicle.* Pyramid Books, 1992.
New Grove Dictionary of Musical Instruments, The. Macmillan, 1984.
Mackay, Andy. *Electronic Music.* Phaidon, 1981.
Manzarek, Ray. *Light My Fire: My Life with The Doors.* Berkley, 1997
Niebur, Louis. *Special Sound: The Creation and Legacy of the BBC Radiophonic Workshop.* Oxford University Press, 2010.
Oram, Daphne. An Individual Note of Music, Sound and Electronics. Galliard, 1972.
Peel, Ian. The Unknown Paul McCartney. Reynolds and Hearn, 2002.
Pinch, Trevor and Bijsterveld, Karin. *The Oxford Handbook of Sound Studies.* Oxford University Press, USA, 2012.

Pinch, Trevor and Trocco, Frank. *Analog Days: The Invention and Impact of the Moog Synthesizer.* Harvard University Press; New Ed edition, 2004.
Repsch, John. *The Legendary Joe Meek.* Cherry Red Books, 2000.
Rózsa, Miklós. *Double Life: The Autobiography of Miklós Rózsa.* The Baton Press, 1982.
Sandoval, Andrew. *The Monkees.* Backbeat, 2005.
Schary, Dore. *Heyday: An Autobiography.* Little, Brown, 1979.
Sherk, Warren M. '*Paul Beaver: Analogue Synthesist Extraordinaire*' *from Film Music 2.* The Film Music Society, 2004.
Smith, Steven C. *A Heart at Fire's Centre: The Life and Music of Bernard Hermann.* University of California Press, 1991.
Smith Brindle, Reginald. *The New Music – The Avant-Garde Since 1945* (2nd edition). Oxford University Press, 1995.
Vail, Mark. *Vintage Synthesizers.* Backbeat, 2000.
Wierzbicki, James. *Louis and Bebe Barron's Forbidden Planet.* The Scarecrow Press, 2005.
Young, Alan and Vail, Mark. *The Hammond Organ: Beauty in the B.* Backbeat, 1997.

雑誌・新聞

Billboard
Boazine
Cinefantastique
Downbeat
Electronics and Music Maker Gramophone
Jimpress
Keyboard
Los Angeles Times Melody Maker
New Musical Express New York Times
Ptolemaic Terrascope, Radio and Television News Record Collector
Rolling Stone
Sounds
Sound on Sound SoundTrack
Surface
The Guardian
The Wire
The Cue Sheet
Time Magazine
Variety
Zig Zag

ウェブサイト

www.moogarchives.com
www.synthmuseum.com
www.barrygray.co.uk
www.moogfoundation.org
www.RaymondScott.com

各章のタイトルについて

第1章のタイトル（聴いたこともない音楽）は『レビュー・オブ・レビューズ』に掲載されたテルハーモニウムについての記事からとった。第2章（宇宙に爆発する音楽）は1958年11月16日の『ニューヨーク・タイムズ』に掲載されたエドガー・ヴァレーズの言葉から引用した。第3章（慣習を無視する特権）はルイス・バロンが1986年の『キーボード・マガジン』で語った言葉だ。第6章（炎、頭にありければ）はW.B.イエーツの詩『さまよえるイーンガスの歌』からとった。

マーク・ブレンド（Mark Blend）

英国デヴォン州エクセター在住の作家、音楽家。『Strange Sounds（奇妙なサウンド）』や『American Troubadours（アメリカの吟遊詩人）』などの著書がある。英国における電子音楽の誕生についてのドキュメンタリー番組『A Sound British Revolution（音のイギリス革命）』を制作（2012年8月BBCラジオ放送）。

ヲノサトル

作曲家、音楽家。多摩美術大学美術学部教授。『舞踏組曲』『ロマンティック・シーズン』などCD作品多数。ソロ以外にも、芸術ユニット「明和電機」音楽監督や、ムード音楽バンド「ブラックベルベッツ」への参加など、幅広く活動。『甘い作曲講座』『作曲上達100の裏ワザ』（リットーミュージック）などの著書がある。

ARTES

artespublishing.com

未来《みらい》の〈サウンド〉が聞《き》こえる
電子楽器《でんしがっき》に夢《ゆめ》を託《たく》したパイオニアたち

二〇一八年一一月三〇日　初版第一刷発行

著者……マーク・ブレンド
訳者……ヲノサトル
発行者……鈴木　茂・木村　元
発売……株式会社アルテスパブリッシング
〒一五五－〇〇三二
東京都世田谷区代沢五－一六－二三－三〇三
TEL　〇三－六八〇五－二八八六
FAX　〇三－三四一一－七九二七
info@artespublishing.com

印刷・製本……太陽印刷工業株式会社
装画……今井トゥーンズ
ブックデザイン……加藤賢策（LABORATORIES）

ISBN978-4-86559-191-0　C1073　Printed in Japan